알라 외에 다른 신은 없도다
이슬람의 기원, 진화 그리고 미래

지은이 | 레자 아슬란 Reza Aslan
학자이자 작가, 저널리스트로 1972년 이란 테헤란에서 태어났고 1979년 이란 혁명 때 미국으로 건너왔다. 산타클라라대학, 하버드대학, 캘리포니아대학에서 종교학을 공부했고, 아이오와대학의 이슬람 및 중동연구학과의 방문 조교수로 있는 동안 작가 워크샵에서 픽션 분야 예술학석사학위(MFA)를 받았다. 이 책은 이민자로서 미국에 살면서 자신의 종교에 대한 많은 사람들의 편견과 오해를 목격하고 쓴 것으로 각종 언론 매체로부터 최고의 찬사를 받았다. 그는 〈네이션〉, 〈뉴욕타임스〉, 〈로스엔젤레스타임스〉를 비롯한 다수의 신문과 잡지에 기고했고, 〈Meet the Press〉를 비롯한 다수의 TV 프로그램에도 출연했다. 현재 산타바바라와 뉴올리언즈에서 살고 있다.

옮긴이 | 정규영
1986년 한국외국어대학교 아랍어과를 졸업하고 이집트 카이로 대학교에서 박사 학위를 받았다. 현재 조선대학교 외국어대학 부학장으로 재직중이고, 〈한국중동학회〉, 〈한국이슬람학회〉, 〈한국아랍어아랍문학회〉 이사를 맡고 있다. 저서로는 『이집트에는 미라가 없다』, 『이집트와 이집트 문명의 이해』, 『영혼의 나라, 이집트로 가는 길』 등이 있다.

알라 외에 다른 신은 없도다
글 레자 아슬란 | 옮긴이 정규영 | 처음 찍은날 2006년 8월 14일 | 처음 펴낸날 2006년 8월 21일 | 펴낸이 박상영 | 등록 제10-1291호 | 주소 121-856 서울시 마포구 신수동 448-6 한국출판협동조합 내 | 전화 02-714-9800 | 팩시밀리 02-702-6655

No god but God : The Origins, Evolution, and Future of Islam
Copyright ⓒ 2005 Reza Aslan
Korean Translation Copyright ⓒ 2006 by Theory and Praxis

Korean edition is published by arrangement
with Random House,
an imprint of Random House Publishing Group, New York
through Duran Kim Agency, Seoul.

이 책의 한국어판 저작권은 듀란킴 에이전시를 통한
Random House와의 독점계약으로
도서출판 이론과실천에 있습니다.
저작권법에 의하여 한국 내에서 보호를 받는 저작물이므로
무단전재와 무단복제를 금합니다.

89-313-7010-5 03300

*값 20,000원
*잘못된 책은 바꾸어 드립니다.

알라 외에 다른 신은 없도다

이슬람의 기원, 진화 그리고 미래

레자 아슬란 지음 | 정규영 옮김

이론과 실천

어머니 수혜일라,
아버지 핫산을 위해

2005년도판 서문 페이퍼백 간행에 부쳐

 2005년 7월 7일의 혼잡한 러시아워, 네 명의 영국 무슬림이 버스와 지하철에 타고 있던 52명의 승객과 스스로의 목숨을 앗아간 폭발이 일어났다. 그 무시무시한 아침의 까맣게 탄 고무와 휘어진 금속의 악취가 상쾌한 런던의 하늘로 증발해버리기 오래 전에, 이른바 지하드주의Jihadism로 알려진 이슬람 테러 행위와의 전쟁에는 새로운 전선이 열려 있었다. 런던 폭발은 뉴욕과 마드리드에 대한 공격과 마찬가지로 알까에다와 연관되어 있었으며, 이라크 전쟁에 대한 반발로 일어난 것이 분명했다. 또한 이 공격은 당시 스코틀랜드에서 개최되고 있던 세계 최고 부국들의 모임인 G-8 정상회담과 때를 같이하여 감행되었을 가능성이 크다.
 그러나 어떻게 네 명의 젊은 영국인들이 동료 시민들에게 그렇게 무모한 살육을 가할 수 있었는지에 관한 대화와 토론에서 빠뜨린 놀

라운 사실이 있다. 거의 모든 폭발물이 공교롭게도 도시 내의 무슬림 이웃이 밀집한 지역에서 터졌다는 것이다. 테러 행위는 공개적 폭력의 과시로서 의도를 상징적으로 나타낸다. 런던의 폭탄은 도시의 관광지나 금융 중심지에서 터지지도 않았고, 호화로운 웨스트 엔드 지역의 버스나 지하철을 파괴하지도 않았다. 뿐만 아니라 어떤 정부기관이나 경찰이나 군시설을 노린 것도 아니었다. 폭탄은 거의 이스트 런던에 배타적으로 집중되어 있었다. 특히 야외 숯불에서 굽는 케밥과 밤새 태우는 수연통(물파이프) 냄새가 진동하고, 알제리와 카이로에서 유행하는 최신 팝송과 꾸란의 성스러운 낭송이 함께 들려오며, 세계 각지에서 온 다양한 무슬림 이주민 세대가 수십 년 동안 떠나온 고향과 새 고향의 전통과 가치를 조화시키기 위해 애쓰면서 서로 편안하게 공존해온 앨드게이트와 에지웨어 로드에서 폭탄이 터졌던 것이다.

영국인이자 무슬림인 테러리스트들은 런던 전체에서 가장 온건한 무슬림 이웃을 노림으로써 고의적으로 자신들의 이중적 정체성의 양면 모두를 공격했다. 그들의 테러는 무고한 영국인에 대한 공격일 뿐만 아니라, 온건하고 다원주의적인 이슬람의 존재에 대한 엄격한 신앙의 공격이기도 했다. 런던에 대한 공격은 튀니지, 터키, 카사블랑카, 리야드, 발리, 인도네시아, 이라크에서 자행된 유사한 공격과 마찬가지로 '서양'에 대한 지하드 전쟁의 일부인 동시에 이슬람 내부에서 벌어지고 있는 내전의 결과였다. 이슬람 개혁을 살펴보기로 하자.

이 책이 출판된 이래, 무슬림과 비무슬림 할 것 없이 많은 사람은 이슬람 내부의 투쟁이 개혁의 시기를 예고한다고 본 나의 시각을 문제 삼았다. 개혁이 담고 있는 기독교적이고 유럽적인 함축성을 감안하면 이해할 수 있다. 어떤 사람들은 '개혁'이란 용어가 이슬람의 결함을 의미하는 것처럼 보인다며 사용을 거부한다. 또 지하드주의의 확산을 이슬람의 진화가 아니라 퇴화의 징후로 보는 사람들은 이 용어가 너무 낙관적이라고 간주한다.

그러나 나는 일부러 개혁이란 용어를 사용한다. 이슬람 세계의 여러 지역에서 목격되는 폭력과 유혈 사태가 (이슬람과 서양의 전쟁이라기보다는) 주로 무슬림 사이의 내적 투쟁의 결과임을 강조하고, 이슬람의 내부 갈등이 모든 종교가 근대화의 도전에 직면했을 때 겪게 되는 그런 종류의 갈등임을 강조하기 위해서다. 기독교와 이슬람 개혁에 대한 대비가 가능하지만, 간과되어서는 안 될 유사성이 있는 것도 사실이다. 왜냐하면 그것은 모든 종교 전통에 존재하는 보편적 갈등을 반영하기 때문이다. 이 가운데 주요한 것은 누가 신앙을 정의 내릴 권한을 가지고 있느냐, 즉 개인인가 기관인가에 대한 갈등이다.

이 문제는 이슬람에 어떤 중심적 종교 권위, 예컨대 무슬림 교황이나 무슬림 바티칸이 없다는 사실로 다소 복잡해진다. 이슬람의 종교 권위는 대신 더 작고 경쟁적이며, 14세기 동안 이슬람의 의미와 메시지에 관해 실제적 독점을 유지한 지나치게 세력이 강한 성직자 사이에 분산되어 있었다. 이 종교 권위는 스스로 부여한 것일 뿐 신에 의해 부여된 것이 아니다. 왜냐하면 이 권위는 신의 선언의 결과가 아니라 학식의 결과이기 때문이다. 특정한 문제에 관한 무슬림 성직자의 판단이 존중되고 추종되는 이유는 신의 권위를 지녀서가 아니라, 그가 지닌 지식 덕분에 신께서 인간에게 원하는 바를 더 깊은 통찰력으로 볼 수 있다고 생각하기 때문이다. 이슬람의 성직자 계급은 종교적 지식을 독점함으로써 종교의 해석을 독점해왔다고 할 수 있다.

그러나 이제는 더 이상 그렇지 않다. 글을 읽고 쓰는 능력과 일반적인 교양의 수준 향상으로 새롭고 참신한 이론과 지식의 원천에 너나없이 광범위하게 접근할 수 있게 되었고, 민족주의와 개인주의의 각성으로 많은 무슬림이 신선하고 창의적인 이슬람의 해석을 접하게 되었다. 서구화된 새로운 무슬림 개종자와 '다시 베일을 쓴(자신들의 신앙과 전통으로 돌아온 타락한)' 무슬림들은 조상의 대모스크에서가 아니라, 전 세계적으로 자라난 독립적인 '창고 모스크'의 신앙 속에서 통합을 이루고 있다. 무슬림 남녀, 극단주의자와 온건주의자, 전사와 평화애호가, 성직자와 평신도 모두는 자신들의 변화하는 필요에 따라 활발하게 이슬람을 재해석하고 있다. 그럼으로써 성직자의 철옹성 같던 해석의 독점을 허물어 이슬람을 재규정하고 있으며, 급속한 확대로 금이 간 신앙의 미래를 그려가고 있다.

그러나 기독교 개혁이 상충적이고 때로는 당황스러운 기독교 해석의 문을 열어준 것처럼, 이슬람 개혁 역시 다양하고 경쟁적인 이념을 많이 만들어냈다. 종교 권위가 기관에서 개인으로 옮겨감에 따라 해석 당사자들의 급진적인 사회·정치 성향에 의해 해석이 좌우되는 것이 불가피해졌다. 이런 맥락에서 오사마 빈 라덴Osama bin

Laden과 같은 지하드주의자Jihadist들은 이슬람 개혁의 반대자가 아니라, 그 산물로서 이해해야 한다. 사실 빈 라덴은 ─무슬림, 기독교인, 유대인, 힌두교인 할 것 없이─ 자신과 추종자만이 진실한 신자이며 다른 사람은 스스로 어리석음을 깨닫고 무시무시한 운명에 떨어진 위선자, 사기꾼, 배교자라고 간주하는 불미스럽고 호전적인 엄격주의자, 즉 청교도의 긴 목록에 포함되어 있다.

다른 종교의 엄격주의자들처럼 ─호전적이건 아니건 간에─ 지하드주의자들의 주요한 목적은 자신의 종교 공동체를 '정화'하는 것이다. 다시 말해 그들의 첫 번째 목표물은 서양, 유대인, 기독교인, 시오니스트, 십자군, 혹은 다른 방관자들(그들이 '먼 적들'이라고 부르는)이 아니라, 자신들의 엄격한 청교도적 세계관에 동조하지 않는 수백 수천만 무슬림이다. 그들의 성향은 이라크에서 시작된 내전에서 분명히 목격되었다. 이 나라의 폭력 사태를 면밀히 살펴볼 때, 이라크에 침투한 가장 무자비한 폭동을 대표하는 지하드주의자들의 주요한 목적은 그들이 라와피둔rawafidun, 즉 배교자라고 간주하는 모든 무슬림(특히 쉬아 다수파)의 대학살이라는 것은 의심의 여지가 거의 없다.

물론 이 사실이 뉴욕, 마드리드, 런던이 입증하듯 '먼 적들'이 지하드주의자의 목표물이 아님을 말하는 것은 아니다. 그러나 그것은 주로 지하드주의자들의 명분, 즉 서양을 향한 대부분의 공격에 대한 명분에 주의를 집중시키는 수단이다. 예를 들어 2001년 9월 11일의 사건은 빈 라덴 자신의 허락에 의해 감행된 공격으로, 미국을 부추겨 이슬람 세계에 대해 과도한 보복을 하고 조지 부시George

W. Bush의 말에 의하면 무슬림에게 "편을 선택하도록" 의도된 것이었다.

이제 그 비극적인 날로부터 4년이 흘렀다. 수억 무슬림에게 신앙과 실천을 규정할 이 내부적 전쟁에서 가장 희망적으로 이루어진 발전은 무슬림 자신들이 이른바 지하드주의자들이 말하는 이단자보다 더 위험한 상황에 처하게 되었다는 점을 점차 깨닫고 있다는 사실이다. 런던 폭탄 테러 전날, 이슬람 율법의 각 학파와 종파를 대표하는 170명의 지도적 성직자와 학자가 요르단 암만에 모여 전례 없는 종파 및 분파 간 단결을 과시하고 이슬람의 이름으로 자행되는 모든 테러 행위를 거부한다는 합동 파트와(법적 결의)를 채택했다. 암만 선언은 이슬람 내부의 전쟁에 대한 암묵적 인정인 동시에 범죄적 명분을 위해 이슬람을 빼앗아간 사람들에게 과거의 권한을 다시 행사하기 위한 성직자들의 시도였다.

그러나 그렇게 되지는 않았다. 다음날, 마치 암만 파트와에 대응이라도 하듯 런던은 공격을 당했다. 2주 후, 이집트의 휴양도시인 샤롬 엘쉐이크에 위치한 한 호텔에서는 폭탄이 터져 거의 100명의 사망자를 냈다. 사망자들은 대부분 가난한 무슬림이었다. 그 사건 발생 2주 후, 갓 출범한 민주 정부를 몰아내기 위한 격렬한 시도로 350개의 폭탄이 방글라데시 곳곳에서 차례차례 터졌다. 공격이 있은 후에 다시 새로운 파트와가 발표되었는데, 이슬람의 이름으로 폭력과 테러의 사용을 거부한다는 내용이었다. 그리고 파트와가 있을 때마다 지하드주의자들은 다시 테러를 자행했다. 전쟁은 계속되고 있다. 기독교 역사에서 드러난 대로 개혁은 피를 부르는 사건들이다. 그 종말은 더욱 가까워졌지만, 이슬람 개혁은 완성되기까지 아직 가야 할 길이 많이 남아 있다.

— 2005년 9월 11일
레자 아슬란

서문 유일신교의 충돌

한밤중, 마라케시Marrakech까지는 다섯 시간이나 남았다.

나는 언제나 기차 안에서는 잠을 잘 이루지 못한다. 기차바퀴가 선로 위를 구를 때면 뭔지 모를 불안한 리듬과 회전하는 바퀴의 금속음들이 언제나 나를 깨어 있게 만드는 것이다. 무시하기에는 너무 큰 그 소리는 아련하게 들리는 아름다운 곡조 같다. 한밤중에 객실을 가득 메운 어둠조차 도움이 되지 않는다. 창밖으로 휭하고 스쳐 지나가는 방대하고 고요한 사막에서 보이는 불빛이라곤 오직 하늘의 별들뿐인 이런 밤중에는 더욱 잠들지 못한다.

편리한 버릇은 물론 아니다. 기차로 모로코를 여행하는 가장 좋은 방법은 잠을 자는 것이기 때문이다. 기차 안에는 관광객을 찾아 객차에서 객차로 이동하며 맛있는 식당, 싸구려 호텔, 깨끗한 여자들을 소개하려는 불법 가이드가 많다. 모로코의 불법 가이드는 보통

6~7개 국어를 말할 줄 알기 때문에 무시하기가 쉽지 않다. 나의 올리브색 피부, 두터운 눈썹, 검은 머리를 보면 그들도 잘 접근하지 않는다. 그렇다고 해도 그들을 완전히 피하는 유일한 방법은 잠들어버리는 것이다. 그러면 그들은 시달림을 받을 다른 관광객을 찾아 나선다.

바로 옆 객실에서 시끄러운 소리가 났을 때, 나는 불법 가이드와 마지못해 그에게 응수하는 관광객 사이에 논쟁이 벌어지는 장면을 생각했다. 내 귀에는 너무 빨라 이해하기 힘든 아랍어와 함께 한 미국인의 투덜거리는 대답이 간간이 들려왔다.

전에도 영업용 택시나 전통 시장에서 이런 종류의 대화를 들은 적이 있었는데, 기차 안에서는 더 자주 경험할 수 있다. 모로코에서 몇 달을 보내는 동안, 나는 현지인들이 갑자기 화를 내고 천둥처럼 대화를 나누는 장면에 익숙해져 있었다. 보통 이 천둥은 언제 그랬냐는 듯이 점점 약해지면서 푸념으로 변하거나 상대방의 등을 부드럽게 다독거리며 끝이 난다.

옆방의 목소리 톤이 높아지자, 나는 곧 사태를 파악할 수 있었다. 단순한 불법 가이드 문제가 아니었다. 누군가가 혼나는 소리가 들려왔다. 나는 모로코 정부관리가 가끔 외국인을 겁줄 때 사용하는 아랍어의 베르베르 방언을 알아챘다. 미국인이 계속해서 "잠깐만 기다려주세요"라고 말하는데, 그 베르베르어 목소리는 다그치면서 "당신 영국인이야? 프랑스인이야?"라고 묻고 있었다.

어떤 모로코인이 미국인 승객에게 여권을 제시하라고 요구하는 것이 분명했다. 호기심이 발동한 나는 자리에서 일어났다. 옆자리에는 이미 잠들어 코를 고는 한 승객이 있었으나, 나는 그의 무릎을 조용히 넘었다. 그리고 몸이 빠져나갈 정도만 간신히 문을 열고 복도로 걸어나왔다. 내 눈이 어둠에 적응되는 순간, 낯익은 차표 검사원의 검붉은 제복이 옆 객실의 유리문 안으로 들어가는 모습이 얼핏 보였다. 나는 그 뒤를 따라가 가볍게 문을 두드렸다. 그리고 대답을 기다리지 않고 안으로 들어갔다.

"살람 알라이쿰(안녕하세요)."

인사를 하면서 갑자기 등장한 나를 본 차표 검사원은 심하게 다그치던 것을 멈추고 예의를 갖추었다.

"와알라이쿰 살람(안녕하세요)." 그가 대답했다. 그의 얼굴은 상기되었고, 두 눈은 화가 나서인지 붉게 충혈되어 있었다. 빗질하지 않은 머리와 제복에 생긴 깊은 주름 자국은 그가 잠에서 깨어난 지 얼마 되지 않았음을 말해주었다. 그의 말 속에는 게으름이 배어 있었으며 발음도 정확하지 않았다. 나의 출현에 모로코인 차표 검사원은 더 기세등등해졌다.

그는 또렷또렷하고 알아듣기 쉬운 아랍어로 말했다. "선생, 여기는 나이트클럽이 아니라고. 아이들이 있어. 나이트클럽이 아니란 말이오."

나는 아직 상황을 이해할 수 없었다.

그 미국인은 내 어깨를 붙잡더니 모로코인을 향하게 했다. "죄송하지만, 이 사람에게 우리는 잠을 자고 있었다고 말해주시겠습니까?" 젊은 그 미국인은 키가 매우 컸고, 눈은 크고 녹색이었다. 긴 갈색 머리가 얼굴 위로 흐르자 자신의 손가락으로 빗질을 하듯이 넘겼다. "우리는 그냥 자고 있었다고요." 그는 입놀림만으로 같은 말을 했다. 마치 내게 자신의 입술을 읽어 달라는 듯했다. "들으셨지요?"

나는 차표 검사원에게 몸을 돌려 통역해주었다. "이 사람이 자기는 자고 있었다는군요."

나의 통역을 들은 차표 검사원은 화가 난 듯 흥분해서 다시 한 번 알아듣기 힘든 베르베르어로 말하기 시작했다. 크게 하는 몸짓은 자기의 말이 옳다는 것을 강조하는 듯했다. 잠시 생각해보니, 그냥 잠자고 있는 커플을 보고 그렇게 흥분할 사람은 없을 것 같았다. 검표원은 계속해서 큰 소리로 말했다. 내용은 간단했다. 즉 그에게는 자녀들이 있었고, 그는 아버지였고, 그는 무슬림이었다. 그리고… 더 많았지만 나는 더 이상 듣고 싶지 않았다. 나의 관심은 이미 객실 안의 다른 사람에게 완전히 쏠려 있었다.

여자는 남자 바로 뒤에 앉아 있었다. 아마도 남자가 의도적으로 그녀의 존재를 가리는 듯했다. 무심히 다리를 꼰 채 깍지 낀 두 손을 무릎에 올린 그녀의 머리는 헝클어져 있었고 볼은 붉게 상기되어 있었다. 그녀의 시선은 우리를 직접 향하는 대신 창문에 비친 모습으로 상황을 지켜보고 있었다.

"우리가 자고 있던 중이라고 저 사람에게 말씀해주신 겁니까?" 미국인이 내게 다시 물었다.

"내가 보기에 저 사람은 당신을 믿지 않는 것 같아요."

내가 유창한 영어로 대답하자 그는 다소 놀라는 표정이었다. 그러나 그보다는 자신을 비난하는 것에 더 충격을 받았을 것이다. "저 사람이 나를 못 믿는다고요? 그래요, 그래서 어떻게 하겠다는 거지요? 우리에게 돌을 던져 죽이기라도 한답니까?"

"말콤." 여인은 자신의 의도보다 큰 목소리로 그를 불렀다. 그리고 위로 손을 뻗어 남자를 자기 옆에 앉혔다.

말콤은 한숨을 내쉬며 말했다. "그래, 얼마나 주면 갈 생각인지 물어봐주십시오!" 그는 셔츠 주머니 여기저기를 더듬더니 누더기 같은 여러 장의 지폐를 꺼냈다. 미국인이 그 지폐를 뿌리기 전에 나는 얼른 차표 검사원에게 팔을 뻗으면서 말했다.

"저 미국인이 미안하다는군요. 정말 대단히 미안하답니다."

나는 검표원의 팔을 부드럽게 잡고 문 쪽으로 나가려 했으나, 그는 사과를 받아들이지 않고 계속해서 그들에게 여권을 보여 달라고 했다. 차표 검사원의 모든 행동이 나에게는 어설픈 연극처럼 보였다. 검표원은 그 외국인 커플의 부적절한 행위를 목격했는지도 모른다. 그렇다고 해도 비난하는 것 이상의 어떤 처벌을 정당화할 수는 없었다. 그들은 젊을뿐더러 외국인이었으며, 무슬림 세계의 복잡한 사회 예절을 이해하지도 못했다. 분명 검표원도 이 사실을 알고 있었을 것이다. 하지만 그는 그다지 불량해 보이지 않는 남녀에게 개인적인 화풀이를 하는 듯했다. 다시 한 번 검표원은 자신은 자녀가 있는 아버지이자 무슬림이며 덕이 있는 사람이라는 말을 반복했다. 나는 그의 말에 동의해주면서, 기차가 마라케시에 도착할 때까지 이 외국인 커플과 함께 있겠으니 걱정하지 말라고 했다.

"알라께서 당신의 선행을 더 많이 보상하실 겁니다." 나는 이렇게 말하고 문을 열어주었다.

차표 검사원은 마지못해 가슴에 손을 올려 나에게 예의를 표했다. 그리고 복도로 막 나가려다 말고 갑자기 몸을 돌리더니 앉아 있던 미국인 커플을 손가락질하며 경멸하듯 말했다. "기독교인이 재수 없이!" 그가 문을 닫은 후, 시끄럽게 복도를 걸어가는 발자국 소리가 들려왔다.

잠시 동안 아무도 말을 하지 않았다. 나는 기차가 커브를 도는 동안 화물 선반을 잡고 문 옆에 서 있었다. 마침내 내가 웃으면서 말했다. "정말 황당한 일이네요."

"저는 제니퍼예요." 여자가 말했다. "이 사람은 제 남편 말콤이고요. 도와주셔서 고맙습니다. 자칫하면 무슨 일이 벌어질 수도 있었는데."

"그렇게는 생각하지 않아요." 내가 말했다. "그 사람은 벌써 이 일을 까마득히 잊어버렸을걸요."

"글쎄요, 사실은 잊을 만한 일 자체가 없었던 거지요." 말콤이 말했다.

"말도 안 돼요."

말콤은 생각할수록 화가 나는 듯했다. "사실 그 사람은 우리가 이 기차에 탔을 때부터 계속해서 어슬렁거렸거든요."

"말콤." 제니퍼가 그의 손을 꼭 쥐면서 낮은 목소리로 말했다. 나는 그녀와 눈을 마주치려고 했으나 그녀는 내 쪽을 바라보지 않았다. 말콤은 분을 삭이느라 얼굴이 붉어져 있었다.

내가 물었다. "그 사람이 왜 그랬을까요?"

말콤은 떨리는 목소리로 말했다. "그 사람이 하는 말을 들으셨잖아요. 우리가 기독교인이기 때문이지요."

순간 나는 움찔했다. 눈썹이 약간 떨린 것뿐인데 제니퍼는 나의 감정 변화를 눈치 챈 듯했다. 그녀는 우리 대화에 얼른 끼어들며 사과하듯이 말했다. "우리는 선교사예요. 지금 서부 사하라에 선교하러 가는 길이랍니다."

이 말을 듣는 순간, 나는 왜 그 차표 검사원이 이 부부를 그림자처럼 따라다녔는지, 왜 그가 앙심을 품고 아무 일도 아닌 것을 그렇게 물고 늘어졌는지 이해할 수 있을 것 같았다. 객실에 들어온 후 처음으로 나는 선반 위에 두 개의 배낭이 놓여 있음을 발견했다. 그 배낭 사이로 뚜껑이 열린 작은 상자가 보였고, 상자 안에는 아랍어로 번역된 초록색 신약성경이 가득 차 있었다. 자세히 보니 서너 권 정도는 없어져 있는 상태였다.

"하나 가지시겠어요?" 제니퍼가 물었다. "이것들을 나누어줄 거랍니다."

❦❦❦

2001년 9월 11일의 공격 이후 미국과 유럽의 학자, 정치가, 설교자들은 세계가 '문명의 충돌'에 휩쓸려 들어간다고 주장했다. 사무엘 헌팅턴Samuel Huntington이 만들어 보편화된 이 용어는 현대적·계몽적·민주적인 서구 사회와 낡고 원시적이며 군주제적인 중동 사회의 충돌을 예고하는 것이었다. 크게 존경받는 일부 학자들조차 이슬람 세계에 민주주의가 출현하지 못하는 이유가 대부분 이슬람 문화 때문이라고 보았다. 그들은 한 걸음 더 나아가 이슬람 문화는 자유주의, 다원주의, 개인주의, 인권과 같은 계몽주의적 가치들과 본질적으로 양립할 수 없다고 주장했다. 이같이 두 문명은 대립적 이념을 가졌으므로 아주 비극적인 방법으로 서로 충돌하는 것은 단지 시간문제라는 것이었다. 그들은 "9·11 사건만큼 두 문명의 충돌 사례를 잘 보여주는 것이 어디 있단 말인가?"라며 목소리를 높였다.

그러나 이 엉뚱하고 양분법적인 수사학의 배경에는 보다 미묘하고 훨씬 해로운 정서가 존재한다. 즉 이것이 문화적 충돌이라기보다는 종교적 충돌이며, 우리는 지금 '문명의 충돌'이 아니라 '유일신교의 충돌' 한복판에 있다는 것이다.

유일신교의 충돌은 프랭클린 그레이엄Franklin Graham 목사와 같은 저명하고 정치적으로 영향력이 큰 복음전도사의 설교에서도 들을 수 있다. 그는 빌리 그레이엄Billy Graham 목사의 아들이자 조지 부시George W. Bush 대통령의 정신적 지주이기도 하다. 조지 부시 대통령은 이슬람을 '사악하고 부도덕한 종교'라고 공개적으로 비난하기도 했다. 또한 중용을 잃었음에도 불구하고 엄청난 인기를 누리는 보수주의적 칼럼니스트 앤 쿨터Ann Coulter의 글에서도 이런 내용을 읽을 수 있다. 앤 쿨터는 9·11 사건 이후 서방 국가들에게 "이슬람 국가를 침공하여 지도자를 죽이고 그 국민을 기독교로 개종시킬 것"을 촉구했다. 수사학적 슬로건인 '테러와의 전쟁'을 순전히 기독교적 용어로 보자면 선과 악의 전쟁이며, 실제로 대서양의 양쪽에서 그렇게 묘사하고 있다. 이라크와 아프가니스탄의 감옥에서도 종교적 충돌을 발견할 수 있다. 무슬림 전쟁 포로는 그들을 사로잡은 자의 고문 위험을 받으며 감옥 안에서 강제로 돼지고기를 먹고, 술을 마시며, 예언자 무함마드를 비방해야 한다.

유일신교의 충돌은 결코 새로운 현상이 아니다. 이슬람제국이 기독교 세계의 영토로 팽창해 들어갈 때부터 십자군의 유혈 전쟁과 제국주의의 비극적 산물인 이스라엘-팔레스타인 사태에 이르기까지 유대인, 기독교인, 무슬림들 간의 관계를 특징짓는 적대감, 불신, 빈번한 폭력 사태는 서구 역사에서 가장 오래 지속된 주제 중 하나였다. 이슬람 세계에 반기독교적이고 반유대교적인 선전이 없다고는 할 수 없다. 매우 온건한 무슬림 설교자나 정치가조차 서구 전체를 십자군이라고 부르거나, '유대인'을 음해하고 싶은 충동을 가지고 있는 것이 사실이다.

그러나 지난 수년 동안 국제적 분쟁과 분쟁 당사자들의 정치적 의제가 점점 종교적이고 신학적인 용어로 표현되는 것을 보면서 느끼는 점이 있다. 과거에 파괴적 종교전쟁을 촉발시키고, 현재는 중동 분쟁을 부추기는 적대적이고 왜곡된 미사여구 사이에 놀라운 유사점이 있다는 것이다. 남부침례교협의회 전임 의장인 제리 바인스Jerry Vines가 예언자 무함마드를 '악귀에 사로잡힌 이상 성욕자'라고 부를 때, 내 귀에는 중세 로마 가톨릭 교회의 선교사들이 "무함마드는 그리스도의 적이며 이슬람의 팽창은 〈요한계시록〉의 징표"라고 말했을 때처럼 무시무시하게 들렸다. 오클라호마 주 공화당 상원의원인 제임스 인호프James Inhofe가 미국 국회의사당 앞에서 중동 분쟁이 정치나 영토 전쟁이 아닌 "하나님의 말씀이 진실인지 아닌지를 겨루는 시합"이라고 주장했을 때, 그는 알건 모르건 간에 십자군의 언어를 말하고 있었던 것이다.

유일신교의 충돌이 유일신교 자체의 불가항력적 결과라고 주장할 수도 있다. 다신교는 인간의 환경을 설명하기 위해 여러 신화를 믿지만, 유일신교는 단 한 가지 신화를 믿을 뿐이기 때문이다. 그래서 다른 신과 관련된 모든 신화와 모든 설명을 거부한다. 신이 하나뿐이라면 진리도 당연히 한 가지이며, 그 결과로 양립할 수 없는 절대론들 사이에 유혈 투쟁이 쉽게 벌어질 수 있다. 전 세계 빈곤층에 대한 교육과 의료 혜택의 제공으로 칭찬받고 있는 기독교의 선교 활동 역시 알고 보면 신을 향한 길은 오직 하나뿐이라는 믿음에 입각해 있는 것이다.

마라케시로 가는 기차에서 만난 말콤과 제니퍼의 모습은 9·11 이후 이슬람 세계에 급속히 집중하기 시작한 기독교 선교 활동의 일부였다. 기독교 선교 활동은 '계몽 사업'이 반이슬람적인 '기독교화 선교 사업'과 병행되었던 제국주의 시절의 기억 때문에 이슬람 국가에서 심한 비난을 받고 있다. 그래서 일부 선교 단체들은 선교사들에게 무슬림 행세를 하고, 무슬림 복장(베일 포함)을 하며, 무슬림처럼 기도하고 단식함으로써 이슬람 세계에 "은밀히 잠입하라"고 가르친다. 동시에 미국 정부는 수많은 기독교 원조 단체에게 아프가니스탄과 이라크의 경제 기반을 재건하는 데 적극적으로 참여할 것을 권장하는 한편, 무슬림에 대한 제2의 십자군전쟁으로 간주하는 사람들에게는 살상 무기를 공급하고 있다. 이슬람 세계에는 미국과 이스라엘 사이에 무슬림의 이익과 팔레스타인 국민의 권리에 반하는 모종의 공모가 있다는 소문이 널리 퍼져 있다. 이제는 서방에 대한 무슬림의 의구심과 반감이 계속 커가는 이유를 많은 사람이 이해할 수 있다.

종교적 독단론이 얼마나 쉽게 정치적 이념과 서로 얽힐 수 있는지를 생각해볼 때, 현대 세계에 깊이 뿌리내린 유일신교 충돌을 어떻게 극복할 수 있을까? 이에 대한 대답으로는 분명히 교육과 아량이 필수적이라는 것이다. 그러나 이웃의 종교에 대한 이해보다는 우리의 종교 자체를 더 완전하게 아는 것이 더욱 절실하다.

반드시 알아야 되는 것은 종교란 신앙이 아니라는 사실이다. 종교는 신앙의 이야기다. 종교란 신과의 신비로운 조우를 서로 공유할 수 있는 공통의 언어로, 하나의 신앙 사회가 제공하는 상징과 은유의 제도화된 체계이다. 종교란 진실한 역사가 아니라 강물처럼 세차게 흐르지 않는 신성한 역사에 더 관심을 가진다. 신성한 역사는 뿌리를 원시 시대에 깊게 박은 채 그 가지는 시공의 한계에 상관없이 진실한 역사의 안과 밖으로 자라난 나무와 같다. 실제로 종교가 탄생하는 것은 신성한 역사와 진실한 역사가 충돌하는 바로 그 순간이다. 신비롭고 말로 표현할 수 없으며 모든 분류를 회피하는 신앙이 종교의 옹이투성이 가지에 얽히게 될 때 유일신교의 충돌은 일어난다.

───

이 책은 이슬람교의 이야기다. 무슬림 초기 세대의 기억으로 남아 있다가 예언자 무함마드의 초기 전기 작가인 이븐 이삭Ibn Ishaq(768년 사망), 이븐 히샴Ibn Hisham(833년 사망), 알발라두리al-Baladhuri(892년 사망), 알타바리al-Tabari(922년 사망)에 의해 기록된 이야기들이다. 이 책 내용의 중심이자 근거는 무함마드가 메카와 메디나에서 23년 동안 알라로부터 받은 계시, 즉 꾸란이다. 꾸란에는 거의 나와 있지 않으나 무함마드의 생애 역시 신념이 종교로, 종교가 제도로 발전하기 전의 이슬람을 밝히는 데 매우 귀중하다.

꾸란과 예언자 전기가 역사적으로 매우 중요하지만, 우리는 그것들이 신화에 뿌리를 두고 있다는 사실을 결코 잊어서는 안 된다. 원래 초자연적 이야기에 불과한 신화란 단어가 '거짓'과 동의어로 간주되기 시작한 것은 수치다. 바로 그 성격 때문에 신화에는 진실성과 신뢰성이 있다. 신화가 전하는 진실이 무엇이든 간에 역사적 사실과는 관계가 없다. 모세가 실제로 홍해 바다를 갈랐는지, 예수가 진짜로 죽은 나사로를 소생시켰는지, 신의 말씀이 정말로 무함마드의 입을 통해 내려왔는지를 묻는 것은 전적으로 의미 없는 질문들이다. 한 종교와 그 종교의 신화에 대한 중요한 질문 한 가지는 "그 이야기들이 무엇을 의미하는가?"이다.

전 세계 위대한 종교들의 어떤 복음서 저자들도 역사적 사실을 객관적으로 관찰하고 기록하는 데에는 관심을 두지 않았다. 아니, 그들은 자신의 관찰을 기록하는 데 전혀 관심을 두지 않았다! 오히려 그들은 사회의 신화와 제례에 구성과 의미를 줌으로써 미래의 후손에게 동일한 정체성, 동일한 꿈, 동일한 이야기를 제공하기 위해 관찰한 사건들을 해석했다. 결론적으로 말해서, 종교란 해석이며 모든 해석은 근거가 타당하다. 그러나 어떤 해석은 다른 해석보다 더 합리적이다. 유대인 철학자이자 신비론자인 모세 마이모니데스 Moses Maimonides(1135~1204년)가 오래 전에 지적한 대로, 가능성이 있고 없음을 결정하는 것은 상상이 아니라 이성이다.

학자들이 특정한 종교 전통을 이성적으로 해석하는 방법은 그 신화를 정신적·정치적 의미와 일치시키는 것이다. 따라서 우리는 무함마드가 탄생하고 그의 메시지가 형성된 문화적 환경을 이해하는 한편, 꾸란과 예언자 전기에 의존함으로써 이슬람의 기원과 발전을 보다 이성적으로 재구성할 수 있다. 이것이 쉬운 작업은 아니다. 에르네스트 르낭Ernest Renan의 말을 인용한다면, "완전히 역사의 전망 속에서" 살다가 성공한 예언자로서 죽었다는 사실(기독교인과 유대인 비방자들이 절대로 용서하지 않은 부분)로 볼 때 약간은 쉬울 수도 있겠지만 말이다.

6세기와 7세기의 이슬람 출현에 대한 합리적 해석이 이루어졌으므로, 도덕적 책무와 사회적 평등으로 요약 가능한 그의 혁명적 메시지가 후계자들에 의해 어떻게 점차 엄격한 율법과 비타협적 정교로 재해석되었는지 추적할 수 있다. 이 두 가지 이념은 무슬림 사회의 평안을 깨뜨리고, 주류인 순니 이슬람과 그 분파인 쉬아와 수피 사이를 벌려놓았다. 비록 신성한 역사를 공유하고 있으나, 각 분파는 꾸란에 관해서나 신학과 율법과 신앙 공동체에 대한 각자의 해석을 발전시키려고 노력했다. 또 각 분파는 18세기와 19세기의 식민주의 경험에 대해 다른 반응을 보였다. 사실 식민주의의 경험은 전 이슬람 세계에서 신앙의 역할을 재고하게 만들었다. 일부 무슬림은 서구의 세속적 민주주의에 대한 이슬람적 대안을 발전시킴으로써 고유의 이슬람적 계몽을 위해 노력하기도 했지만, 다른 무슬림은 서구의 문화적 이상을 버리고 완전히 이슬람화된 사회를 옹호했다. 제국주의가 막을 내리고 20세기 이슬람 국가가 수립되자, 위의 두 그룹은 이슬람 세계에서 지속되고 있는 토론에서 보이듯 이슬람 민주주의의 이론과 주장들을 정교히 하고 있다. 그러나 이슬람과 민주주의에 관한 토론의 중심에는 이슬람 개혁에 대한 정의를 누가 내리느냐의 내부적 싸움이 자리 잡고 있다.

당연하지만, 이슬람의 개혁은 15세기 전인 6세기 말에 예언자이자 하나님의 사도인 무함마드 이븐 압달라 이븐 압드 알무탈립 Muhammad ibn Abdallah ibn Abd al-Muttalib이 탄생한 성도 메카에서 시작되었다. 그러나 그 개혁은 아직 끝나지 않았으며, 이 이야기의 가장 중요한 부분이기도 하다. 하나님의 축복과 평화가 그분에게 임하소서.

| 저자의 일러두기 |

　아랍어를 영어로 옮겨 쓰는 데 장모음과 단모음을 표시하는 일반적 방법이 있지만, 나는 이 책에서 가장 단순하고도 쉽게 알아볼 수 있는 방식으로 아랍어 단어를 표시했다. 예를 들어, 아랍어의 자음 함자hamza는 거의 잘 발음되지 않으므로 영어로 음역하지 않았다. 그러나 후음인 아인ain은 'bay'ah(충성맹세)'에서 볼 수 있듯이 소유격 부호로서 표시했다. 또 전통적인 아랍어 문법에 따라 복수를 표시하지 않고 단수에 그냥 's'를 부가하는 식으로 했다. 예컨대 무속인kahin의 복수인 'kuhhan' 대신 'kahins'라고 표기했다.

　특별히 언급이 없으면 모든 꾸란의 내용은 내 자신의 번역에 따랐다.

차례

2005년도판 서문 6
서문_유일신교의 충돌 13
중요한 사건들의 연대기 30
용어 해설 32

1 사막의 성소 이슬람 이전의 아라비아 반도 37

2 열쇠의 보관자 메카의 무함마드 64

3 예언자의 도시 최초의 무슬림들 103

4 알라를 위한 싸움 지하드의 의미 138

5 정통 칼리파 무함마드의 계승자들 185

6 이슬람은 학문이다 이슬람 신학과 율법의 발전 233

7 순교자의 발자국 쉬아주의에서 호메이니주의까지 275

8 예배용 양탄자를 포도주로 물들여라 수피의 길 307

9 동양의 각성 제국주의에 대한 저항 345

10 메디나를 향해 느리게 나아가기 이슬람의 개혁 384

주해 408
색인 432

중요한 사건들의 연대기

570	예언자 무함마드가 탄생함
610	히라 산에서 무함마드가 최초의 계시를 받음
622	무슬림이 메디나로 이주함(히즈라)
624	바드르 전투
625	우후드 전투
627	칸타끄(참호) 전투
628	메디나와 메카 사이에 후다이비야 조약이 맺어짐
630	메카와의 싸움에서 무함마드가 승리하고 무슬림이 메카를 점령함
632	무함마드가 사망함
632~634	초대 칼리파 아부 바크르 재위
634~644	제2대 칼리파 우마르 재위
644~656	제3대 칼리파 우스만 재위
656~661	제4대 칼리파 알리 재위, 알리는 최초의 쉬아파 이맘으로 간주됨
680	예언자의 손자 후사인이 카르발라 전투에서 사망함
661~750	우마위왕조
750~850	압바스왕조
756	마지막 우마위왕조의 왕자 압드 알라흐만이 스페인에 경쟁적인 칼리파제를 수립함
874	제12대 이맘 마흐디가 사라짐

909~1171	파티마왕조가 북아프리카와 이집트, 시리아를 지배함
934~1062	부와이왕조가 이란 서부와 이라크, 메소포타미아를 지배함
977~1186	가즈나왕조가 호라산과 아프가니스탄, 북부 인도를 지배함
1095	교황 우르반 2세가 기독교 십자군을 파병함
1250~1517	마물룩왕조가 이집트와 시리아를 지배함
1281~1924	오스만제국 사파위왕조가 이란을 지배함
1501~1725	무굴왕조가 인도를 지배함
1526~1858	인도 혁명이 일어남
1857	세속적 터키 공화정이 수립되고 오스만제국의 칼리프제가 종식됨
1924	이란 팔레비왕조가 시작됨
1925	이집트의 하산 알반나에 의해 무슬림형제단이 결성됨
1928	사우디아라비아왕조가 수립됨
1932	최초의 이슬람 국가인 파키스탄이 수립됨
1947	이스라엘이 독립을 선언함
1948	가말 압드 알낫세르에 의한 이집트의 자유장교단 혁명이 일어남
1952	이란 혁명이 일어남
1990~1991	페르시아 걸프만 전쟁이 일어남, 알까에다가 조직됨
2001	알까에다가 뉴욕과 워싱턴을 공격함

용어 해설

- **까이드**Qa'id__이슬람 이전의 전쟁 지도자, 사령관
- **깔브**qalb__'마음', 수피주의의 영혼에 해당함
- **꾸라이쉬**Quraysh__이슬람 이전 아라비아 메카의 주요 부족
- **꾸르라**Qurra__계시를 최초로 암기하고, 기록하고, 전파한 꾸란 독경사
- **꾸틉**qutb__우주가 돌고 있는 '우주의 축'
- **끼블라**qiblah__메카로 향하는 예배 방향
- **끼야스**qiyas__유추, 이슬람법 발전의 원천으로 사용된 법원
- **나비**nabi__예언자
- **나스크**naskh__취소·무효화, 꾸란에서 한 구절이 다른 구절을 취소시키는 것
- **나즈드**Najd__아라비아 반도의 동부 사막 지역
- **나프스**nafs__'숨, 영혼', 수피에 따르면 자아 혹은 자아 사랑
- **다르위쉬**dervish__'탁발승', 수피를 보통 가리키는 말
- **동료들**Companions__무슬림 제1세대, 무함마드를 따라 메카에서 메디나로 이주한 신자들
- **두아**du'a__(비공식적이고 개인적인) 기도, 기원
- **디크르**dhikr__'기억', 수피의 중요한 의례, 신을 기억하기 위한 행동
- **딤미**dhimmi__경전의 백성들인 유대인, 기독교인, 기타 비아랍인들로 이슬람법의 보호를 받는 사람들
- **라술**rasul 사도
- **라쉬둔**Rashidun__네 명의 정통 칼리파들(아부 바크르, 우마르, 우스만, 알리)
- **루흐**ruh__보편적 영혼, 신의 숨결
- **마드라사**madrasa__이슬람 종교학교
- **마탐**matam__예언자의 손자 후사인의 순교를 애도하여 자신의 신체를 채찍질하는 의식
- **마흐디**Mahdi__보이지 않는 이맘, 마지막 심판 날까지 자취를 감춘 이맘, 구세주
- **무루와**muruwah__이슬람 이전의 부족적 관습법
- **무슬림형제단**Muslim Brothers__1928년에 이집트의 하산 알반나가 시작한 이슬람 사회주의 단체
- **무자히딘**Mujahidin__무슬림 전사들, 글자적으로는 지하드를 벌이는 사람들
- **무즈타히드**mujtahid__모방할 만한 무슬림 법관, 권위 있는 법 결정을 내릴 자격이 있는 법관
- **무타질라**Mu'tazilah__합리적 이슬람 신학파
- **바라카**baraka__영적인 힘, 축복
- **바스말라**Basmala__꾸란의 모든 장을 여는 기원문, "자비롭고 자애로운 알라의 이름으로"
- **바이아**bay'ah__부족이 쉐이크에게 하는 충성서약
- **바틴**batin__함축되고 감추어진 꾸란 복음

- **발라야트 파끼흐**Valayat-e Faqih__법관의 후견 · 보호, 아야톨라 호메이니가 세운 종교 · 정치적 주장
- **범아랍주의**Pan-Arabism__인종적으로 아랍의 단결을 호소하는 주의
- **범이슬람주의**Pan-Islamism__종교적으로 통일을 추구하는 주의
- **비드아**bid 'a__종교적 혁신
- **사움**sawm__단식
- **살라트**salat__하루 다섯 차례 행하는 예배(새벽, 정오, 오후, 석양, 저녁 예배로 구성)
- **살라피야**Salafiyyah__무함마드 압두와 자말 앗딘 알아프가니에 의해 이집트에서 시작된 종교개혁운동
- **샤리아**Shariah__꾸란과 하디스를 주요 법원으로 하는 율법
- **샤하다**shahadah__무슬림의 신앙고백, "알라 외에 다른 신은 없으며, 무함마드는 알라의 사도이시다"
- **수라**Surah__꾸란의 한 장
- **수피주의**Sufism__이슬람의 신비주의 전통 또는 그 주의
- **순나**Sunna__하디스로 구성된 예언자의 전통
- **순니**Sunni__이슬람의 정통파
- **쉐이크**Shaykh__부족이나 씨족의 지도자, 사이드라고도 불림
- **쉬르크**shirk__어떤 식으로든 신의 유일성과 단일성을 흐리는 자들, 이단자
- **쉬아주의**Shi 'ism__이슬람의 가장 큰 분파, 알리의 추종자들이 수립함
- **슈라**shura__부족 연장자들의 협의체, 이슬람 이전에 부족의 쉐이크를 선출한 협의체
- **아미르**amir__무슬림 주의 총독, 대수
- **아샤리**Ash 'ari__보수적 이슬람 신학파
- **아슈라**Ashura__이슬람력 무하르람 달의 10일째 날로, 쉬아의 애도 행사가 절정에 달하는 날
- **아스밥 알누줄**asbab al-nuzul__무함마드에게 계시된 특별한 구절의 이유나 배경
- **아야**ayah__꾸란의 구절
- **아야톨라**ayatollah__ '신의 상징' 을 의미하며, 쉬아의 성직자 중 최고위직인 알라마(Allamah)를 제외한 사람
- **아우스**Aws__카즈라즈 부족과 함께 메디나의 유력한 아랍 부족
- **아하디야**ahadiyah__ '하나 · 단일' 을 의미, 수피의 신의 합일 사상
- **아흘 알바이트**ahl al-bayt__예언자 무함마드 가문, 성소의 백성들
- **아흘 알키탑**ahl al-Kitab__경전의 백성들, 보통은 유대인과 기독교인을 가리킴(딤미 참조)
- **아흘 / 까움**ahl / qawm__부족, 씨족
- **안사르**Ansar__원조자들, 이슬람으로 개종한 메디나의 부족 구성원들

- 알까에다al-Qaeda__오사마 빈 라덴이 지휘하는 와하비주의 단체
- 에르판erfan__신비주의 지식
- 와하비주의Wahhabism__아라비아의 무함마드 이븐 압드 알와합이 수립한 청교도적 이슬람 분파
- 왈리wali__신의 복음을 집행하는 사람
- 우므라umra__메카 소순례
- 울라마Ulama__이슬람의 성직자, 종교학자들
- 움 알키탑Umm al-Kitab__'책들의 모서', 모든 성서가 모방한 천상의 경전
- 움마Ummah__메디나의 무슬림 공동체
- 이맘Imam__쉬아주의에서 공동체를 인도하는 성스러운 지도자
- 이블리스Iblis__사탄 · 마귀, 라틴어 디아볼루스(diabolus)의 잘못된 발음
- 이스나드isnad__계보, 개인이 모은 하디스를 정당화시켜주는 일련의 전달 고리
- 이슬람주의Islamism__이슬람 국가의 수립 목적을 가진 이슬람 운동
- 이즈마ijma__만장일치, 꾸란과 하디스가 규정하고 있지 않은 법률 문제에 관해 종교학자들이 만장일치로 의견의 일치를 보는 관습
- 이즈티하드ijtihad__자격 있는 법학자, 즉 무즈타히드가 내놓는 독립적인 법적 의견
- 이크완Ikwan__'형제들', 사우디 가문이 아라비아 반도를 점령할 수 있도록 도운 와하비주의 '전사들'
- 자카트zakat__무슬림 공동체에 내는 의무적 십일조, 거둔 세금은 가난한 자들에게 분배함
- 자키르zakir__무하르람 기념 때 순교자들의 이야기를 들려주는 쉬아의 종교인
- 자히르zahir__꾸란의 분명한 복음
- 자힐리야Jahiliyyah__이슬람 출현 이전의 어둡고 무지했던 시대
- 잠잠Zamzam__카바 근처에 있는 우물
- 지즈야jizyah__딤미가 내는 보호세
- 지하드jihad__투쟁 혹은 성전
- 진Jinn__지각할 수 없으나 구제할 수 있는 영, 서양에서는 '진니'로 알려져 있음
- 카리지Kharijites__카와리지 파, 알리의 재위 기간 중 분리한 급진적 종파
- 카바Ka'ba__메카의 고대 성소, 무함마드가 소제하여 알라께 바칠 때까지 부족들의 우상이 모셔져 있던 곳
- 카즈라즈Khazraj__아우스 부족과 함께 메디나의 유력한 아랍 부족, 무함마드의 복음을 최초로 받아들인 부족
- 카피르kafir__불신자
- 카힌Kahin__진으로부터 영감을 받은 이슬람 이전 아라비아의 무당, 주술사, 시인들
- 칼람kalam__이슬람 신학

- **칼리파**Caliph__무함마드의 계승자로 무슬림 공동체의 지도자
- **케디브**khedive__영국의 위임 통치 기간 중 이집트의 왕
- **타끌리드**taqlid__모방, 사법적 판례를 비판 없이 수용함
- **타끼야**taqiyyah__쉬아에 의해 행해지는 (감정 등을) 숨기기
- **타리까**tariqah__수피의 수행길 혹은 영적인 길
- **타비운**Tabiun__무슬림 제2세대
- **타사우프**tasawwf__수피가 된 상태
- **타와프**tawaf__카바 신전을 일곱 바퀴 도는 의식
- **타우히드**tawhid__합일·단일, 신의 유일성과 합일성
- **타으윌**ta'wil__꾸란 구절에 감추인 신비한 의미의 해석
- **타으지야**ta'ziyah__카르발라의 후사인 순교를 재현하는 공개적 의식
- **타즈위드**tajwid__꾸란 낭송학
- **타프시르**tafsir__보수적이고 전통적인 꾸란 해석
- **타한누스**tahannuth__이슬람 이전의 종교적 은둔, 칩거
- **탄질**tanzil__신으로부터 무함마드에게 직접 내린 계시
- **토포스**topos__전통적 문학 주제
- **파끼르**faqir__'거지', 수피를 보통 가리키는 말
- **파끼흐**Faqih__무슬림 법관, 이란의 최고 지도자
- **파나**fana__자아 몰입의 상태, 수피가 도달한 영적 각성의 상태
- **파트와**fatwa__권위 있는 무슬림 법관이 내린 법적 결정
- **피끄흐**fiqh__이슬람 율법학
- **피르**Pir__수피의 대가, 쉐이크 혹은 알라의 친구로 불림
- **피크르**fikr__일부 수피 교단에서 행하는 영적 사색
- **피트나**fitnah__무슬림들의 내전
- **하니프**Hanif__이슬람 이전 아랍유일신교도
- **하디스**hadith__예언자와 그의 동료들의 이야기나 일화 등, 좁게는 예언자 언행록
- **하쉼**Hashim__하쉼 가문, 무함마드가 속한 부족의 이름
- **하캄**Hakam__이슬람 이전의 아라비아 부족 내부나 부족 간 싸움의 중재자
- **핫즈**Hajj__메카 순례
- **헤노시즘**henotheism__최고 신 한 분을 믿지만 다른 저급한 신들을 배척하지 않는 일종의 다신 사상
- **헤자즈**Hejaz__아라비아 반도 서부 지역
- **히잡**hijab__여성을 가리고 차단시키는 베일이나 그 착용 습관
- **히즈라**Hijra__622년에 일어난 메카에서 메디나로의 이주, 이슬람력의 기원이 됨(히즈라 1년)

1 사막의 성소 이슬람 이전의 아라비아 반도

 서기 6세기의 아라비아.

사방이 나무 한 그루 없는 산으로 둘러싸인 메마르고 황량한 메카Mecca 계곡에 고대 아랍인들이 '카바Ka'ba(입방체)'라고 부른 작고 보잘것없는 한 성소가 서 있다. 접착제를 사용하지 않고 순전히 돌로만 쌓은 이 구조물은 이제 모래에 거의 덮였고 지붕도 없었다. 어린 염소도 뛰어넘을 정도로 낮은 네 벽은 거칠고 긴 천 조각들로 가려져 있다. 성소 안으로 들어가기 위해서는 회색 돌을 깎아 만든 기단의 작은 문 두 개를 통과해야 한다. 이 성소의 비좁은 내부에 시리아의 달 신인 후발Hubal, 이집트인의 이시스Isis, 그리스인의 아프로디테Aphrodite에 해당하는 강력한 여신 알웃자al-Uzza, 나바트인이 기록과 예언의 신으로 섬긴 알쿠트바al-Kutba, 기독교인의 예수와 성모 마리아Mary가 모셔져 있었다.

카바 신전의 내부와 주변에는 전부 360개의 우상이 보관되었는데, 이것들은 아라비아 반도(아랍인들은 보통 헤자즈Hejaz 지방이라고 부름)에서 숭배된 모든 신이었다. 메카 시의 외곽에 큰 장이 서는 성스러운 몇 달 동안 아라비아 전역에서 온 순례객들은 자신의 부족 신에게 참배한다. 그리고 언제부터인지 알 수는 없지만 참배를 한 순례객들은 모두 모여 카바 신전 둘레를 일곱 바퀴 도는 엄숙한 의식을 행한다. 어떤 사람은 한 바퀴 돌 때마다 성소의 각 모서리에 입을 맞춘 후 다시 순례객의 물결 속으로 들어간다.

우상숭배의 아랍인들은 이곳이 원래 인류의 조상인 아담Adam에 의해 건립되었으나 대홍수 때 파괴된 이후 노아Noah에 의해 재건되었다고 믿고 있었다. 카바 신전은 노아 이후 수백 년 동안 사람들의 기억 속에서 잊혀졌다가 아브라함이 자신의 아내인 사라Sarah에 의해 광야로 쫓겨난 후처 하가르Hagar와 큰아들 이스마엘Ismail을 찾아왔다가 재발견했다. 그래서 아랍인들은 이 자리가 이스마엘의 어린 동생 이삭Isaac처럼 아브라함이 이스마엘을 하나님께 제물로 바치려 했을 때 큰 나라를 이루겠다는 언약을 받았던 바로 그 장소라고 믿고 있다.

물론 이러한 이야기들은 카바의 실제적 유래라기보다 카바의 의미를 전하기 위해서 만들어낸 것이다. 사실 카바를 누가 건설했는지, 언제부터 그곳에 있었는지 아는 사람은 없다. 이 장소가 성스럽고 고결한 것은 신전 때문이 아니라 다른 진짜 이유가 있는지도 모른다. 카바 근처에는 '잠잠Zamzam(물이 잠잠 솟아난다고 해서 붙인 이름)'이라고 불리는 샘이 있다. 갈증에 허덕이던 하가르와 이스마엘에게 물을 제공했다는 전설적인 샘이다. 이렇듯 사막 한복판에서 솟아나는 샘물이 아라비아의 유목민들에게 성스러운 장소가 된 것은 당연하지 않을까? 그리고 이 사실을 이해하는 데는 별다른 상상력도 필요하지 않다. 카바 신전은 어쩌면 아랍인들의 만신전이 아니라 잠잠 샘 주위에서 행해지던 의식에 필요할 용품을 보관하는 창고로서 얼마 후에 건립되었을 수도 있다. 실제로 카바에 관련된 초기 전설에 따르면, 내부에 모래를 판 구덩이가 있고 신비한 뱀이 그 안에 보관된 보물을 지키고 있었다고 한다.

 원래의 성소는 고대 아랍인들에게 우주 철학적인 중요성을 지녔을 가능성도 있다. 카바에 있는 많은 우상이 행성이나 별과 동일시되고 있을 뿐만 아니라 360개에 달하는 우상의 숫자 역시 천문학적 의미를 내포하고 있기 때문이다. 오늘날 연례적인 순례에서 빠뜨릴 수 없는 의식이 된 '타와프tawaf(카바 신전을 일곱 바퀴 돌기)'는 천체의 움직임을 모방했을 가능성이 있다. 잘 알려져 있듯이, 신전이나 성소는 우주 창조를 설명하는 축소판이라는 것이 고대인들 사이에 널리 퍼진 믿음이었다. 이집트의 피라미드나 예루살렘의 신전과 같이, 카바 역시 '중심점'이라고 불리는 하나의 '액시스 문디axis mundi'로서 건설되었을지 모른다. 즉 우주가 그 둘레를 공전하는 신성한 공간이거나 지구와 천체 사이의 연결점이라는 것이다. 고대 아랍인들이 '세계의 중심점'이라고 불렀던 카바 바닥에 부착된 못의 존재 이유도 그런 관점으로 설명할 수 있을 것이다. 호팅G. R. Hawting에 따르면, 고대의 순례객들은 신전 안에 들어가 옷을 찢어버리고 자신들의 배꼽을 그 못에 댐으로써 우주와의 합일을 꾀하기도 했다.

1 사막의 성소

하지만 그 기원은 유감스럽게도 카바 신전에 관한 다른 이야기들과 마찬가지로 단순히 추측일 뿐이다. 학자들이 분명하게 말할 수 있는 것은 서기 6세기까지 진흙과 돌로 만든 이 작은 신전이 아라비아 종교 생활의 중심지였다는 것이다. 잘못 정의되어 사용되고 있으나, 무슬림들은 보통 이슬람 이전의 우상숭배 시대를 '자힐리야Jahiliyyah' 곧 '무지의 시대' 라고 부른다.

무슬림들은 보통 자힐리야를 도덕적 타락과 종교적 알력의 시대로, 이스마엘의 후손들이 유일신 숭배를 저버려 아라비아 반도가 우상숭배의 어둠에 빠졌던 시기로 이해하고 있다. 그러나 자힐리야 이후에는 새벽에 먼동이 트듯이 예언자 무함마드가 7세기 초 메카에서 출현하여 유일신교의 복음을 전파하고 절대적 도덕규범을 설파하게 된다. 그가 신으로부터 받은 기적과 같은 계시들은 아랍인들의 우상숭배에 종지부를 찍었고, 무지의 시대를 전 우주적인 이슬람으로 대치했다.

실제로 이슬람이 출현하기 이전에 아랍인들의 종교 생활은 매우 복잡했다. 당시에 아라비아 반도에 우상숭배가 보편적이었던 것은 사실이지만, 힌두교라는 용어가 그렇듯이 우상숭배paganism라는 말도 무의미한 것이다. 우상숭배란 거의 무제한적인 종교와 관습의 다양성을 쉽게 설명하기 위해 만들어진 경멸적인 용어일 뿐이다. 이교도를 뜻하는 라틴어의 '파가누스paganus' 란 단어는 '촌스러운 시골뜨기' 혹은 '무식한 농사꾼' 을 의미하며, 원래 기독교인들이 다른 종교를 추종하는 사람들을 지칭하기 위해 만들어낸 조롱 섞인 말이다. 그러나 어떤 면에서 이 용어는 적절한 호칭이라고 볼 수도 있다. 기독교와 달리 우상숭배는 통일된 체계를 지닌 신앙이나 실천이라기보다 대중의 영향과 해석에 민감한 종교적 현상이다. 이교적 우상숭배는 일반적으로 보편주의나 도덕적 절대주의를 추구하지 않는다. 우상숭배적 신조라거나 우상숭배적 규범과 같은 것은 없다. '우상숭배적 정교' 혹은 '우상숭배적 비정교'로 정의할 만한 것도 존재하지 않는다.

한편 이슬람 이전 아랍인들의 우상숭배를 언급할 때에는 사막 유목민들의 종교적 경험을 메카와 같은 도시에 정착한 부족들의 경험과 구별하는 것이 중요하다. 6세기 아라비아 유목민의 우상숭배는 물신숭배, 토테미즘, 조상숭배에 이르는 다양한 신앙과 관습을 포함한 반면, 더 규모가 큰 정착 사회에서 싹튼 것은 형이상학적이거나 내세에 관한 문제들이 아니었다. 유목민들이기 때문에 원시적으로 우상을 숭배했다는 것은 아니다. 오히려 이슬람 이전 아라비아의 유목민들에게는 풍부하고 다양한 종교적 전통의 근거들이 많이 있다. 그러나 유목 생활이라는 것은 직접적이고 실제적인 관심사에 부응하는 종교를 필요로 한다. 어떤 신이 우리를 물이 있는 곳으로 인도할 수 있는가, 어떤 신이 우리의 질병을 치료해줄 수 있는가와 같은 것들 말이다.

아라비아 정착 사회에서 우상숭배는 초창기의 단순한 현시顯示에서 복잡하고 새로운 애니미즘으로 발전했다. 이로 인해 창조자인 신과 피조물 사이에 신성하거나 반신성한 여러 매개물이 존재하게 되었다. 창조자는 '알라Allah'라고 불렸는데, 알라는 고유명사가 아니라 단순히 신을 의미하는 '알일라al-ilah'가 축약된 것이다. 그리스의 제우스처럼 알라 역시 원래는 비와 하늘의 신이었으나, 이슬람 이전 시대에 최고신으로 격상되었다. 아랍 신들 가운데 알라의 두드러진 위상은 평민들이 탄원하기 어려운 최고신으로 인식되었으므로, 오직 위기에 처했을 때나 감히 탄원할 수 있는 존재였다. 평상시에는 알라의 세 딸인 알라트Allat(여신), 알웃자al-Uzza(전능자), 마나트Manat(운명의 여신)와 같은 중재자에게 접근하는 것이 훨씬 편리했다. 이 가운데 마나트 여신의 이름은 아마도 히브리어의 '몫'이나 '운명'을 의미하는 '마나mana'에서 유래한 듯하다. 세 중재신은 카바에 모셔져 있었을 뿐만 아니라 아라비아 반도 전역에 각자의 성소가 있었다. 알라트의 성소는 타이프Ta'if, 알웃자의 성소는 나클라Nakhlah, 마나트의 성소는 꾸다이드Qudayd 지역에 각각 있었다. 아랍인들은 비를 간절히 원할 때, 자녀가 병에 걸렸을 때, 전쟁터에 나갈 때, 진Jinn(정령)이 살고 있는 사막 속으로 여행을 떠날 때 그들에게 간구했다. 서양에서 '진니'라고 불렸던 진은 연기가 나지 않는 불꽃과 같으며, 지능적이고, 감지되지 않는 존재였다. 아라비안나이트에서는 님프나 요정으로 나오기도 했다.

이슬람 이전 아라비아에 사제나 성서는 없었지만, 그렇다고 신들이 언제나 침묵을 지킨 것은 아니었다. 아라비아의 신들은 카힌Kahin이라고 불리는 일종의 무속인들이 무아지경 속에서 하는 말을 통해 필요할 때마다 자신을 드러냈다. 카힌은 사례를 받고 일종의 최면 상태에 빠져 신이 내린 말씀을 간결하고 운율적인 대구의 형식으로 전한 시인이자, 무당이나 점쟁이 같은 사람이었다. 이슬람 이전에 시인들은 음유시인, 부족의 역사 기록자, 사회문제 해설자, 도덕철학 강연자, 그리고 가끔은 법률가로서 이미 중요한 역할을 하고 있었다. 이들 역할 중에서도 카힌은 영적 시인의 기능을 주로 행했다. 사회·경제 각 계층 출신으로 구성되었으며 다수의 여성도 포함되어 있는 카힌들은 꿈을 해석하고, 범죄를 해결하고, 잃어버린 가축을 찾고, 분쟁을 해결하고, 도덕에 관해 설명했다. 델포이Delphi의 아폴로 신전 무녀처럼 아라비아 카힌의 신탁은 애매하고 의도적으로 부정확했으므로, 신들이 진짜로 원하는 바를 알아내는 것은 일반인의 책임이었다.

카힌은 인간과 신의 연결 고리였으나, 신과 직접 소통하지 않고 진이나 다른 영적 매개물을 통해 간접적으로 소통했다. 카힌을 포함해 다른 어느 누구도 알라에게 직접 접근하지 않았다. 하늘과 땅을 만들고 자신의 모습대로 인간을 만든 알라는 헤자즈 전체에서 카바 신전에 있는 우상의 모습으로 숭배되지 않은 유일한 신이었다. '신들의 왕' 또는 '신전의 주인'이라고 불린 알라였지만 카바의 중추적 신은 아니었다. 그 중추적 신은 이슬람이 출현하기 수백 년 전에 메카에 옮겨온 시리아의 후발 신이었다.

이슬람 이전 아라비아의 신앙생활에서 알라의 역할은 크지 않았다. 그러나 아라비아의 신들 가운데 알라가 갖는 두드러진 위상으로 미루어 헤자즈 지방의 우상숭배가 단순한 정령 숭배적 모습에서 얼마나 진화했는지를 짐작할 수 있다. 순례객들이 카바에 접근하면서 부르는 단조로운 읊조림에서도 진화의 모습을 발견할 수 있다.

여기 제가 왔나이다, 알라여, 여기 제가 왔나이다.
당신에게 비길 자는 없나이다.
당신이 가지신 상대를 제외하면은
당신은 그와 그가 가진 모든 것을 가지고 있나이다.

무슬림들의 신앙고백인 "알라 외에 다른 신은 없도다"와 매우 비슷한 이 구절은 독일의 막스 뮐러Max Müller라는 문헌학자가 명명한 단일신교henotheism(여러 신의 존재를 인정하면서도 그중 한 신을 받들고 믿는 것)의 원시적 흔적이 이슬람 이전 아라비아에 존재했음을 보여준다. 아라비아 단일신교의 최초 흔적은 기원전 2세기에 두 사마위dhu-Samawi, 즉 '천국의 주인'이라는 신을 섬긴 예멘의 아미르Amir 부족으로 거슬러 올라갈 수 있다. 아미르 족의 숭배 내용을 자세히 알 수는 없으나 대부분 학자들은 단일신교가 6세기까지 거의 모든 정착 아랍인들의 신앙이었다고 확신하고 있다. 이들은 천국의 주인인 알라를 자신들의 최고신으로 받아들이면서 유대인의 신 야훼Yahweh와 동일한 존재라고 생각했다.

유대인은 로마인의 예루살렘 신전 약탈 후인 서기 70년과 시몬 바르 코흐바Simon Bar Kochba의 구세주 봉기 사건 후인 서기 132년에 아라비아 반도로 대거 이주했으나, 가장 오래된 것은 이보다 1,000년 전인 바빌론 유수 때로 소급해 올라간다. 유대인들은 이슬람 이전 아라비아의 종교사회적 환경에 철저히 동화되어 번영했고, 디아스포라Diaspora(유대인 집단)를 형성했다. 개종한 아랍인이건 팔레스타인에서 온 이주자건 상관없이 유대인은 아랍 사회의 모든 계층에 존재했다. 고든 뉴비Gordon Newby에 의하면 헤자즈 지방 도처에 유대인 상인, 유대인 유목민, 유대인 농부, 유대인 시인, 유대인 전사들이 있었다. 유대인 남자들은 아랍식 이름을 가졌고, 여자들 역시 아랍 의상을 입었다. 유대인 가운데 일부는 아람어나 아람어의 방언을 사용하기도 했으나 대부분은 아랍어를 구사했다.

아라비아의 유대교는 근동近東 지방의 다른 유대교 중심지들과 유대를 가지고는 있었지만, 전통적 유대교와 그 교리하고는 다른 고유의 특징을 발전시켰다. 그들은 이단적인 아랍인처럼 요술을 믿고, 부적이나 예언을 사용하는 등 이른바 '미신popular religion'에 대하여 큰 저항이 없었다. 아라비아 반도 일부 지역에 공식적인 랍비가 존재하였으며, 아랍어의 카힌과 유사한 코헨Kohen이라고 불리는 유대 점술가도 있었다. 이들은 공동체의 사제였으나 신탁을 행한다는 점에서는 우상숭배적인 아랍 카힌과 비슷했다.

유대인이 상당히 아랍화되었고, 신앙과 관습에서 아랍인에게 깊은 영향을 받았다는 점에서 둘의 관계는 공생적이었다. 상호 영향에 대한 증거로서 카바 신전만큼 좋은 것은 없다. 카바 신전의 기원 설화에 따르면, 원래 카바 신전은 유대 전설에 깊이 뿌리내린 셈 족의 성소(아랍어로 하람haram)였다고 한다. 이슬람 출현 이전에 아담, 노아, 아브라함, 모세, 아론은 이런저런 이유로 카바 신전과 연관되어 있으며, 오늘날 신전의 남동쪽 모서리에 박혀 있는 신비한 흑석도 야곱이 그 유명한 '사다리 꿈'을 꾸면서 머리를 기대었던 바로 그 돌이라는 설이 있다.

유대인처럼 아랍인도 스스로 카바를 재발견하고 순례 의식을 만들어낸 아브라함의 후손이라고 생각하는 것을 보면, 유대인과 아랍인의 밀접한 관계는 충분히 이해가 간다. 아브라함은 아랍인에게 존경의 대상이었고, 카바 신전 안에 이단적 무당의 복장을 한 그의 우상이 놓여 있을 정도였다. 아랍인이 알라를 유대인의 야훼와 동일시하는 것처럼 아브라함은 신도 아니고 우상도 아니었다. 6세기 아라비아에서 유대의 유일신교monotheism는 우상숭배의 아랍인에게 결코 이단이 아니었다. 왜냐하면 아랍인의 우상숭배는 전혀 다른 종교적 이념도 쉽게 받아들일 수 있었기 때문이다. 이교적 아랍인은 유대교가 자신들과 비슷한 종교적 개념을 단지 다르게 표현하고 있을 뿐이라고 이해했다.

아랍인이 당시 아라비아 반도에 전파되어 있었던 기독교를 바라보는 관점도 유대교와 마찬가지로 설명할 수 있다. 아랍인은 북서쪽으로 시리아, 북동쪽으로 메소포타미아, 남쪽으로 아비시니아(에티오피아)에 이르기까지 기독교인에 둘러싸여 있었다. 6세기까지 예멘은 헤자즈 지방의 기독교 요람이 되어 있었다. 예멘의 사나Sana'에 건설된 큰 교회는 헤자즈의 순례지 메카와 오랫동안 경쟁 상태였고, 나즈란Najran 역시 기독교 중심지로 널리 이름을 떨쳤다.

복음 종교로서 기독교는 아랍 땅의 경계에 머무는 것에 만족하지 않고 아라비아 반도 전체에 복음을 전파하려는 노력을 기울여, 많은 아랍 부족이 무리를 지어 기독교로 개종했다. 이 가운데 로마 세계와 아랍 세계의 접경에 살면서 그리스도 비잔틴왕국과 '미개한' 유목민 사이에 완충 역할을 한 갓산Ghassanids 족의 개종은 가장 규모가 컸다. 이들은 헤자즈 지방의 선교 활동을 활발히 지원했고, 비잔틴 황제들은 성직자를 사막의 오지에 보내 나머지 아랍인들을 신도로 규합하려고 힘을 기울였다. 그러나 실상 갓산인들과 비잔틴인들은 각기 다른 기독교 교리를 설파하고 있었다.

예수가 완전한 신이자 완전한 인간이라고 선언한 325년 니케아종교회의Nicene Council와 삼위일체설을 기독교 이론으로 정립한 451년 칼케돈종교회의Council of Chalcedon 이후, 로마 정교회는 근동의 대부분 기독교 지역을 이단시했다. 그러나 삼위일체설이 신약에 분명하게 언급되어 있지 않았던 초기 기독교 사회에서는 이 이론이 널리 알려지거나 채택되지도 않았다. 사실 '삼위일체설Trinity'이란 용어는 3세기 초에 가장 완고하고 오래된 교부敎父 중 하나인 카르타고Carthage의 터툴리안Tertullian이 만든 용어이다. 터툴리안의 입장을 따라 몬타니스트Montanist 기독교인들은 예수가 양적이 아니라 질적인 면에서 신과 동일하다고 믿었다. 모달리스트Modalist 기독교인들은 삼위일체설이라는 세 가지 연속적 양상, 즉 성부와 성자와 성령으로 신을 표현했다. 네스토리우스 기독교인들은 주창자인 콘스탄티노플 대주교 네스토리우스Nestorius(451년 사망)를 따라 예수는 완전히 다른 두 가지 성질, 즉 인성과 신성을 가지고 있다고 주장했다. 한편 도세티스트Docetist라고 불린 그노시스주의Gnostic 기독교인들은 예수는 인간으로 보이기만 할 뿐, 사실은 완벽한 신이라고 주장했다. 이 밖에 아리우스Arius와 같은 교부들은 삼위일체설을 전면적으로 부정했다.

로마제국의 공식 종교가 된 이후로는 예수의 성격에 관한 이론

중에서 히포Hippo의 아우구스티누스Augustinus(430년 사망)가 명료하게 제시한 교리가 주를 이루었다. 아우구스티누스는 성자가 삼위일체인 성부와 '동일한 실체 혹은 존재'라고 강조했다. 이에 따라 몬타니스트, 모달리스트, 네스토리우스 파, 그노시스 파, 아리안 파 모두가 이단으로 선언되고 교리는 억압되었다.

콘스탄티노플의 끊임없는 압박과 통제 밖에서 거주하는 기독교인처럼 갓산의 아랍인들 역시 니케아종교회의에 입각하여 예수의 양성(신성과 인성)을 인정하는 단성론자Monophysites의 교리를 받아들이지 않았다. 단성론자는 예수는 오직 하나의 성질, 즉 인간인 동시에 신이라고 믿었는데 학파에 따라 어느 한 면을 더 강조하기도 했다. 일반적으로 말해서 안티오키아인들은 예수의 인성을 강조한 반면, 알렉산드리아인들은 예수의 신성에 더 비중을 두었다. 갓산인은 비잔틴제국의 보호하에 있는 기독교인들이었으나, 보호자의 교리를 따르지는 않았다.

그렇다면 헤자즈에서는 어떤 기독교 교리가 지배적이었는가? 이것은 카바 신전 안을 들여다보면 알 수 있다. 전승에 따르면, 성소 안에 놓인 예수의 조각상은 바꾸라Baqura라는 이집트 기독교인이 갖다 놓았다고 한다. 만약 예수 상이 카바에 존재한 것이 사실이라면, 아랍인이 예수를 완벽한 신인神人으로 보는 단성론을 받아들인 것으로 볼 수 있다.

정통이든 비정통이든 아라비아 반도에 기독교가 존재함으로써 우상숭배적 아랍인이 큰 영향을 받은 것은 사실이다. 꾸란에는 기독교의 전승에 관련된 이야기, 특히 예수와 관련된 이야기가 많다. 또한 계시, 최후의 심판, 구원과 천국에 대한 묘사에서 성경과 꾸란은 놀라운 유사성을 보이고 있다. 물론 이런 이유 때문에 꾸란이 알라의 계시라는 사실을 부정하는 것은 아니다. 그러나 아라비아에 널리 퍼진 기독교의 영향을 받아 아랍적 상징이나 은유를 통해 꾸란이 나타났을 가능성은 배제할 수 없다.

갓산인이 비잔틴제국의 변방을 수호했다면, 다른 아랍 부족 라크미드인Lakhmids은 사산조페르시아를 위해 동일한 봉사를 했다. 키루스Cyrus 대왕의 고대 이란왕국의 후예로서 거의 1,000년 동안 중앙아시아를 지배한 사산인Sasanians은 조로아스터교를 숭배했다. 이란의 예언자 자라투스트라Zarathustra가 무려 1,500년 먼저 창시한 이 종교의 우주 창조론, 우주 철학, 종말론은 지역 내 다른 종교, 특히 유대교와 기독교의 발전에 깊고도 강한 영향을 끼쳤다.

자라투스트라는 예수 그리스도보다 1,000년 이상 일찍 천국과 지옥, 육체의 부활, 기적적으로 동정녀에게서 탄생할 메시아의 출현, 천사와 악마의 군대 사이에 벌어질 최후의 전쟁을 설파했다. 자라투스트라 신학의 중심에는 하늘과 땅, 낮과 밤, 빛과 어둠을 창조한 유일신 마즈다Mazda의 단일신 체계가 있었다. 그러나 자라투스트라는 자신이 믿는 신이 선의 원천이자 악의 원천이라고 쉽게 생각할 수는 없었다. 그래서 그는 두 개의 대립적 정신, 즉 '스펜타마이뉴Spenta Mainyu(선한 마음)'와 '앙그라마이뉴Angra Mainyu(악한 마음)'가 각각 선과 악에 책임이 있다는 윤리적 이원주의를 발전시켰다. '쌍둥이 자식twin children'이라고 불린 마즈다의 두 마음은 진리와 거짓의 정신적 구현이기도 했다.

사산조 시대까지 자라투스트라의 원시적 단일신교는 이원 체계로 확고하게 변형되어 두 개의 본원적 정신은 인간의 영혼 속에서 끊임없이 싸우는 두 신으로 바뀌었다. 두 신은 아후라마즈다Ahura Mazdah(빛의 신)와 아리만Ahriman(어둠의 신, 기독교 사탄의 원시적 형태)으로 발전했다. 조로아스터교는 엄격한 계급주의와 종교적 순수성에 대한 광적인 집착 때문에 개종하기가 매우 어려웠으나, 아라비아 반도에 주둔하던 사산조의 군대 때문에 몇몇 아랍 부족이 조로아스터교파 가운데 비교적 온건한 마즈다키즘Mazdakism과 마니케이즘Manichaeism으로 개종하기도 했다.

이상에서 살펴본 대로 근동에서 마지막 남은 우상숭배 지역인 이슬람 이전 아라비아 반도는 단일신교적 우상숭배가 주를 이루고 여기에 조로아스터교, 기독교, 유대교가 혼재된 종교적 상황이었다. 아라비아 반도의 이 세 종교는 발상지로부터 비교적 멀리 떨어져 있었으나, 역설적으로 교리나 의식을 참신하고 혁신적인 형태로 자유롭게 발전시킬 수 있었다. 특히 무지의 시대인 자힐리야의 종교 중심지인 메카의 활발한 다원론적 분위기는 대담하고 새로운 개념과 흥미로운 종교적 이론이 태동할 수 있는 터전이었다. 이 가운데 가장 중요한 것이 6세기경에 태동하였으니, 바로 헤자즈 지방에만 약간 알려져 있던 '아랍유일신주의' 즉 하니피즘Hanifism이었다.

하니피즘의 기원은 무엇인가? 하니피즘의 전설적 기원은 무함마드의 초기 전기 작가인 이븐 히샴의 글에 설명되어 있다. 어느 날 메카인들이 카바에서 우상적 축제를 벌이고 있을 때 와라까 이븐 나우팔Waraqa ibn Nawfal, 우스만 이븐 후와이리스Uthman ibn Huwairith, 우바이드 알라 이븐 자흐쉬Ubayd Allah ibn Jahsh, 자이드 이븐 아므르 Zayd ibn Amr라는 네 사나이가 떨어져나와 사막에서 비밀리에 만났다. 그들은 이곳에서 선조들이 섬겨온 우상을 결코 섬기지 않겠다고 맹세했다. 그리고 이 자리에서 유대인도 아니고 기독교인도 아닌 유일신주의자 아브라함의 순수한 종교에 귀의하겠다는 엄숙한 서약이 이루어졌다. 아랍유일신주의자, 즉 하니프Hanif는 '우상숭배로부터 등을 돌린다'는 의미의 'hnf'에서 유래했다. 그 후 네 남자는 메카를 떠나 새 종교를 설파하고 자신들의 생각에 동조하는 사람들을 모았다. 그러나 이들 가운데 와라까, 우스만, 우바이드 알라는 결국 기독교로 개종하고 말았는데, 이것은 이 지역에 기독교의 영향이 있었다고 전술한 내용과 일맥상통한다. 그러나 자이드는 '어떤 도움도 해로움도 주지 못하는 우상들'을 끝까지 숭배하지 않고 새로운 신앙을 지켰다.

자이드는 카바 신전의 거친 돌담에 등을 기대고 서서 동료 메카인들을 소리쳐 꾸짖었다.

"나는 알라트와 알웃자를 버렸노라. 내가 아직 생각이 미숙했을 때는 후발 신을 섬겼지만 이제는 더 이상 그도 섬기지 않을 것이다." 시끄럽고 어수선하게 붐비는 시장을 지나다니며 그는 계속 소리쳤다. "그대들이 아무도 아브라함의 종교에 귀 기울이지 않더라도 나는 그분을 따르리라."

당대의 모든 설교자처럼 자이드 역시 시인이었다. 그가 말한 구절에는 시적으로 훌륭한 고백이 담겨 있었다고 한다. 그는 계속해서

"알라께 찬미하고 감사를 드리노라. 그분을 능가할 신은 없도다"라고 노래했다. 이같이 유일신 숭배를 주장하고 신전의 우상들을 부인한 자이드였지만, 영적으로 아브라함과 관련이 있는 카바 신전 자체에 대해서는 깊은 숭배심을 버리지 않았다. 카바 신전을 향해 자이드는 "아브라함이 그랬듯이 저 또한 피난을 구하나이다" 하고 기도했다.

하니프 사상은 아라비아 반도 전역에 활발히 전파되었다. 특히 시인 우마이야 이븐 아비 살트Umayya ibn Abi Salt가 '아브라함의 종교'를 찬양하는 시를 지었던 대규모 정착 도시 타이프, 그리고 두 명의 유력한 하니프 설교자 아부 아미르 알라힙Abu Amir al-Rahib과 아부 까이스 이븐 알아스라트Abu Qais ibn al-Aslat의 고향인 야스립Yathrib에서는 하니프 사상이 많이 고취되었다. 이 밖에 '그의 부족들에 의해 잃어버린 예언자'라는 별명을 가진 칼리드 이븐 시난Khalid ibn Sinan과 '아랍인들의 현자'로 알려진 까스 이븐 사이다Qass ibn Sa'idah도 하니프 설교자들이었다. 이슬람 이전 아라비아 반도에 얼마나 많은 하니프 개종자가 있었는지, 얼마나 널리 전파되었는지 알 수는 없다. 그러나 분명한 것은 우상숭배적 아랍인들의 모호한 단일신교를 조나단 퓨엑Jonathan Fueck의 용어인 '아라비아의 민족적 유일신교'로 바꾸기 위해 정력적으로 노력한 사람이 아라비아 반도에 많았다는 사실이다.

하니피즘(아랍유일신교)은 단순히 원시적인 아랍 유일신 운동 그 이상이었던 것으로 보인다. 하니프들은 창조와 관련되고 인간과의 사이에 중재자가 필요치 않은 유일한 신에 대해 설교했다. 하니프 운동의 중심에는 절대적인 도덕성에 대한 준수가 자리했으며, 단순히 우상숭배를 하지 않는 것으로는 충분하지 않았다. 그들은 사람이 도덕적으로 정의롭기 위해 노력해야 한다고 믿었다. 자이드는 기도했다. "나는 자비로운 주님을 섬기나니, 용서가 많으신 주님이시여, 나의 죄를 사하여주소서."

하니프들은 또한 추상적이긴 했지만 모든 인간이 자신의 도덕적 선택에 대해 책임을 져야 하는 응보의 날이 도래할 것이라고 경고했다. 예컨대 자이드는 메카 사람들에게 경고했다. "사람들이여, 죽음 뒤에 오는 것을 경계하시오. 알라께는 아무것도 숨길 수 없소이다." 이러한 경고는 인간의 도덕성에 기초한 내세를 확실히 알지 못했던 사람들에게 전적으로 새로운 개념이었다. 기독교와 마찬가지로 하니피즘 또한 복음 전파를 강조하였으므로 대다수 정착 아랍인, 특히 메카의 주민들은 하니프의 신앙을 잘 알고 있었다. 예언자 무함마드 역시 메카의 주민이었으므로 기독교나 하니피즘을 잘 알고 있었을 것이다.

사실 하니프 자이드와 10대 무함마드의 놀라운 만남을 설명하는 전승은 잘 알려져 있지 않다. 이 이야기는 무함마드의 최초 전기 작가인 이븐 이삭을 인용하여 유누스 이븐 부카이르Yunus ibn Bukayr가 전한 것으로, 다른 전기 작가인 이븐 히샴이 무함마드 전기를 기록할 때에 삭제된 것으로 보인다. 하지만 키스터M. J. Kister는 내용이 비슷한 열한 가지 다른 전승을 수집하고 있다.

어느 무더운 여름날, 무함마드와 그의 친구 이븐 하리사Ibn Haritha

는 우상(아마도 알라트 신)에게 암양을 제물로 바치고 타이프에서 집으로 돌아오는 길이었다. 메카 계곡을 지나가고 있을 때, 두 소년은 뜻밖에 자이드를 만났다. 그때 자이드는 깊은 산 속에서 속세를 등지고 살고 있었거나, 아니면 오랫동안 영적으로 은둔 중에 있는 상태였다. 무함마드와 이븐 하리사는 그를 바로 알아보고 자힐리야의 관습대로 "인암 사바한(아침의 축복을 받으십시오)"이라고 인사했다. 그리고 그의 옆에 앉아서 휴식을 취하게 되었다.

무함마드가 물었다. "아저씨, 왜 사람들은 아저씨를 싫어하지요?"

자이드가 대답했다. "사람들은 내가 우상 신들을 섬기지 않기 때문에 싫어할 것이다. 나는 아브라함의 종교를 원하고 있지."

무함마드는 그의 설명을 들은 후에 제물로 바치고 남은 고기를 짐꾸러미에서 꺼냈다. "이것 좀 드세요, 아저씨."

그러나 자이드는 갑자기 인상을 찌푸리며 말했다. "얘야, 이건 네가 우상들에게 제물로 바치고 남은 고기 아니더냐?" 무함마드가 그렇다고 대답하자, 자이드는 화를 냈다. "제물로 바친 고기 따위는 절대로 먹을 수 없다. 나하고 제사는 아무 상관없는 일이야. 나는 신도 아닌 그따위 우상들을 위해 바친 것을 먹는 사람이 아니거든."

자이드의 노여움에 충격을 받아서였을까, 몇 년 후 무함마드는 당시를 회고하면서 이렇게 말할 정도였다. "나는 그날 이후 신께서 나에게 사도의 영예를 주실 때까지, 어느 우상도 우러러보지 않고 어떤 제물도 바치지 않았노라."

믿음이 없던 시절의 젊은 무함마드가 우상숭배를 한다는 이유로 하니프의 꾸짖음을 받았다는 것은 예언자 무함마드가 유일신을 성실히 신봉했다는 무슬림의 전통적 견해와 상충되는 것이다. 사실 신에게 부름을 받을 때까지 무함마드는 부족의 우상숭배 의식에 전혀 참여하지 않았다는 것이 일반적인 생각이었다. 예언자 전기 작가인 알타바리al-Tabari 역시 신께서는 무함마드가 영적으로 불순해지지 않도록 이단적 종교의식의 참여를 막았다고 말했다. 그러나 이 견해는 마리아의 영원한 처녀성을 믿는 가톨릭을 연상케 하는 것으로, 역사적으로나 경전상으로나 근거가 거의 없다. 신이 무함마드가 "잘못을 저지르는" 모습을 보고 바른길로 인도하였다는 것을 꾸란이 인정할 뿐만 아니라(93 : 7), 고대 전승들도 무함마드가 메카의 종교의식, 예컨대 카바 신전 돌기, 제물 바치기, 타한누스tahannuth라고 불리는 이단적 은둔 생활에 깊이 빠져 있었음을 분명히 밝히고 있다. 실제로 이단적인 카바 성소가 무너졌을 때, 무함마드는 적극적으로 그 재건에 참여했었다(이때 규모가 확장되고 지붕이 있는 모양이 되었다).

무함마드가 처음부터 유일신교적 순수성을 유지했다는 것은 그가 받은 계시가 신성하다는 믿음을 더욱 뒷받침하기 때문에 중요하다고 볼 수 있다. 그런데 무함마드가 자이드와 같은 사람으로부터 영향을 받았음을 인정한다면, 그가 받은 계시가 신이 내린 것이 아닐 수도 있다는 말이 된다. 그러나 이러한 우려는 대부분의 실상과 달리 종교가 문화적 진공 상태에서 태동한다는 잘못된 생각에서 비롯된 것일 뿐이며, 실제로는 대개 그렇지 않다.

모든 종교는 한 시대의 사회적·정신적·문화적 환경에 불가피하게 영향을 받으며 그 환경 속에서 태동하고 발전한다. 종교를 창조하는 사람은 예언자가 아니다. 보통 예언자는 일반인이 이해할 수 있는 참신한 상징과 은유를 통해 그들의 사회에 이미 존재하는 믿음과 실천을 재해석하고 재정비하는 개혁가다. 그리고 그 후임자가 예언자의 언행을 보다 쉽고 통일된 종교적 체계로 만든다.

앞서 간 많은 예언자처럼 무함마드 역시 자신이 새 종교를 창시했다고 주장한 적은 결코 없다. 스스로 인정한 바와 같이, 무함마드의 메시지는 이슬람 이전 아라비아에 존재하던 종교적 사상과 문화적 관습을 개혁하여 유대인과 기독교인의 신을 아랍인에게 알리고자 하는 하나의 시도였다. 꾸란은 이렇게 말하고 있다. "신께서는 노아에게 명하신 종교를 너희들의 종교로 정하셨느니라. … 그것은 신께서 아브라함과 모세와 예수에게 명한 것과 같은 종교이니라.(42 : 13)" 젊은 무함마드가 이슬람 이전 아라비아의 종교적 상황에 영향을 받았다고 해서 이상할 것은 없다. 이슬람의 독특하고 신성한 기원은 다인종·다종교적 사회와 분명히 관련되어 있다. 이러한 사회는 젊은 무함마드의 상상력을 자극했고 믿음이 없는 아랍인들이 쉽게 이해할 수 있는 혁명적 메시지를 만들게 했을 것이다. 이 메시지는 또한 무함마드 자신이 얻으려고 필사적으로 노력했던 것이기도 했다. 무함마드가 어떤 인물이건 그는 분명 자신의 시대를 살다 갔다. 비록 그 시대를 가리켜 '무지의 시대(자힐리야)'라고 부른다 할지라도.

무슬림 전설에 따르면 무함마드는 570년에 태어났다. 그리고 같은 해에 기독교인이자 아비시니아(에티오피아) 통치자인 아브라하 Abraha가 예멘의 사나를 아라비아 반도의 새 종교 중심지로 만들기 위해 코끼리 부대를 앞세우고 메카로 쳐들어왔다. 기록에 의하면, 아브라하의 군대가 카바를 파괴하기 위해 메카에 접근했을 때, 메카 시민들은 거대한 코끼리 부대에 겁을 집어먹고 카바를 무방비 상태로 내버려둔 채 산으로 도주했다. 그런데 이상한 일이 벌어졌다. 아비시니아의 군대가 카바 성소를 막 공격하려 하자, 새떼가 갑자기 하늘을 새까맣게 덮으며 코끼리 부대를 향해 날아오더니 입에 물고 있던 돌을 떨어뜨렸다. 졸지에 새떼의 돌덩이 기습을 받은 침략군은 예멘으로 후퇴할 수밖에 없었다.

달력이 없던 사회에서 그냥 '코끼리의 해'라고 불린 당시의 일은 아랍 연대기에서 매우 중요한 사건이다. 일반적으로 초기 전기 작가들은 무함마드의 탄생 연도를 570년으로 설정하고 있으나, 570년은 무함마드가 태어난 정확한 해도 아니며 아비시니아인들이 메카에 쳐들어온 해도 아니다. 현대 학자들은 오히려 아비시니아의 침공이 552년에 발생했다고 주장한다. 그러나 과거의 어느 누구도 무함마드의 탄생일을 몰랐던 것처럼 현재도 아는 사람은 없다. 이슬람 이전 아랍 사회에서는 생일을 그리 중요하게 생각하지 않았으므로, 무함마드도 자신이 정확히 언제 태어났는지 알지 못했다. 예언자로 인정을 받은 후에도 오랫동안 사람들은 무함마드의 생일에 큰 관심을 기울이지 않았다. 심지어 그가 사망한 후에도 그랬다. 그렇다면 무함마드가 태어난 해로서 코끼리의 해보다 매력적인 때는 없지 않았을까? 그러나 역사적으로 가장 정확하게 말한다면, 무함마드의 탄생 연도는 6세기 후반의 어느 해라고 해야 할 것이다.

대부분의 예언자처럼 무함마드의 출생에도 여러 가지 놀라운 표적과 경이로운 사건이 수반되었다. 역사학자 알타바리의 기록에 따르면, 무함마드의 아버지가 되는 압달라Abdallah의 일행은 결혼식을 올리기 위해 신부의 집으로 가던 중 이상한 여인을 만났다. 처음 보는 미모의 여인이 압달라에게 다가가 잠자리를 같이하자고 유혹한 것이다. 그러나 압달라는 그 유혹을 정중하게 뿌리치고 신부인 아미나Amina의 집으로 갔고, 그곳에서 신방에 들어간다. 결혼식 다음날, 압달라가 집으로 돌아가는 길에 어제의 그 여인이 서 있었다. 그런데 이번에는 압달라를 보는 둥 마는 둥 전혀 관심을 보이지 않았다. 이상하게 생각한 압달라가 물었다. "왜 오늘은 어제처럼 나를 유혹하지 않소?" 여자가 대답했다. "어제 당신의 눈동자에서 빛나던 광채가 지금은 사라졌어요. 그러니 당신을 유혹할 필요가 없답니다."

여인은 이렇게 말하고 사라졌다. 압달라는 그 여인의 말을 곰곰이 생각해볼 기회가 없었다. 왜냐하면 얼마 후 아들 무함마드가 태어나기도 전에 몇 마리의 낙타와 양들을 유산으로 남긴 채 저세상으로 떠났기 때문이다. 한편 무함마드의 예언자적 표적은 계속된다. 임신 중인 아미나의 귀에는 이따금 같은 소리가 들려오곤 했다. "네가 잉태한 아이는 사람들의 주인이시니, 아이가 태어나면 '나는 모든 사악함을 지켜주시는 분께 아이를 맡깁니다' 하고 말하라. 그런 다음 그 아이를 무함마드라 부르거라." 그런가 하면 아미나는 밝은 빛이 나타나 자신의 불룩한 배에 어떤 장면을 그리는 것을 보곤 했는데, 그 그림은 '시리아Syria의 성들'의 모습이었다(시리아는 당시 기독교의 중요한 거점이었다).

유아 시절의 무함마드는 사막의 베두인족 유모의 손에서 길러졌다. 메카의 정착 아랍인들은 자녀가 태어나면 관습에 따라 일정 기간 사막에 보내 자라게 했다. 무함마드가 처음으로 신비한 예언자 경험을 한 것도 바로 이 사막에서였다. 어느 날, 어린 무함마드가 양떼를 돌보고 있을 때였다. 흰 옷을 입은 두 남자가 황금 대야에 흰 눈을 수북이 담아 그에게 다가왔다. 그들은 갑자기 무함마드를 옴짝달싹도 못하게 땅에 누이더니 가슴을 마구 더듬었다. 이윽고 무함마드의 몸에서 심장을 꺼낸 그들은 검은 액체 한 방울을 뽑아낸 후, 가져온 눈으로 심장을 깨끗하게 닦았다. 눈을 동그랗게 뜬 무함마드 앞에서 그들은 깨끗이 닦은 심장을 원래의 자리에 부드럽게 넣은 후 사라졌다.

무함마드가 여섯 살이 되었을 때 어머니 아미나 역시 세상을 떠났다. 고아가 된 무함마드는 이제 할아버지 압드 알무탈립Abd al-Muttalib에게 보내진다. 순례객들에게 잠잠 샘물을 배급하는 책임자였던 할아버지는 우상숭배의 메카 사회에서 가장 영향력이 센 사람 중 하나였다. 그러나 2년 후 할아버지 역시 세상을 뜨게 되자, 고아 무함마드는 다시 숙부 아부 탈립Abu Talib의 집에 보내진다. 재력가였던 숙부는 무함마드를 측은히 여겨 잘 돌보아주었고, 성장한 후에는 이익이 많이 남는 카라반caravane(대상隊商) 무역을 돕도록 했다.

무함마드가 예언자임이 마침내 드러난 것은 바로 이 카라반과 함께 시리아로 무역 여행을 하던 중이었다.

어느 해, 아부 탈립은 시리아로 갈 대규모 무역 대상에 무함마드를 데리고 떠나기로 결정했다. 카라반은 타는 듯한 사막을 천천히 가로지르며 마침내 아라비아 북부의 바스라Basra에 있는 한 수도원을 지나가게 되었다. 그런데 수도원의 기독교 수사인 바히라Bahira가 우연히 이 카라반을 보게 되었다. 그는 학식이 매우 높을뿐더러 옛날부터 교단의 수도승들 사이에 전해 내려오는 비밀의 예언서를 소지하고 있던 터였다. 또한 수도원의 작은 방에 웅크리고 앉아 밤낮으로 고대 필사본을 읽던 그는 풍화되어 너덜너덜한 한 페이지로부터 새 예언자가 도래할 것이라는 사실을 알고 있었다. 어느 날 무함마드의 카라반을 보고 있던 그는 먼 지평선에 무리가 나타났을 때부터 작은 구름 하나가 그 위를 떠다니는 것을 우연히 발견했다. 이 구름은 뜨거운 태양으로부터 카라반의 한 사람을 보호하고 있었다. 대상 중 한 사람이 멈추면 구름이 따라 멈추고, 그 사람이 쉬기 위해 낙타에서 내리면 구름도 그를 따라 움직였다. 그가 마른 나뭇가지 밑으로 들어가면 빈약한 그늘을 충분하게 만들어 시원하게 해주고 있었다. 자신의 발견에 놀란 그는 카라반을 수도원에 초대하기로 결심했다.

바히라는 이 표적이 의미하는 바를 알고 있었으므로, 카라반 인솔자에게 급히 전갈을 보냈다. "당신들을 위해 음식을 준비했으니 모두 오시기 바라오. 소년이나 노예나 할 것 없이 모두 함께 오시면 좋겠소이다."

카라반의 상인들은 뜻밖의 초대에 어리둥절했다. 시리아로 가는 길에 이 수도원을 여러 차례 지나쳤지만 바히라가 오늘처럼 그들에게 관심을 보인 적은 없었기 때문이다. 놀랍고 반가운 가운데 그들은 저녁 여행을 멈추고 늙은 수도승을 만나러 가기로 했다. 환대를 받으며 메카의 상인들이 저녁 식사를 하는 동안 바히라는 일행 한 명 한 명을 뚫어질 듯 바라보았다. 자신이 멀리서 보았던 구름과 나무를 마음대로 명령하던 그 사람을 찾는 것이었다. 그러나 바히라는 곧 그 사람이 없음을 알아차렸다. 그는 실망하는 표정을 지으며 모두 참석했는지를 물었다. "한 사람도 남지 않고 모두 오신 거지요?"

사람들이 짐을 지키고 있는 어린 무함마드만 제외하고 모두 참석했다고 대답하자 바히라는 반색하며 그 소년을 데려와 달라고 부탁했다. 잠시 후 무함마드가 수도원에 들어왔다. 수도승은 그를 경이로운 시선으로 바라보더니 이윽고 몇 가지 질문을 던졌다. 그런 다음, 참석한 모든 사람을 향해 감격에 찬 목소리로 선언했다. "이 소년이 만유의 주님의 사도이시다."

무함마드의 나이 아홉 살에 일어난 일이었다.

여기서 말한 무함마드의 어린 시절 이야기를 어디선가 들어본 듯 하다면, 그것은 거의 모든 예언자 이야기에 비슷한 내용이 나오기 때문이다. 성경의 이야기처럼 이 이야기도 역사적 사건을 말한다기보다는 예언자 출현의 신비함을 강조하는 것으로 보아야 한다. 예언자가 된다는 것은 무엇을 의미하는가? 평범한 사람이 갑자기 예언자가 될 수 있는가? 아니면 예언자의 지위는 그가 탄생하기 전이나,

심지어 역사가 시작되기 이전에 이미 정해져 있는 것인가? 만약 후자가 맞는다면 예언자의 도래를 알리는 전조, 예를 들어 기적이나 예언자임을 알리는 예언 등이 반드시 있어야 하는 법이다.

무함마드를 임신한 아미나의 이야기는 예수를 잉태하고 천사의 목소리를 들은 마리아의 일화와 놀라울 정도로 비슷하다. "보라, 네가 수태하여 아들을 낳으리니 그 이름을 예수라 하라. 저가 큰 자가 되고 지극히 높으신 이의 아들이라 일컬을 것이요…….(누가복음 1 : 31~32)" 그런가 하면 바히라의 이야기는 유대 사울Samuel의 일화와 흡사하다. 신으로부터 이새Jesse의 아들 중 하나가 이스라엘의 왕이 될 것이라는 말을 들은 사울은 온 가족을 연회에 초대하지만 가장 어린 다윗만은 양을 돌보기 위해 남는다. 이에 "양치는 아들 다윗을 나에게 데려오라" 하고 사울이 명하면서 "우리는 다윗이 올 때까지 식사 자리에 앉지 아니하겠노라"라고 말한 고사는 바히라의 이야기와 닮은 점이 많다. 사울에게 이르자 다윗은 곧 왕으로 임명된다(사무엘상 16 : 1~13).

예언자 이야기는 역사적 사실과 관련이 없다. 또한 무함마드, 예수, 다윗의 어린 시절을 기술한 이야기들이 사실인지 아닌지는 중요하지 않다. 단지 중요한 것은 이 이야기들이 예언자, 구세주, 왕 들에 관해 말하려고 하는 것, 즉 창조 이래 신께서 예정한 신성하고 영원한 사명일 뿐이다.

이슬람 이전 아라비아 사회와 연관시켜볼 때, 앞에서 말한 전설들로부터 중요한 역사적 사실을 발견할 수 있다. 예를 들어 무함마드는 메카 시민이고 고아였다는 것, 젊어서부터 숙부의 무역 대상

일을 도왔다는 것, 카라반이 먼 지역에까지 빈번히 여행함으로써 기독교, 조로아스터교, 유대교 부족들과 접할 수 있었다는 것, 무함마드가 메카에 퍼져 있던 하니피즘의 사상과 종교를 잘 알고 있었다는 것, 이러한 환경이 무함마드의 활동에 영향을 주었다는 것 등이다. 실제로 초기 무슬림 전기 작가들은 하니피즘과 이슬람의 관계를 강조라도 하듯이 자이드를 세례 요한에 비유하고, 그가 "이스마엘의 자식들, 특히 압드 알무탈립의 자식 중에서 한 예언자가 나올 것"임을 예언했다고 전한다.

자이드는 이렇게 말했다고 전한다. "내 생전에 그분을 만날 것이라고는 생각하지 않는다. 하지만 나는 그분을 믿으며 그분이 전하는 메시지가 진리임을 선언하고 그분이 예언자임을 증언하노라."

자이드의 생각은 틀렸을지도 모른다. 그는 실제로 예언자를 만났기 때문이다. 자신이 우상에게 제물을 바치지 말라며 훈계했던 그 젊은 고아가 어느 날 자신이 그랬듯이 카바의 그늘에 서서 순례객들을 향해 이렇게 소리칠 줄을 어떻게 알았으랴. "너희들은 알라트와 알웃자와 또 다른 여신인 마나트에 대하여 생각해본 적이 있느냐? … 이것들은 너희들과 너희들의 조상이 이름을 붙인 것에 지나지 않느니라. 너희 백성들아, 아브라함의 종교를 따르라.(53: 19, 23, 2:135)"

2 열쇠의 보관자 메카의 무함마드

한 해의 마지막 두 달인 11월과 12월, 그리고 새해의 1월까지 이어지는 순례의 계절이 도래하면, 작은 도시 메카는 근교의 우카즈Ukaz와 둘 마자즈Dhu' l-Majaz 같은 큰 시장으로 오고 가는 카라반들, 순례자들, 상인들이 법석대는 도시로 변모한다. 그 유래는 알 수 없으나, 메카에 들어가는 모든 카라반은 먼저 메카 교외의 계곡에 멈추어 신상과 상품의 총액을 기록해야 했다. 메카에서 온 사나이들이 카라반이 소지한 옷감, 기름, 대추야자 등의 가치를 매기는 동안 낙타에서는 짐이 내려지고 노예들은 낙타를 쉬게 한다. 메카 사람들은 이 총액을 기준으로 얼마 안 되는 입장료를 부과하는데, 오늘날의 기준으로 보면 일종의 관세와 같다. 이 절차를 거친 사람들은 비로소 깨끗한 옷으로 갈아입은 후 자유롭게 카바에 들어갈 수 있었다.

메카 시는 성소가 위치한 중심에서 방사선상으로 도로가 뻗어나간 형상으로 도로는 좁고 지저분했다. 집들은 대부분 진흙과 짚으로 만들어져, 홍수라도 나면 쉽게 부서졌다. 도시의 중앙으로 갈수록 집들은 크고 견고하게 지어졌으나, 이것들 역시 진흙으로 만들어졌다. 사실 메카에서 돌로 지어진 건물은 카바 신전뿐이었다. '수끄 suqs'라고 불리는 시장의 공기는 노점상에서 풍겨나오는 짐승의 피 냄새와 향료 냄새를 비롯한 이상한 악취와 먼지 때문에 매우 탁했다.

카라반 종사자들은 비좁고 붐비는 시장에서 힘겹게 길을 내며 지나간다. 양의 심장과 염소의 혀를 굽는 모닥불을 지나고, 물건 값을 흥정하는 순례객들과 상인들을 지나고, 어두운 그늘 안에 웅크리고 앉아 있는 거무스름한 여인들을 지나게 되면, 드디어 성소의 신성한 문턱에 도달하게 되는 것이다. 카바에서 순례 의식을 하고 있는 사람들과 섞이기 전에 남자들이 하는 일이 있는데, 바로 잠잠 샘물로 몸을 씻고 '신성한 전당의 주인'에게 자신들이 왔음을 고하는 것이다.

한편 성소 안에서는 희고 깨끗한 긴 웃옷을 입은 한 노인이 나무 우상과 돌 우상들 사이를 천천히 걸으며 촛불을 밝히고 제단을 정리한다. 이 노인은 사제가 아니다. 카힌(무당이나 점성술사)은 더더욱 아니다. 그는 훨씬 더 중요한 인물인데, 바로 꾸라이쉬Quraysh 부족 구성원으로 이 신전을 관리하는 사람이다. 꾸라이쉬 부족은 수세기 전에 메카에 정착한 이래 상업을 통해 축적한 큰 재산을 바탕으로 강력한 세력을 형성하고 있었다. 헤자즈 지방에서 꾸라이쉬 부족은 '아흘 알라ahl Allah(신의 가문)' 즉 신전의 파수꾼으로 불렸다.

꾸라이쉬가 메카를 지배하기 시작한 것은 4세기 말경 꾸사이 Qusayy라고 하는 한 야심만만한 아랍 청년이 여러 세대에 걸쳐 반목하던 부족 구성원들을 통합하고 카바의 관리권을 얻으면서부터였다. 아라비아 반도의 씨족들은 몇 개의 대가족으로 구성되었는데, 이들은 주로 조상의 이름을 따 '바이트bayt(가문)'나 '바누banu(자식들)'를 붙여 불린다. 무함마드가 속한 씨족은 '바누 하쉼banu Hashim(하쉼의 자식들)'이었다. 결혼과 정치동맹을 통해 하나의 씨족이 '아흘ahl' 혹은 '까움qawm(부족)'이라는 더 큰 집단에 포함되는 일도 흔히 있었다. 따라서 바이트나 바누는 아흘이나 까움보다 더 작은 집단이라고 할 수 있다. 이 책에서는 부족이나 씨족이란 용어를 일반적으로 사용하기로 한다.

동맹 관계가 느슨하던 메카의 초기 정착 기간에는 여러 씨족이 도시의 지배권을 장악하기 위해 경쟁했다. 꾸사이는 혈연이나 결혼을 통해 피상적으로 관계가 유지되던 씨족들을 강력하게 규합하여 하나의 대부족인 꾸라이쉬를 탄생시켰다.

꾸사이의 천재성은 메카 지배의 원천이 그 성소에 있다는 것을 간파한 데에서 드러났다. 그는 카바를 장악하는 사람이 도시 전체를 지배할 수 있다는 것을 알고 있었다. 꾸사이는 자신이 속한 꾸라이쉬 부족이 "이스마엘의 후손 가운데 가장 고귀하고 가장 순수하다"는 혈통적 정서에 호소하여 경쟁 부족들로부터 카바를 획득하고 스스로를 '메카의 왕'이라 부르기 시작했다. 그는 순례 의식을 예전처럼 유지했으나 신전의 열쇠는 독점적으로 관리했다. 결국 그는 순례객들에게 음식과 물을 공급하는 일, 카바 주변에서 행해지던 결혼과 할례의 모임을 주관하는 일, 타 지역이나 부족과 전쟁을 결정하는 일을 전부 차지하게 되었다. 꾸사이는 한 걸음 더 나아가 도시 구역를 재정비하여 성소를 중심으로 메카를 몇 개의 구역으로 나누었다. 그리고 거주지는 크게 내심과 외심의 두 권역으로 만들었는데, 다분히 성소의 중요성을 강조한 구조였다. 성소와 가까운 중심부에 메카에서 가장 중요하고 영향력 있는 부족이 거주한 것은 두말할 필요가 없었다. 실제로 꾸사이의 저택은 카바 신전에 부속된 건물이었던 것으로 보인다.

성소에 근접해 있다는 사실이 갖는 의미를 메카인들이 망각할 수는 없었다. 종교적 의식으로 카바 신전을 돌던 순례객들은 자신들이 꾸사이의 집을 돌고 있다는 사실을 무시하기 어려웠을 것이다. 실제로 카바의 내부 성소에 들어가는 유일한 길은 꾸사이의 집을 통하는 것뿐이었기 때문에 그의 허락을 받지 않고는 누구도 성소에 안치된 신상에 접근할 수 없었다. 이런 식으로 메카 시의 정치·종교적 권한을 독점한 꾸사이는 어떤 면에서 '열쇠의 보관자'에 그치지 않고 '메카의 왕'이나 다름없었다. 역사학자 이븐 이삭은 "꾸라이쉬 부족 가운데 그의 높은 위상은 살아 있을 때는 물론이거니와 죽은 후에도 숭배되는 종교와 같았다"고 말했다.

꾸사이의 가장 중요한 혁신은 이른바 메카 경제의 기초를 수립한 것이었다. 그는 이웃한 부족들, 특히 성스러운 사파Safah 언덕과 마르와Marwah 언덕에 사는 부족이 숭배하던 우상들을 카바 한 곳에 모음으로써 메카를 전 헤자즈 지방의 종교 중심지로 만들었다. 그렇게 되자 이사프Isaf와 나일라Na'ila 같은 사랑의 신에게 참배하고 싶은 사람들은 메카로 가야 했고, 성스러운 메카 시에 들어가기 위해서는 꾸라이쉬 부족에게 통행료를 지불해야 했다. 꾸사이는 '열쇠의 보관자'로서 순례객들에게 제공되는 물건과 서비스에 세금을 부과했다. 물건의 구매에서 남는 이익은 몇 년 되지 않아 꾸사이와 그의 일을 돕던 꾸라이쉬의 지배층을 엄청난 부자로 만들어주었다. 그러나 메카에서 벌어들인 이익은 그 이상이었다.

일반적인 셈 족의 다른 성소들과 마찬가지로 카바 신전 역시 신성한 장소였으므로, 카바 일대는 어떤 부족도 싸울 수 없고 무기도 가지고 들어갈 수 없는 비무장 평화지대였다. 순례 기간 중 메카에 온 방문객들에게는 고향에서 가져온 물건을 사고파는 것이 허용되었는데, 이는 도시의 평화와 번영에 이바지했다. 실제로 상업 행위를 더욱 장려하기 위해 대규모 장날이 순례 기간에 맞춰 개최했다. 꾸사이는 한편으로 약육강식의 논리가 지배하는 무법적인 사막에서 대상들의 안전을 보장해주고, 다른 한편으로는 상업 행위에 대해 세금을 걷으면서 메카와 그 주변의 상행위를 관리한 것으로 보인다. 상업 행위에 대해 세금을 징수하기 시작한 것이 꾸사이의 아이디어였는지는 알기 어렵다. 그러나 꾸라이쉬 부족이 예언자 무함마드의 할아버지가 속한 하쉼Hashim 가문의 전성기에 메카 근교에 작지만 활기 넘치는 시장을 연 것은 분명하다. 이 시장은 카바의 순례와 같은 기간에 열렸다.

메카의 상업이 얼마나 이익을 남겼는지는 논란거리이다. 오랫동안 학자들은 메카가 남쪽 예멘의 항구에서 금·은·향료를 수입한 후에 비잔틴과 페르시아제국에 수출하여 막대한 이익을 본 국제무역의 중개지였다고 생각해왔다. 또한 많은 아랍 문헌도 꾸라이쉬 부족은 아라비아의 남쪽과 북쪽 사이의 무역으로 자연 발생한 중개지를 관장했으며 거기 있는 카바 덕분에 그 위상이 대단했다고 기록했다. 몽고메리 와트Montgomery Watt는 이런 관점에서 메카를 헤자즈의 무역 중심지로 보았고, 무함마드 샤반Muhammad Shaban은 메카의 존재이유raison d'être가 무역이라고 주장했다.

그러나 최근 많은 학자가 이러한 견해에 반론을 제기하고 있다. 그 이유는 비아랍어 문헌 중에는 메카가 국제무역의 중심지임을 입증하는 자료가 하나도 발견되지 않았기 때문이다. 패트리시아 크론 Patricia Crone은 그의 저서 『메카의 무역과 이슬람의 출현Meccan Trade and the Rise of Islam』에서 "이슬람 정복 활동 이전에 아라비아 반도가 아닌 곳에서 기록된 문헌 중에는 그리스어, 라틴어, 시리아어, 아람어, 콥트어 모두를 조사해봐도 꾸라이쉬와 그들의 무역 중심지에 대한 언급이 전혀 없다. 이런 침묵은 놀라운 것이며 동시에 중요한 것이다"라고 적고 있다.

크론을 비롯한 여러 학자는 페트라Petra와 팔미라Palmyra같이 확고하게 자리를 잡은 상업도시와는 달리, 이슬람 이전 메카에 자본이 축적되었음을 알리는 구체적인 증거들이 없다고 주장한다. 또한 아랍어 문헌상 증거가 있음에도 불구하고, 역사적 증거와 지리적 판단으로 미루어볼 때 메카가 아라비아 반도의 전통적 무역로상에 위치하지 않았다는 것을 확실히 알 수 있다고 주장했다. 크론은 "무역 상인들이 무역로상에 위치한 타이프에서 휴식할 수 있었는데, 왜 길을 벗어나 불모의 계곡인 메카에까지 들어가겠는가?"라고 반문한다.

크론의 말이 타당하다. 메카를 여행할 이유도, 그곳에 정착할 이유도 없다. 단 한 가지 이유, 즉 카바를 제외하고는 말이다.

메카가 무역로상에 위치하지 않은 것은 분명하다. 헤자즈 지방의 전통적인 무역로는 메카의 동쪽에 위치했다. 그러므로 메카에서 쉬어가려면 예멘과 시리아를 잇는 무역로를 꽤 돌아가야 한다는 결론이 나온다. 반면 전통적인 무역로상에 위치한데다 알라트 신전이 있는 타이프는 메카보다 훨씬 자연스러운 휴식처인 셈이다. 그러나 메카에는 카바 신전이 있었다. 카바 신전 자체도 신성했지만, 이곳에는 각 부족이 숭배하는 성소와 우상들이 집합된 신성함이 있었다.

헤자즈의 사막에 있던 성소들이 지방 신에 그친 것과는 달리, 카바는 특이하게도 보편적인 우주적 성소로 알려져 있었다. 아라비아 반도의 부족들은 아라비아의 모든 신이 이 하나의 성소에 모셔져 있었으므로 카바는 물론 카바가 위치한 메카와 카바를 관리하는 꾸라이쉬 부족에 대해서도 정서적으로 강한 유대감을 느꼈다. 크론은 이슬람이 출현하기 이전의 카바는 물론 7세기경의 예언자 무함마드와 이슬람의 출현에 관한 내용조차도 완전히 꾸며낸 이야기이기 때문에 아랍어와 비아랍어 문헌이 일치하지 않는다고 설명한다. 그에 따르면, 이 내용들은 8세기와 9세기에 아랍 이야기꾼들이 만들어낸 것이며 역사적으로 신빙성 있는 증거는 하나도 없다.

그렇다면 진실은 와트의 '국제무역 중심지' 설과 크론의 '가공적인 무함마드' 설 사이 어딘가에 있을지 모른다. 비아랍어 문헌들은 메카가 국제무역의 중심이었다는 견해를 인정하지 않지만, 수많은 아랍어 문헌은 이슬람이 출현하기 오래 전의 메카에 상당 규모의 무역 행위가 성행했었다고 말한다. 아랍인들이 조상의 무역 기술과 지식을 강조하기 위해 무역의 규모와 범위를 과장했다손 치더라도, 피터스F. E. Peters의 용어대로 메카인들이 '국제 물물교환 무역 체계'에 연관되어 있었다는 것은 분명하다. 오늘날 시리아와 이라크의 국경을 따라 존재하는 무역 지대가 이 사실을 지지한다. 이 무역은 메카의 순례 시기와 일치해 열린 대규모 시장들이 주축을 이루었다.

중요한 사실은 이 무역의 규모가 크지는 않았으나 전적으로 카바 때문에 개최될 수 있었다는 것이다. 그것 말고 메카에서 시장이 열릴 다른 이유는 없었다. 더구나 메카는 아무것도 생산할 수 없는 버려진 사막의 땅이었다. 리처드 불리에트Richard Bulliet가 그의 역작 『낙타와 바퀴The Camel and the Wheel』에서 밝힌 것처럼, "메카가 대규모 무역 중심지로 성장한 유일한 이유는 어느 정도 자신의 통제하에 무역을 둘 수 있었기 때문"이다. 실제로 메카인들은 무역 활동을 장악하기 위해 애를 썼다. 메카의 지도자 꾸사이와 그의 후손들은 종교와 경제를 불가분의 관계로 만듦으로써 카바와 그 순례 의식에 연관된 종교-경제 체제를 발전시켰다. 그리고 이 새로운 체제에 전 헤자즈 지방이 참여함으로써 꾸라이쉬 부족은 경제, 종교, 정치적 패권을 누리기에 이른다.

앞에서 이야기한 아비시니아인(에티오피아인)들이 코끼리의 해에 카바에 쳐들어온 사건도 이와 관련이 있다. 예멘의 항구에서 가까운 사나를 기독교의 중심지로 생각한 아비시니아인들에게 메카는 경제적 경쟁자였던 것이다. 타이프, 미나Mina, 우카즈, 그리고 기타 지역의 종교 지도자들처럼, 아비시니아인들도 자신들의 나라를 번창하는 종교와 경제의 중심지로 만들고 싶어했다. 메카의 꾸라이쉬 부족 같은 씨족 연합체가 부유해질 정도라면 다른 부족이라고 안 될 이유가 있겠는가.

한편 꾸라이쉬의 지도 체제 속에서 메카의 모든 주민이 이익을 본 것은 아니었다. 유목사회에서는 메카와 같은 정착사회에 존재하는 사회적 · 경제적 계급 제도가 발생되지 않는다. 잦은 이동으로 재물의 축적이 어려운 유목사회에서 생존하는 길은 유용한 자산을 공평하게 소유함으로써 강력한 부족적 유대감을 유지하는 것뿐이다. 부족의 윤리는 생존과 안정을 위해 모든 구성원이 필수적인 역할을 해야 한다는 원칙에 입각해 있었다. 부족윤리가 사회적 평등의 이념, 즉 부족의 모든 구성원이 같은 가치를 가진다는 사실에 입각한 것은 아니었다. 오히려 사회적 평등주의의 표방 속에서 지위에 상관없이 모든 구성원이 동일한 사회적 · 경제적 권리를 가짐으로써 부족의 통일이 유지되었다고 볼 수 있다.

이슬람 이전의 아라비아 반도에서 부족윤리를 지킬 책임은 부족의 '사이드Sayyid' 혹은 '쉐이크Shaykh(언어적 뜻은 노인의 품성을 지닌 자)'에게 있었다. 쉐이크는 '평등한 사람 중 첫째'로서 만장일치로 선출되었으며, 공동체에서 가장 존경받는 사람이자 부족의 세력과 도덕적 가치를 대표하는 우두머리였다. 높은 신분이나 지도권은 특정한 가문이 가지는 것이 보통이었으나, 쉐이크는 세습적 지위가 결코 아니었다. 오히려 아랍인들은 비잔틴제국과 사산조페르시아 왕들의 세습통치를 경멸했다. 나이 외에 쉐이크가 되기 위한 유일한 조건은 무루와muruwah(부족의 행동규범), 즉 용기, 명예, 관대함, 전투에서의 용맹, 정의, 부족 신들에 대한 헌신 등과 같이 아랍 부족에게 중요한 덕목과 행동규범을 충분히 실현할 수 있는 자질이었다.

아랍인들은 사실 모든 권한이 한 사람에게 집중되는 것을 경계하였으므로 쉐이크에게는 실질적 집행 권한이 거의 없었다. 모든 중요한 결정은 쉐이크처럼 부족 내에서 중요한 역할을 하는 여러 사람, 예컨대 전투를 지휘하는 까이드Qa'id(장군), 제례를 집행하는 카힌, 분쟁을 해결하는 하캄Hakam(중재자)들로 구성된 집단협의체에서 결정되었다. 쉐이크가 더러는 한두 가지 역할을 더 하는 경우도 있었으나, 주된 책임은 특히 가난한 자, 병든 자, 어린이, 노인, 고아, 과부처럼 스스로를 보호할 수 없는 사람들을 보호함으로써 부족 내부의 질서를 유지하는 것에 그쳤다. 쉐이크에 대한 충성은 '바이아bay'ah'라고 하는 충성서약으로 표출되었는데, 이 서약은 능력에 대해 행하는 것이며 직책 자체에 하는 것은 아니었다. 따라서 쉐이크가 공동체 구성원들을 적절히 보호할 능력이 없다고 여겨지면, 충성서약은 철회되고 그를 대신할 다른 사람이 선출되는 일이 가끔 일어났다.

십계명처럼 절대적인 도덕규범이 없는 사회에서 쉐이크는 부족 내 질서를 유지하기 위한 유일한 법원法源, 즉 보복법의 법원이었다. 라틴어로 'Lex talionis'라고 하는 이 보복법은 서양에서 "눈에는 눈, 이에는 이"라는 다소 노골적인 표현으로 더 잘 알려져 있다. 그러나 보복법은 야만적 법체계가 아니라 오히려 이 야만성에 제약을 가하기 위한 법이다. 쉽게 말해서 어떤 사람이 이웃의 눈을 상하게 했다면, 가해자의 눈을 상하게 하는 것 이상의 보복을 가하지 못하게 하기 위한 것이었다. 마찬가지로 이웃의 낙타 한 마리를 훔쳤는데 그 도둑이 잡히면 정확히 한 마리의 낙타만 보상하면 되고, 이웃의 아이를 살해하면 가해자의 아들을 죽이면 그만이었다. 그 이상의 보복은 허용되지 않았다. 또한 "눈에는 눈, 이에는 이"라고 해서 반드시 보복해야 하는 것은 아니었다. 이른바 '피의 값blood money'이 존재했기 때문이다. 피의 값에 따라 사람의 목숨에 대한 값은 물론 신체 일부분과 재산에까지도 값이 매겨졌다. 예를 들어 무함마드 시대에 자유인 남성의 목숨은 낙타 약 100마리, 자유인 여성의 목숨은 낙타 약 50마리 값에 해당한다는 식이었다.

  부족 내에서 저질러지는 모든 범죄에 대해 적당한 보복이나 배상을 보장해줌으로써 공동체의 평화와 안정을 유지하는 것이 쉐이크의 책임이었다. 그러나 자신의 부족에 속하지 않는 사람들에게 가한 죄는 처벌되지 않았을 뿐만 아니라 범죄로 간주되지도 않았다. 예를 들어 도둑질이나 다른 사람을 상해 또는 살인해도 도덕적으로 비난받지 않았다. 모든 범죄는 부족의 안정과 결속을 약화시킬 우려가 있을 경우에만 처벌된다.

  보복법에 담긴 공평함은 적용이 복잡하여 더러 실현하기가 어려웠다. 예컨대 훔친 낙타가 새끼를 밴 것으로 판명되었다면 도둑이 피해자에게 배상해야 할 낙타는 한 마리인가, 두 마리인가? 이렇게 공정한 보상이 어려울 경우에는 공식적인 법기관이나 사법제도가 없었으므로 협상이 필요했고 양측은 분쟁거리를 하캄에게 가져갔다. 하캄은 보통 논쟁의 중재자로서 쌍방이 신뢰할 수 있고 중립적인 제3자로 결정되었다. 하캄은 쌍방에게 자신이 중재한 결정을 준수한다는 다짐을 받은 후에 효력 있는 결정을 선언하곤 했다. "수태한 낙타는 두 마리의 낙타 가치가 있다." 시간이 지나 하캄이 내린 결정들이 모이자 이것은 곧 부족의 법전 역할을 하는 순나Sunna, 즉 관습법의 기초가 되었다. 그리고 수태한 낙타의 가치를 결정하기 위한 중재는 그 후로 더 이상 필요가 없게 되었다.

각 부족은 부족 고유의 순나와 자신들의 하캄을 가지고 있었으므로, 한 부족의 법규나 전승이 다른 부족에게 적용되지는 않았다. 그렇기 때문에 자신의 부족을 벗어난 개인은 다른 부족으로부터 어떤 법적 보호나 권리를 누릴 수 없었다. 타 부족의 재산을 훔치거나 사람을 죽이거나 상처를 입히는 일이 도덕적 잘못으로 인정되지 않는 상황에서, 이슬람 이전의 아랍인들이 어떻게 부족 간 질서를 잘 유지할 수 있었는지는 간단히 말하기 어려운 문제다. 쉬운 대답은 이렇다. 부족들은 서로 복잡한 동맹과 합병을 통해 관계를 유지했고, 한 부족의 구성원이 다른 부족 구성원에게 상해를 입혔을 때 피해를 입은 부족에게 힘이 있다면 응보를 요구할 수 있었다. 이웃한 부족들이 자신의 부족에게 도발적 행위를 하면 그와 똑같이 보복한다는 것을 상대 부족들에게 이해시키는 것이 쉐이크의 임무였다. 만약에 그 임무를 잘 수행하지 못하면 더 이상 쉐이크가 될 수 없었다는 것은 전술한 바와 같다.

메카의 문제는 몇 안 되는 지배 가문의 손에 부가 집중되어 사회

및 경제 구조와 부족윤리가 파괴된다는 것이었다. 갑작스럽게 축적된 사유재산의 출현은 사회적 평등주의라는 전통적 부족 이념을 뿌리째 흔들었다. 가난한 자와 사회적 약자에 대한 배려는 더 이상 존재하지 않았다. 꾸라이쉬 부족의 쉐이크들은 약자들의 보호보다 상업적 이익에 더 관심을 두었다. 분쟁의 일방이 너무 부유하고 강력하여 감히 대항할 수 없을 정도인데, 어떻게 전통적인 보복법이 제대로 기능할 수 있겠는가? 나날이 팽창하는 꾸라이쉬의 권한이 타의 추종을 불허할 정도인데, 어떻게 대등한 부족 관계가 유지될 수 있겠는가? 열쇠의 보관자로서 꾸라이쉬의 권한은 정치·경제뿐만 아니라 종교적으로도 막강했다. 하지만 동료 메카인들의 만족할 줄 모르는 탐욕에 대해서는 신랄하게 비난한 하니프들도 꾸라이쉬 부족을 "메카와 카바의 아브라함적 신성함을 합법적으로 유지하는 사람들"이라고 간주하면서 흔들리지 않는 지지를 보냈다.

    부족윤리가 소멸할수록 메카 사회는 엄격히 계급화되었다. 그 정상에는 꾸라이쉬 부족의 지도자 가문들이 자리를 잡았다. 꾸라이쉬 부족이 아닌 타 부족 사람에게 다행히 작은 사업이라도 할 만한 자금이 있으면 메카의 종교-경제적 구조를 충분히 이용할 수 있었으나, 사실상 대부분의 메카인에게는 불가능한 일이었다. 특히 고아나 과부와 같이 어떤 유산 상속도 거의 받지 못한 사람들이 할 수 있는 유일한 선택은 터무니없이 비싼 이자를 주고 부자에게 돈을 빌리는 것뿐이었다. 불가피하게 진 빚은 결국 파산을 맞고 노예가 되는 길로 이어졌다.

고아 무함마드는 메카의 종교-경제 체계에서 벗어나기가 매우 어렵다는 것을 충분히 알고 있었을 것이다. 다행스럽게도 숙부이자 새 후견인인 아부 탈립은 꾸라이쉬 부족 내에서 크게 부유하지는 않았지만 종교적으로 독실한 바누 하쉼 씨족의 쉐이크였다. 아부 탈립은 무함마드에게 집과 무역대상에서 일할 기회를 제공해줌으로써 메카의 다른 고아들이 겪는 운명처럼 빚을 지고 노예로 전락하는 것을 막아주었다.

무함마드가 훌륭하게 일을 해낸 것은 의심의 여지가 없다. 무함마드가 큰 이익을 내는 노련한 상인으로 성공했음을 설명해주는 이야기는 많이 있다. 메카 사회에서 그의 사회적 지위는 그리 높지 않았으나, 무함마드는 정직하고 신앙심 깊은 사람으로 널리 알려져 있었다. 그의 별명은 알아민al-Amin, 즉 '믿을 만한 사람'이었고, 몇 차례 하캄(중재자)으로 선택되어 작은 분쟁들을 슬기롭게 해결하기도 했다.

무함마드는 또한 남의 눈에 띄는 사람이었던 것으로 보인다. 그는 가슴이 넓고 덥수룩한 턱수염에 매부리코를 가진 당당한 모습으로 묘사된다. 많은 기록에 의하면, 그의 눈동자는 검었고 숱이 많은 긴 머리를 땋아 귀 뒤로 넘겼다고 한다. 정직하고 노련한 상술을 가진 무함마드였으나, 7세기 초까지 25세의 미혼에 자기자본이나 사업도 없이 전적으로 숙부에게 의지하여 살고 있었다. 사실 그의 미래는 절망스러울 정도로 밝지 못했다. 그래서 그가 용기를 내어 숙부의 딸이자 사촌인 움 하니Umm Hani에게 청혼했을 때에도 더 부유한 남자가 있다는 이유로 즉석에서 거절당하고 만다.

무함마드의 인생은 자녀가 딸린 40세의 미망인 카디자Khadija가 관심을 보이면서 달라지기 시작했다. 카디자는 베일에 싸인 여인이다. 그녀는 여성을 가재家財처럼 취급하고 아내에 대한 유산상속을 금하던 사회에서 부유한 상인으로 성장했고, 메카 사회에서 가장 존경받는 사람들 가운데 하나였다. 그녀는 번창하는 카라반을 소유하고 있었고, 당시로서는 많은 나이임에도 불구하고 뭇 남성의 구애와 청혼을 받았다. 대부분의 남자는 물론 그녀가 가진 돈에 더 집착했을 테지만 말이다.

전기 작가 이븐 히샴에 따르면, 카디자가 무함마드를 처음 만난 것은 그녀의 무역대상을 인솔할 사람으로 그를 고용했을 때였다. 그녀는 이미 무함마드의 '진실성, 신뢰성, 고상한 인품'에 대해 듣고 있었으므로 주저하지 않고 시리아로 가는 특별 카라반의 인솔자로 고용했다. 그리고 무함마드는 그녀의 기대를 저버리지 않았다. 시리아 여행에서 카디자가 생각했던 것보다 두 배나 많은 이익을 거두고 돌아왔던 것이다. 카디자는 무함마드에게 청혼하는 것으로 보답했고, 무함마드는 기꺼이 받아들였다.

무함마드는 카디자와 결혼함으로써 메카 사회의 최상류층으로 진입할 수 있었고, 철저하게 메카의 종교-경제 체계 속으로 들어갔다. 무함마드는 카디자의 사업을 아주 성공적으로 해냈고, 사업이 성공할수록 그의 부와 사회적 지위는 더욱더 상승되었다. 지배 계급은 아닐지라도 무함마드는 최소한 중류 계급에 속했다. 그는 자신의 노예를 소유하고 있었다.

    비록 성공한 사업가로 이름을 날렸지만, 무함마드는 메카 사회의 모순에 깊은 갈등을 느끼고 있었다. 관대함과 노련한 사업 수완으로 유명해지고 사람들의 존경을 받고는 있었으나, 무함마드는 자기정화(타한누스, 즉 종교적 순결함을 추구하는 은둔과 같은 행위)를 위해 메카 주변의 산과 골짜기로 자주 은둔 여행을 떠나곤 했다. 그리고 우상숭배의 카바에서 벌어지는 종교적 자선 행위에 가난한 사람을 위해 돈과 음식을 정기적으로 바쳤다. 다른 한편 무함마드는 소수 엘리트의 부와 권력 유지를 위해 도시의 보호받지 못하는 대다수 주민이 희생되는 현실과 카바를 이용한 메카의 종교-경제 체제에 모순을 발견하고 자책감을 느끼고 있었다. 결혼 후 40세가 될 때까지 거의 15년 동안 외부의 생활방식과 내부의 믿음 사이에서 갈등하고 싸우다보니 무함마드의 사고는 매우 불안정했다.

    그러던 610년 어느 날 밤, 히라Hira 동굴에서 은둔하며 명상에 잠겨 있던 무함마드에게 자신의 인생은 물론 세계 역사의 행로를 영원히 바꾸는 사건이 일어났다.

    메카 주변의 한 동굴에서 무함마드가 홀로 깊은 명상에 잠겨 앉아 있을 때였다. 무함마드는 갑자기 어떤 보이지 않는 존재가 그를 껴안고 조이는 듯한 느낌을 받았다. 자신을 압도하는 이 정체불명의 존재로부터 벗어나려고 애썼지만 움직일 수가 없었다. 온통 어두움 속에 갇힌 채, 가슴을 더욱 세게 눌러오는 압력을 받은 그는 마침내 숨을 쉴 수 없는 지경에 이르렀다. 그는 죽어가고 있었다. 그런데 그가 마지막 숨을 내쉬려 할 때, 어디선가 밝은 빛이 비치더니 '마치 새벽이 열리듯이' 엄숙한 목소리가 그에게 들려왔다.

"읽어라!" 그 목소리는 명령했다.

"무엇을 읽으란 말입니까?" 무함마드가 헐떡거리며 간신히 대답했다.

보이지 않는 존재는 무함마드를 더욱더 꼭 조여왔다. "읽어라!"

"무엇을 읽으란 말이오?" 가슴이 꺼질 듯이 아픈 통증을 느끼며 무함마드가 간신히 힘을 내었다.

이 두려운 존재는 무함마드를 꽉 조이면서 같은 명령을 내렸다. 무함마드가 더 이상 고통을 참는 것이 불가능하다고 느끼는 순간, 마침내 가슴을 누르던 힘이 멈추었다. 동굴을 삼켜버릴 듯한 침묵 속에서 무함마드의 가슴속에 다음과 같은 말이 확연히 들려왔다.

읽어라,
창조주이신 주님의 이름으로,
그분은 응혈로부터 인간을 창조하셨도다.
읽어라! 너의 주님은 가장 관대하신 분이시며,
인간이 알지 못하는 것을 가르쳐주셨느니라. (96 : 1~5)

이것이 무함마드에게는 '불타는 떨기나무 burning bush'였다. 즉 무함마드가 사회적 병폐에 젖은 메카에서 사업가이길 중단하고, 기독교 성경의 아브라함적 고사에 비추어보자면 예언자가 되는 순간이었다. 그러나 무함마드는 위대한 예언자였던 아브라함, 모세, 다윗, 예수와는 다른 어쩌면 그 이상의 예언자가 될 운명이었다.

무슬림들은 아담으로부터 시작된 많은 예언자를 통해 하나님께서 스스로를 중단 없이 드러내셨다고 믿는다. 그리고 이 예언자들을 아랍어로 나비nabi라고 불렀다. 예언자들은 모두 하나님의 메시지를 인간에게 전하기 위해 선택되었으나, 이들 가운데는 성서를 전달할 더 큰 책임을 진 예언자도 있었다. 예컨대 아브라함은 모세오경Torah을 계시했으며, 다윗은 시편Psalms을 지었고, 예수는 신약Gospels의 영감을 주었다. 이들은 모두 단순한 예언자 이상으로 신께서 보낸 '사도rasul'였다. 무함마드는 어떤가? 향후 23년에 걸쳐 꾸란을 계시받게 될 무함마드 역시 '신의 사도' 곧 라술 알라Rasul Allah가 될 운명이었다.

무함마드가 받은 최초의 계시가 어떻게 내렸는지 설명하기는 어렵다. 원전들은 모호하며 때때로 상호 모순적이다. 이븐 히샴은 무함마드가 잠을 자고 있을 때 마치 꿈인 듯 최초의 계시가 내렸다고 설명한다. 반면 알타바리에 따르면, 계시가 내렸을 때 무함마드는 무릎을 꿇고 있었으며 양 어깨를 부들부들 떨며 기어가려고 안간힘을 썼다. 무함마드가 문제의 동굴 속에서 들은 명령에 대해 알타바리의 전기는 '복창하라'로 설명하고 있으나, 이븐 히샴의 전기에는 명확하게 '읽어라'로 되어 있다. 이븐 히샴에 따르면, 최초의 계시는 실제로 읽을 수 있도록 신비한 비단 위에 기록되어 무함마드 앞에 놓였다고 한다.

무슬림 전승은 알타바리의 정의대로 '복창하라(이끄라iqra)'는 의미를 따르고 있는데, 이는 대부분 무함마드가 문맹임을 강조하기 위한 것이다. 꾸란에서는 무함마드를 묘사하여 '안나비 알움미an-nabi al-ummi'라고 부르고 있는데, 그 의미는 '글을 모르는 예언자 the unlettered Prophet'라는 것이 일반적이었다. 무함마드가 일자무식이라는 사실이 꾸란의 기적성을 더 부각시키는 효과를 낼 수는 있지만, 거기에 대해서는 어떠한 역사적 근거도 없다. 케네스 크래그Kenneth Cragg를 비롯한 많은 학자가 주장하는 대로, 안나비 알움미는 '글자를 모르는 사람들을 위한 예언자the Prophet for the unlettered' 즉 '성경이 없는 사람들을 위한 예언자'로 이해하는 것이 더 적절하다. 이는 구문의 문법적 해석에도 들어맞고, 꾸란은 경전이 없는 백성을 위한 계시라고 한 무함마드의 견해와도 일치하는 것이다. "나는 저들이 공부할 어떠한 책도 저들에게 주지 않았으며, 너희 이전의 어떤 경고자도 저들에게 보내지 않았느니라.(34:44)"

무함마드와 같이 성공한 상인이 글을 읽지 못해 사업 영수증도 쓰지 못했다는 것은 가능성이 희박한 말이다. 물론 그는 서기도 학자도 아니었으며, 시인처럼 훌륭한 언변을 가진 사람도 아니었다. 그러나 적어도 간단한 아람어 문장, 이름, 날짜, 상품 등은 읽고 쓸 줄 알았다. 그의 고객이 주로 유대인이었음을 감안하면 아람어에 관한 초보적 지식도 있었을 것이다.

무함마드가 최초로 계시를 받은 나이에 대해서도 전승이 서로 다르다. 어떤 연대기는 그의 나이가 40세였다고 말하고, 다른 연대기는 43세였다고 한다. 명백하게 알 수 있는 방법은 없다. 로렌스 콘래드Lawrence Conrad는 고대 아랍인들이 보통 "신체적으로나 지적으로 가장 절정에 달하는 때는 나이 40세"라고 믿었다는 사실에 주목한다. 나이 40세가 성년이라고 말하는 꾸란 역시 이 사실을 뒷받침한다(46 : 15). 바꾸어 말해, 고대 전기 작가들은 히라 동굴에 있던 무함마드의 나이를 계산할 때에도 그가 탄생한 연도를 말할 때와 같은 방식으로 추측했다는 것이다.

끝으로 언제 최초의 계시가 내렸는지에 대해서도 상당한 이견들이 있다. 보통은 최초의 계시가 라마단 달의 14일, 17일, 18일, 24일 중 한 날에 일어났다고 알려져 있다. 초기 공동체 내에서는 최초의 계시가 정확히 무엇이었는지에 관해서도 약간의 논란이 있었다. 어떤 연대기는 신의 최초 계시가 '복창하라'나 '읽어라'가 아니라 '일어나 경고하라'였다고 주장한다.

전승들이 이같이 모호하고 상호 모순적인 이유는 아마 예언자의 지위를 알리는 중대한 사건도 없이 막연한 몇 가지 추상적 경험을 한 후에 무함마드가 신과 직접 만났기 때문이리라. 예언자에게 가장 사랑스럽고 친근한 부인이었던 아이샤Aisha는 히라 동굴의 경험이 있기 오래 전에 예언자적 소명을 알리는 최초의 징표들이 나타났다고 주장했다. 이 징표들은 무함마드의 꿈에 환상으로 자주 나타났고, 그는 너무 혼란스러운 나머지 점점 명상과 고독을 즐기게 되었다고 한다. "그분은 혼자 있는 것을 가장 좋아하셨지요"라고 아이샤는 회상했다.

무함마드의 혼란스러운 환상은 환청과 함께 나타났다. 이븐 히샴에 따르면, 무함마드가 '메카의 협곡'에서 혼자 시간을 보내기 위해 떠날 때면 지나가는 길에 있던 돌과 나무들이 "평화가 당신에게 임하소서, 신의 사도시여!"라고 말하곤 했다. 그러면 무함마드는 "사방을 살피곤 했으나, 나무와 돌 외에는 아무것도 볼 수 없었다." 시각과 청각이 뒤섞인 이 환상이 계속되다가 마침내 히라 동굴에서 신의 부름을 받기에 이른다.

　분명하게 말할 수 있는 것은 예언자 외에는 어느 누구도 예언자의 경험을 설명할 수 없다는 것이다. 예언자 소명을 자각하는 것이 천천히 발전하는 과정이라는 주장은 비합리적이지도 이단적이지도 않다. 예수 그리스도가 하늘이 갈라지고 그의 머리 위에 비둘기 한 마리를 내려 구세주임을 확인시켜 달라고 요구한 적이 있던가? 아니면 오래 전부터 신성한 임무를 위해 신에게 선택되었음을 이해하기라도 했던가? 싯다르타Siddhartha에게 해탈은 한 줄기 섬광처럼 갑자기 찾아왔는가, 아니면 환상적 현실로 인해 끊임없이 발전해온 확신의 결과인가? 일부 전승이 말하듯이 무함마드에게 계시는 "마치 새벽 동이 트듯이" 왔을 수도 있고, 형용할 수 없는 초자연적 경험을 통해 자신의 예언자적 소명을 점차 깨달았을 수도 있다. 그것이 정확히 어떤 것인지 알기란 불가능하다. 그러나 무함마드가 과거의 다른 예언자들처럼 신의 부름을 원한 것은 아니었다는 점은 분명하다. 사실 그는 처음에는 자신의 특별한 경험에 매우 충격을 받고 의기소침해져 스스로 목숨까지 끊으려고 했다.

　무함마드는 자신이 비난받을 사기꾼이라고 멸시한(그는 한때 "나는 심지어 그들을 바라볼 수도 없었다"라고 말했다) 카힌(무속인)만이 하늘로부터 메시지를 받을 수 있다고 믿었다. 그러므로 히라 동굴의 경험이 곧 카힌이 됨을 의미하고, 사람들이 자신을 그런 부류의 인간으로 간주하게 된다면 더 이상 살아갈 의미가 없었던 것이다.

"꾸라이쉬는 나에게 절대 그렇게는 말하지 못할 것이다!" 무함마드는 맹세했다. "만약 그렇게 한다면 나는 차라리 산꼭대기에서 아래로 몸을 던져 목숨을 끊어버리고 영원한 휴식을 얻으리라."

무함마드가 자신이 카힌에 비교될까 봐 염려했던 것은 어쩌면 당연했는지도 모른다. 계시의 초기 구절들 중에는 절묘한 시적 문구가 있다. 초기와 그 직후의 구절들은 카힌이 무아지경에서 읊은 것과 비슷하게 짧고 운율이 있는 대구식 문장으로 되어 있다. 고대 아랍인은 자신들이 섬기는 우상 신들이 시의 형식으로 말한다고 믿었다. 카힌은 자신들의 언어를 신의 영역에 올려놓고 신이 말하는 듯이 읊었던 것이다. 시간이 흘러 무함마드의 계시가 메카 지배층과 충돌하자 반대자들은 카힌의 신탁과 그의 계시가 비슷하다는 것을 파악하고 조롱하면서 물었다. "우리가 미친 시인을 위해 우리의 신들을 버려야 한다는 것이냐?(37:37)"

꾸란에 무함마드가 카힌이 아님을 강조하는 구절이 많다는 사실은 초기 무슬림 공동체에서 이 문제가 얼마나 심각하고 중요했는지를 반증한다. 무함마드의 활동이 방대한 지역으로 확대될 때의 계시는 점점 산문적으로 변해가면서 초기의 신탁과 같은 문체에서 벗어났다. 그러나 적어도 초기에는 그렇지 않았으므로, 무함마드는 자신에 대한 평판을 비관적으로 받아들였고 카힌으로 매도당하느니 차라리 목숨을 끊겠다고 결심하기도 했다.

신은 무함마드에게 확신을 줌으로써 그의 고통을 덜어주었다. 하지만 그렇다고 해도 아내 카디자가 없었다면 무함마드는 자신의 사명을 포기했을 테고, 지금의 역사는 매우 달라져 있을 것이다.

"신께서는 그녀로서 예언자의 짐을 덜어주었다." 이븐 히샴은 카디자의 칭송할 만한 미덕에 대해 이렇게 쓰고 있다. "전능하신 신이시여, 그녀에게 자비를 베풀어주소서."

동굴에서 충격적인 일을 겪은 무함마드는 두려움에 사로잡힌 채 잔뜩 움츠리고 몸을 떨면서 집으로 돌아왔다. 집에 도착하자마자 아내에게 기어가듯이 다가가 울면서 말했다. "나를 좀 감싸주시오. 나를 좀 덮어주시오."
카디자는 즉시 자신이 걸치고 있던 소매 없는 외투를 벗어 무함마드를 덮어주고 양팔로 부드럽게 안아주었다. 그녀의 품 안에서 마침내 떨림과 두려움이 진정되었다. 잠시 후, 무함마드는 자신이 겪은 일을 카디자에게 설명하며 눈물을 흘렸다. "부인." 무함마드가 말했다. "아마 내가 미쳤나보오."
"그럴 리 없어요, 여보!" 카디자가 그의 머리를 쓰다듬으며 위로했다. "당신같이 진실하고 착하게 사신 분을 신께서 그렇게 대접하실 리 만무해요."
아내의 말은 무함마드에게 어느 정도 위로가 되었지만 신기한 경험 자체에 대해서는 이해할 수 없었다. 카디자는 남편을 위해 그에게 일어난 일을 설명할 수 있는 유일한 사람을 찾아갔다. 그 사람은 카디자의 사촌인 와라까였다. 와라까는 원래 기독교로 개종하기 전에 자이드 등과 함께 아랍유일신주의자 아브라함의 종교에 귀의하겠다고 선언한 하니프였다. 성서와 예언자들에 관해 잘 알고 있던 와라까는 카디자의 설명을 듣는 순간 무함마드에게 일어난 일이 무엇을 의미하는지 알아차렸다.

"온 백성의 예언자가 될 것이야." 사촌 카디자의 말을 들은 와라까는 확신에 찬 어조로 말했다. "무함마드에게 안심하라고 전하거라."

이렇게 하여 자신이 신에게 택함을 받은 사실을 알게 되었으나, 무함마드는 이제부터 무엇을 해야 하는지 알 수 없었다. 설상가상으로 가장 절실하게 확신이 필요한 이 시기에 알라께서는 침묵으로 일관하셨다. 최초의 계시가 내려진 후로 오랫동안 아무 일도 일어나지 않았다. 평범한 날들이 흘러갔다. 무함마드의 경험을 전혀 의심하지 않았던 카디자조차 더 이상의 계시가 내리지 않는 것을 의심하기 시작했다. "주님께서 당신을 미워하시나봐요." 그녀는 자신의 느낌을 숨기지 않았다.

무함마드의 상심과 회의감이 극도에 달했을 때, 첫 번째와 마찬가지로 고통스럽고 격렬하게 하늘에서 두 번째 계시가 내려왔다. 이 계시로 인해 무함마드는 좋든 싫든 자신이 신의 부름을 받은 사실을 확신하게 되었다.

잉크병과 펜과 저들의 기록에 걸고 말하노니,
너의 주님께서 베푸시는 은총이 있으니 너는 미친 자가 아니니라.
너에게는 반드시 무한한 보상이 내릴 것이니라.
그리고 너는 참으로 높고 탁월한 덕성을 가지고 있느니라.
또한 너희들 중에 누가 과연 미친 자들인지 너도 알고 저들도 곧 알게 될 것이니라. (68 : 1~5)

이제 무함마드는 '일어나 경고하라' 외에 선택의 여지가 없었다.

※※※

무함마드가 메카인들에게 설파한 초기 계시들은 두 가지 주제, 즉 종교적 주제와 사회적 주제로 나눌 수 있다. 첫째, 무함마드는 "대지에 적당히 갈라진 틈을 만들어서 그곳에 곡식과 포도와 야채와 올리브와 대추야자와 울창하게 우거진 벽으로 둘러싸인 과수원을 자라도록 한(80 : 19)" 신의 권능과 영광을 놀랍도록 아름다운 구절로 노래했다. 무함마드가 말한 신은 메카의 주민들이 익히 알고 있는 그런 강력한 최고신이 아니라 피조물을 매우 사랑한 선량한 신으로서, 알라흐만ar-Rahman(가장 자비로우신 분, 55 : 1)이며 알아크람al-Akram(가장 관대하신 분, 96 : 3)이었다. 그런 만큼 감사와 경배를 받으실 만한 신이었다. "너희들은 이렇게 크신 주님의 은총을 거부할 것이냐?" 무함마드는 메카의 부족들을 향해 이렇게 물었다.

신의 권능과 선량함을 강조한 초기 계시들에서 유일신교에 대한 엄숙한 선언이나 다신교에 대한 비판은 특별히 존재하지 않는다. 계시 초기에 무함마드는 선량한 알라가 어떤 분인지를 알리는 데 관심을 두었을 뿐, 얼마나 많은 신이 존재하는지에 대해서는 별로 언급하지 않았다. 앞에서 말한 대로 무함마드가 살던 사회는 유일신교적 경향이 이미 상당하거나, 아니면 적어도 단일신교적(다수 신의 존재를 인정하고 그중에서 한 신을 선정하여 믿음) 경향이 있던 사회였기 때문일지 모른다. 그렇다고 한다면 꾸라이쉬 부족에게 오직 한 분의 신만이 존재한다는 말을 특별히 강조할 필요는 없었을 것이다. 왜냐하면 그들도 유대인, 기독교인, 하니프(아브라함의 종교 추종자)들의 오래된 메시지를 들었고 의견이 다른 것도 아니었기 때문이다. 당시에 그의 설교는 유일신보다 훨씬 절실한 다른 내용을 필요로 했다.

또한 초기 계시들은 두 번째 주제인 메카의 부족윤리 상실에 대한 비판에 집중되었다. 무함마드는 약자와 보호받지 못하는 자들을 홀대하고 이용하는 것을 가장 강력한 어조로 비난했다. 그는 가난한 사람을 노예로 만드는 고리대금과 허위 계약의 개혁을 요구했다. 또 사회적 약자와 박해받는 자의 권리를 외치고 부자와 권력자가 그들에게 관심을 베풀어야 한다는, 당시로서는 혁신적인 주장을 설파했다. "고아를 학대하지 말 것이며, 거지를 쫓지 말지어다.(93 : 9~10)" 꾸란은 이렇게 명하고 있다.

이 계시들은 우호적 충고가 아니라 일종의 경고였다. 신께서는 꾸라이쉬 부족 가운데 탐욕을 일삼는 자들과 사악한 자들을 더 이상 그대로 내버려두지 않겠음을 경고한 것이다.

비방하고 중상하는 자들은 화를 당할지어다.
저들은 재물을 축적하고 셈하기 바쁘도다.
재물이 저들을 영원불멸하게 만든다고 생각하느냐?
그렇지 않도다! 저들은 반드시 신께서 붙이신 지옥 불에 던져질 것이니라.(104 : 1~6)

무엇보다도 무함마드는 스스로를 경고자로 간주한 것으로 보인다. 그리고 그 경고의 대상은 고아를 배척하고, 거지에게 음식 베풀기를 권하지 않고, 자신의 도덕적 의무는 망각한 채 우상들에게 기도하며, 정해진 시물도 내지 않는 사람들이었다(107 : 1~7). 그의 메시지는 단순했다. "하늘이 산산조각으로 부서지고 땅이 평평해지는" 최후의 심판일이 다가오고 있으며(84 : 1~3), 노예를 풀어주지 않거나 굶주림에 허덕이는 이웃에게 음식을 주지 않은 사람은 지옥 불이 삼키리라는 것이었다(90 : 13~20).

이 경고는 과거의 메카 사회에서는 들어볼 수 없었던 급진적인 메시지였다. 그러나 무함마드는 아직 새 종교를 창시하지는 않았다. 다만 사회와 경제의 개혁을 촉구하고 있었다. 그는 아직 유일신교를 설파하지는 않았으며, 다만 경제적 정의를 주장했다. 그러나 이렇게 혁명적이고 개혁적인 메시지에도 불구하고 무함마드의 주장은 무시당하기 일쑤였다.

이것은 부분적으로 무함마드의 실수였다. 모든 기록에 따르면, 초기에 무함마드는 자신이 받은 계시를 가장 절친한 친구들과 가족들에게만 알렸다고 한다. 무함마드의 메시지를 처음으로 받아들인 사람은 목숨이 다할 때까지 한결같이 그를 지지해주었고 특히 낙담에 빠져 있던 시기에 용기를 주었던 그의 아내 카디자였다. 두 번째로 메시지를 받아들인 사람이 누구인지에 대해서는 이견이 있으나, 무함마드의 사촌인 알리Ali라고 보는 것이 일반적이다. 그는 무함마드의 숙부인 아부 탈립의 아들로 어려서부터 예언자와 한집에서 자랐고, 무함마드에게는 아내 다음으로 친한 사람이었다.

알리가 계시를 믿어준 것은 무함마드에게 커다란 위로가 되었다. 왜냐하면 그는 무함마드의 사촌이었을 뿐만 아니라 가장 가까운 맹우盟友였기 때문이다. 무함마드는 그를 가리켜 언제나 '형제'라고 불렀다. 알리는 훗날 이슬람에서 가장 존경받는 전사로 성장하게 된다. 또한 무함마드의 사랑하는 딸 파티마Fatima와 결혼하여 무함마드에게 두 손자 하산Hasan과 후사인Husayn을 선물한다. 비밀교단(秘敎)과 이슬람 형이상학의 원조로 간주되는 알리는 전적으로 새로운 분파의 설립에 영감을 주기도 했다. 꾸라이쉬 부족의 바누 하쉼 가문에 속했던 그가 예언자의 부름에 응했을 때의 나이는 겨우 열세 살이었다.

알리에 이어 무함마드가 노예에서 해방시킨 자이드Zayd가 개종했다. 그리고 얼마 후에 친구이자 부유한 상인이던 아부 바크르Abu Bakr가 새 종교에 입교했다. 매우 충성스럽고 독실했던 아부 바크르가 무함마드의 메시지를 받아들이고 나서 맨 처음 한 일은 동료 상인들이 소유한 노예들을 사들여 다시 자유를 주는 일이었다. 그는 노예에게 자유를 주기 위해 자신이 가진 재산을 다 소진하여 결국은 빈털터리가 되고 말았다. 아부 바크르가 새 복음의 전파를 위해 기울인 공로는 참으로 크나큰 것이었다. 이븐 히샴이 기록한 바에 따르면, 아부 바크르는 "자신의 신앙을 공개적으로 밝혔으며, 다른 사람들로 하여금 신과 신의 사도를 따르도록 선교"하고 전혀 자신의 공로로 돌리지 않았다.

이쯤에서 잠시 무함마드가 메카에서 벌인 선교 활동의 놀라운 면을 살펴보도록 하자. 새 복음은 무함마드 자신이 옹호했던 약자나 보호받지 못하는 자들과 무함마드가 배척한 지배층에 이르기까지 메카 사회 전 계층에 알려져 있었다. 그러나 초기 선교 활동의 놀라운 측면은 무함마드를 따르는 무리가 몽고메리 와트의 지적대로 대부분 "가장 유력한 씨족에다 가장 세력 있는 가문의 구성원들"이었다는 것이다. 이들은 대부분 30세 미만의 젊은 층이었고, 무함마드처럼 사회적 불만을 가진 사람들이었다. 이들이 전부 남자는 아니었다. 복음 전파 초기에 무함마드를 따른 사람들 중 상당수가 여성이었다. 이들은 목숨을 걸고 부모와 남편과 형제들의 잘못된 관습과 전통을 거부하면서 새 신앙에 동참했다.

그러나 무함마드가 초기 몇 년 동안은 드러내놓고 활동하기를 주저함으로써 그를 따르는 신자의 수는 30~40명에 불과했다. '무함마드의 동료들Companions'이라고 불린 이들은 메카의 주민들에게 큰 주목을 받지 못하였다.

알타바리와 이븐 히샴에 따르면, 심지어 무함마드가 공개적으로 선교를 한 후에도 꾸라이쉬 부족은 "전혀 그를 박해하지도 않았고 그 앞에서 물러나지도 않았다." 그들이 왜 그렇게 하려고 하겠는가? 가난한 사람과 보호받지 못하는 사람을 이용하여 부유해지는 것과 그런 관습이나 제도를 방어하는 것은 전적으로 다른 문제였다. 더구나 무함마드의 설교에는 종교와 경제 양면에서 그들을 직접적으로 위협하는 어떤 것도 없었다. 그의 활동과 설교가 경제에 영향을 주지 않는 한, 꾸라이쉬 부족은 무함마드와 그를 따르는 신자들이 비밀리에 예배를 드리거나, 남의 눈을 피해 만나서 불만을 토로한다 해도 신경 쓸 필요가 없었다. 다시 말해, 무함마드의 설교가 자신들의 경제적 이익을 건드리지 않는다면 특별히 신경 쓸 만한 문제가 아니었던 것이다.

그러나 무함마드는 꾸라이쉬가 생각한 대로 결코 좌시하거나 무시할 만한 존재가 아니었다.

※※※※

서기 613년, 계시가 내린 지 3년 후에 무함마드의 설교는 극적으로 변화했다. 이 변화는 새 종교의 사명과 원칙을 두 가지로 요약할 수 있는 샤하다shahada(신앙고백)로 설명할 수 있다.

"알라 외에 다른 신은 없으며, 무함마드는 알라의 사도이시다."

이때부터 무함마드 설교의 지배적 신학이 된 것은 초기 계시에 분명하게 존재했던 유일신교의 개념이었다. "너희가 말씀 들은 것을 드러내어 말하고, 하나님 외에 다른 신을 믿는 자들을 멀리하라.(15:94)"

이러한 비타협적인 유일신교 교리로 말미암아 꾸라이쉬 부족이 그때까지의 방관적 자세에서 벗어나 마침내 무함마드와 그를 따르는 신자들을 박해하게 되었다는 것이 일반적인 추측이다. 꾸라이쉬족은 이렇게 반문했을 것이다. "참으로 놀랍도다, 무함마드 그가 많은 신을 하나의 신으로 만들려는 것인가?" 그러나 앞에서 말한 대로 신앙고백은 의외로 매우 단순하지만, 이 고백이 함축하고 있는 사회·경제적 영향은 지대한 것이었다.

꾸라이쉬 족은 종교에 관한 한 매우 복잡한 상황이었음을 명심해야 한다. 그들의 삶은 다신교, 단일신교, 유일신교, 기독교, 유대교, 조로아스터교, 하니프교와 모든 형태의 우상숭배에 영향을 받고 있었다. 따라서 그들이 무함마드의 유일신 설교에 큰 충격을 받았다고 보기는 힘들다. 하니프들은 수년 동안 같은 내용을 설교하고 있었을 뿐만 아니라 헤자즈 지방 도처에는 예언자임을 자처하며 유일신교를 설교한 사람들이 상당수 있었다. 사실 초기 무슬림들은 이러한 부류의 '예언자들' 중 수와이드Suwayd와 루끄만Luqman(누가)을 무함마드의 선임자로 존경했다. 루끄만은 심지어 꾸란(31장)에 자신의 이름을 딴 장을 남기고 있을 정도이며, 하나님께서 큰 지혜로 그를 축복했다고 한다. 따라서 신학적으로만 본다면, 무함마드가 설파한 "알라 외에 다른 신은 없도다"는 뚱딴지같은 말도 아닐뿐더러 그 말의 원조 격도 아니었다.

그렇다면 무함마드를 다른 동시대인들과 다르게 만든 것은 무엇인가? 무엇 때문에 방관하던 꾸라이쉬 족이 분기탱천하게 되었는가? 여기에는 두 가지 요소가 있었다. 첫째는 루끄만이나 하니프들과 달리 무함마드는 스스로의 권위를 빌려서 말하지 않았다는 것이다. 그의 계시는 카힌들처럼 진(정령)들에 의해 중재된 것이 아니었다. 무함마드를 유별나게 만든 것은 그가 '하나님의 사도'라고 주장한 사실이었다. 나아가 자신이 유대교와 기독교의 예언자들과 비슷한 존재라고 반복해서 말했다. 특히 종교에 상관없이 메카 사람들이 하나님에게 선택받은 예언자로서 존경하고 있는 아브라함과 자신이 같은 존재라고 선언했다. 다시 말해, 무함마드와 하니프들의 차이는 무함마드가 단지 '아브라함의 종교'를 설파했다는 데 있는 것이 아니라, 무함마드 자신이 새로운 아브라함이라는 데 있었던 것이다(6 : 83~86, 21 : 51~93). 꾸라이쉬 족을 혼란스럽게 만든 원인이 바로 여기에 있었다. '알라의 사도'라고 선언함으로써 무함마드는 아랍인들의 권위에 관한 전통적 인식을 명백히 어기고 있었다. 무함마드는 관습에 의해 '평등한 사람들 중 첫째'의 권위를 가진 것이 아니라 어느 누구와도 대등하지 않은 존재가 된 것이다.

둘째, 이미 언급한 대로 유일신주의 설교자(하니프)들은 메카인들의 탐욕과 다신교적 믿음을 비난했으나, 카바 신전과 '열쇠의 보관자'에 대해서는 깊은 존경심을 가지고 있었다. 유일신주의자들을 대부분 너그럽게 받아들인 이유, 구태여 무함마드의 새 종교로 개종하지 않았던 이유를 이런 관점에서 설명할 수 있을 것이다. 그러나 사업가이자 상인인 무함마드는 하니프들이 알 수 없었던 것까지 꿰뚫어보고 있었다. 그는 메카의 기반인 종교-경제 체제를 타파하는 것이 급진적 개혁을 이룰 수 있는 유일한 길이라고 믿었다. 그리고 그러기 위해서는 꾸라이쉬 부족의 부와 명예의 원천인 카바 신전을 공격하는 길밖에 없다고 판단했다.

무함마드에게 "알라 외에 다른 신은 없도다"라는 구절은 단순한 신앙고백 이상이었다. 이 선언은 카바는 물론 카바를 관리하는 꾸라이쉬의 권한 모두를 교묘하게 고의적으로 공격하고 있었다. 메카의 종교와 경제는 밀접하게 연관되어 있으므로 하나를 공격하는 것은 동시에 다른 하나에 대한 공격이기도 했기 때문이다.

또한 이 샤하다는 신앙의 중요한 개혁을 담고 있었으나, 그 개혁의 중심 내용이 유일신교는 아니었다. 무함마드는 이 단순한 신앙고백을 통해 하늘과 땅의 신은 어떤 중재자도 필요하지 않으며, 누구라도 직접 신과 접할 수 있음을 전 메카인들에게 선언하고 있었다.

우상 신들의 보관소 역할을 하는 카바는 전혀 쓸모가 없었으며, 카바가 쓸모 없다면 헤자즈의 종교 또는 경제의 중심지로서 메카가 패권을 가질 이유도 없다는 말이 된다.

꾸라이쉬 부족이 이런 주장을 모른 체하고 지나갈 수는 없었다. 특히 순례 기간이 빠르게 다가오고 있는 상황이라 더욱 그랬다. 그들은 무함마드와 그의 동료들의 입을 막기 위해 모든 수단을 동원했다. 도움을 청하기 위해 아부 탈립에게도 찾아갔다. 하쉼 가문의 쉐이크인 그는 무함마드의 메시지에 찬동하지는 않았으나 조카에 대한 보호를 철회하는 것은 거절했다. 그래서 무함마드는 그들에게 멸시를 받는 정도로 끝났지만, 불행하게도 쉐이크의 보호를 받지 못한 힘없는 동료들은 모진 학대를 감수해야 했다. 메카인들은 무함마드를 설득하여 카바에 대한 비난을 중단시키려 했다. 더 이상 자신들의 조상을 비방하지 않고, 자신들의 관습을 조롱하지 않으며, 자신들의 가족을 분열시키지 않고, 성소에 있는 다른 신들에 대한 저주를 중단한다면 선교에 필요한 자유, 권한, 돈을 제공하겠노라고 설득했다. 그러나 무함마드는 일언지하에 그들의 제안을 거절했다. 그러는 사이 순례객들이 올 시기가 다가왔고, 꾸라이쉬의 걱정과 불안은 최고조에 달했다.

꾸라이쉬는 무함마드가 헤자즈 전역에서 모인 순례객들에게 직접 설교하리라는 것을 알고 있었다. 물론 과거에도 꾸라이쉬와 그들의 관행을 비난한 설교자가 없었던 것은 아니었다. 하지만 이번에는 유명한 사업가이자 '자신들의 부족에 속한 사람'이 행하는 비난이 아니던가. 꾸라이쉬 족은 이것을 용납할 수 없는 도전이라고 간주하고 무함마드의 계획을 무력화할 계략을 수립했다. 그 계략이란 시장 길목에 미리 부족 사람들을 앉혀놓고 지나가는 사람들에게 "한 마법사가 카바에서 이상한 설교를 하려고 기다리고 있는데, 그의 설교는 부자지간을 이간질하고 형제와 부부와 온 가족을 갈가리 분열시킬 것"이니 그자를 무시해야 한다고 경고하는 것이었다.

꾸라이쉬는 무함마드가 실제로 마법사라고는 생각하지 않았다. 오히려 그가 받은 계시에는 보통 주술에 있기 마련인 욕지거리와 매듭 의식이 없다는 것을 인정하고 있었다. 하지만 무함마드가 메카의 부족들을 분열시키고 있다는 것은 절대적으로 확신했다. 이슬람 이전 아라비아에서 개인의 사회적 정체성은 전적으로 자신이 속한 부족에서 온다는 사실을 기억해야 한다. 하나의 부족에 속한다는 것은 그 부족의 모든 활동, 특히 부족의 종교 행위에 가담한다는 것을 의미했다. 그러므로 무함마드의 종교를 수용한다는 것은 개인의 신조는 물론 부족의 종교적 관습과도 단절해야 함을 의미했다. 즉 본질적으로 자신의 부족으로부터 벗어나야 하는 것이었다.

이것은 꾸라이쉬 부족에게 심각한 문제가 아닐 수 없었다. 외형상으로 꾸라이쉬가 무함마드에 대해 가진 불만은 그의 사회·경제적 개혁 요구도 아니었고 급진적 유일신교 사상도 아니었다. 리처드 벨Richard Bell의 말처럼, 꾸란에는 꾸라이쉬 부족이 다신교를 진리로 믿고 옹호했다는 구절이 하나도 없었다. 꾸라이쉬는 무함마드의 유일신교 가르침보다는 그가 종교적 의식과 부족의 종교, 사회, 경제적 기초라 할 조상의 전통과 관습을 우습게 보는 것에 더 신경이 쓰였다.

카바에 서 있는 마법사를 무시하라는 꾸라이쉬의 경고는 오히려 무함마드의 계시에 대한 관심을 증폭시켰다. 그들의 예상과는 정반대의 결과가 나타나고 있었다. 결국 순례와 사막의 시장이 끝나고 순례객들이 고향으로 돌아갈 즈음에는 예언자 무함마드가 아라비아 반도 도처에서 화제가 되었다. 강력한 꾸라이쉬 부족을 두려움에 떨게 한 무함마드란 사람은 과연 누구인가, 그의 새 종교는 무엇인가.

순례 기간 동안 무함마드의 입을 막지 못했던 꾸라이쉬 부족은 자신들이 당한 방식대로 무함마드를 공격하기로 결정했다. 바로 경제적 복수였다. 이 복수는 무함마드와 그의 동료들에게뿐만 아니라 무함마드 씨족 전체에게 가해졌다. 그들은 메카의 어느 누구도 바누 하쉼 가문의 구성원들과는 어떤 물건(물과 음식까지)도 사고팔 수 없으며, 결혼도 할 수 없다고 선언했다. 이 선언은 무함마드를 추종하든 하지 않든 모든 바누 하쉼 가문에게 적용되었다. 꾸라이쉬 족의 불매동맹이 노린 것은 예언자의 동료들을 메카 밖에서 굶어죽게 함이 아니라, 누구든지 부족을 이탈했을 때 감수해야 할 심각한 결과를 보여주는 것이었다. 무함마드와 그의 동료들이 메카의 사회·종교적 관습으로부터 벗어나길 원한다면 그 경제에서도 벗어날 준비가 되어 있어야만 했다. 메카에서 종교와 상업을 분리할 수 없다면, 어느 누구도 종교를 부정하면서 상업만 기대할 수는 없는 일이었다.

의도한 대로 이 불매운동은 무함마드를 포함해 상업이 생계 수단이던 대부분의 동료들에게 타격을 주었다. 불매운동의 효력은 너무 파괴적이어서 무함마드 때문이라고는 하지만 "바누 하쉼 가문이 몰락하는 동안 차마 먹고, 마시고, 입을 수 없었던" 꾸라이쉬의 일부 지배층들의 반대에 부딪히기도 했다. 몇 달 후에 이 불매운동이 철회되자, 바누 하쉼 가문은 다시 상업 활동을 할 수 있게 되었다. 그러나 무함마드가 메카에서 다시 기반을 얻는 것처럼 보였을 때, 두 가지 비운이 거의 동시에 찾아왔다. 숙부이자 보호자였던 아부 탈립과 아내이자 평생의 친구였던 카디자가 사망한 것이다.

아부 탈립의 사망이 갖는 의미는 명백했다. 무함마드는 자신의 신변 보호를 위해 숙부에게 더 이상 의존할 수 없었다. 바누 하쉼 가문의 새 쉐이크가 된 아부 라합Abu Lahab은 개인적으로 무함마드를 싫어하여 공개적으로 그의 보호를 철회했다. 상황은 급변했다. 보호막이 없어진 무함마드는 메카의 거리에서 공공연하게 욕설을 들었다. 공개적으로는 설교나 기도도 할 수 없었다. 누군가는 머리에 오물을 던졌고, 또 다른 누군가는 양의 생식기를 던졌다.

아부 탈립의 죽음은 무함마드를 위태로운 상황에 처하게 만들었다. 그러나 카디자의 죽음은 그를 정신적으로 거의 황폐하게 했다. 그녀는 정숙한 아내였을 뿐만 아니라, 무함마드를 가난에서 끌어내 새 인생을 살게 한 은인이자 열렬한 지지자이며 편안한 안식처였다. 남자와 여자 모두에게 여러 배우자가 허용되는 일부다처제 또는 일처다부제의 사회에서 무함마드가 15세 연상의 한 아내와 살았다는 것은 놀라운 일이다. 조금 다른 이야기지만, 카디자의 나이로 볼 때 무함마드가 그녀에게 성적 욕구를 느꼈을 리 없다는 막심 로댕손 Maxim Rodinson의 주장은 터무니없으며 모욕적이기까지 하다. 아부 탈립의 보호막이 사라짐으로써 무함마드의 사기는 분명히 꺾였지만, 그렇다고 당장 죽음의 위협에 처한 것은 아니었다. 그러나 고통스럽고 격렬한 계시를 받고 꾸라이쉬 부족이 던지는 오물이나 짐승의 피를 뒤집어쓴 채 집으로 돌아왔지만, 그의 두려움이 잦아들 때까지 겉옷으로 덮어주고 껴안아주던 아내 카디자가 없는 것을 알았을 때, 예언자의 슬픔은 견디기 힘든 정도였을 것이다.

육체와 정신적인 지지자를 모두 잃은 상황에서 무함마드는 더 이상 메카에서 살 수가 없었다. 그래서 다른 지역으로 이주를 결정하게 된다. 일찍이 무함마드는 메카 사회에서 보호막이 없던 신자들을 일시적으로 아비시니아에 보낸 적이 있었다. 기독교인인 아비시니아의 왕에게 피난처를 구하는 한편, 꾸라이쉬의 무역 경쟁자 중 하나와 동맹을 맺으려는 시도였었다. 그러나 이제 무함마드는 자신과 자신을 따르는 신자들이 고삐 풀린 꾸라이쉬의 보복 행위로부터 벗어나 안주할 영원한 거처가 필요했다.

그는 메카의 자매 도시인 타이프로 이주하려 했으나, 그곳의 지도자는 무함마드 일행에게 피난처를 제공함으로써 꾸라이쉬의 분노를 사고 싶어하지 않았다. 다른 몇 군데를 은밀히 물색했으나 그 또한 허사였다. 최후의 긍정적인 답변은 카즈라즈Khazraj라는 작은 씨족으로부터 왔다. 이 씨족은 메카 북쪽으로 약 400킬로미터에 위치한 농경 오아시스 야스립Yathrib(현재의 메디나)에 살고 있었다. 여러 마을이 모인 집합촌 야스립은 멀고 거의 외국 같은 도시였으나, 무함마드는 초대를 받아들일 수밖에 없었다. 무함마드는 이제 확실한 보호막도 없고 미래 역시 불확실한 곳에서 살기 위해 동료들에게 부족과 가족을 버릴 준비를 시켜야 했다.

이주는 한 번에 몇 명씩 보내는 식으로 비밀리에 이루어졌다. 얼마 후에 꾸라이쉬가 이 사실을 알았을 때에는 메카에 무함마드, 아부 바크르, 알리만이 남아 있었다. 꾸라이쉬 족은 자신들에게 무서운 칼이 되어 돌아올 수도 있는 무함마드가 메카를 떠나기 전에 처치하려고 혈안이 되었다. 꾸라이쉬 부족은 여러 씨족의 쉐이크들에게 각 가문에서 한 사람씩 '젊고 힘이 센 귀족적 전사'를 선발하도록 했다. 그리고 이들로 하여금 무함마드의 집에 잠입하여 자고 있는 무함마드를 동시에 찌르도록 지시했다. 무함마드의 살해에 대한 책임을 분산시키기 위한 계략이었다. 만약 바누 하쉼 가문이 복수를 하고자 한다면 꾸라이쉬 부족 전체를 적으로 삼아야 할 테니까 말이다. 그러나 암살자들이 무함마드의 집에 도착해 거사를 벌이려는 순간 발견한 사람은 예언자인 척 침대에 누워 있는 알리였다. 전날 밤 무함마드는 그들이 자신의 목숨을 노린다는 것을 알고 서둘러 아부 바크르와 함께 도시를 탈출했던 것이다.

격분한 꾸라이쉬는 무함마드를 발견하여 메카로 끌고 오는 사람에게 암낙타 100마리를 주겠노라 현상금을 내걸었다. 엄청난 현상금에 눈이 먼 사막의 유목민들이 곧 밤낮으로 일대를 수색하기 시작했다.

한편 무함마드와 아부 바크르는 메카에서 그리 멀지 않은 한 동굴에 숨어 있었다. 그들은 수색이 잠잠해지고 베두인들이 자신들의 천막으로 돌아가길 기다리며 사흘 동안 꼼짝도 하지 않았다. 그리고 사흘째 밤, 조심스럽게 동굴에서 기어나온 그들은 아무도 추격하지 않는 것을 확인하고 한 동조자가 제공한 낙타에 몸을 싣고 조용히 사막 속으로 사라졌다.

　야스립에 그들이 도착할 즈음, 이미 야음을 틈타 고향에서 달아났던 70여 명의 추종자들은 초조하게 무함마드를 기다리고 있었다. 기다리던 신자들과 합류한 무함마드는 그로부터 불과 몇 년 후에 고향으로 돌아갈 수 있게 된다. 그것도 약 1만 명의 추종자들이 그의 뒤를 따르는 밝은 대낮에, 놀랍게도 전투 한번 하지 않고 메카에 들어가는 기적적 장면을 연출하면서 말이다. 그의 목숨을 노렸던 막강한 꾸라이쉬 부족은 어떻게 되었는가? 꾸라이쉬 부족은 마치 제물을 올리듯 무함마드에게 신성한 도시 메카와 카바 신전의 열쇠를 바쳐야 했다.

3 예언자의 도시 최초의 무슬림들

그날 저녁, 하얗게 타오르던 사막의 태양이 이윽고 지평선 아래로 낮게 지자 길게 드리운 사구의 그림자들은 마치 검은 파도가 일렁이는 듯한 장면을 연출하고 있었다. 야스립의 근교, 높이 솟은 야자나무들이 오아시스와 사막의 경계를 긋고 있는 곳에는 한 무리의 동료들이 손으로 눈을 비비면서 먼 사막을 응시하고 있었다. 그들은 무함마드가 오기를 애타게 기다리는 중이었다. 사실 그들은 몇 날 몇 밤을 그 자리에 서서 그렇게 기다리고 있었다. 그것 말고 그들이 무슨 일을 할 수 있겠는가? 예언자의 동료들 중 많은 사람은 야스립에 살 집이 없었다. 재산도 대부분 메카에 두고 떠나왔다. 그들은 낙타에 상품을 가득 실은 채 사막을 당당하게 가로질러 도망을 온 것이 아니었다. 히즈라Hijra, 즉 메카에서 메디나로의 이주는 비밀리에 이루어진 작업이었다. 젊은 처녀들은 한밤중에 빈 몸으로 아버지의 집을 빠져나왔다. 청년들은 무엇이든 등에 질 수 있는 물건을 모아 일주일 동안이나 사막과 광야를 가로지르는 힘든 여행 끝에 도착했다. 그들이 가져온 얼마 안 되는 재물은 공동재산이 되었다.

'무하지룬Muhajirun(글자적 의미는 히즈라를 한 사람들)' 즉 이주자들이 대부분 상인이나 무역업자라는 것도 문제였다. 야스립은 무역도시가 아니었으며, 주로 농부와 과수 재배자들이 사는 여러 마을의 집합촌이었다. 따라서 이주자들이 막 떠나온 혼잡하고 번창하는 도시와는 분위기 자체가 달랐다. 상인이었던 그들이 농부로 직업을 바꾸려 해도 야스립의 농토는 이미 다른 사람들의 땅이었던 것이다.

무함마드의 메시지를 받아들이고 개종한 야스립의 '안사르 Ansar(원조자)'의 지원과 자선 행위가 없다면 이주자들이 어떻게 이곳에서 살 수 있겠는가? 꾸라이쉬의 보호를 마다하고 떠나온 그들에게는 어떤 위험이 기다리고 있을 것인가? 아라비아 반도에서 가장 강력한 부족인 꾸라이쉬가 그들을 이대로 순순히 떠나보낼 것인가? 생사조차 알 수 없으며 어디에도 보이지 않는 예언자에게 자신들의 운명을 맡긴 채, 고향과 가족을 버리기로 한 결정이 잘한 것인가?

태양이 넘어가기 직전, 먼지를 일으키며 야스립을 향해 달려오는 두 개의 그림자가 보였다. 이주자들의 환호성이 터져나왔다. "사도님이 저기 계시다! 사도님이 오셨다!" 무함마드와 아부 바크르가 오아시스로 다가오자 사람들은 깡충깡충 뛰면서 달려나가 반가이 맞았다. 여자들이 서로 손을 잡고 두 사람의 주위에 원을 그리며 춤을 추고 환호성을 지르니, 그 소리는 오아시스 전체에 울려퍼져 예언자의 도착을 알렸다.

　길고 힘든 여행으로 목이 타고 여기저기 물집이 생긴 무함마드는 낙타 안장에서 몸을 뒤로 앉히며 고삐를 느슨하게 풀었다. 사람들은 음식과 물을 가져와 사도에게 바쳤다. 안사르(원조자)들은 이 위대한 신의 사도를 각자 자기의 마을로 모시기 위해 그가 탄 낙타 고삐를 서로 쥐려고 난리였다. 그들은 소리쳤다. "오, 신의 사도시여, 안전하고 편안하며 난공불락인 저희 거처로 오소서!"

　그러나 야스립의 특정 씨족과 동맹관계를 맺고 싶지 않았던 무함마드는 그들의 초대를 정중하게 거절하면서 말했다. "낙타가 가고 싶은 대로 내버려두라!" 군중이 뒤로 물러나자 낙타는 흔들흔들 하면서 앞으로 걸어갔다. 그리고 잠시 후, 버려진 묘지였으나 지금은 대추야자 열매를 말리는 데 사용되는 땅 주위를 몇 바퀴 돌더니 무릎을 꿇고 앉는 것이었다. 낙타에서 내려온 무함마드는 곧 그 땅 주인에게 값을 물었다.

　"돈은 필요 없나이다, 신의 사도시여!" 주인이 대답했다. "저는 다만 하나님의 보상을 바랄 뿐이옵니다."

　무함마드는 땅 주인의 관대함과 깊은 신앙심에 감사를 표시한 후, 사람들에게 그 땅을 고르라고 명했다. 버려진 무덤 터가 평평해지자 곧 대추야자나무를 이용해 투박한 집 한 채를 짓도록 했다. 무함마드가 구상한 대로 대추야자 잎으로 지붕을 엮고 목재와 진흙으로 벽을 쌓은 거실과 작은 정원이 딸린 집이었다. 그러나 이 집은 단순한 집 이상의 것이었다. 버려진 묘지이자 대추야자를 말리던 장소에 지어진 이 건물은 이슬람 공동체 최초의 '마스지드masjid' 즉 이슬람 사원(모스크)이 될 운명이었다. 야스립에 새로 탄생된 공동체는 이슬람 역사상 대단히 중요한 의미를 지니게 된다. 예를 들어 후대의 무슬림 학자들은 예언자의 탄생일이나 첫 번째 계시일이 아니라 무함마드와 이주자들이 이 농촌 연합체에 와서 새로운 공동체 사회를 구성한 해를 이슬람력의 원년으로 삼는다. 따라서 서기 622년은 히즈라력 1년(A.H. 1)이 되는 것이다. 또 이 사건의 중요성을 기념하여 과거 수세기 동안 야스립이라고 불리던 이 오아시스 마을도 이때부터 '메디나트 안나비Medinat an-Nabi(예언자의 도시)' 또는 간단하게 줄여 메디나al-Medina(그 도시)로 불리게 된다.

그 후 1,500년 동안 이슬람 종교와 정치의 이상이 된 무함마드의 메디나 시대는 영원히 잊지 못할 신화가 된다. 최초의 무슬림 공동체가 탄생한 메디나는 무함마드의 아랍 사회 개혁운동이 전 세계적인 종교 이념으로 승화한 곳으로 기억되는 것이다.

'무함마드의 메디나'는 예언자 사후 중동 전역에 확대된 이슬람 제국의 모델이었으며, 중세 기간 동안 모든 아랍왕국이 지향한 목표가 되었다. 또한 메디나의 이념은 18세기와 19세기에 유행한 다양한 이슬람 부흥운동에 영감을 주었다. 이 운동들은 하나같이 제국주의자들로부터 이슬람 영토의 지배권을 되찾는 수단으로서 무함마드가 건설한 공동체의 이상으로 돌아가려고 노력했다(비록 그들이 원래의 가치를 규정하는 방법에 관해서는 전혀 다른 생각을 가졌지만). 20세기 들어 제국주의가 쇠퇴한 후, 메디나 공동체에 대한 기억은 신생 이슬람 국가의 출범 배경이 되었다.

오늘날, 메디나는 이슬람 세계 민주주의의 원형이며 이슬람 전사들이 가진 신념의 근거가 된다. 이집트 작가이자 정치철학자인 알리 압드 알라지끄Ali Abd al-Raziq(1888~1966년)와 같은 이른바 이슬람 근대주의자들은 메디나의 무슬림 공동체를 인용하여 정교분리를 주장하는 반면, 아프가니스탄이나 이란의 무슬림 급진주의자들은 같은 메디나의 공동체를 근거로 이슬람 신정정치를 구현하려고 한다. 양성평등권을 주장하는 무슬림 여권신장론자feminist들은 메디나의 무함마드가 행한 법적 개혁에서 끊임없이 영감을 구하고 있다. 그런가 하면 무슬림 전통주의자들은 같은 대상을 두고 여성의 종속 상태를 유지할 근거로 해석하기도 한다. 어떤 사람들은 메디나에서 행한 무함마드의 활동을 무슬림과 유대인 사이의 평화적 공존의 모델로, 어떤 사람들은 아브라함의 두 자손 사이에 존재했고 앞으로도 존재할 불가피한 분쟁의 기준으로 본다. 그럼에도 불구하고 분명한 것은 근대주의자와 보수주의자, 개혁주의자와 근본주의자, 여권신장론자와 남성우월주의자에 관계없이 모든 무슬림은 메디나를 완벽한 이슬람 사회의 모델로 간주한다는 것이다. 바꾸어 말해 메디나는 이슬람이 지향해야 할 모든 것이다.

일반적으로 큰 중요성을 가진 신화에서는 실제 역사와 종교적 측면을 구분하는 것이 어렵다. 무함마드의 메디나 시대에 관한 역사적 사실들은 실제로 그가 사망하고 수백 년이 지난 후에야 기록되었다. 당시 무슬림 사가들은 무함마드의 신성한 사명이 단기간에 성공했으며 세계적으로 인정받았다는 것을 열심히 강조했다. 무함마드의 전기 작가들이 활약한 때는 이슬람 사회가 이미 방대한 제국으로 발전한 시대였다. 그러므로 그들의 설명과 기록들은 7세기 메카가 아니라 9세기 다마스쿠스나 11세기 바그다드의 정치적·종교적 상황과 이념을 반영한 경우가 많다.

메디나 시대에 벌어진 사건과 그 원인을 정확히 알기 위해서는 무슬림 공동체의 수도가 된 도시 자체가 아니라 그 공동체를 발아시키고 성장시킨 사막의 오아시스 마을에 관한 자료들을 면밀하게 분석 조사해야 한다. '예언자의 도시'가 있기 오래 전에는 오직 야스립이라는 오아시스 마을이 있었을 뿐이기 때문이다.

서기 7세기의 야스립은 경작 가능한 넓은 농경지가 있는 오아시스 농촌으로, 20여 개의 유대 씨족이 일대를 지배하며 대추야자와 여러 가지 채소를 재배하고 있었다. 야스립의 유대인들은 팔레스타인으로부터 이주하여 헤자즈 지방 곳곳에 살고 있는 유대인들과 달리 주로 개종한 아랍 유대교도였다. 유대교도라는 종교적 호칭에도 불구하고 그들은 우상숭배의 아랍인들과 전혀 차이가 나지 않았다. 야스립의 유대인들은 아랍인들과 마찬가지로 하나의 공동체로서가 아니라 각각의 씨족이 주권을 갖고 행동했다. 일부 유대 씨족들은 서로 동맹을 맺기도 했으나 하나의 통일된 유대 부족을 형성하지는 않았다.

야스립에 가장 먼저 정착한 유대인들은 '고지대Heights'라고 불린 야스립에서 최고로 비옥한 농경지를 점유하고, 아라비아에서 가장 질 좋기로 유명한 대추야자 농장의 주인이 되었다. 유대인들은 또한 노련한 보석 상인, 재단사, 무기 제조업자였고 포도주 양조업자였다. 그들이 만든 포도주는 아라비아 반도에서 가장 품질이 뛰어났다. 하지만 그들을 부자로 만들어준 것은 무엇보다도 헤자즈 전역에서 부러워한 탐스러운 대추야자였다. 야스립의 경제는 5대 유대 씨족, 즉 바누 쌀라바Banu Thalabah, 바누 하들Banu Hadl, 바누 꾸라이자Banu Qurayza, 바누 나디르Banu Nadir, 바누 까이누까Banu Qaynuqa 족이 거의 완전히 장악하고 있었다. 글자대로 해석하면 각각 쌀라바의 자식들, 하들의 자식들, 꾸라이자의 자식들, 나디르의 자식들, 까이누까의 자식들이라는 뜻이었다.

유대인의 뒤를 이어 많은 베두인이 유목 생활을 포기하고 야스립에 정착할 때까지 대부분의 비옥한 땅은 이미 점유된 상태였다. 남은 곳은 거의 농사를 지을 수 없는 땅으로 '바닥Bottom'이라고 했다. 한정된 토지 때문에 '우상숭배'의 아랍 족과 유대 족 간에 잦은 분쟁이 발생했고, 그 결과로 야스립에서 유대인들의 권한과 영향력은 점차 축소되어갔다. 유대인들은 아랍인들을 고용하여 생산한 대추야자를 정기적으로 가까운 여러 지방의 시장, 특히 메카의 시장에 내다 팔았다. 역사학자 알와끼디al-Waqidi의 말을 빌리면, 학식과 기술을 가진 이웃 유대교인들에 대해서 아랍인들은 존경심을 품고 있었다. "우리는 대추야자나 포도밭은 없고 양과 낙타만 가지고 있는 아랍 족이지만 저들은 고상한 족보와 토지를 가진" 부족이었던 것이다.

오아시스의 진짜 분쟁은 유대인과 아랍인 사이에서 일어난 것이 아니라 아랍인들 사이에서 일어났다. 더 구체적으로 이야기하면, 야스립의 양대 아랍 부족인 아우스Aws 족과 카즈라즈Kazraj 족 사이에서 일어났다. 한정된 자원 때문이었다고 추측되는 이 두 부족의 반목과 불화가 언제 어떻게 시작되었는지는 알 수 없으나, 분명한 것은 전통적인 아랍의 복수법으로는 두 부족의 분쟁을 끝낼 수 없었다는 점이다. 그래서 무함마드가 야스립에 올 무렵까지, 반목은 유혈 충돌로 확대되었고 유대 씨족들까지 이 싸움에 가세하여 유대의 바누 나디르 족과 바누 꾸라이자 족은 아랍의 아우스 족을 지지하고, 유대의 바누 까이누까 족은 아랍의 카즈라즈 족을 편들었다. 오아시스 전체가 두 편으로 나뉘어 싸우는 형국이었다.

아우스 족과 카즈라즈 족에게 절실히 필요한 것은 하캄, 곧 중재자였다. 그래서 권위 있고 신뢰할 만하며 야스립의 어느 부족 편도 들지 않는 공정하고 중립적인 중재자를 찾고 있었다. 그런데 분쟁 해결에 가장 이상적인 사람이 자신이 살 곳을 절실히 찾고 있었다니, 얼마나 다행스러운 일인가. 무함마드가 바로 그 사람이었다.

무함마드는 아우스 족과 카즈라즈 족 싸움의 중재자 혹은 중재자의 지위보다는 약간 높은 신분으로 야스립에 왔을 것으로 추정된다. 그러나 무함마드는 분명 공고하게 뿌리를 내린 새 종교 이슬람의 위대한 예언자였고, 야스립에서는 그 권위에 도전할 상대가 없는 지도자였다. 야스립에 거주한 후 얼마 뒤에 무함마드가 작성한 것으로 추측되는 '메디나 헌장Constitution of Medina'이라는 유명한 문서를 보면 그의 지위를 대충 짐작할 수 있다. 세계 최초의 성문헌법으로 알려진 이 문서에는 무함마드, 이주자, 안사르(원조자), 야스립의 나머지 유대 씨족과 우상숭배적 아랍 부족 사이의 상호불가침조약이 수록되어 있다.

이 문서는 유대교인을 포함한 오아시스 전 주민에 대해 무함마드가 유례없이 막강한 종교 및 정치적 권한을 갖는 것으로 되어 있다. 문서에 따르면, 무함마드는 아우스 족과 카즈라즈 족의 분쟁뿐만 아니라 야스립의 모든 분쟁을 중재할 권한을 배타적으로 갖고 있었다. 문서는 무함마드가 야스립의 유일한 까이드(전쟁 지도자)이자 신의 사도임을 명백하게 인정하고 있다. 또한 무함마드의 주요 역할이 이주 부족들의 '쉐이크'라고 암시하고 있으나, 다른 한편으로는 야스립의 다른 모든 부족이나 씨족의 쉐이크들보다 우월한 지위를 분명히 그에게 부여하고 있다.

메디나 헌장(문서)은 정확히 언제 기록되었는가. 이븐 히샴의 기록을 포함한 아랍 문헌들은 서기 622년에 오아시스에 도착하자마자 무함마드가 행한 일 중에 하나가 문서의 작성이었다고 말하고 있다. 그러나 적어도 야스립에서 초기 몇 년 동안은 무함마드의 입지가 약했음을 감안할 때 이 주장은 가능성이 매우 희박하다. 어찌됐건 무함마드는 메카에서 도주한 범인으로, 그에게 걸린 현상금을 노리고 생명을 위협하는 사람이 많았으니까 말이다. 다음 장에서 논하겠으나, 미카엘 렉커Michael Lecker의 지적대로, 아우스 족 대부분이 이슬람으로 개종한 것은 624년에 일어난 유명한 바드르Badr 전투 이후이거나 더 늦게는 627년 이후일 것이다. 그 전까지 안사르에 속하는 카즈라즈 족의 일부 구성원을 제외하면 무함마드가 누구인지 아는 사람이 별로 없었고, 그의 권위에 복종할 사람도 거의 없었다. 일부

통계에 의하면, 야스립의 주민 가운데 극히 일부만이 무함마드의 종교에 입교한 반면, 유대교인의 수는 수천 명에 달하고 있었다. 무함마드와 함께 오아시스에 온 사람들은 남녀노소를 포함하여 100여 명에 불과했다.

메디나 헌장이 무함마드, 야스립에 정착한 아랍 부족, 유대 부족 사이에서 초기에 맺어진 몇 개의 불가침조약을 포함할 수도 있다. 그리고 어쩌면 아우스 족과 카즈라즈 족 사이의 중재 내용 몇 가지를 담고 있는 것도 사실이다. 그러나 메디나 헌장은 바드르 전투가 있었던 624년 이전의 것이므로 완벽하지는 않다. 무함마드가 메디나 헌장이 자신에게 부여한 권한을 실감할 수 있었던 것은 바드르 전투 이후에나 가능했다. 실제로 바드르 전투가 끝난 후에 야스립은 비로소 '예언자의 도시'로 인정되지 않았던가.

무함마드가 야스립에서 초기 몇 년 동안 아랍 부족 사이의 분쟁을 강력하고 신성한 영감으로 중재했다고는 하지만, 하캄의 역할 그 이상은 아니었을 것이다. 직접 영향력을 행사할 수 있는 범위도 이주자 집단에 한정되었고, 많은 쉐이크 가운데 한 명에 불과했으리라. 또한 무함마드 자신에게는 예언자 사명이지만, 야스립의 우상을 숭배하는 아랍인이나 유대교인은 그를 신비롭고 지혜로운 카힌쯤으로 간주했을지 모른다. 훌륭한 중재자는 카힌의 역할도 함께 하는 경우가 많았고, 보통 카힌이 갖는 신과의 소통 능력은 복잡하고 어려운 분쟁에서는 꼭 필요했을 것이다.

앞에서 말한 대로 야스립의 원주민 대부분은 무함마드를 단순히 하캄이나 쉐이크로 본 반면, 메카에서 함께 이주해온 사람들은 전혀 달랐다. 이주자들에게 무함마드는 유일신의 이름으로 말하는 예언자이자 법 제정자였다. 보는 시각은 다를 수 있으나 무함마드는 예언자의 자격으로 야스립에 왔고, 그 권위에 입각하여 새로운 종교적 사회 공동체를 수립하고자 했다. 따라서 지금부터는 이 공동체가 어떻게 수립되었는지, 이 공동체의 구성원이 누구였는지 밝힐 것이다.

새로운 공동체의 구성원을 무슬림Muslim, 즉 '신께 복종하는 사람'이라고 부르는 것은 나름대로 매력이 있다. 그러나 이 용어는 무함마드와 그 추종자들이 벌인 구체적인 종교운동을 가리킨다고 보기에는 너무 추상적이다. 어쩌면 꾸란에 있는 '움마Ummah(이슬람 공동체)'라는 용어로 무함마드의 추종자들을 지칭하는 것이 더 정확할 듯하다. 그러나 이 용어의 사용상 문제는 움마가 무엇을 의미하는지, 어디에서 유래했는지 아는 사람이 없다는 것이다. '국가' 혹은 '국민'을 의미하는 이 용어는 아랍어나 히브리어에서 유래했을 수도 있고, 아니면 아람어에서 온 것일 수도 있다. 일부 학자들은 움마가 아랍어의 '어머니umm'에서 유래했다고 추측하는데, 동의하는 사람이 없진 않지만 언어학적으로는 근거가 없다. 더욱이 625년 이후, 꾸란에서도 더 이상 사용되지 않으므로 문제는 쉽게 풀리지 않는다. 몽고메리 와트가 지적한 대로 625년 이후에는 움마가 까움qawm(부족)이란 용어로 대체되었다.

그러나 용어 사용의 변화에는 뭔가 다른 이유가 있을지 모른다. 단순화하기에는 무리가 있으나, 무함마드의 공동체는 여전히 부족사회의 아랍 관습에 기초한 아랍식 제도였다. 7세기 아라비아 반도에는 군주제 말고 다른 사회 조직의 모델이 없었다. 초기 무슬림 공

3 예언자의 도시

동체와 전통 부족사회 사이에는 많은 유사성이 있다. 무함마드의 관점에서 새롭고 혁신적인 것이긴 했으나 실상 '움마'는 하나의 대부족적 개념이었다는 측면을 무시하기 힘들다.

예컨대 메디나 헌장에 나타난 대로, 이주자 집단의 쉐이크로서 무함마드는 지위가 높긴 했으나 세속적인 권한은 이슬람 이전 부족사회의 전통적 범주 안에 머무르고 있었음을 알 수 있다. 또한 부족 구성원이라면 부족의 제례와 의식에 대한 참여가 의무인 것처럼, 무함마드 공동체의 구성원들 역시 '부족적 의식' 즉 발생 초기의 이슬람교에 참여해야 되었다. 집단예배, 자선 행위, 집단적 금식과 같이 신께서 초기에 규정한 세 가지 공개적 행위는 식습관의 규제, 청결 유지와 결합되어 한 집단을 다른 집단과 구별하는 사회·종교적 정체성을 제공했으므로, 우상숭배적 사회에서 부족의 제례 행위가 갖는 효과와 비슷했다.

꾸라이쉬 부족이 사회·종교적 패권을 행사하던 메카에서는 전혀 먹혀들지 않았으나 그런 영향이 거의 없었던 야스립에서 무함마드는 마침내 개혁을 실천할 기회를 잡았다. 움마라는 매우 독특한 공동체 속에서 무함마드는 일련의 급진적인 종교, 사회, 경제 개혁을 실천함으로써 새로운 종류의 사회, 즉 아라비아 반도에서 그 유례가 없었던 사회를 수립할 수 있었다.

예를 들어 부족주의하에서는 권한이 다수에게 분배되면서 실질적 집행 권한은 아무도 갖지 못했으나, 새 공동체에서는 사회의 모든 권한이 한 사람에게 집중했다. 무함마드는 공동체의 쉐이크, 하캄, 장군이었으며 유일한 신과의 합법적 통로였다. 또한 예언자이자

법 제정가로서 그의 권한은 절대적이었다.

부족주의하에서 부족의 구성원이 되는 유일한 길은 그 안에서 출생하는 것이었지만, 무함마드의 공동체는 단지 "알라 외에 다른 신은 없으며, 무함마드는 신의 사도이다"라는 신앙고백만으로 들어갈 수 있었다. 이른바 샤하다(신앙고백)는 사회·정치적 함축성을 지닌 신학적 진술이자 새로운 형태의 바이아(부족 구성원이 쉐이크에게 바쳤던 충성맹세)였다. 무함마드에게 민족, 문화, 인종, 부족은 중요하지 않았다. 결국 움마(공동체)는 전통적 부족과 달리 개종에 의해 무한히 성장할 수 있는 잠재력을 갖게 되었다.

요약하면, 야스립의 무함마드 공동체를 '움마'라고 부를 때 이 용어는 의미상으로 동양학자 버트람 토마스Bertram Thomas의 '거대 부족super-tribe' 혹은 더 정확하게는 역사학자 마셜 호지슨Marshall Hodgson의 '새 부족neo-tribe'에 가깝다. 근본적으로는 새로운 종류의 사회조직이지만 전통적인 아랍 부족 구도에 입각한 공동체인 셈이다.

부족적 쉐이크가 그러하듯이 움마의 수장으로서 무함마드의 주된 역할은 공동체 모든 구성원을 보호하는 것이었다. 그는 이 역할을 자신의 권한과 복수법을 통해서 해냈다. 그러나 복수가 피해에 대한 관습상 대응책이긴 했으나 무함마드는 신자들에게 용서를 권면했다. 꾸란은 천명하고 있다. "악에 대한 복수는 같은 악이니라. 그러나 용서와 화해를 하는 자는 하나님의 보상을 받으리라.(42 : 40)" 마찬가지로 메디나 헌장 역시 범죄를 억제하는 수단으로 복수를 인정하고는 있으나, 어디까지나 전 공동체가 "엄하게 범죄를 반대하고 범죄자를 반대하는 것 외에는 아무것도 할 수 없어야 한다"고 전례없이 강조하고 있다. 이것은 무함마드가 부족 전통을 완전히 역전시킨 것이자 현실적 원칙보다 도덕적 원칙에 입각한 사회의 수립을 이미 시작하고 있었음을 나타내는 분명한 증거다. 그러나 이것은 단지 시작에 불과했다.

무함마드는 자신의 평등주의적 이념을 구현하기 위해 공동체 모든 구성원의 피값을 동일하게 매겼다. 그래서 적어도 금전적으로는 어떤 사람의 목숨도 다른 사람의 목숨보다 가치가 더하거나 덜하지 않게 되었다. 이것은 아라비아 법문화의 일대 혁신이었다. 이슬람 이전의 아라비아 사회에서 한 사람이 다른 사람의 눈을 상하게 하면 가해자의 눈에 똑같은 피해를 주는 것이 일반적이었으나, 어느 누구도 쉐이크의 눈이 고아의 눈과 동일한 가치라고는 생각하지 않았기 때문이다. 그러나 무함마드는 모든 것을 평등하게 바꾸었고 심각하게 사회질서를 파괴하지도 않았다. 이와 관련하여 아주 재미있는 일화가 전해져온다. 자발라 이븐 알아이함Jabalah ibn al-Ayham이라는 유력 가문의 사나이가 그보다 세력이 약한 무자이나Muzaynah 부족 출신의 남자에게 얼굴을 맞았다. 피해자는 자신의 사회적 지위로 보아 가해자에게 모진 벌이 내려질 것으로 기대했으나, 가해자의 얼굴을 한 대 때리는 복수 외에는 아무것도 할 수 없게 된 것을 알았다. 판결에 불만을 품은 알아이함 가문은 모두 이슬람을 버리고 기독교로 개종하고 말았다.

그러나 평등주의를 향한 무함마드의 활동은 복수법의 개혁으로 끝난 것이 아니었다. 그는 메카의 종교-경제 제도에서 자신이 품고 있던 불만 가운데 하나인 고리대금을 야스립에서 엄하게 금했다. 새 경제를 촉진시키기 위해 무함마드는 자신의 시장을 열어 운영했는데, 유대의 바누 까이누까 족이 연 시장과 달리 이 시장은 거래세도 없고 빌린 돈에 이자도 부과하지 않았다. 세금 없는 시장은 결국 무함마드와 바누 까이누까 족 사이의 분쟁으로 발전하였으나, 예언자의 의도가 까이누까 족을 적대시하려는 것이 아니라 부자와 빈자의 격차를 완화시키기 위한 것임에는 의문의 여지가 없었다.

무함마드는 종교적 권한을 이용하여 자카트zakat라고 하는 의무적 10분의 1세(십일조)를 만들어 움마의 모든 구성원이 자신의 수입에 따라 지불하도록 했다. 모인 세금은 공동체에서 가장 가난한 사람들에게 의연금으로 배분되었다. 글자적으로 '정화, 깨끗이 함'을 의미하는 자카트는 자선 행위가 아니라 종교적 헌납 행위로 간주되었다. 가난한 사람에 대한 배려와 선행은 메카에서 무함마드가 설교한 최초의 미덕이자 영원한 미덕이었던 것이다. 그는 믿는 자들에게 경건함이란 "너희가 예배하면서 얼굴을 동쪽이나 서쪽으로 돌리는 데 있지 않느니라. 진실로 경건한 자는 하나님에 대한 사랑으로 자신들의 재산을 고아와 나그네와 거지에게 베푸는 자들이며 노예를 풀어주고 믿음을 준수하고 가난한 자들에게 자선을 베푸는 데 있느니라(2 : 177)"라고 상기시켜주고 있다.

부의 재분배와 사회적 평등을 위한 무함마드의 노력은 여성에게 권리와 특권을 주려고 기울인 노력에 비하면 아무것도 아니다. 꾸란은 "하나의 영혼으로부터 동시에 남녀가 창조되었다(4 : 1, 7 : 189)"로 시작하여, 하나님이 보시기에 남녀가 평등하다는 것을 강조하듯이 자세히 설명하고 있다.

실로 하나님께 복종하는 남녀, 믿는 남녀, 순종하는 남녀, 진실된 남녀, 신념이 굳은 남녀, 선행을 베푸는 남녀, 금식하는 남녀, 겸손한 남녀, 하나님을 묵상하는 남녀, 이들 모두를 위해 하나님께서는 용서와 크나큰 보상을 준비하셨느니라.(33 : 35)

동시에 꾸란은 남자와 여자가 사회에서 뚜렷하고 분리된 역할을 가지고 있음을 인정한다. 7세기 아라비아 반도에서 이와 다르게 주장하는 것은 전적으로 상식에 어긋나는 것이리라. 꾸란은 "하나님께서는 남자를 여자보다 힘세게 만드셨으며 남자는 각자의 재산으로써 여자에게 제공하나니 남자는 여자를 보호하여야 하느니라(4 : 34)"고 말하고 있다.

예언자의 부인인 카디자처럼 예외가 있긴 했지만, 이슬람 이전의 아라비아에서 여자는 자신의 재산을 가질 수도, 남편의 재산을 상속받을 수도 없었다. 실제로 아내 자신이 재산으로 간주되어 그녀의 몸과 그녀의 지참금은 사망한 남편의 남자 상속인들이 물려받게 되었다. 만약 상속인이 과부에 관심이 없으면 그의 형제나 조카에게 넘겨 결혼할 수 있도록 했는데, 그 경우에도 과부의 재산은 새 남편의 것이 되었다. 여자가 너무 나이가 많아 결혼할 수 없거나 아무도 그녀에게 관심을 보이지 않으면, 모든 것은 그녀가 속한 씨족에 귀속되었다. 남자라 할지라도 무함마드처럼 부모가 사망했을 때 너무 어리면 유산을 상속받지 못했다. 하물며 여자는 말할 것도 없었다.

그러나 카디자 덕분에 지위와 재산을 얻었기 때문일까, 무함마드는 여성들에게 상당한 수준까지 사회적 평등과 독립의 기회를 주려고 노력했다. 여성의 유산상속을 막고 여성의 재산 소유를 방해하는 장애물을 제거하기 위해서 아라비아의 전통적 결혼 관습과 유산법도 과감히 수정했다. 여기에서 무함마드가 전통에 가한 변화를 자세히 논하기는 힘들다. 다만 움마에서 여성들은 최초로 남편의 재산을 상속받을 수 있게 되었고, 결혼 내내 지참금을 자신의 재산으로 소유할 수 있는 권리를 취득했다는 사실만 언급해도 충분할 것이다. 무함마드는 또한 남편 자신의 재산으로 가족을 부양하게 강요함으로써 아내의 지참금에 손을 대지 못하게 하였다. 남편이 죽으면 아내는 정해진 유산을 상속받을 수 있었다. 또한 이혼할 경우에도 지참금은 모두 아내의 것이 되었고, 그녀의 부모에게 가지고 갈 수도 있었다.

예상대로 무함마드의 개혁은 공동체의 남자 구성원들에게 잘 먹혀들지 않았다. 여자가 더 이상 재산처럼 간주되지 않는다면 남자들의 재산은 급격히 감소될 뿐 아니라 자신들만 받아온 유산을 이제는 그들의 누이나 딸들과 나누어 가지게 되었다고 불평했다. 알타바리의 기록에 따르면, 남자들 가운데 일부가 무함마드에게 찾아와 불평하며 물었다. "앞으로는 여자들이 힘들게 일한 남자들과 같이 유산을 받게 된단 말입니까? 어찌하여 남자들처럼 힘든 일도 하지 않고

생계를 위해 벌지 않는 여자와 아이들에게 유산상속 권리를 줄 수 있단 말입니까?'

이들의 불평과 불만에 대해 무함마드는 냉담하게 반응하며 결코 뜻을 굽히지 않았다. "하나님과 사도를 거역하고 이 율법을 범하는 자들은 지옥의 불길 속에 떨어질 것이니 저들은 가장 굴욕적인 징벌을 받으며 영원히 그곳에서 거할 것이니라.(4 : 14)"

새로운 유산상속 규정에 불만을 품고 있는 상황에서 남성들의 분노를 일으키는 또 다른 율법이 제정되었다. 남자는 몇 번이고 결혼할 수 있다는 데에 제한을 가했던 것이다. 뿐만 아니라 여성에게 남편과 이혼할 수 있는 권리까지 부여했다.

이슬람 이전의 아라비아 관습에서 특히 결혼과 이혼 부분은 납득하기 힘든 점이 많았다. 재산을 축적하기 어려운 유목사회에서는 남자와 여자 모두에게 다처제와 다부제가 허용되었다. 남자의 경우에 "나는 당신과 이혼하겠소!"라고 선언하기만 하면 이혼이 성립되었고, 여자의 경우는 결혼 중에 천막을 걷어치우고 부모의 가족에게 돌아오면 남편이 더 이상 '방문' 할 수 없게 되어 이혼이 성립되었다. 혈통이 주로 어머니를 통해 이어지는 베두인 사회에서 부권은 중요하지 않았기 때문에 한 여자가 몇 명의 남편을 가졌는지, 아이의 아버지가 누구인지는 무의미했다. 그러나 개인의 재산 축적이 가능한 메카와 같은 정착사회에서는 부권이 더 중요했고, 따라서 모계사회로부터 점차 부계사회로 이행되었다. 그 결과 여성은 이혼할 권리와 여러 명의 남편을 취할 권리를 박탈당하게 된 것이다.

결혼에 관한 무함마드의 견해는 이슬람 이전 아라비아의 관습보다는 유대 관습에 더 큰 영향을 받았던 것으로 보이지만, 여전히 그는 메카 사회의 구성원이었다. 무함마드는 이혼 선언이 효력을 발생할 때까지 3개월의 유예 기간을 두어 남성의 무절제한 이혼에 제동을 걸었고 여성에게 "잔인한 처사나 홀대를 받을 경우(4:128)" 남편과 이혼할 권리를 주었지만, 일처다부적 결혼을 확실히 종식시킴으로써 부계사회로의 이행을 공고히 했다. 이때부터 무슬림 여성은 오늘날까지 동시에 한 사람 이상의 남편을 가질 수 없게 되었으나, 남성이 한꺼번에 여러 아내를 가질 수 있는지 하는 문제는 지금까지도 논란의 대상으로 남아 있다.

한편 무함마드는 비록 제한적이긴 하지만 움마의 존속을 위해서 일부다처를 확실하게 수용했다. 특히 꾸라이쉬와의 전쟁 결과 사회적 보호와 도움을 필요로 하는 수백 명의 과부와 고아가 생겨났을 때 꾸란은 이렇게 천명하고 있다. "너희가 받아들일 수 있는 여인과 두 명, 세 명, 네 명까지 결혼하라. 다만 너희가 그 여인들을 공평하게 대접할 수 있을 경우에 한하니라.(4:3)" 그러면서도 꾸란은 일부일처제가 가장 이상적인 결혼 형태임을 분명히 한다. "너희가 아무리 소망한다 해도 너희의 처들을 완전히 공평하게 대우할 수는 없을 것이로다.(4:129)" 이같이 꾸란이 드러내는 외관상 모순을 통해 우리는 초기 이슬람 사회에 닥친 딜레마를 엿볼 수 있다. 무슬림들은 일부일처제를 소망했으나 무함마드가 야스립에 세운 공동체는 일부다처제가 아니면 소멸할 상황이었다. 그래서 20년 이상 카디자와 일부일처제의 삶을 살아온 무함마드는 야스립에서 머무는 10년 동안 아홉 명의 여인과 결혼하기에 이른다. 그러나 이 결혼은 성적인 결합이라기보다 대부분 정치적 목적을 가졌다. 무함마드가 성에 흥미가 없었다는 말이 아니다. 전설에 따르면, 무함마드는 오히려 옹골차고 왕성한 성적 성향을 지닌 사람이었다고 한다. 그러나 움마의 쉐이크로서 공동체의 안정과 존속을 위해 결혼을 통해 우호적 관계를 맺는 것은 무함마드의 의무이기도 했다. 무함마드는 아이샤, 그리고 하프사Hafsah와의 결혼을 통해 초기 이슬람 공동체에서 가장 중요한 두 지도자인 아부 바크르와 우마르Umar와 공고한 유대를 맺을 수 있었다. 그리고 1년 후에는 움 살라마Umm Salamah와 결혼함으로써 메카의 최고 유력 부족 가운데 하나인 마크줌Makhzum 족과의 유대를 강화했다. 적령기가 훨씬 지난 사우다Sawdah와의 결혼은 가난한 여인을 돕기 위한 결혼의 좋은 예였다. 유대교인 라이하나Rayhana와의 결혼으로 바누 꾸라이자 족과 인척 관계를 맺었고, 이집트 기독교인 마리야Mariyah와의 결혼은 이집트와 정치적 동맹을 맺는 데 도움이 되었다.

 그럼에도 불구하고 중세 십자군의 교황을 비롯해 유럽의 계몽철학자와 미국의 복음교회 설교자들은 무함마드가 취한 아내의 수만 보고 무함마드 자신과 이슬람교를 거칠게 비방했다. 현대 이슬람 학자들은 무함마드의 결혼, 특히 아홉 살 나이에 예언자와 약혼했던 아이샤와의 결혼에 대한 비방을 막기 위해 꽤 많은 노력을 기울인 것도 사실이다. 학자들이 이슬람을 적대시하는 설교자들과 지식인들의 무지와 편협한 비판을 막기 위해 쏟은 노력은 칭찬받을 만하지만, 무함마드의 결혼은 어떤 방어나 옹호도 필요 없을 정도로 명분이 있고 납득할 만하다는 것을 알아야 한다.

아라비아의 모든 쉐이크, 유대인들의 위대한 족장인 아브라함과 야곱, 모세와 호세아 같은 예언자, 사울 왕과 다윗 왕과 솔로몬 왕 같은 이스라엘의 왕, 기독교 비잔틴제국과 조로아스터교 페르시아제국의 왕들처럼 무함마드 역시 여러 명의 부인과 첩을 가졌다. 7세기 아라비아에서 쉐이크의 권한은 대부분 그의 하렘harem의 크기로 결정되었다. 현대인의 관점으로 보면 아홉 살 난 소녀와의 약혼은 어쩌면 충격적인 일일지 모르지만, 약혼은 바로 그런 관습적 이유에서였다. 물론 실제 결혼은 아이샤가 결혼 적령기가 된 이후에 이루어졌다. 무함마드의 결혼 생활에서 정작 놀라운 사실은 야스립에서 10년 동안 여러 명의 아내를 거느렸다는 것이 아니라 메카에서 보낸 25년 동안 카디자라는 한 명의 부인과 살았다는 것이며, 이러한 예는 당시로서는 거의 찾아보기 힘들었다. 무함마드의 결혼에 관해 이상하거나 흥미로운 점이 있다면, 그것은 무함마드가 몇 명의 부인을 거느렸는지가 아니라 부인들에게 강요한 통제들, 특히 베일의 착용에 관계된 것일지 모른다.

오랫동안 이슬람의 가장 뚜렷한 상징처럼 여겨져왔으나, 놀랍게도 꾸란의 어디에서도 무슬림 여성들에게 베일의 착용을 의무로 과하고 있지는 않다. 아랍어로 히잡hijab이라고 하는 베일 착용의 전통은 무함마드보다 훨씬 이전에 아라비아 반도에 도입되었다. 히잡은 이를 사회적 신분의 상징으로 간주한 시리아나 이란과의 접촉을 통해 들어왔다. 이들 국가에서 베일은 들에서 일할 필요가 없고 경제적 여유가 있는 여성만이 착용하는 것이었다.

움마에서는 베일 착용의 전통이 없었으나, 627년에 갑자기 이른바 '히잡의 구절'이 공동체에 계시되었다. 이 구절은 모든 여성을 향해서가 아니라, 배타적으로 무함마드의 아내들에게만 내려졌었다. "믿는 자들이여, 허락이 없이는 예언자의 집에 들어가지 말지어다. 허락이 있으면 주저하지 말고 들어가라. 너희가 예언자의 아내들에게 무엇을 부탁할 때는 히잡의 뒤에서 그렇게 하거라. 그것이 저들의 마음은 물론 너희들의 마음도 순수하게 해줄 것이니라.(33 : 53)"

그렇다면 왜 무함마드의 아내에게만 베일이 의무화된 것일까. 무함마드의 집이 곧 공동체의 모스크였고 움마의 종교·사회적 중심지였음을 기억하면 이 제약은 쉽게 이해할 수 있다. 다른 부족의 대표들이 무함마드를 방문하면 그들은 정원에 며칠씩 천막을 치고 살았다. 그런데 이곳은 무함마드의 아내들이 잠자는 거처에서 불과 몇 미터 떨어지지 않은 곳이었다. 그뿐만 아니라 계속해서 야스립으로 오는 새 이주자들도 적당한 거처를 찾을 때까지는 모스크 담 안에서 지내곤 했다.

무함마드가 일개 부족의 쉐이크였을 때에는 계속되는 이 소란을 참을 수 있었다. 그러나 나날이 팽창하는 공동체의 최고 지도자가 된 627년경에는 무함마드의 아내들을 쉽게 접할 수 없도록 모종의 분리 조치가 필요해졌다. 모반과 음모가 성행했던 당시의 상황을 감안할 때 무함마드의 아내들과 정원에서 거주하던 무슬림이나 대표단의 거리낌 없는 접촉은 무함마드뿐 아니라 움마의 운명에 큰 문제를 야기할 가능성이 충분했다. 그래서 이란과 시리아의 상류층 여성에 착안하여 모든 사람의 눈으로부터 여성들을 차단할 수 있도록 베일을 착용하고 은거하는 풍습이 도입된 것이다.

베일이 무함마드의 여자들에게만 적용된다는 사실은 '베일을 착용하다'라는 용어 '다라바트 알히잡darabat al-hijab'이 '무함마드의 아내 되기'와 동일한 의미로 사용된 것에서도 알 수 있다. 예언자의 생애 동안 움마의 다른 여성들은 히잡을 착용하지 않았다. 물론 겸손과 수수함은 모든 신자에게 의무적이었으며, 특히 여성은 "저들의 옷깃을 바짝 여미도록 하여 믿는 자들로 보이도록 하라. 그렇게 하면 어떤 해악도 저들에게 닥치지 않을 것이니라(33 : 60)" 하고 교육받았다. 더 구체적으로 여성들은 낯선 사람의 면전에서 "저들의 은밀한 부분을 지키고 머리덮개khamr를 가슴까지 끌어내리거라(24 : 31~32)"고 교육되었다. 그러나 라일라 아흐메드Leila Ahmed가 주장한 대로 꾸란 본문 어디에도 무함마드의 아내가 아닌 다른 여성에게 히잡을 착용하라고 명령한 구절은 존재하지 않는다.

무함마드가 죽은 후 오래된 것은 분명하지만, 정확히 언제부터 움마의 대다수 여성들이 베일을 착용했는지 말하기란 불가능하다. 무슬림 여성들은 아마도 '움마의 어머니'로 존경받은 예언자의 부인들을 모방하여 베일을 착용하기 시작했을 것이다. 베일이 강제적인 것은 아니었으며, 무함마드 사후 수세대가 지날 때까지도 베일 착용은 보편적이지 않았다. 그러나 무함마드 사후 일단의 남성 법학자와 성서학자가 자신들의 종교와 정치적 권한을 이용하면서 상황이 달라졌다. 이들은 무함마드가 부르짖은 평등주의 개혁의 결과로 상실했던 남성 우위의 지배권을 되찾는 방안을 모색하기 시작했다.

무함마드가 사망한 직후는 무슬림 공동체에게 부산한 시기였다. 움마는 통제할 수 없을 정도로 부와 국력이 팽창하고 있었다. 무함마드가 사망하고 불과 50년 만에 그가 야스립에 세웠던 작은 공동체는 아라비아 반도를 넘어 폭발할 듯이 확대되었고, 이란의 사산조페르시아제국 전체를 삼키기에 이르렀다. 또 50년이 지난 후에는 인도 북서 지방 대부분을 장악했고, 북아프리카 전역을 흡수했다. 그리고 기독교 비잔틴제국을 쇠락한 지역 국가로 축소시켰다. 다시 50년 후에 이슬람은 유럽으로 건너갔고 스페인과 프랑스 남부까지 진출했다.

아랍인 추종자들로 구성되었던 무함마드의 작은 공동체는 세계에서 가장 방대한 제국으로 팽창하면서, 꾸란에서 명백히 다루어지지 않았던 수많은 법률적·종교적 도전에 거의 매일 직면하게 되었다. 무함마드가 살아 있을 적에는 그저 그에게 가져가기만 하면 해결될 문제였다. 그러나 무함마드가 없는 상황에서 헤자즈 부족민들의 경험과 지식으로 해결할 수 없는 문제들에 대해 신의 뜻을 알아내기란 점점 불가능하게 되었다.

처음에 움마는 문제를 해결하고 지도를 받기 위해 무함마드의 초기 동료들을 찾아갔다. 무함마드가 생존했을 때 그와 함께 걷고 이야기했던 최초의 무슬림 세대이자 무함마드의 동료였던 이들은 무함마드에 대한 기억을 근거로 법적·정신적 결정을 내릴 권한을 가지고 있었다. 그들이 무함마드의 말과 행동을 회상한 구전 이야기는 훗날 하디스hadith, 즉 무함마드 언행록의 출처가 되었다. 하디스는 꾸란이 다루고 있지 않은 내용에 관련된 이슬람 율법에 필수적이었다. 그러나 하디스는 초창기에 아무런 규제 없이 수집되는 바람에 모순이 많고, 따라서 그 진실성에 대한 판단이 거의 불가능했다. 예언자 동료 세대가 늙고 사망함에 따라 상황은 더 악화되어, 이슬람 공동체는 '타비운Tabiun'이라고 불리는 무슬림 제2세대가 제1세대로부터 들은 이야기와 소문에 점점 더 의존하게 되었다. 그러나 제2세대마저 죽게 되자 예언자가 실제로 한 말이나 행동은 후대와 더욱 단절되기에 이르렀다.

세대가 계속 이어지면서 하디스의 진실성을 입증하는 이스나드 isnad(전승의 고리)는 더 길어지고 더 복잡하게 엉키게 되었다. 그 결과 무함마드 사후 2세기가 못 되어 약 70만 개나 되는 하디스가 무슬림 세계에서 회자되었다. 이 하디스의 대부분은 두말할 나위 없이 개인적이고 분파적인 목적을 위해 예언자의 언행을 위조한 것들이었다. 다시 몇 세대가 지나 진위 파악이 불가능한 상황에서는 누구라도 그 출처가 무함마드의 것이라고만 하면 하디스의 지위가 주어졌다. 헝가리 학자인 이그나츠 골드치어Ignaz Goldzier에 따르면, 무함마드의 언행이라고 알려진 수많은 하디스를 전부 수집하였으나 실제로는 토라(모세오경), 신약성서, 랍비의 언행, 고대 페르시아 격언, 그리스 철학, 인도의 속담이 많았다고 한다. 심지어 주기도문(예수 그리스도가 제자들에게 가르친 기도)도 있었다. 이슬람 율법이 아직 형성 과정에 있던 9세기까지는 조작된 많은 하디스가 인구에 회자되고 있어, 무슬림 법학자들은 이것을 두 부류로 나누었다. 하나는 물질적 이득을 노린 거짓말, 다른 하나는 이념적 이익을 노린 거짓말이었다.

9세기와 10세기에 신빙성 있는 하디스와 신빙성 없는 하디스를 구분하기 위해 수많은 하디스를 정밀 검사하는 노력이 집중적으로 이루어졌다. 그럼에도 불구하고 수백 년에 걸쳐 여론에 영향을 줄 만한 권력과 부를 지닌 사람이 자신의 주장을 정당화하길 원하면 하디스라고 언급만 하면 되었다. 예를 들어 여성의 사회적 역할에 관하여 자신의 의견을 정당화하려면 그것이 예언자의 말씀(하디스)이며, 자신은 그 하디스를 아무개로부터 들었고 그 아무개는 예언자의 한 동료에게 들었으며 그 동료는 예언자로부터 직접 들었다고 주장하면 그만이었다.

그런가 하면 예언자 사망 직후에도 꾸란과 하디스에 입각하여 신과 무함마드의 의도를 해석한 사람들은 의미의 정확성이나 설명의 객관성보다는 경제적·사회적 이권을 차지하는 데 더 관심을 두었다. 아이로니컬하게도 이들은 움마에서 가장 권세 있고 부유한 계층에 속했으며, 무함마드가 개혁의 대상으로 삼은 바로 그들이었다. 파티마 메르니시Fatima Mernissi가 지적한 대로, 지금까지 전해오는 모든 무함마드의 말이나 행동의 배경에는 "사회적 기동성과 지리적 팽창이 시대의 질서"였던 사회에서 예상되는 권력투쟁과 이익의 충돌이 자리 잡고 있음을 기억해야 한다.

여성의 문제로 돌아가서, 이런 이유 때문에 꾸란이 "너희들의 모든 돈과 재산을 현명하지 못한 자들sufaha에게 물려주어서(4:5)"는 안 된다고 신도에게 경고한 구절을 놓고 초기 꾸란 해석자(모두 남성)들은 "현명하지 못한 자들은 바로 여성과 아이들이므로 그들은 유산상속에서 배제되어야 한다"고 결론 내렸던 것이다.

예언자가 사망하고 25년 후에 아부 바크라Abu Bakra(초대 칼리파인 아부 바크르가 아님)라고 하는 바스라 출신의 유명한 부자 상인이 예언자께서 "자신들의 문제를 여성에게 위탁하는 사람들은 번영을 알지 못하리라"고 말씀하시는 것을 들었다고 했을 때, 어느 누구도 예언자의 동료였던 그 말의 신빙성을 의심하지 않았다.

이븐 마자Ibn Maja가 자신의 하디스 모음집에서 아내의 권리에 관한 질문을 받았을 때였다. 그는 예언자께서 여성의 유일한 권리는 "너희가 음식을 먹을 때 음식으로, 옷을 입을 때 옷으로 이미 주어진 것"이라고 말씀하셨다고 했는데, 그의 말이 꾸란의 내용과 전적으로 상반되는 견해임에도 불구하고 어느 누구도 반대하지 않았다.

아부 사이드 알쿠드리Abu Said al-Khudri가 예언자께서 한 무리의 여자들에게 "나는 너희 여자들보다 어리석고 신앙심이 부족한 사람들을 본 적이 없노라"고 말씀하시는 것을 들었다고 맹세했을 때도 그의 기억력은 의심을 받지 않았다. 무함마드의 전기 작가들은 예언자께서 심지어 전쟁과 같은 중차대한 문제들에 대해서도 부인의 충고를 구하고 따랐다고 거듭 묘사했지만, 남성 우위의 꾸란 해석자들은 막무가내로 부정했다.

마지막으로 저명한 꾸란 해석자였던 파크르 앗딘 알라지Fakr ad-Din ar-Razi(1149~1209년)의 예를 들어보자. 그는 "주님께서는 너희를 위하여 너희 중에서 아내를 지으사 너희가 그 속에서 평화를 찾을 수 있도록 하셨으니(30 : 21)"라는 꾸란의 구절을 "여자들은 동물이나 식물이나 기타 유용한 물건처럼 창조되었을 뿐 연약하고 어리석고 한마디로 아이와 같아서 하나님의 명령을 따르고 숭배하기에는 적합하지 않으니"라고 해석했다. 엉뚱하고 의도적인 해석이 분명한데도 그의 해석은 이슬람 세계에서 가장 널리 인정받는 해석 가운데 하나가 되었다.

무려 15세기 동안 꾸란 해석학은 무슬림 남성들의 전유물이었다. 또한 꾸란 해석학자는 각자의 이념과 선입견으로 꾸란을 해석할 수밖에 없었다. 그러므로 어떤 꾸란 구절이 이치에 맞지 않는다고 해서 놀라울 것은 없다. 예를 들어 여성에 대한 남성의 의무가 기록된 꾸란 4장 34절이 두 사람의 현대 꾸란 해석자에 의해 어떻게 번역되고 있는지 보기로 한다. 하나는 아흐메드 알리Ahmed Ali가 번역한 프린스턴 출판본에서 옮긴 것이고, 다른 하나는 마지드 파크리Majid Fakhry의 N.Y.U.New York University판에서 따온 것이다.

하나님께서 남자에게 더 많은 재능을 주셨고 여자를 먹이기 위해 자신의 재산을 쓰므로 남자는 여성의 보호자(qawwamuna 'ala an-nisa)이니라. 여자에게 마음이 내키지 않을 때는 타이르듯이 말하고 (짓궂게 굴지 말고) 침상에 혼자 내버려두고 여자가 원할 때는 침상에 들라.

하나님께서는 남자를 여자보다 우수하게 만드셨고 남자는 여자를 위해 재산을 쓰나니 남자는 여자를 책임져야 하느니라. 남자의 마음에 들지 않는 여자는 가르치고 침대에 홀로 내버려두고 그들을 때려라(adribuhunna).

아랍어는 여러 가지로 해석이 가능하므로 위의 두 해석은 문법적, 통사적, 의미적으로 맞는 것이다. 'qawwamuna 'ala an-nisa'는 여자를 '감독하다', '지지하다', '돌보다', '보살펴주다', '책임지다'로 이해할 수 있다. 이 구절의 마지막 단어인 'adribuhunna'에 관해서 파크리는 '그들을 때려라'라고 해석하였으나 '그들을 멀리하라', '그들과 사이좋게 지내라', 심지어 '그들과 합의에 의한 성교를 가져라'까지 의미할 수 있다. 종교가 정말로 번역에 따라 좌우된다면, 성경 구절의 의미는 어떤 사람이 어떤 의미를 원하느냐에 따라 달라질 수 있다. 예를 들어 누군가 꾸란이 여성에게 권한을 부여한다고 주장하고 싶다면, 알리의 번역본을 취하면 된다. 반면 여성에게 폭력을 행사하는 것이 정당하다고 주장하고 싶은 사람은 파크리의 번역본을 근거로 제시하면 되는 것이다.

이슬람 역사상 꾸란 해석자나 하디스의 전달자가 될 수 있는 권리를 찾기 위해 투쟁해온 여성들이 많았다. 예컨대 카리마 빈트 아흐마드Karima bint Ahmad(1069년 사망)와 파티마 빈트 알리Fatima bint Ali(1087년 사망)는 가장 중요한 예언자의 하디스 전달자였다. 그런가 하면 원전原典 학자인 자이납 빈트 알샤으리Zaynab bint al-Sha'ri(1220년 사망)와 다끼까 빈트 무르쉬드Daqiqa bint Murshid(1345년 사망) 두 사람은 초기 이슬람 시대의 학자 가운데 매우 중요한 위치를 차지하고 있다. '신빙성 있다'고 알려진 하디스의 약 6분의 1이 무함마드의 부인 아이샤가 전했다는 사실이 무엇을 의미하겠는가.

그러나 나름대로 명성을 날리고 있긴 하지만 이 여성들의 권위는 젊고 성급한 꾸라이쉬의 상류층 출신 우마르와 같은 초기 예언자 동료들의 권위에는 비교가 되지 않는다. 앞에서 말한 대로, 우마르가 이슬람으로 개종한 것은 무함마드에게 언제나 특별한 자부심을 주었다. 단지 뛰어난 무용을 가진 전사이기 때문이라기보다는 흠잡을 데 없는 도덕성과 신께 헌신하는 정열 때문에 예언자는 언제나 우마르를 존경했다. 우마르는 단순한 성격에 위엄 있고 신앙심도 깊은 사람이었다. 그러나 그러한 그도 불같은 성미 때문에 특히 여자에게는 화를 내고 폭력을 행사하는 경우가 자주 있었다. 여자를 싫어하고 여자를 거칠게 대한다는 이유로 우마르는 아이샤의 동생 움 쿨숨 Umm Kulthum에게 청혼했다가 단번에 퇴짜를 맞기도 했다.

여성에 대한 우마르의 혐오는 무슬림 사회의 지도자가 되어서도 분명했다. 우마르는 여자들을 집에 유폐하고 모스크에서 예배하는 것을 금지시키려 했으나 성공하지는 못했다. 그는 남자들에게 여자와 격리된 예배를 하도록 했고, 예언자의 모범에 직접 상충되었지만 여자들은 남자 종교 지도자들에게 교육을 받도록 했다. 믿기 어렵겠지만 무함마드의 미망인들에게도 연례적인 순례 의식을 못 하게 했다. 뿐만 아니라 주로 여자를 겨냥한 여러 가지 심한 형벌 규정을 제정하기도 했는데, 대표적으로 간음한 여자에게 돌을 던져 죽이는 형벌이 있었다. 꾸란에는 전혀 근거가 없는 벌이었지만, 우마르는 계시된 내용인데 우연히 원전에서 빠졌다고 주장함으로써 자신을 합리화시켰다. 물론 우마르는 그와 같은 내용이 어떻게 '신성한 신의 계시'에서 누락될 수 있는지에 대해 결코 설명하지 못했다. 그러나 얼마 후에는 그럴 필요도 없어졌다. 단순히 예언자의 권위를 빌려, "예언자가 그렇게 말씀하셨노라"고 말하면 충분했기 때문이다.

모든 성경들처럼 꾸란 역시 그 시대의 사회적·문화적 규범에 깊은 영향을 받았다는 것은 의심할 여지가 없다. 그리고 지금까지 살펴보았듯이 그 사회는 여자를 부족 가운데 동등한 구성원으로 보지 않던 사회였다. 따라서 유대교나 기독교의 성경처럼 이슬람의 성경인 꾸란에도 여성의 종속적 지위와 남성 우위를 분명하게 나타내는 구절이 많다. 그러나 동시에 그것은 금세기 이슬람 여권 옹호론자 운동이 시작되는 출발점이었다. 이들은 사회적 평등주의를 주장한 꾸란의 혁명적 복음은 7세기 아라비아의 문화적 편견과는 분리되어야 한다고 주장한다. 여성들은 역사상 최초로 남성 본위의 꾸란 해석에 자신들의 의견을 포함시키기 위해 국제적 여론을 조성하고 있는 중이다.

1998년 국제여성의 날, 어느 개회식에서 당시 이란의 환경 문제 담당 부통령이자 정부 내의 최고위급 여성 관리이던 마수메 에브테카르Masoumeh Ebtekar의 연설을 듣던 많은 서양인은 어처구니가 없었다. 그녀는 아프가니스탄의 탈레반 정권과 그들의 무시무시한 여성 인권 침해에 대해 비난을 퍼붓고 있었다. 탈레반이 서구에서 유명해지기 몇 년 전의 이야기로서, 국제 사회를 놀라게 한 것은 다름 아닌 에브테카르 여사의 뻔뻔스러운(?) 태도였다. 그녀는 탈레반이 아프가니스탄 여성들에게 강제로 베일을 착용하게 하고 집안에 유폐시키는 원리주의 정권이라고 비난하고 있었으나, 정작 자신은 신체를 전통적인 검은 차도르로 완벽하게 가린 채 흥분되어 홍조를 띤 얼굴만 보이고 있었을 뿐이다.

에브테카르 여사가 탈레반의 여성 차별을 신랄하게 비판하고 있을 때, 터키 의회에서는 새로 선출된 여성 국회의원 메르베 카박치Merve Kavakci가 머리를 천으로 두른 채 의원선서를 하겠다 하여 큰 소동이 벌어지고 있었다. 카박치 양은 동료 의원들에게 맹렬한 규탄을 받았으며, 일부는 의회 단상에 있는 그녀를 향해 상욕을 퍼붓기까지 했다. 그녀는 아무런 정치적·종교적 성명도 발표하지 않았으나 당시 터키의 술레이만 데미렐Suleyman Demirel 대통령까지 그녀를 외국의 첩자이자 '앞잡이agent provocateur'라고 비난했다. 결국 자신의 종교적 신념 하나 때문에 카박치 양은 민주적으로 선출된 국회의원 직을 박탈당했을 뿐만 아니라, 어떤 면에서는 시민권까지 잃어버렸다.

공공기관에서의 베일 착용을 명백히 불법으로 규정하고 있는 터키와 같은 나라에서는 베일을 착용한 여자에게 공무원이 될 권리나 고등교육을 받을 권리를 박탈하고 있다. 반면 성인 여자는 모두 베일을 착용해야만 하는 이란과 같은 보수적 무슬림 국가는 이슬람 세계에서 정치적으로 가장 활발한 여권신장운동을 자랑하는 현실! 이것은 분명 모순일지도 모른다. 이 같은 외관상 모순을 이해하려면 베일을 착용해본 적이 없는 사람들이 바라본 베일의 모순된 점을 살펴야 한다.

19세기 이집트 주재 영국 총영사였던 알프레드 크로머Alfred Cromer 경과 같은 유럽의 식민주의자들은 베일을 '여성 타락'의 상징이자 '사회제도로서 이슬람의 완전한 실패작'이라는 결정적 증거로 보았다. 크로머가 영국 여성의 투표권 행사를 반대하는 남성동맹 설립자라는 것은 염두에 두지 않고라도, 전형적인 식민주의자였던 크로머는 무슬림 여성의 처지에 대해 전혀 관심이 없었다. 베일은 그에게 '이슬람의 후진성'의 자화상이었고 중동에서의 '계몽 선교'를 정당화하는 명분이었을 뿐이다.

반면 저명한 이란의 정치철학자인 알리 샤리아티Ali Shariati(1933~1977년)와 같은 자유주의 무슬림 개혁가들에게는 베일이 여성의 순결과 경건함의 상징이었고 서양의 여성관에 대한 도전이었다. 샤리아티는 자신의 유명한 저서인《파티마는 파티마이다Fatima Is Fatima》에서 예언자 무함마드의 정숙한 딸 파티마를 "인류의 영광과 아름다움을 향해 도달해야 할, 그리고 열등감, 수치, 천함을 내버려야 할" 무슬림 여성의 모범으로 삼았다. 그러나 비록 계몽적이긴 하지만 크로머처럼 샤리아티도 자신이 경험해보지 않은 대상을 묘사하고 있어서 그의 접근방식은 아직까지 주의를 끌지 못하고 있다.

전통적으로 베일을 착용한 무슬림 여성을 남편의 성적 노리갯감이라고 보는 식민주의적 관점은 베일을 서구 문화의 패권으로부터 자유로운 여성의 상징으로 보는 근대화 이후의 시각과 마찬가지로 잘못된 것이며 단순한 것이다. 베일은 어쩌면 둘 다일 수도 있고 둘 다 아닐 수도 있다. 그러나 어떤 것이냐의 결정은 무슬림 여성들에게 달려 있다. 수세기 동안 배제되어왔던 일, 즉 꾸란 해석 분야의 여성 참여로써 이 일은 현재 진행 중에 있다.

오늘날 이슬람 세계 도처에서는 참신한 여성 원문학자들 세대가 과거 이슬람 학풍에 결여되었던 관점으로 꾸란을 다시 보고 있다.

이들 여성 학자들은 이슬람 사회에서 여성의 열악한 지위가 이슬람의 도덕률 때문이 아니라 7세기 아라비아의 사회 환경과 남성 전유의 꾸란 해석이 안고 있는 여성 혐오감 때문이라는 인식에서 출발하여, 전통적 성의 경계를 벗어나 꾸란에 접근하고 있다. 아미나 와두드Amina Wadud의 교육용 책인 《꾸란과 여성 : 여성의 관점에서 본 성경의 재해석Quran and Woman : Rereading the Sacred Text from a Woman's Perspective》은 비록 와두드 혼자 노력하는 것은 아니겠지만 이 운동이 나아가야 할 모형을 제시하고 있다. 전 세계 무슬림 여권신장론자들은 성적으로 보다 중립적인 꾸란 해석과 보다 공평한 이슬람 율법의 적용을 위해 노력하고 있으며, 동시에 남성 우월주의로 물든 보수적 사회에 자신들의 정치적·종교적 주장을 불어넣기 위해 투쟁하고 있다. 무슬림 여권신장론자들은 그들의 대의명분을 단순한 사회개혁운동으로 보지 않고, 오히려 종교적 의무라고 생각한다. 이란 여성의 권리를 지키기 위해 쉬지 않고 노력한 공로로 2003년 노벨 평화상을 수상한 시린 에바디Shirin Ebadi는 자랑스럽게 소망을 말했다. "하나님은 우리를 평등하게 창조하셨습니다. 동등한 권리를 위해 투쟁하는 것은 하나님께서 우리에게 원하시는 일입니다."

　무슬림 여성의 운동은 여성의 권리를 억압하는 것은 남성일 뿐이며 이슬람은 아니라는 사상에 입각해 있다. 그래서 전 세계 무슬림 여권신장론자들은 무함마드가 원래 자신의 추종자들과 함께 꿈꾸었던 사회로 돌아갈 것을 촉구하고 있다. 문화, 국적, 신조의 차이에도 불구하고 이 여성들은 메디나의 무함마드로부터 배워야 하는 교훈은 바로 이슬람이 양성평등의 종교라는 사실이라고 굳게 믿는다.

그들의 이상사회, 즉 메디나는 예언자께서 움 와라까Umm Waraqa와 같은 여자를 움마의 정신적 인도자로 지명했던 사회, 예언자 자신이 때로는 부인들에게 공개적으로 비난받던 사회, 여성이 남성과 함께 예배하고 적에 대항하여 싸운 사회, 아이샤와 움 살라마와 같은 여자들이 종교적 지도자이며 정치적 지도자였고 때로는 전쟁의 지휘관이었던 사회, 무함마드 저택의 지붕 위에서 큰 소리로 외쳤던 예배 시작 알림을 듣고 남녀가 함께 모여 나란히 무릎을 꿇고 하나의 공동체로서 축복을 받던 사회이다.

실제로 무함마드가 시행한 사회적 평등주의의 혁명적 경험은 성공적이었다. 622~624년 사이에 움마는 예언자 도시의 역사적인 사건에 열심히 참여한 새 이주자의 유입과 안사르(원조자)의 수적 증가로 급속히 성장했다. 그러나 이곳은 아직도 야스립일 뿐이었다. 이 야스립이 메디나로 불리게 된 것은 무함마드가 평등주의 개혁에서 눈을 떼고 성도 메카와 헤자즈를 지배하던 강력한 꾸라이쉬 부족에게 주의를 돌린 후부터였다.

4 알라를 위한 싸움 지하드의 의미

야스립에서 신의 사도는 꿈을 꾼다. 그가 서 있는 넓은 목초지에는 가축들이 한가로이 풀을 뜯고 있다. 손에는 뭔가가 쥐어져 있는데, 그것은 칼이다. 칼집에서 칼을 뽑자 태양에 반사되어 번쩍거린다. 칼날에는 V자형의 벤 자리가 새겨져 있다. 전쟁이 난 것일까. 그러나 평화로운 목초지에는 따사로운 햇살 속에 고요함이 감돌 뿐이다. 모든 것이 좋은 조짐으로 보인다. 자신의 몸을 살펴보니 튼튼한 쇠사슬 갑옷을 입고 있다. 걱정할 것은 하나도 없다. 손에 칼을 들고 끝없는 지평선을 응시하면서 결의에 찬 무함마드는 그에게 다가올 결전의 순간을 기다린다.

무함마드는 잠에서 깨어난 즉시 그 꿈의 의미를 알아차렸다. 꾸라이쉬 부족이 쳐들어온다는 것이었다. 그러나 바로 그 순간에 3,000명의 중무장한 전사와 200명의 기사가 무함마드와 그의 추종자들에게 최후의 일격을 가하기 위해 야스립으로 돌격해오고 있다는 사실까지 알아낼 수는 없었다. 꾸라이쉬 군사들의 후진에는 아라비아의 전쟁 관습대로 가장 좋은 옷을 입고 보석으로 몸을 치장한 일단의 여자도 따라왔다.

그녀들은 꾸라이쉬의 쉐이크인 아부 수프얀Abu Sufyan의 아내 힌드Hind의 지휘를 받고 있었다. 1년 전인 624년에 바드르에서 꾸라이쉬 부족과 무함마드의 무리가 결전을 벌였을 때, 힌드의 오빠와 아버지는 무함마드의 숙부인 함자Hamzah에게 살해되었다. 사막의 대군 행렬에 합류한 그녀는 바람에 나부끼는 흰 옷자락을 두 손으로 꼭 감아줬었다. 이 전쟁은 헤자즈의 패권을 장악하기 위한 최후의 전투가 될 것이었다. 꾸라이쉬가 전쟁터로 선택한 장소가 무함마드의 본거지인 야스립인 것만 보더라도 그 단호하고 비장한 분위기를 알 수 있을 것이다.

"복수를 향한 나의 목마름을 축여주오!" 신비할 정도로 강인한 인상을 한 그녀는 자신의 앞에서 행군하고 있는 장정들을 향해 소리쳤다. "전사들의 목마름도 함께 축입시다!"

한편 야스립은 꾸라이쉬 대군의 공격이 임박했다는 소식을 듣고 마을 전체가 허둥댔다. 무함마드와 메카 사이의 전투에 끼어들고 싶지 않았던 유대 부족들은 이미 안전지대에 몸을 숨겼다. 도시에 남은 이주자들은 꾸라이쉬의 사나운 공격에 대비하여 구할 수 있는 모든 무기와 장비를 서둘러 모았다. 이윽고 동이 트고 새벽기도 시간을 알리는 소리가 들리자, 모든 이주자는 모스크에 집결했다. 이곳은 예언자 무함마드가 기거하는 공간이기도 했다. 무함마드는 자신을 따르는 신자들에게 침착한 모습으로 공격받게 될 것이라는 사실을 알렸다.

꾸라이쉬의 대군이 야스립을 향해 돌격해오고 있다! 웅성거리는 군중을 향해 무함마드는 자신의 전략을 밝혔다. 사방이 터진 사막으로 나가 전투를 벌이기보다는 도시 안에 숨어 있다가 적들이 들어올 때 기습을 가하자는 것이었다. 무함마드는 자신의 꿈에서 본 쇠사슬 갑옷이 야스립의 불패를 상징한다는 것을 확신했다. 무함마드의 판단에 따르면, 꾸라이쉬가 이 오아시스 속으로 공격해올 정도로 어리석지는 않겠지만 꿈속에서 본 대로 만약 그렇게만 된다면 무함마드의 군사들은 수적 열세를 극복할 수 있었다. 지형지물을 잘 활용하면 쉽게 적들을 제압할 수 있고, 여자들까지도 대추야자나무 위에 올라가 돌을 던지며 항전할 수 있을 것이라 생각했다.

그러나 추종자들은 무함마드의 전략에 의구심을 품었다. 그들은 1년 전에 바드르 지역에서 꾸라이쉬에게 가했던 일격을 잘 기억하고 있었다. 당시에도 수적으로는 엄청난 열세였으나 강력한 메카 군사들에게 큰 손실을 입혀 수치스럽게 후퇴하게 만들지 않았던가. 따라서 이번에도 승리는 분명히 자신들의 것이라고 생각하고 있었다.

"오, 신의 사도시여!" 무함마드의 군사들이 진언했다. "우리를 오아시스 밖에서 싸우게 해주소서. 저들이 우리를 대항도 못 하는 비겁한 오합지졸로 생각할까 염려되옵니다."

꿈의 내용이 신이 주신 계시라고 믿었던 무함마드의 마음은 군사들의 계속된 주장에 흔들렸다. 그러나 군사들이 사막으로 나가길 원할수록 무함마드는 더욱더 망설여졌다. 무함마드가 가장 의지한 원로들의 의견도 둘로 나뉘었다. 논쟁은 지루하게 계속되었고, 무함마드는 마침내 어떤 결정이든 내려야 한다는 것을 깨닫고 자리에서 일어났다. 그는 자신의 쇠사슬 갑옷을 가져오게 한 뒤, 무슬림들에게는 꾸라이쉬에 대적하기 위해 사막으로 나가라는 명령을 내렸다.

명령과 함께 수백 명에 불과한 군사들, 거의 언제나 무함마드를 따라 전투에 참가했던 부인 아이샤와 움 살라마, 그리고 일단의 여자들은 사막으로 향했다. 그들은 꾸라이쉬 군대가 진을 치고 공격을 준비하고 있는 우후드Uhud에 당도했다. 야스립에서 북서쪽으로 불과 수킬로미터 떨어진 평원이었다. 무함마드는 비교적 지세가 험한 골짜기에 들어가 말라붙은 강 건너편에 진영을 세웠다. 메카 군대의 진지로부터 그리 멀지 않은 이곳에서는 꾸라이쉬의 동태를 환히 들여다볼 수 있었다. 사막을 메우다시피 많은 꾸라이쉬 군사, 살벌한 무기, 금방이라도 쳐들어올 듯한 무수한 말과 낙타를 본 순간 무함마드의 심장은 얼어붙는 듯했다. 자신의 군대에는 오직 두 필의 말이 있을 뿐이며, 그나마 낙타는 한 마리도 없었던 것이다.

무함마드는 부하들에게 진영을 더 공고하게 구축하고 동이 틀 때까지 방심하지 말라는 명령을 내렸다. 아침이 되어 하늘이 붉게 타오르기 시작하자 그는 말에 올라 자신의 군대를 마지막으로 사열했다. 그런데 병사들 가운데 나이가 어린 소년들이 창을 들고 있는 것이 아닌가. 키가 커보이려고 발끝으로 서 있는 소년들도 눈에 띄었다. 무함마드는 노여운 표정으로 소년들을 대열에서 나오게 한 뒤, 가족이 있는 고향으로 돌려보냈다. 그러나 이 가운데 몇 명은 다시 돌아와 몰래 전투에 참여한다. 사열을 마친 무함마드는 궁수들을 부대 측면에 위치한 고지대에 배치하며 "절대 너희들의 위치를 이탈하지 말라. 너희들의 방향에서는 적들의 공격이 없을 것이다"라고 명령했다. 그리고 나머지 부하들에게도 최후의 명령을 내렸다. "나의 명령이 있기 전에는 아무도 공격하지 말라." 그리고 무함마드는 자신의 꿈에서 보여준 좋은 조짐을 어긴 것이 마음에 걸렸던지 쇠사슬 갑옷을 한 벌 더 껴입었다.

이와 동시에 꾸라이쉬 군대가 공격을 개시했다. 무함마드의 사수들은 계속해서 화살을 쏘아댐으로써 메카의 대군을 물리치려 했다. 화살 세례를 받은 메카 군의 첫 번째 공격은 실패했고 적들은 후퇴했다. 그 순간, 정위치를 지키라는 무함마드의 명령을 어기고 궁사들이 앞 다투어 산에서 뛰어내려왔다. 후퇴하는 적들이 남긴 노획물을 서로 차지하기 위해서였다. 이 광경을 본 꾸라이쉬 군대가 다시 공격을 개시하는 데는 오랜 시간이 걸리지 않았다. 측면의 엄호가 없어지자 무함마드와 전사들은 쉽게 포위되었고, 전투는 이제 살육전으로 변하고 말았다.

순식간에 메카의 군사들이 무함마드의 진영에 몰려오는가 싶더니 닥치는 대로 찌르고 베는 아수라장이 벌어졌다. 그리고 잠시 후, 땅 위에는 전사자의 시신들이 여기저기 널렸다. 지옥을 방불케 하는 고함과 비명이 온 천지를 가득 메우고, 전사들이 흘린 피는 땅바닥에 흥건했다. 꾸라이쉬 군사들이 방어진을 뚫고 무함마드의 본진에 접근하자 호위병들은 마치 인간 방패처럼 몇 겹으로 원을 만들었다. 메카의 군사들이 일제히 화살을 퍼붓자 호위병들은 벌집처럼 온몸에 화살을 맞고 차례로 쓰러졌고, 마침내 최후의 한 사람까지 죽고 말았다.

혈혈단신이 된 무함마드는 부하들의 시체를 방패로 삼고 무릎을 꿇고 앉아 몰려드는 적들을 향해 연신 화살을 쏘았으나 결국 활이 부러지고 말았다. 이미 중상을 입은 무함마드의 주변에는 그를 지켜줄 부하가 아무도 없었다. 그의 턱은 깨졌고 이는 부러졌으며 입술은 찢어졌다. 이마는 적이 휘두른 칼에 베여 피가 흥건했다. 무함마드는 마지막 순간이 왔음을 직감하고 온 힘을 모아 적진으로 돌진하려고 했다. 그런데 바로 그 순간, 어디에서 나타났는지 아부 두자나Abu Dujanah라고 하는 거대한 몸집을 가진 부하가 무함마드의 옷자락을 잡아끌었다. 그는 몸을 구부려 무함마드를 감싼 채, 서둘러 그 자리에서 벗어나 협곡 입구로 인도했다. 생존한 병사들이 모여 상처를 돌보고 있는 곳이었다.

예언자가 전장에서 갑자기 사라진 후, 그가 전사했다는 소문이 퍼졌다. 역설적이지만 이 헛소문 덕택에 무함마드와 그의 부하들이 절실히 원하던 휴전이 성립되었다. 무함마드가 전사했다는 소문이 퍼지자 꾸라이쉬 군이 돌연 공격을 멈추었기 때문이다. 패배의 수치감을 안고 무함마드와 부상당한 잔병들은 조용히 포복으로 후퇴하여 야스립으로 돌아온 반면, 승리에 도취한 적장 아부 수프얀은 높은 곳에 올라 초승달처럼 구부러진 자신의 칼을 쳐들고 외쳤다. "승리다! 후발 신이여, 찬미를 받으소서! 찬미를 받으소서!"

한편 전투가 끝난 우후드에 더 이상 고함과 비명 소리가 들리지 않게 되자, 힌드와 꾸라이쉬의 다른 여자들은 전쟁터에 즐비한 시체들 사이를 돌아다녔다. 칼을 든 여자들은 이슬람 이전 아라비아의 전쟁 관습대로 전사한 무함마드 군사들의 코와 귀를 잘라냈다. 그것들은 나중에 목걸이와 발목 장식으로 사용될 것이었다. 그러나 힌드를 보라. 복수의 화신이 된 그녀는 1년 전 바드르에서 아버지와 오빠를 죽인 함자의 시신을 찾아 미친 듯이 헤맸다. 마침내 시체를 발견한 그녀는 무릎을 꿇고 앉아 시체의 배를 가르고 맨손으로 간을 끄집어냈다. 그리고 피가 뚝뚝 떨어지는 다갈색 간을 입에 넣고 씹어 먹기 시작했다. 이로써 무함마드와 그의 숙부 함자에게 품어왔던 그녀의 복수심은 끝이 난다.

현대 학자들조차 이슬람을 가리켜 "무력으로 자신들의 종교와 율법을 전파하는 광신적 전사들의 종교"라고 묘사하고 있다. 버나드 루이스Bernard Lewis의 말을 인용하자면, 서양에서는 마치 메뚜기 떼처럼 전쟁터로 돌진하는 무슬림 집단의 판에 박힌 듯한 이미지가 지금까지 계속되고 있다. 유명한 사회학자 막스 베버Max Weber는 "이슬람은 구원의 종교가 결코 아니었다. 이슬람은 전사의 종교이다"라고 썼다. 사무엘 헌팅턴은 이슬람을 "유혈이 낭자한 국경"으로 퍼져나가는 종교라고 기술했다. 전사종교 혹은 투사종교로 인식되는 이슬람에 대한 오해의 기원은 십자군에 대한 교황의 선동에 있었다. 중국으로 가는 비단길의 차지가 더 중요한 동기였으나 교황은 겉으로 성지 예루살렘의 탈환을 외치면서 무슬림들을 반그리스도의 무리로 묘사했다. 무슬림 철학자, 과학자, 수학자 들이 과거의 지식을 보존하고 미래의 학문을 열어나갔던 중세 기간 동안 이미 분열금이 간 신성로마제국은 이슬람에 '칼의 종교'라는 딱지를 붙였다. 사방에서 기독교 세계를 침범하는 터키인들에 대한 적대감과 분노의 표현이었을 것이다. 유럽의 식민주의자들이 중동과 북아프리카의 자원을 체계적으로 약탈하던 18세기와 19세기에는 이슬람을 가리켜 "긴 옷을 입고 초승달 모양의 칼을 휘두르며 그들의 길을 막는 모든 이단자를 살육할 준비가 된" 무슬림 전사들의 이미지로 부각시켰고, 이것이 문학적 상투 어구가 되어 현재까지 이어지고 있다. 그러나 왜곡된 선전의 후유증은 의외로 깊고 지속적이었다. 자신들의 과오가 오늘날 이슬람 근본주의Islamic Fundamentalism(혹은 이슬람 원리주의)를 낳게 될 줄을 어디 상상이나 했으랴.

무슬림들에 대한 전통적 시각은 오늘날 다소 변화한 새로운 이미지로 바뀌었다. 폭발물로 자신의 몸을 묶고 알라를 위해 순교할 준비가 되었으며, 죄 없는 사람이라 할지라도 가능한 많은 사람과 함께 죽기를 바라는 이슬람 테러리스트들이 바로 그것이다. 그러나 시대에 따라 이슬람의 이미지는 변화할 수 있으나 한 가지 명심해야 할 점이 있다. 그것은 창시자 무함마드 시대부터 현재까지 이슬람은 항상 지하드jihad(성전) 상태에 있는 종교라는 것이다.

이슬람의 다른 교리들처럼 지하드의 교리 역시 교조 무함마드 사후 오랜 시간이 흘러 비로소 하나의 이념이 된 것은 놀라운 사실이다. 지하드는 무슬림 정복자들이 근동의 다양한 문화와 관습을 받아들이면서부터 생겨난 것이다. 이슬람은 전 세계적으로 정복전쟁이 유행하던 시대에 다른 더 큰 제국들과의 경쟁에서 승리하고 탄생했다는 것을 알아둘 필요가 있다. 잘 알려져 있듯이, 이슬람은 비잔틴제국과 사산조페르시아제국이라는 대제국이 서로의 영토 확장을 위해 끊임없이 전쟁하던 시대에 싹텄다. 아라비아 반도의 무슬림 대군은 기존의 싸움판에 뛰어든 것에 불과했다. 전쟁에서 승리하긴 했지만, 무슬림이 그 전쟁을 시작한 것은 아니었으며 정의를 내린 것도 아니었다. 뿐만 아니라 서양 사람의 일방적 선입견에도 불구하고, 무슬림 정복자들은 주민들에게 이슬람으로의 개종을 강요하거나 권장하지도 않았다. 8세기와 9세기경에는 무슬림이 될 경우 얻게 되는 경제적·사회적 이익이 컸고 엘리트 계층의 상징처럼 되어버렸으므로, 많은 비아랍인이 이슬람으로 개종하기를 원했다. 그러나 개종은 먼저 아랍인의 후견을 받는 등의 복잡한 절차를 통해서만 가능했었다.

당시는 종교와 국가가 하나인 시대였다. 극소수의 훌륭한 신자들을 제외하면 어떤 유대교인, 기독교인, 조로아스터교인, 무슬림도 자신이 믿는 종교가 개인적이고 고백적인 신앙을 기본으로 한다고 생각하지 않았다. 오히려 그 반대였다. 그들에게 종교는 인종이요, 문화요, 사회적 정체성이었다. 종교는 개인의 정치, 경제, 도덕을 규정했다. 다른 무엇보다도 종교는 시민권과 같았다. 그래서 사산조페르시아제국의 조로아스터교처럼 신성로마제국에서도 기독교로 개종하려면 당국의 공식적인 허가와 법률적 절차를 필요로 했다. 인도 대륙에서는 바이스나바Vaisnava왕국(비슈누 신과 그의 화신의 추종자들)과 사이바Saiva왕국(시바 신의 추종자들)이 영토 장악을 위해 서로 싸웠으며, 중국에서는 불교 지도자들이 정치적 영향력을 차지하기 위해 도교 지도자들과 싸웠다. 이런 나라들이나 종교에 의해 국가가 명백하게 승인을 받는 근동에서 영토 확장은 곧 개종을 의미하는 것이었다. 결론적으로 말해, 모든 종교는 결국 '칼의 종교' 였던 셈이다.

이슬람 전쟁의 의미와 기능을 규정할 때, 무슬림 정복자들은 사산조페르시아와 비잔틴제국에서처럼 황제의 칙령에 의해 종교전쟁의 이념을 자유롭게 발전시켰다. 사실 '성전holy war' 이란 용어는 이슬람에서 시작된 것이 아니다. 이 용어는 십자군들이 육상 무역로의 확보를 위해 전쟁을 벌이면서 종교적 합법성을 부여하기 위해 만들어낸 것이었다. 그러므로 성전이란 무슬림 정복자들이 원래 사용한 용어가 아니다. 지하드를 성전이라고 한 정의도 알맞지 않다. 아랍어에서 정확히 '전쟁' 으로 번역할 수 있는 단어는 상당히 많으나 지하드는 그 가운데 속하지 않는다.

그렇다면 이슬람의 지하드는 무슨 의미인가. 지하드의 글자적 의미는 '분투', '애씀', '큰 노력' 이다. 종교적 의미의 지하드는 인간을 하나님에게서 멀어지게 하는 모든 사악한 장애물을 극복하기 위한 '영적 분투' 혹은 '영적 노력' 을 의미한다. 이것은 보통 대지하드라고 불린다. 꾸란에서 "알라를 위하여"라는 구절이 나오면 지하드라는 단어가 언제나 따라 나오는 이유가 바로 여기에 있다. 그러나 이슬람에서 영적 순결이나 순수를 위한 '내적 분투' 를 인류의 행복을 위한 외적 분투와 분리할 수 없기 때문에, 지하드는 흔히 '군사적 분투' 혹은 '압제와 폭정에 항거하는 분투' 라는 이차적 의미로 사용되고 있다. 이때의 지하드는 보통 대지하드에 대비하여 소지하드라고 불린다. 두 번째 의미를 이용하여 극렬주의자와 이슬람 투사들이 사회·정치적 이슈에 종교적인 합법성을 부여하고 있으나, 무함마드가 원래 의도했던 그런 의미는 결코 아니다.

꾸란에 따르면, 전쟁은 정당한 것도 아니며 부당한 것도 아니다. 또한 전쟁은 결코 '신성한' 것이 아니다. 그러므로 지하드란 초기의 '정당한 전쟁 이론'이라고 보는 것이 가장 적당하다. 즉 이것은 624년에 작지만 성장하는 무함마드의 공동체와 막강한 꾸라이쉬 부족 사이에 발발한 혼란스럽고 피비린내 나는 전쟁에서 발전한 이론이었다.

이상한 일이지만, 야스립에서 무함마드의 공동체가 큰 성공을 거두었을 때, 꾸라이쉬 부족은 그들에게 전혀 신경 쓰지 않는 듯했다. 분명히 그들은 야스립에서 일어나는 일을 잘 알고 있었다. 꾸라이쉬는 아라비아 반도 도처를 정탐하면서 자신들의 안전이나 이익에 위협이 될 수 있는 것은 사소한 것이라도 염탐꾼을 통해 보고받았다. 그러나 무함마드 추종자들의 수가 팽창해도 그들이 야스립에 한정되어 있는 한 꾸라이쉬 부족의 이익이나 안전에는 위협이 되지 않는다고 보았다. 무함마드가 항상 메카와 꾸라이쉬 부족을 노리고 있음을 간과한 것이다.

야스립의 가장 큰 변화는 전통적인 부족 제도에서가 아니라 예언자 무함마드 자신에게서 일어났다. 야스립에서 내리는 계시는 알라의 선함과 권능에 관한 일반적 진술에서 벗어나, 정의롭고 평등한 사회의 건설과 유지를 위한 특별한 규범으로 발전하고 있었다. 따라서 무함마드의 예언자적 사명도 공동체 건설의 사명으로 변화했다. 무함마드의 메시지는 이제 더 이상 "도시들의 어머니(메카)와 그 주변에 사는 사람들(6 : 92)"에게만 전파되지 않았다. 야스립 움마(이슬람 공동체)의 극적 성공에 고무된 무함마드는 알라께서 자신을 "부족이나 가까운 친척들(26 : 214)"에 대한 단순한 경고자 이상으로 만들려 하신다는 것을 깨달았다. 자신의 역할이 "세상의 모든 피조물에게 자비를 베푸는(21 : 107)" 것, 즉 자신이 "인류 전체(12 : 104, 81 : 27)"를 위한 사도임을 의식한 것이다.

하지만 한 가지 극복해야 할 문제는 여전히 남아 있었다. 무함마드의 공동체가 아무리 확대되어도 헤자즈의 종교, 경제, 사회적 중심지인 메카가 있는 한 야스립의 경계를 뛰어넘기는 힘들었다. 결국 무함마드는 꾸라이쉬 부족과의 결전을 피할 수 없으며 어떤 방식으로든 그들을 자신의 편으로 끌어들여야 할 운명이었다. 무함마드는 우선 꾸라이쉬 부족의 관심과 주의를 자신에게 끌기로 했다. 메카에 있을 때부터 꾸라이쉬에게 대적하는 가장 효과적 방법은 그들의 재원財源에 대한 공격이라는 것을 이미 알고 있었던 무함마드는 엄숙하고도 중요한 결정을 내린다. 그것은 바로 야스립이 성도聖都, 즉 '하람'이라고 선언하는 것이었다. 메디나 헌장에 담긴 이 선언은 메카를 대신하여 야스립이 종교적 순례지인 동시에 상업 중심지가 될 수 있음을 강조했다(고대 아라비아에서 이 두 가지는 분리할 수 없었다). 이 선언을 통해 무함마드는 꾸라이쉬 부족이 쥐고 있던 아라비아 반도의 종교 · 경제적 패권에 의도적으로 도전했다. 그리고 이 선언이 말뿐이 아님을 보여주기 위해서 무함마드는 꾸라이쉬에 소속된 카라반에 대한 습격을 지시했다.

이슬람 이전 아라비아에서 카라반 습격은 작은 부족이 더 큰 부족으로부터 이익을 취하는 정당한 수단이었다. 결코 도적질로 간주되지 않았으며, 피를 보지 않는 한 복수도 하지 않는 것이 관행이었다. 습격하는 쪽은 보통 카라반의 후미를 공격했으며 발각되기 전에 가지고 갈 수 있는 모든 물건을 가져갔다. 이 주기적인 습격은 카라반 인솔자들에게 큰 골칫거리였으나, 방대하고 거친 사막에서 많은 상품을 수송하는 데 따른 어쩔 수 없는 위험이기도 했다.

무함마드의 카라반 습격은 소규모에 산발적으로 이루어졌지만, 움마에 필요한 재원을 공급해주었고 메카로 출입하는 모든 무역 행위를 효과적으로 붕괴시켰다. 메카에 들어가는 카라반들은 상품을 수송하는 일이 더 이상 안전하지 않게 되자, 꾸라이쉬에게 불평하기 시작했다. 뿐만 아니라 몇몇 카라반은 무함마드와 그의 추종자들에게 안전을 위탁하여, 야스립으로 우회해서 메카에 도착하는 경우도 있었다. 이런 상황에서 메카의 상행위는 위축되고 이익은 줄어들기 시작했다. 메카인들은 마침내 무함마드의 세력을 경계하게 되었다. 무함마드가 노린 대로 이루어졌던 것이다.

우후드에서 비참하게 패배하기 1년 전인 624년, 무함마드는 대규모 카라반이 팔레스타인을 출발하여 메카로 향한다는 보고를 받았다. 카라반의 큰 규모는 너무나 유혹적이라 무시하기 어려웠다. 무함마드는 대부분 이주자로 구성된 300명의 지원자를 모아서 카라반을 급습하기 위해 길을 나섰다. 그러나 그의 부대가 바드르 마을 경계에 당도하는 순간 1,000여 명에 이르는 꾸라이쉬 군사로부터 기습 공격을 받았다. 무함마드의 계획이 누군가에 의해 메카에 누설되어, 매복하고 있다가 공격을 해온 것이다.

첫날의 패배 이후, 양편 군사들은 며칠 동안 작은 계곡을 사이에 두고 상대를 바라보며 탐색했다. 흰 옷을 입은 꾸라이쉬 군은 화려하게 장식한 말과 낙타 위에 올라탄 위풍당당한 모습이었으나, 전쟁이 아닌 습격 태세를 갖추고 있었던 움마의 군사들은 누더기 같은 초라한 옷을 걸쳤을 뿐이다. 그러나 양측 모두는 싸울 의향이 없어 보였다. 꾸라이쉬 측은 압도적으로 우세한 수를 과시하여 움마 군의 항복을 유도하거나, 아니면 적어도 후퇴를 이끌어낼 계산인 듯했다. 한편 무함마드는 전력의 열세가 뚜렷한 가운데 싸울 경우에 자신의 죽음은 물론 움마의 종말을 낳을 수도 있다고 생각하고, 알라의 지시가 내리길 초조하게 기다리고 있었다.

그는 계속해서 기도했다. "오, 알라여, 당신의 백성들이 멸망한다면 더 이상 당신을 숭배할 자가 없나이다."

무함마드는 자신의 메시지가 아라비아 반도 너머로 확대되기 위해서는 꾸라이쉬의 무조건 항복이 반드시 필요하며, 큰 전쟁을 벌이지 않고는 그 항복을 받아낼 수 없음을 알고 있었던 것이 틀림없다. 또한 자신이 받은 계시로 이슬람 이전 아라비아 반도의 사회와 경제가 바뀐 것과 같이, 이슬람 이전의 전투 방식과 전쟁윤리도 바뀌어야 한다고 믿고 있었다.

이슬람 이전의 아라비아에 '전투의 규칙'이 없었던 것은 아니었다. 우상숭배의 부족들이었지만 언제 어디서 싸워야 하는지, 언제 어디서는 싸울 수 없는지 등에 관한 전쟁윤리와 규칙을 갖고 있었다. 그러나 대부분 이런 규칙은 실전에 적용하기보다 부족의 생존 보장을 위해 싸움을 억제하고 제한하는 데 그 목적이 있었다.

꾸란에서 점진적으로 발전된 지하드의 교리는 특히 이슬람 이전과 이슬람 시대의 전쟁 개념을 차별화시켰다. 무스탄시르 미르 Mustansir Mir에 따르면, 지하드는 이슬람 출현 이전에 아라비아 반도에는 없었던 "윤리와 이념의 차원"을 제공했다. 예컨대 지하드의 교리 중심에는 이제까지 인정되지 않았던 전투 요원과 비전투 요원 사이의 차별이 있었다. 따라서 여자, 노인, 어린이, 수도승, 랍비 등과 같은 비전투 요원을 죽이는 행위는 어떤 상황에서도 절대적으로 금지되었다. 이슬람 율법은 이런 금지 조항을 확대하여 전쟁 포로의 고문, 전사자의 시신 훼손, 강간, 음란한 짓, 전투 중 모든 종류의 성폭행은 물론 외교관의 살해, 재산의 무자비한 파괴, 종교기관이나 치료기관의 파괴를 금했다. 힐미 자와티 Hilmi Zawati가 지적한 대로, 이런 규정들은 현대에 이르러 모두 국제 전쟁법에 수용되었다.

지하드 분야에서 가장 중요한 혁신은 엄밀히 방어전쟁을 제외하고는 어떤 전쟁도 분명하게 금지하고 있다는 것이다. 꾸란은 이렇게 규정한다. "너희와 싸우는 자들과 하나님의 이름으로 싸우라. 그러나 죄를 저지르지 말라. 하나님께서는 죄짓는 자를 사랑하시지 아니하니라.(2 : 190)" 다른 곳에서도 꾸란은 분명히 언급하고 있다. "'하나님이 우리의 주님이시다'라고 말했다 하여 고향에서 쫓겨난 자들과 억압받는 자들에게만 싸울 수 있는 허가가 주어지느니라.(22 : 39)"

꾸란의 일부에 전쟁에 관련된 다른 구절이 존재하는 것도 사실이다. "우상숭배자들을 보는 대로 죽여라(9 : 5)", "믿지 아니하는 자들과 우상숭배자들에 대항하여 싸우라(9 : 73)", "하나님과 최후의 날을 믿지 아니하는 자들과 싸우라(9 : 29)" 등이다. 그러나 이 구절들은 꾸란에 반복적으로 언급된 '우상숭배자'와 '위선자'인 꾸라이쉬와 그들 편을 드는 야스립의 밀정을 지목한 것임을 이해해야 한다. 움마는 바로 이런 자들에 대항하여 격렬하게 싸우고 있었으니 말이다.

꾸란이나 무함마드는 그런 전쟁은 인정하지 않았으나, 무슬림과 비무슬림 모두는 불신자들이 개종할 때까지 전쟁을 해야 한다는 의미로 이해해왔다. 이런 오해는 십자군전쟁의 절정기에 생겨났으니, 부분적으로는 십자군에 기인한다. 후대의 이슬람 율법학자들이 '고전적 지하드 교리'로 발전시킨 바에 따르면 세계는 두 권역, 즉 이슬람의 세계dar al-Islam와 전쟁의 세계dar al-Harb로 나뉘며 양 세계는 끊임없이 서로를 노린다는 것이다.

십자군전쟁이 끝나고 로마의 관심이 전 유럽에 등장한 기독교 개혁운동에 쏠리게 되자, 고전적 지하드의 교리는 이슬람 세계의 새로운 학자 세대에 의해 강한 도전을 받았다. 이 학자들 중 가장 중요한 인물은 '이슬람의 성자 아우구스틴'이라는 별명을 가진 이븐 타이미야Ibn Taymiyya(1263~1328년)였다. 그가 이슬람 이데올로기의 형성에 미친 영향은 대단했다. 이븐 타이미야는 개종을 거부하는 비무슬림을 죽인다는 개념의 고전적 지하드 교리는 무함마드의 모범에 직접적으로 위배될 뿐만 아니라, 꾸란의 가장 중요한 교의 가운데 하나인 "종교는 강요되어서는 아니 되느니라(2 : 256)"를 침해했다고 주장했다. 실제로 이 점에 관해서 꾸란은 한결같은 입장을 견지한다. 꾸란은 "너희들이 믿거나 믿지 않거나 간에 진리는 너희의 주님으로부터 오는 것이다(18 : 29)"라고 말하고 있으며, 다른 곳에서는 수사적으로 반문한다. "너희가 인간들로 하여금 믿는 자가 되도록 강요하려느냐?(10 : 100)" 결론적으로, 꾸란은 믿는 자들로 하여금 믿지 않는 자들에게 이렇게 말할 것을 명하고 있다. "너희들에게는 너희들의 종교가 있고, 나에게는 나의 종교가 있노라.(109 : 6)"

이븐 타이미야의 고전적 지하드 교리에 대한 배척은 18세기와 19세기에 많은 무슬림 정치·종교 사상가들의 연구에 불을 지폈다. 나중에 살펴보겠지만, 인도에서는 사이드 아흐메드 칸Sayyid Ahmed Khan(1817~1898년)이 이븐 타이미야의 관점을 이용하여 영국의 지배에 대한 인도인의 독립운동에 지하드를 적용할 수 없다고 주장했다. 왜냐하면 영국은 인도 무슬림 사회의 종교적 자유를 억압한 적이 없으므로 꾸란이 지하드를 허용하는 조건에 충족되지 않는다는 것이었다. 물론 이 주장은 식민지 인도에서 지지를 얻지 못했다. 꾸란 연구를 합리적인 원문 연구로 몰아간 현대 무슬림 학자 가운데 한 사람인 쉬라그 알리Chiragh Ali(1844~1895년)는 현대 이슬람 공동체는 전쟁의 방법과 시기에 관한 사례로서 무함마드의 움마를 삼을 수 없다고 주장했다. 왜냐하면 당시의 움마(이슬람 공동체)는 전 세계가 끊임없이 싸우던 시기에 태동했기 때문이다. 20세기 초에 이집트의 개혁가였던 마흐무드 샬투트Mahmud Shaltut(1897~1963년)는 쉬라그 알리의 꾸란 원문 연구를 적용하여, 침략에 대한 직접적 반격이 아니거나 자격 있는 무슬림 율법학자, 즉 무즈타히드mujtahid가 인정하지 않는 전쟁은 불법이라고 선언했다.

그러나 지하드의 고전적 교리는 지난 세기, 특히 식민주의가 중동에 새로운 이슬람 급진주의를 만들어낸 이후로 소수의 저명한 무슬림 학자들의 강의실과 설교단에서 부활하고 있다. 1979년 이란에서는 아야톨라 루홀라 호메이니Ayatollah Ruhollah Khomeini(1902~1989년)가 처음에는 반제국주의 혁명을 부추기기 위해, 다음에는 이라크와 파괴적인 8년 전쟁을 수행하기 위해 고전적 지하드 교리에 의존했다. 지하드를 전쟁 무기로 이용해 자살폭탄 공격을 주도한 이슬람 전사조직 히즈불라Hizbullah를 창설하게 한 인물이 호메이니였다. 그의 해석은 새롭고 무서운 국제 테러 행위 시대의 개막을 알리는 것이었다.

사우디아라비아에는 킹압둘아지즈King Abdulaziz대학교의 이슬람 철학 교수인 압둘라 유수프 앗잠Abdullah Yusuf Azzam(1941~1989년)이 있었다. 그는 불만이 많은 사우디의 젊은이들에게 자신의 영향력을 이용하여 단호하게 호전적인 지하드 해석을 조장하면서, 그것이 모든 무슬림에게 부과된 의무라고 주장했다. 앗잠 박사는 학생들에게 강조했다. "오로지 지하드와 총뿐이다. 어떤 협상도 어떤 회의도 어떤 대화도 필요치 않다." 앗잠의 이론은 팔레스타인 군사조직 하마스Hamas 창설의 기초가 되었고, 하마스는 그때부터 이스라엘 점령에 대한 대항에서 히즈불라의 전술을 채택해오고 있다. 그의 가르침은 특히 한 학생에게 큰 영향을 주게 되는데, 그가 바로 오사마 빈 라덴Osama bin Laden이었다. 빈 라덴은 서구에 대항하여 전 세계적인 무슬림 지하드 운동을 벌임으로써 스승의 이론을 실천에 옮기는데, 이것은 결국 무시무시한 테러 활동으로 이어져 수천 명에 달하는 무고한 시민의 죽음을 낳았다.

이 공격은 침략 행위에 대항하는 전쟁이 물론 아니었다. 권위 있는 무즈타히드(이슬람 율법학자)에 의해 인정되는 것도 아니었다. 전투 요원과 비전투 요원을 구분하지도 않았다. 그들은 남녀노소, 무슬림과 비무슬림도 구별하지 않고 무차별적으로 사람을 죽인 것이다. 그들의 공격은 무함마드가 합법적 지하드 요건으로 규정한 조건에 훨씬 미치지 못한다. 이 때문에 대다수 무슬림은 테러리스트들을 심하게 비난하고 있다. 그들을 비난하는 무슬림 중에는 심지어 이슬람 세계에서 가장 호전적이고 가장 반미 성향이 강한 성직자인 레바논 히즈불라의 정신적 지도자 쉐이크 파들랄라Shaykh Fadlallah도 포함되어 있다.

　잘 알려져 있듯이, 세계 인구의 다섯 명 중 한 사람은 무슬림이다. 일부 무슬림들은 서구 열강에 대한 빈 라덴의 불만을 공유하고 있으나 지하드의 해석까지는 공유하지 않는다. 현실적으로는 지하드의 교리가 개인적인 편견이나 정치적 이념의 정당화를 위해 조작되기도 하지만, 지하드는 무슬림 세계에서 널리 인정되지 않는 개념이다. 부정과 압제에 대항하는 것은 모든 무슬림에게 부과된 의무이다. 만약 압제자나 독재자에 대해 항거하는 사람이 하나도 없다면 어떻게 될까. 꾸란이 천명하듯이 우리의 "하나님의 이름이 찬양되고 있는 교회와 수도원과 유대교회와 모스크는 무너져 내렸을 것(22 : 40)"이다. 그러나 그럼에도 불구하고 꾸란의 지하드는 탄압과 부정에 대응하는 방어적 수단으로, 그것도 명백히 규정된 전쟁윤리하에서만 행해지는 것이다. 만약 정치이론가 마이클 왈처Michael Walzer가 주장하는 대로, '정의로운 전쟁'의 결정 요인이 '전쟁에서의 정의jus in bello'와 '전쟁의 정의jus ad bellum'를 포함하는 규칙이라면, 무함마드의 지하드 교리는 '정의로운 전쟁' 이론과 같다.

바드르 전투는 무함마드가 이 지하드 사상을 실행에 옮긴 최초의 기회였다. 그러나 시간이 지나면서 양 군대가 서로에게 점점 근접하자, 무함마드는 공격받기 전까지는 싸우려 하지 않았다. 전통적인 아랍 관습에 따라, 양 진영에서 두세 사람의 전사가 나와 결투를 시작하고 싸움이 끝나면 패배한 전사의 시체를 옮긴 후 다른 선택된 전사들이 나가 싸웠다. 이때 무함마드는 하나님으로부터 계시가 내릴 때까지 무릎을 꿇고 앉아 기다렸는데, 무함마드의 우유부단한 태도를 지켜보다가 총공격을 명령하라고 재촉한 사람은 바로 가장 친한 친구인 아부 바크르였다. 무함마드는 마지못해 한참 진행 중인 싸움에 참여했다.

아부 바크르는 말했다. "오, 신의 사도시여, 당신의 주님께 그렇게 오래 기도하지 마소서. 확신컨대 하나님께서는 당신께 약속하신 것을 꼭 이루어주실 것이옵니다."

무함마드는 그의 말을 받아들이고, 자리에서 일어나 자신의 군사들에게 하나님을 믿고 적에게 돌진하라고 명령했다.

그 후에 벌어진 상황은 격렬한 접전으로, 프란체스코 가브리엘리 Francesco Gabrieli는 이를 가리켜 '소동'이라고 불렀다. 그러나 그의 말대로 소동이었는지 모르지만 싸움이 끝난 후에 전사자들의 시체를 치우고 나니 승리자가 누구인지 분명하게 드러났다. 놀랍게도 무함마드는 단지 10여 명의 부하들을 잃었던 반면, 꾸라이쉬는 철저하게 유린되었다. 아라비아에서 가장 막강한 부족을 무함마드가 처부수었다는 소식은 승리자들이 도착하기도 전에 이미 야스립 전체에 퍼져 있었다. 움마는 승리에 도취되었다. 바드르 전투는 하나님이 그의 사도에게 축복을 내린다는 것을 입증했다. 뿐만 아니라 천사들이 내려와 무함마드의 적들을 함께 물리쳤다는 소문도 돌았다. 바드르 전투 이후, 무함마드는 더 이상 일개 쉐이크(연장자)나 하캄(중재자)이 아니었다. 무함마드와 그의 추종자들은 이제 헤자즈의 새로운 정치적 패자가 된 것이다. 야스립도 이제 더 이상 농경 오아시스가 아니라 새로운 정치권력의 중심지가 되었다. 그리고 이때부터 야스립은 예언자의 도시, 즉 '메디나'로 불리게 된다.

바드르 전투 이후 헤자즈 지방이 두 개의 대립적 세력으로 나뉜 것은 어쩌면 불가피한 일이었다. 이 두 세력은 무함마드를 지지하는 집단과 꾸라이쉬 부족에게 충성을 유지하는 집단이었다. 양편 중 하나는 선택해야 했다. 헤자즈 전역에서 무함마드와 동맹을 맺기 위한 씨족 대표들은 새 도시 메디나에 온 반면, 꾸라이쉬 지지 세력들은 메카로 찾아갔다. 흥미로운 사실은 무함마드의 설교가 '아브라함의 종교'와 관련이 있었음에도 불구하고 하니프들은 개종을 거부하고 꾸라이쉬 편을 들었다는 것이다. 그들의 하니피즘(아랍유일신교) 때문에 카바와 그 관리자인 꾸라이쉬 족에 충성할 필요가 있었기 때문이리라.

그러나 이 무렵 무함마드에게는 다른 고민거리가 있었다. 메디나에서 메카로 '역이주' 하는 사람들이나 하니프들의 꾸라이쉬 지지 때문이 아니었다. 무함마드에게는 훨씬 더 절실한 문제가 있었다. 그것은 다름아닌 메디나에 있는 배반자의 문제였다. 누군지는 모르지만 꾸라이쉬 부족에게 카라반 습격 계획을 계속 알리고 있었던 것이다. 많은 용의자 가운데 무함마드는 메디나에서 가장 크고 유력한 유대 씨족 중 하나인 바누 까이누까 족을 의심했다. 그는 까이누까 족의 요새를 15일 동안 포위 공격하여 마침내 항복을 받아냈다.

바누 까이누까 족을 배반자로 지목한 데에는 근거가 없었을 수도 있다. 당시의 상황을 살펴보자면, 메디나의 대부분 유대 부족은 꾸라이쉬 족과 긴밀한 상업적 유대를 가지고 있었으므로 두 도시 사이의 분쟁을 원치 않았을뿐더러 개입하려고도 하지 않았다. 사실 유대 부족들은 무함마드가 메디나에 거주하는 사실만으로도 이미 경제적인 손실을 당하고 있었다. 또한 나날이 강해지는 무함마드와 아라비아의 부족들 사이의 정치적 동맹은 메디나 유대인들의 세력을 크게 잠식하고 있었다. 바누 까이누까 족은 특히 예언자의 무관세 시장으로 고통을 받았다. 이 시장으로 인해 메디나에 대한 그들의 경제적 독점권이 뿌리째 뽑히고 수입이 크게 줄어들었다. 메카와의 전쟁은 꾸라이쉬 족과의 경제적 유대를 끊어 메디나에 있는 유대 부족들의 형편을 더 악화시킬 것이 뻔했다. 어쨌든 메카 주민들은 유대 부족들이 생산한 대추야자, 포도주, 무기의 주요 소비자가 아닌가. 어디 그뿐이랴. 바드르에서 대승리를 거두긴 했으나 무함마드가 메카의 꾸라이쉬 부족을 완전히 정복할 수 있다고 믿을 만한 이유는 아직 없었다. 메카인들은 다시 전열을 재정비하여 언제든 예언자의 군대를 패배시킬 수도 있었다. 그러므로 유대인들로서는 그렇게 될 경우에 대비해서, 꾸라이쉬 족에 대한 지지를 더욱 분명하게 할 필요가 있었다.

바드르 전투 이후 무함마드 역시 서로의 관계를 분명하게 해두고 싶었다. 그는 메디나 헌장을 공식적으로 제정함으로써 오아시스에서 상호보장협정을 구체화했다. 모세 길Moshe Gil이 "전쟁 준비 조례"라고 부르고 있는 이 문서는 메디나의 방어, 혹은 적어도 방어에 필요한 비용을 모든 주민이 공동으로 책임진다는 점을 분명히 했다. 헌장은 메디나의 유대인들이 종교적·사회적으로 절대적 자유를 누린다고 천명하고 있으나, 그럼에도 불구하고 "이 헌장에 서명한 부족에 대한 어떤 전쟁"에도 도움을 제공하도록 규정하고 있었다. 어떤 의미에서 메디나 헌장은 무함마드에게 누가 자신의 편이고 누가 아닌지를 알려주는 수단이었다. 따라서 무함마드는 까이누까 족이 상호보장의 맹세를 위반하고 자신에게 불리한 행동을 한다고 의심되자, 곧 행동에 들어간 것이다.

아랍의 전통에 따르면, 배반의 벌은 분명하다. 남자는 죽임을 당하고, 여자와 아이들은 노예로 팔리며, 그들의 재산은 노획물로 나누어 가졌다. 그러므로 바누 까이누까 족에게 항복을 받아낸 무함마드가 취할 조치는 자명했다. 그런데 예상을 깨고 그들을 메디나에서 추방하면서 재산도 가져가도록 하자 사람들은 놀라지 않을 수 없었다. 지나치게 관대한 결정이었으나, 어떤 면에서 이 결정은 같은 마을 사람들의 피를 묻히고 싶지 않았던 메디나의 동맹자들이 무함마드에게 여러 가지 형태로 압력을 가한 결과이기도 했다. 1년 후 우후드에서 비참하게 패배했을 때 무함마드는 다시 한 번 비슷한 결정을 내려야 했다.

우후드 전투의 패배로 움마의 사기는 완전히 꺾였다. 그러나 그보다 더 심각한 문제가 있었다. 꾸라이쉬 족이 무함마드와 그의 추종자들을 제거하는 것은 단지 시간문제일 뿐이라고 추측해온 유대 씨족들이 이제는 노골적으로 무함마드의 패배를 확신하게 되었다는 것이다. 메디나에 남은 유력한 두 유대 씨족인 바누 나디르 족과 바누 꾸라이자 족은 특히 우후드 전투 결과에 기뻐했다. 사실 바누 나디르 족의 쉐이크는 무함마드가 출전 태세를 갖추고 있는 동안 비밀리에 아부 수프얀을 만나 무함마드를 암살할 음모를 꾸몄다. 그리고 무함마드 군사의 전열이 흐트러지면 그 기회를 잡아 일시에 공격하기로 모사를 꾀했다. 그러나 무함마드의 명이 다하지 않아서였는지, 전투에서 입은 부상이 아물기 전에 그 음모는 탄로 났다. 무함마드는 까이누까 족에게 했던 것처럼 남은 병력을 지휘하여 나디르 족의 요새지를 포위 공격했다. 위기에 처한 나디르 족은 당황하여 같은 유대 씨족들에게 구원을 요청했지만, 바누 꾸라이자 족의 카압 이븐 아사드Ka'b ibn Asad 족장(쉐이크)은 자신의 일은 스스로 책임지라며 일축해버렸다. 항복 외에는 다른 대안이 없음을 깨달은 나디르 족은 바누 까이누까 족의 전례대로 대우해줄 것을 항복의 조건으로 내걸었다. 전투에서 심한 부상을 입은 대부분의 추종자는 절대 받아들여서는 안 된다고 했지만, 무함마드는 다시 한 번 항복의 조건을 수락하고 말았다. 며칠 후에 바누 나디르 족은 모든 식솔과 재산을 챙겨 메디나를 떠나 새 고향 카이바르Khaybar로 향했다.

우후드 전투 이후, 메카와 메디나 사이에는 2년 넘게 소규모 싸움이 계속되었다. 이 기간은 양측 모두에게 비밀동맹, 암살, 무시무시한 폭력 사태로 얼룩진 유혈이 낭자한 시기였다. 627년, 끝이 보이지 않는 싸움에 지친 꾸라이쉬 족은 마침내 총공세를 펼치기로 결심했다. 대규모의 베두인 용병들을 모아 전열을 가다듬은 그들은 오랜 전쟁에 종지부를 찍겠다는 각오를 다지며 메디나를 향해 진격했다. 무함마드는 꾸라이쉬의 공격을 전해들었지만, 이번에는 사막으로 나가 싸우지 않고 꾸라이쉬가 접근해오길 기다렸다. 이 싸움에서 무함마드는 그 후 수세기 동안 다른 전쟁에서 모방된 기발한 전술을 개발했다. 그의 전술은 메디나 둘레에 참호를 파고 그 안에 들어가 쳐들어오는 적들을 막아내는 것이었다. 꾸라이쉬와 베두인 용병들은 무려 한 달 동안이나 참호 방어선을 뚫기 위해 안간힘을 썼으나, 아무런 효과도 보지 못한 채 지쳐서 메카로 철군했다.

우후드 전투를 무함마드의 승리로 보기에는 무리가 있다. 치열한 전투는 거의 없었고 양방의 사상자도 얼마 되지 않았다. 어쩌면 양측 모두에게 별일이 없었다고 보는 것이 사실에 가까울 정도다. 그러나 무함마드에게 참호 전투는 전투 자체가 아니라 전쟁 이후에 일어난 상황으로 더 의미가 있었다.

무려 9개월 동안 메카의 침략군을 저지하기 위해 사력을 다하고 있을 때, 오아시스에서 가장 규모가 큰 유대의 바누 꾸라이자 족은 공개적이고도 적극적으로 꾸라이쉬 군을 지지했으며 무기와 식량까지 제공했다. 꾸라이자가 그렇게 공개적으로 무함마드를 배반한 이유는 무엇일까. 정확히는 알 수 없지만, 바누 꾸라이자 족이 꾸라이쉬의 승리를 확신했기 때문일 가능성이 크다. 그들은 심지어 주위에서 전투가 벌어지고 있는 동안에도 꾸라이쉬와 협상하고 제휴하려고 했었다. 무함마드와 그의 추종자의 일망타진을 확신하지 않다면 상상하기 힘은 행위들이다. 꾸라이쉬가 승리할 것이 분명하지만, 최악의 경우에 무함마드가 승리한다 해도 까이누까 족이나 나디르 족처럼 메디나에서 추방당하면 그만이라고 생각했을지도 모른다. 실제로 지금까지 메디나에서 추방된 두 유대 부족은 카이바르 마을에서 유복하게 살고 있었다. 무함마드는 자신을 배반한 꾸라이자 부족을 어떻게 대할 것인가. 과거에 그랬듯이 관용과 아량을 베풀 것인가. 결론부터 말한다면, 무함마드의 인내는 한계에 달하여 더 이상의 관용을 베풀 기분이 아니었다.

무함마드는 한 달이 넘게 꾸라이자의 요새지를 포위하고 원로들과 상의한 끝에 아랍의 전통을 따르기로 결심을 굳혔다. 그러나 아랍 전통을 따르려면 쌍방의 주장이 다른 관계로 하캄의 중재를 통해 해결할 수밖에 없었다. 분쟁의 일방은 무함마드 자신이었으므로 아우스 족의 쉐이크인 사아드 이븐 무아드Sa'd ibn Mu'adh에게 중립적 중재자의 임무가 떨어졌다.

표면적으로 사아드는 중립적 입장에 있는 것으로 보였으나, 바누 꾸라이자는 아우스 족의 상품 구매자들이었으므로 사아드가 그들에게 유리한 결정을 내릴 가능성이 많았다. 전투에서 당한 부상을 치료하던 천막에서 나온 사아드는 자신의 결정을 발표했다. 이 결정은 더 이상 구시대의 낡은 질서가 아라비아 사회에 적용될 수 없다는 분명한 신호였다.

사아드는 선언했다. "나는 저들에 대한 판결을 내린다. 남자들은 참수형에 처하고, 아이들과 여자들은 노예로 삼을 것이며, 저들의 재산은 나누어 가지도록 한다."

바누 꾸라이자 족에 대한 형 집행은 많은 학자에게 비판적인 논란거리였다. 19세기의 하인리히 그레츠Heinrich Graetz는 이 사건이야말로 이슬람에 잠재된 반유대 정서를 반영하는 야만적 말살 행위라고 묘사했다. 그런가 하면 배런S. W. Baron은 자신의 책《유대인의 사회・종교적 역사Social and Religious History of Jews》에서, 바누 꾸라이자를 72년경 로마에 영웅적으로 항전하다가 집단적으로 자살한 전설적인 마사다Masada의 유대인 항거에 비유했다. 프란체스코 가브리엘리는 그의 역작《무함마드와 이슬람의 정복Muhammad and the Conquests of Islam》에서 이 사건을 "기독교인이자 문명인으로서 볼 때 이슬람의 신은, 아니 적어도 그 신의 성격은 우리의 신이 아님"을 재확인시켜주는 것이라고 주장했다.

여기에서 이런 비난들이 전혀 근거가 없다는 무슬림들의 연구가 있음을 소개한다. 일부 무슬림 학자들은 바누 꾸라이자에 대한 형 집행이 결코 일어난 적 없는 사건이며, 적어도 기록과는 다르다는 것을 증명하기 위해 많은 연구를 수행했다. 예를 들어 바라카트 아흐마드Barakat Ahmad와 아라파트W. N. Arafat는 꾸라이자의 이야기가 꾸란의 가치관이나 이슬람 전통과 일치하지 않을 뿐 아니라, 꾸라이자를 신의 영웅적 순교자들로 묘사하려는 유대 연대기 학자들이 지어냈을 가능성을 조심스럽게 개진했다.

최근에는 그 시대의 무함마드의 행위를 현대의 윤리적 기준으로 판단할 수 없다는 주장이 제기되고 있다. 꾸라이자 족에 대한 사형 집행을 역사적 문맥 속에 놓으려는 시도라고 볼 수 있다. 예를 들어 카렌 암스트롱Karen Armstrong은 그녀의 예언자 전기에서, 꾸라이자 대학살은 현대인들의 혐오감을 유발시키지만 그 시대의 부족관습으로는 불법도 비도덕도 아니었다고 언급했다. 노먼 스틸먼Norman Stillman은 그의 저서 《아랍 땅의 유대인The Jews of Arab Lands》에서, 바누 꾸라이자의 운명은 "그 시기의 전쟁관습에 따르면 이례적이지 않았다"라고 주장하고 있다. 스틸먼에 따르면, 메디나의 다른 유대 씨족들이 같은 유대의 꾸라이자 족 문제에 개입하려고 하거나 무함마드의 결정에 반대하지 않았다는 사실은 메디나의 유대인 집단들이 이 사건을 "아라비아 반도의 부족적이고 전통적인 문제"로 간주했다는 증거라는 것이다.

역사적·문화적 관점에서 보려고 한 암스트롱이나 스틸먼도 꾸라이자 족의 학살은 메디나의 유대인과 무슬림 사이에 깊이 뿌리박힌 이념적 갈등이 낳은 비극적 결과이며, 오늘날 중동에서도 이런 비극적 갈등이 존재한다고 말한다. 스웨덴 학자 토르 안드래Tor Andrae는 이 사건이 무함마드 자신이 가진 믿음, 즉 "유대인들은 알라와 그의 계시에게 불구대천의 원수이므로, 그들에게 자비를 베푸는 것은 말도 안 되는 일"이라는 믿음이 낳은 결과였다고 앞선 의견들을 분명히 옹호했다.

그러나 안드래와 그에 동의하는 다른 학자들의 견해는 이슬람 역사와 종교에 대한 무지에서 비롯되었거나, 아니면 매우 편협하고 날카롭지 못한 견해이다. 꾸라이자 족의 사형 집행은 분명히 놀랄 만한 사건이지만 그렇다고 대량학살도 아니며, 무함마드가 가진 반유대 계획은 더더욱 아니기 때문이다. 또한 이 사건이 유대교와 이슬람교 사이에 잠재된 본질적인 종교적 갈등의 산물도 분명코 아니다. 그 근거를 몇 가지만 살피기로 하자.

첫째, 무엇보다도 바누 꾸라이자 족은 유대교인이라는 이유로 죽임을 당한 것이 아니었다. 미카엘 렉커는 꾸라이자 족과 동맹을 맺고 메디나 밖에서 원병군이 되기로 한 아랍의 바누 킬랍Banu Kilab 부족도 같은 이유로 처형되었음을 예로 들었다. 한편 바누 꾸라이자 족 중에서 처형된 사람의 수는 400~700명에 이른다는 기록이 있으나 근거가 없는 것이며, 설사 최대한 700명이 처형되었다 해도 이 수는 메디나와 그 인근에 살던 총 유대인 수에 비하면 극히 일부에 불과하다. 이미 메디나를 떠난 까이누까 족과 나디르 족을 제외한다 해도 오아시스에는 아직 수천 명의 유대인이 거주하고 있었고, 이들은 꾸라이자 족의 처형 후에도 오랫동안 무슬림들과 평화롭게 살았다. 메디나에 남아 있던 유대인들이 전부 추방된 것은 7세기 말 우마르의 통치하에서 전 아라비아 반도의 이슬람화가 추진되던 때였다. 그러므로 메디나 유대인 인구의 1퍼센트가 조금 넘는 사망자를 낸 사건을 '대량학살'이라고 부르는 것은 터무니없는 과장일 뿐 아니라, 정말로 대량학살의 고통을 당한 수백만 유대인들의 기억에 대한 모욕인 것이다.

둘째, 학자들이 만장일치로 동의하는 바와 같이, 바누 꾸라이자에 대한 처형이 이슬람제국 유대 정책의 선례가 되지 못했다는 점이다. 실제로는 오히려 그 반대였다. 특히 비잔틴제국의 영토까지 이슬람이 팽창하고 무슬림이 통치하면서 유대인들의 사업은 번창해갔다.

당시 비잔틴제국은 정교를 따르지 않는 기독교인과 유대인들을 박해했고, 공인된 제국의 종교로 개종하지 않는다는 이유로 사형에 처하기도 했다. 반면 이슬람법에 따르면 유대인과 기독교인들은 '보호받는 백성들(딤미dhimmi)'이었으므로, 이슬람으로 개종을 강요당하거나 권장받지도 않았다. 다만 우상숭배자나 다신교도들은 개종과 죽음 가운데 하나를 선택해야 했다.

딤미(피보호자)를 박해하는 행위는 이슬람법에 의해 엄격히 금지되어 있었고, 무함마드가 유대인들을 종교적 이유로 괴롭혀서는 안 되며 기독교인들의 교회를 파괴해서는 안 된다고 한 명령에도 직접 위배되었다. 한 유대인의 집을 강제로 수용하여 그 자리에 건축한 다마스쿠스의 모스크를 허물라고 한 우마르의 명령은 무엇을 말해 주는가. 이슬람 세계의 칼리파였던 우마르는 예언자가 "유대인이나 기독교인을 괴롭히는 자는 나를 심판 날에 그의 고발자로 만드는 것과 다름없느니라"고 한 경고를 따른 것이다.

이슬람법에 따르면, 지즈야jizyah라고 하는 일종의 '보호세'를 지불하는 조건으로 유대인과 기독교인에게는 무슬림 세계의 사회·경제 제도를 공유할 기회와 종교적 자치를 누리는 것이 허용되었다. 무슬림들의 타 종교에 대한 관용은 중세 스페인에서도 분명하게 나타났다. 중세 스페인이야말로 무슬림, 유대인, 기독교인이 가장 이상적으로 협력한 사례로서 특히 유대인들은 중세 스페인에서 최고 위직에까지 오를 수 있었다. 예를 들어 무슬림 스페인에서 가장 강한 권력을 가졌던 유대인 하스다이 이븐 샤프루트Hasdai ibn Shaprut는 수십 년 동안 칼리파 압드 알라흐만Abd al-Rahman 3세의 궁정에서 재상으로 일했다. 이 기간 중에 유대인들이 쓴 많은 문서에서 이슬람을 가리켜 "하나님의 자비"라고 일컬은 것은 전혀 이상한 일이 아니다.

물론 무슬림 스페인에서도 종교적 박해와 완고함의 시기가 있었다. 이슬람법이 유대인과 기독교인들에게 공개된 장소에서는 개종을 금지하기도 했다. 그러나 마리아 메노칼Maria Menocal이 주장했듯이, 그런 금지령은 역사적으로 개종과 같은 종교의식의 노출을 싫어한 유대인보다는 기독교인들에게 더 큰 영향을 미쳤다. 그 결과 대부분의 이슬람 영토에서 기독교가 점차 사라진 반면, 유대 공동체는 증가하고 번창했다. 좌우지간 이슬람 역사상 가장 압제적인 기간 동안에도 유대인은 기독교 통치하에서보다 훨씬 나은 대우와 권리를 누렸다. 무슬림 스페인이 1492년 페르디난트의 기독교 군대에게 함락된 지 몇 달 후에 스페인에 살던 대부분의 유대인이 즉각 추방당하고 남아 있는 유대인에게도 철저한 조사와 종교재판이 행해졌던 것은 결코 우연이 아니다.

마지막으로 역시 중요한 사실은 바누 꾸라이자 부족의 처형은 일반적으로 소개된 것처럼 무함마드와 유대인 사이의 종교적 갈등 때문이 아니었다. 이러한 주장은 스스로가 유대교-기독교의 예언자 전통을 이었다고 생각한 무함마드가 메디나에 온 후, 유대인이 자신의 예언자 신분을 충분히 인정해줄 것이라고 기대했기 때문이라는 데 기초하고 있다. 무함마드는 유대인이 자신의 예언자 신분을 쉽게 인정할 수 있도록 수많은 유대의 의식과 신앙 행위를 채택했고, 가능한 자신의 공동체를 유대 공동체와 가까이 하려고 노력했다. 그러나 유대인에 대한 무함마드의 기대나 우호적 행동과는 반대로 유대인은 그를 배척했을 뿐 아니라, 꾸란이 신의 계시라는 사실에 대해서도 강한 의심을 제기했다. 따라서 무함마드는 자신이 예언자라는 진실성이 의혹을 받게 되는 상황에서 결국 유대인에게 등을 돌렸고, 그들의 공동체와 결별할 수밖에 없었다. 이런 맥락에서 피터스는 무함마드가 "이슬람을 유대교의 대안으로서 개조했다"고 표현했다.

그러나 이 이론은 두 가지 문제점을 안고 있다. 한 가지는 이 이론이 무함마드의 종교적·정치적 식견이나 통찰력을 제대로 평가하지 않았다는 것이다. 예언자는 돌덩어리 앞에서 절하거나 경배하는 사막의 무지한 유목민이 아니었다. 그는 거의 50년 동안 아라비아 반도의 종교적 수도에서 살았고, 유대교와 기독교 부족들과 경제적·문화적으로 유대를 맺었던 상인이었다. 무함마드가 자신의 예언자적 사명이 "그에게 명백했던 것처럼 유대인들에게도 명백했을 것"이라고 믿었다는 몽고메리 와트의 발상은 지나치게 순진무구한 것이다. 무함마드는 유대교의 기본 원리 정도는 잘 알고 있었으며, 유대인들이 예수를 예언자로 인정하지 않는다는 것도 알았을 것이다. 예수도 예언자로 인정하지 않는 유대인들이 자신을 예언자로 인정해줄 것이라고 생각했을까?

이 이론의 가장 큰 문제는 무함마드 자신에 대한 평가는 폄하되고 메디나의 유대인들에게는 너무 좋은 선입견을 주고 있다는 것이다. 이미 언급한 바와 같이 메디나의 유대인은 개종한 아랍인으로서 문화적으로나 종교적으로 우상숭배자와 거의 구별할 수 없었다. 이들은 특별히 박식한 집단이 아니었다. 아랍어 원전은 메디나의 유대

부족들이 라탄ratan이라고 하는 자신들만의 언어를 사용한 것으로 전하고 있다. 알타바리는 이 언어가 페르시아어의 방언이라고 했지만, 아마도 아랍어와 아람어가 섞인 언어였을 것이다. 그들이 히브리어를 사용하거나 이해했다는 증거는 없다. 실제로 그들이 알던 히브리어 성경에 관한 지식은 몇 가지 법률적 문제, 기도서, 배런이 "왜곡된 구전"이라고 부른 모세오경의 아랍어 번역판 일부에 제한되었을 가능성이 많다.

일부 학자들은 그들이 유대교에 관해 아는 것이 너무 적어서 심지어 유대인이었다는 사실 자체도 믿지 않는다. 마르골리우스D. S. Margoliouth는 메디나의 유대인 인구가 라흐마니스트Rahmanist(라흐만은 알라의 다른 이름), 즉 하니프들처럼 소수의 유일신교도 무리에 불과했다고 주장했다. 마르골리우스의 분석에 동의하지 않는 사람이 많음에도 불구하고, 메디나의 유대 부족들이 정말로 유대 신앙을 가졌었는지 의심할 만한 이유는 많다. 예를 들어 라이세너H. G. Reissener가 지적한 대로, 6세기까지 디아스포라(유대인 공동체) 사이에는 이스라엘 사람이 아닌 유대인은 "탈무드에 규정된 원칙에 일치하여 모세 율법의 추종자"여야 유대인이라는 공감대가 형성되어 있었다. 그런 제약 때문에 메디나의 유대 부족들은 유대인에서 배제되었다. 그들은 이스라엘 사람도 아니었고 모세 율법을 엄격하게 준수하지도 않았으며, 탈무드에 관한 실제적 지식도 없었기 때문이다. 더욱이 메디나에는 유대인의 존재를 확실히 밝힐 만한 고고학적 증거가 존재하지 않았다. 조나단 리드Jonathan Reed에 따르면, 유대교가 확실히 있었던 곳에서는 석기, 침례우물miqva'ot, 납골 매장된 유적지와 같은 고고학적 증거들이 존재하기 마련이다. 그러나 메디나에서는 이런 표지가 전혀 발굴된 적이 없다.

메디나 유대 부족의 종교적 동질성을 계속하여 강조하는 사람들이 있는 것도 사실이다. 예를 들어 고든 뉴비는 비록 어떤 고고학적 증거도 자신이 내세운 가설을 확인해주고 있진 않지만, 메디나의 유대인이 자신들의 학교와 교과서를 가진 특이한 공동체였다고 생각한다. 그러나 고드 뉴비조차도 메디나 유대인의 문화, 윤리, 심지어 종교까지도 아라비아 반도의 다른 유대 공동체와 다를 뿐만 아니라, 이들이 자유롭게 서로 교류하고(모세의 율법과 어긋나게) 자주 결혼한 메디나의 우상숭배 공동체와 실제로 다를 바 없었다는 사실을 인정한다.

간단히 말해, 메디나의 유대 부족들은 종교적으로 엄격하거나 순수한 집단이 결코 아니었다. 마르골리우스와 같은 학자들의 주장이 맞는다면, 그들은 유대인이 아니었을지도 모른다. 따라서 그들이 읽을 수도 없고 어쩌면 가지고 있지도 않았을 히브리 성서와 꾸란의 관련성에 관해 무함마드와 복잡한 논쟁을 벌였다는 것은 매우 의심스러운 일이다.

무함마드의 말이나 행동 중에 메디나의 유대인을 배척한 것은 아무것도 없다. 뉴비가 그의 책 《아라비아의 유대인 역사A History of the Jews of Arabia》에 쓴 대로, 7세기 아라비아의 이슬람과 유대교는 종교적으로 동일한 인물, 줄거리, 일화를 가졌고, 비슷한 관점에서 본질적으로 같은 문제를 논했으며, 거의 동일한 도덕적·윤리적 가치를 가졌다는 점에서 "동일한 영역의 종교적 대화" 안에 머물렀다.

두 믿음 사이에 불일치가 있다면 그것은 "같은 주제에 대한 해석상의 문제이지, 상호 배타적인 관점에 관한 문제가 아니었다." 바꿔 말해, 고이튼S. D. Goiten의 《유대인과 아랍인Jews and Arabs》을 인용하자면 "무함마드의 설교 가운데 유대교에 모순되는 것은 아무것도 없었다"고 볼 수 있다.

유대의 대족장들을 예로 들어 무함마드가 신의 예언자이자 사도라고 하는 주장은 메디나의 유대인들이 절대 받아들일 수 없는 정도가 아니었다. 그의 말과 행동은 아라비아 유대인의 잘 알려진 신비주의와 완전히 일치하고 있었다. 또한 무함마드가 메디나에서 이런 주장을 한 유일한 사람도 아니었다. 메디나는 무함마드처럼 예언자적 옷을 입고, 하늘의 계시라며 복음을 읽고, 자신을 '신의 사도'라고 부른 유대의 신비주의자이자 코헨(무속인)인 이븐 사야드Ibn Sayyad의 고향이었다. 놀랍게도 메디나의 유대 부족 대부분은 이븐 사야드의 예언자 주장을 수용했었다. 몇몇 출전에 따르면, 그런 이븐 사야드가 공개적으로 무함마드를 동료 사도이자 예언자라고 인정했다고 한다.

그 당시 무함마드와 유대인들 사이에 논쟁이 전혀 없었다고 보는 것은 지나치게 단순한 생각이다. 다만 이 논쟁이 성서에 관한 신학적 논쟁이라기보다 정치·경제적 유대와 더 밀접한 관계가 있었다고 보는 것이 중요하다. 이 논쟁은 종교적 정열 때문이 아니라 주로 부족 제휴와 무관세 시장에 의해 불붙었다. 무함마드의 전기 작가들 중에는 신께서 "아랍인" 중에 그의 사도를 고르셨다는 이유로 "질투와 악의를 가지고 사도에게 적대감"을 보인 랍비 무리와 무함마드가 신학적 논쟁을 벌인 것으로 묘사하는 사람이 있으나, 예수가 바리새인들과 벌인 논쟁과 무함마드의 이야기 사이에 존재하는 유사성으로 볼 때 역사적 사실이 아닌 문학적 주제로서 더 중요했음을 말해준다. 수세기 동안 초기 무슬림들이 두 예언자의 사명과 메시지를 상관시키기 위해 예수와 무함마드를 일부러 관련 지으려 한 것을 무슬림 학자들도 잘 알고 있었다.

그러나 한나 라흐만Hannah Rahman이 상기시켜주듯이, 무함마드의 전기들이 이슬람 공동체에서 유대 집단이 유일한 신학적 경쟁자였던 시기에 기록되었다는 것은 무엇을 의미하는가. 무슬림 사학자와 신학자가 자신들의 주장을 무함마드가 한 말로 바꾸어 랍비 교리의 권위자와의 논쟁에서 이용한 것은 놀라운 일이 아니다. 무함마드 전기들에서 뭔가 나타난다 해도, 그것은 예언자 전기 작가들의 반유대 정서이지 예언자 자신의 것이 아니다. 그 시대 무함마드가 유대인과 기독교인에 대해 가졌던 생각이나 감정을 정확히 알려면 그가 죽은 지 수백 년이 지난 후에 연대기학자들이 옮긴 말보다는 신이 무함마드의 입을 통해 내린 말(꾸란)을 들여다보는 것이 바람직할 것이다.

신성하게 계시된 성서로서 꾸란은 무슬림들에게 그것이 새로운 메시지가 아니라 "이전의 성서들의 확인"임을 반복적으로 상기시켜주고 있다(12 : 111). 사실 꾸란은 모든 계시된 성서들이 "움 알키탑 Umm al-Kitab" 즉 책들의 모서母書라고 일컬어지는 하늘의 책에서 유래했다고 전례 없이 주장했다(13 : 9). 이 말은 곧 무함마드 자신도 모세오경, 신약성서, 꾸란이 모두 인간과 하나님의 관계에 관한 하나의 대화로서 읽혀져야 한다고 믿었다는 뜻이다. 아울러 한 예언자의 예언자적 각성은 영적으로 다른 예언자에게 전달될 수 있다고 이해했음을 말해주는 것이리라. 이 때문에 꾸란은 유대인과 기독교인에게 이렇게 말하도록 충고한다.

> 우리는 하나님과 우리에게 계시된 것을 믿으며,
> 또한 아브라함과 이스마엘과 야곱과
> 그 종족들에게 계시된 것을 믿으며,
> 또한 모세와 예수와 다른 예언자들이
> 주님으로부터 받은 것을 믿나이다.
> 우리는 그들 중 아무도 구분하지 않으며
> 하나님께만 순종하나이다. (3 : 84)

무함마드가 '예언자들의 봉인' 곧 최후의 예언자임을 믿는 것처럼, 무슬림들은 꾸란도 마지막 성경이라고 믿는다. 무슬림들은 과거의 성서들이 무효라고 주장하지 않으며, 오직 가장 완성된 성서가 꾸란이라고 주장한다. 세계 종교사에서 하나의 성서가 다른 성서들의 진실성을 인정한 사실은 놀라운 사건이다. 움 알키탑(성서들의 모서)의 개념은 훨씬 더 심오한 원리를 나타낸다.

꾸란과 메디나 헌장에 천명되어 있듯이, 무함마드는 유대인, 기독교인, 무슬림들이 하나의 모서를 공유하는 것과 같이 하나의 신성한 움마(공동체)를 구성한다고 이해했을지 모른다. 무함마드에게 유대인들과 기독교인은 '성경의 백성ahl al-Kitab'이었다. 그들은 아라비아의 우상숭배자나 다신숭배자와는 질적으로 달랐다. 무함마드에게 유대인과 기독교인은 동일한 신을 숭배하고 동일한 성경을 읽으며 동일한 도덕을 지닌 영적인 사촌이었으며, 동일한 공동체를 구성할 사람들이었다. 하나의 신앙이 고유한 움마(종교 공동체)를 구성하듯이, 세 종교는 통일된 하나의 움마를 형성할 수 있었다. 무함마드 밤예Muhammad Bamyeh는 이런 사상을 '단일신교적 다원주의 monotheistic pluralism'라고 불렀다. 그래서일까. 꾸란은 "믿음이 있는 자들과 유대인과 사비교인Sabian과 기독교인, 하나님과 최후의 날을 믿고 선을 행하는 자들은 두려워할 것도 후회할 것도 없느니라(5:69)"고 약속하고 있다.

통일된 단일신교적 움마의 존재 가능성에 대한 확신을 가졌으므로 무함마드는 자신의 공동체와 유대인들을 결합시키기 위해 노력했다. 유대 부족을 모방할 필요가 있어서도 아니고, 자신을 예언자로 받아들이도록 하기 위해서도 아니었다. 무함마드에게 유대인들은 기독교인들처럼 움마의 일부였다. 그래서 메디나 유대인들의 손을 잡았다. 그리고 메디나로 이주한 후에는 예루살렘을 신전의 터(하나님이 계시는 곳)로 결정하고 디아스포라 유대인들의 예배 방향을 모든 무슬림의 끼블라qiblah(예배 방향)로 삼았다. 또 욤 키푸르Yom Kippur로 알려진 유대력 10월 10일(아슈라Ashura)에 유대인처럼 의무적으로 단식을 하도록 했다. 무슬림의 집단예배일을 금요일 정오로 정한 것도 유대인의 안식일 준비를 망치지 않도록 하기 위함이었다. 그는 유대의 여러 가지 식사법과 세정洗淨 조건을 수용했으며, 추종자들에게 유대인과의 결혼을 권장했고 본인 스스로도 그렇게 했다 (5 : 5~7).

몇 년 후 예배의 방향을 예루살렘에서 메카로 변경하고 욤 키푸르 대신 라마단 달(꾸란이 최초로 계시된 달, 이슬람력 9월)에 단식을 하도록 했으나, 이러한 결정을 '유대인과의 결별'로 이해해서는 안 된다. 변화는 시도했지만 무함마드는 계속해서 추종자들에게 욤 키푸르 날에 단식을 권장했고, 성도 예루살렘을 끝까지 존중했다. 실제로 무슬림에게 메카와 메디나 다음으로 예루살렘은 가장 성스러운 도시다. 예언자는 또한 유대인에게서 받아들인 식사, 세정, 결혼 예절을 버리지 않았다. 죽는 날까지도 아라비아의 유대 공동체와 신학적 논쟁이 아닌 평화적 대화를 계속했는데, 이는 꾸란이 무함마드에게 명한 그대로였다. "가장 옳은 방법이 아니라면 성전의 백성들과 논쟁하지 말지어다. 너에게 부당하게 행동하는 자들과는 전혀 논쟁하지 말지어다.(29 : 46)" 무함마드의 모범은 추종자들에게 영향을 미쳐, 나비아 압보트Nabia Abbott의 지적대로 이슬람의 초기 2세기 동안 무슬림들은 꾸란 외에 모세오경을 규칙적으로 낭독했다.

한편 무함마드는 이슬람과 다른 성전의 백성들 사이에는 뚜렷한 신학적 차이가 있음을 알고 있었다. 그러나 그는 이러한 차이를 신이 원한다면 하나의 움마를 창조할 수도 있었으나 그렇게 하지 않고 "모든 움마가 각자의 사도를 가지도록" 한 신의 섭리의 일부라고 보았다(10 : 47). 그래서 신께서는 유대인에게 "인도와 광명을 담은" 토라(모세오경)를 보냈고, 기독교인에게 "모세오경을 확인해주는" 예수를 보냈으며, 마지막으로 아랍인에게는 "초기 계시들을 확인해주는" 꾸란을 보낸 것이다. 따라서 꾸란(5 : 42~48)은 세 종교의 신학적 차이를 각 민족에게 각각의 "법과 길과 생활양식"을 주고자 한 신의 의지로서 설명한다.

다만 무함마드가 절대 용납할 수 없었던 신학적 차이는 무지와 실수로 만들어진 이단적 혁신이었다. 이 가운데 대표적인 것이 삼위일체설이었다. 꾸란은 명백하게 설명한다. "신은 한 분이시다. 신은 영원하시다. 그분은 낳지도 아니하시고 태어나지도 아니하시는 분이시다.(112 : 1~3)"

이와 관련된 꾸란의 구절들은 본질적으로 기독교가 아니라 비잔틴제국의 삼위일체적 정교를 비난하는 것으로 보아야 한다. 앞에서 말한 대로 비잔틴 정교회는 헤자즈 지방에서는 잘 알려지지 않은 교리였다. 초창기만 해도 무함마드는 예수를 신의 가장 위대한 사도로 보았다. 꾸란에는 동정녀 마리아의 예수 출산(3 : 47), 그가 행한 기적들(3 : 49), 구원자로서 그의 정체성(3 : 45), 최후의 날에 행해질 인간에 대한 심판(4 : 159)이 짧지만 충분하게 설명되어 있다.

꾸란이 받아들이지 못한 것은 예수 자신이 신이라고 주장하는 삼위일체설이었다. 무함마드는 심지어 이 교리를 따르는 기독교인들을 같은 성전의 백성들로 간주하지 않았다. 꾸란은 말한다. " '하나님은 셋 중의 세 번째 분이십니다' 하고 말하는 자들은 믿지 아니하는 자들이니라. 하나님은 실로 오직 한 분이시니라.(5 : 73)" 무함마드는 정교회 소속 기독교인들이 예수의 원래 복음을 타락시켰다고 믿었다. 꾸란에는 무함마드의 이런 믿음이 분명하게 나타난다. 예수는 스스로 신이라고 주장하지 않았고 자신을 숭배하라고 말한 적도 없으며 오직 제자들에게 "나의 주님이시고 너희의 주님이신 하나님을 숭배하라(5 : 72)"고 명했을 뿐이기 때문이다.

동시에 무함마드는 "아브라함의 공동체를 저버리고(2 : 130)", "모세오경을 전하라는 명을 받았으나 이를 행하지 않은(62 : 5)" 아라비아의 유대인들을 통렬히 비난했다. 무함마드가 위대한 유대의 족장들에 대해 품고 있던 존경과 경외심은 거의 모든 성경상의 예언자들이 꾸란에 언급된다는 사실로도 증명된다(모세는 거의 140번이나 언급된다). 물론 무함마드는 신앙과 의례 면에서 "그들과 신과의 맹약을 깨버린(5 : 13)" 아라비아 반도의 유대인들을 비난한 것이었다. 메디나의 유대 부족 중에 그런 사람이 많았던 것이다.

꾸란에 있는 비난이 이슬람과 거의 다를 바가 없다고 생각한 유대교와 기독교 자체를 향한 것은 아니었다. 꾸란에는 이렇게 적혀 있다. "우리는 우리에게 계시된 것과 너희들(유대인과 기독교인들)에게 계시된 것을 믿느니라. 우리의 하나님과 너희들의 하나님은 같은 분이시며 그분에게만 우리는 복종하노라.(29 : 46)" 무함마드의 비난은 하나님과의 약속을 저버리고 모세오경과 신약의 가르침을 왜곡한 아라비아 반도의 유대인과 기독교인을 향한 것이었다. 이 사람들을 가리켜 꾸란은 무슬림이 연대해서는 안 된다고 경고한 배교자들이라고 불렀다. "오, 너희 믿는 자들아, 너희의 종교를 가벼이 여기고 너희를 희롱하는 자들을 친구로 삼지 말라. 대신 이렇게 말하라. '오, 성서의 백성들아, 너희들은 왜 우리를 싫어하느냐? 너희들은 대부분 복종하지 않는데, 우리가 하나님을 믿고, 우리에게 내려주신 것(꾸란)과 그 전에 내려주신 것(모세오경과 신약)을 믿기 때문이

더냐?(5 : 57~59)"

무함마드가 아라비아의 유대인들에게 "너희로 하여금 세상에서 가장 고귀한 나라를 만들겠노라는 (신께서) 너희들에게 주신 은총들(2 : 47)"을 상기시키고, 자신들의 신앙을 버리고 성서의 진리를 혼동하는 기독교인에게 크게 노하며, 두 집단이 "더 이상 모세오경과 신약의 가르침과 그들의 주님이 내려주신 것을 따르지 아니하는(5 : 66)" 데 불만을 토로한 것은 단지 자신보다 앞서간 예언자들의 전철을 따랐을 뿐이었다. 다시 말해 무함마드는 동료 유대인들을 "범죄한 나라요, 허물 진 백성이요, 행악의 종자요, 행위가 부패한 자식(이사야 1 : 4)"이라고 부르던 이사야였으며, "아브라함의 자손들"로서 심판의 날에 진노로부터 안전할 것이라고 생각한 "독사의 자식들"을 질타한 세례 요한이었으며(누가복음 3 : 7~8), "너희 유전으로 하나님의 말씀을 폐하는(마태복음 15 : 6)" 위선자들에 대해 준엄한 벌을 약속한 예수와 같은 존재였다. 결국 이것이 바로 어떤 예언자라도 전달하려고 했을 그 메시지가 아니었을까?

여성에게 부여하려고 한 권리를 박탈하고 많은 개혁을 뒤엎은 것처럼, 후대의 무슬림 성서학자와 법률학자들은 유대인과 기독교인을 움마의 일부라고 본 무함마드의 사상을 받아들이지 않았으며 오히려 두 집단을 불신자들이라 칭했다. 이들은 계시를 재해석하여 꾸란이 모세오경과 신약성서를 무효화했으며, 무슬림들에게 성경의 백성들과의 차별을 촉구했다고 주장했다. 그러나 초기 기독교인들이 유대인들을 예수를 죽인 자들이라고 악마화시킨 후, 기독교의 뿌리라 할 수 있는 그들의 제례와 의식으로부터 점차 멀어진 것을 명심해야 한다. 물론 후대의 신학자들은 이슬람을 종교적으로 독립시키기 위한 노력이었다고 변명할지 모른다.

그럼에도 불구하고 성서학자들의 행동은 무함마드의 모범과 꾸란의 가르침에 정면으로 도전한 것이다. 성전의 백성들 사이에 화해할 수 없는 차이를 인식했음에도 불구하고 무함마드는 신앙을 구분하라고 촉구한 적이 없었다. 오히려 그 반대였다. 그는 "기독교인들은 틀렸어"라고 말하는 유대인들, "유대인들은 틀렸어(2 : 113)"라고 말하는 기독교인들, "유대인과 기독교인이 아니면 아무도 천국에 들어갈 수 없노라(2 : 111)" 하고 주장하는 사람들에게 타협을 제시했다. 꾸란은 말한다. "우리가 공유하는 것들에 대해 합의를 이루자. 우리는 하나님 외에 아무도 경배하지 아니하고, 하나님과 사신을 혼동하지 아니하며, 하나님 외에 아무도 주님으로 섬기지 아니하노라.(3 : 64)"

1,400년이 흐른 지금까지, 아브라함의 세 종교(유대교, 기독교, 이슬람교)가 이처럼 간단명료한 진실에 타협을 이루지 못하고 사소한 이념 차이를 극복하지 못한다는 것은 비극이 아닐 수 없다.

바누 꾸라이자에 대한 처형 이후, 메디나를 완전히 장악한 무함마드는 다시 한 번 메카로 향했다. 이번에는 신의 사도로서가 아니라 열쇠의 보관자인 꾸라이쉬 족이 거부할 수 없는 순례객으로서 갔다.

참호 전투 다음 해인 628년, 무함마드는 놀라운 선언을 발표했다.

즉 카바에서 순례 의식을 행하기 위해 메카로 가겠다는 것이었다. 메카인들과 유혈이 낭자한 전쟁을 벌이던 중에 발표한 이 선언은 놀라운 결정이 아닐 수 없었다. 지난 6년 동안이나 무함마드를 없애기 위해 안달이었던 꾸라이쉬 족이 성소를 돌도록 순순히 길을 내줄 것인가. 그러나 무함마드는 뜻을 굽히지 않았다. 1,000여 명의 추종자들이 그를 따라 행진하는 가운데 무함마드는 사막을 가로질러 자신이 태어난 도시로 향했다. 그와 추종자들은 여행 내내 순례객의 노래를 큰 소리로 불렀다. "제가 여기에 왔나이다. 알라여, 여기에 제가 왔나이다."

무장도 없이 순례객 복장을 한 무함마드와 신자들의 노랫소리는 그들의 존재를 적들에게 더욱 부각시켰다. 메카인들에게 이 노래는 죽음을 경고하는 전조처럼 우렁차게 들렸다. 이 사람이 성도聖都를 쉽게 걸어 들어갈 수 있다고 생각할 정도로 대담하다면 종말이 다가올 것이다! 무함마드와 신자들을 메카에 들어오지 못하게 하려고 벼르던 꾸라이쉬 군은 당황했다. 도시 외곽 후다이비야Hudaybiyyah라는 곳에서 무함마드를 맞은 꾸라이쉬 군대는 예언자에게 휴전을 제시함으로써 메카의 지배권을 유지하려는 마지막 시도를 한다. 무슬림들은 휴전의 조건이 무함마드에게 너무 불리하게 되어 있어 농담이라고 생각했을 것이다.

후다이비야 조약은 무함마드가 즉시 철수하고 메카 주변에서 모든 카라반 습격 행위를 조건 없이 중지하며, 다음 순례 기간에 순례를 하는 것으로 되어 있었다. 그리고 한 달의 순례 기간 동안 며칠은 무함마드와 그의 추종자들이 방해받지 않고 순례를 마칠 수 있도록 카바 성소를 비워둔다는 내용도 들어 있었다. 여기까지는 그래도 참을 만했다. 무함마드는 이 조약에 신의 사도로서가 아니라 공동체의 쉐이크로서 서명해야 하는 모욕을 감수해야 했다. 헤자즈에서 급속히 증가하는 무함마드의 위상을 감안할 때, 조약은 파격적이고 비상식적이었다. 무엇보다도 메카는 메디나의 막강한 무함마드 군사들 앞에 풍전등화와 같은 존재였기 때문이다. 불과 수킬로미터 앞에 놓인 승리 앞에서 예언자가 이 조건을 수락했다는 전갈을 받았을 때 메디나의 군사들은 수군거리기 시작했다.

특히 충동적인 우마르는 자신의 감정을 억누르지 못했다. 그는 즉시 말에 뛰어올라 아부 바크르에게 달려갔다. "아부 바크르, 저 사람은 하나님의 사도가 아니오?"

아부 바크르가 대답했다. "하나님의 사도요."

"그러면 우리는 무슬림이 아니오?"

"무슬림이오."

"그렇다면 저들은 다신숭배자들이 아니오?"

"그렇소."

우마르는 크게 소리 질렀다. "그런데 우리의 종교를 저렇게 무시하는 것을 참아야 한단 말인가?"

아부 바크르는 펄펄 뛰는 우마르에게 마지막으로 간단하게 대답했다. "나는 그가 하나님의 사도임을 증명하노라."

그때야 우마르는 화를 누그러뜨렸다.

무함마드가 모욕적인 후다이비야 조약을 수락한 이유는 정확히 알 수 없다. 어쩌면 전열을 재정비하여 다음 기회에 메카를 무력으로 정복하려고 했을지도 모른다. 아니면 꾸란의 율법과 지하드 교리인 "박해가 끝나고 하나님의 율법이 우세할 때까지 싸우라. 그러나 만약 (적들이) 단념한다면 어떤 적대 행위도 멈추어야 하느니라(2 : 193)"를 준수하고 있었을지도 모른다. 경우야 어찌되었건, 휴전 조건을 받아들여 다음해에 다시 오기로 한 결정은 메카와 메디나 사이의 긴 전쟁을 끝내는 가장 효과적인 수단이 되었다. 메카 사람들은 다음해에 그들의 적이자 새 종교의 신자들이 메카에 들어와 카바를 돌때 전쟁을 계속할 이유를 상실했다. 그들의 돈독한 신앙심과 경건함을 직접 눈으로 보게 되자 전쟁을 지지할 명분이 물거품처럼 사라졌기 때문이다. 역사적인 순례가 있은 지 1년 후인 630년, 무함마드는 자신의 신자들과 꾸라이쉬 족 간에 발생한 소규모 싸움을 휴전협정의 파기로 해석하고 대군을 모았다. 이번에는 무려 1만 명이나 되는 군사들이 그의 뒤를 따랐다. 이미 새 종교의 위대함과 경건함을 확인한 메카의 주민들은 양팔을 크게 벌려 환영하면서 그들을 맞이할 뿐이었다.

메카는 이렇게 항복했다. 무함마드는 자신에게 칼을 겨누었던 적들 대부분에게 사면을 선언했다. 부족적 관습에 따라 꾸라이쉬를 노예로 삼을 수 있었으나, 무함마드는 노예를 포함한 모든 메카의 주민들에게 자유를 선언했다. 오직 그 가운데 중대한 범죄를 범한 여섯 명의 남자와 네 명의 여자를 사형에 처했을 뿐이다. 그리고 모든 사람은 예언자에 대항하여 싸우지 않겠노라는 맹세를 해야 했지만, 이슬람으로 개종을 강요당한 사람은 아무도 없었다. 최후로 맹세를 한 꾸라이쉬 부족 사람들 중에는 아부 수프얀과 그의 아내 힌드도 포함되어 있었다. 힌드는 이슬람으로 개종할 때까지 변함없이 오만불손했고, 무함마드와 그의 종교를 '편협한' 신앙이라고 비난했다.

항복을 받아낸 예언자는 가장 먼저 카바로 갔다. 그리고 사촌이자 사위인 알리의 도움을 받아 성소 문을 막고 있는 무거운 베일을 들어올린 후 내부로 들어갔다. 잠시 후, 모여든 군중 앞에서 모든 우상을 하나씩 땅에 처박아 박살을 냈다. 단 신성한 지팡이를 들고 있는 아브라함 상을 비롯해 유일신교의 예언자들은 잠잠 샘물로 깨끗이 씻어냈다. 이 가운데 예수와 그의 어머니 마리아 상을 꺼냈을 때 무함마드는 경건하게 자신의 손을 머리에 올려놓고 말했다. "나의 손 아래 있는 것을 제외하고 모두 씻어내라."

마지막으로 무함마드가 꺼낸 것은 시리아의 후발 신 동상이었다. 무함마드는 아부 수프얀이 보는 가운데 칼을 뽑아 후발 신을 수없이 내려쳤다. 우상은 곧 산산조각이 나고 말았다. 메카의 우상 신들과 그들에 대한 우상숭배는 이런 식으로 영원히 종말을 고했다. 무함마드는 부서진 후발 신상 조각들을 새롭게 정화한 카바로 들어가는 문지방으로 사용했다. 카바 성소는 이때부터 '신의 전당' 이자, 새 종교 이슬람의 요람으로서 알려지게 된다.

5 정통 칼리파 무함마드의 계승자들

집단예배 중에 뒤에서 조금이라도 움직임이 있으면 모든 사람은 일제히 고개를 돌린다. 사람들은 금요예배가 이제 막 시작되었으니 사도 무함마드가 거처에서 나와 평소처럼 모스크 안뜰에 서 있었으면 하고 고대하는 것이다. 벌써 여러 날이 지나갔다, 예언자께서 집 밖으로 나온 것을 누군가 보았다고 한 지도. 예언자의 건강이 좋지 않다는 소문이 이미 몇 주일 동안 메디나에 돌고 있다. 아부 바크르는 예언자를 대신하여 금요예배를 인도하고 있었다. 또 다른 동료들은 카라반을 지휘하고, 나라 살림을 관리하고, 십일조를 나누어주며, 이슬람의 윤리와 의식에 관해 새 개종자들을 교육시키고 있다. 메디나의 모든 사람은 감히 입 밖에 내지 못할 뿐이지 예언자께서 돌아가실 정도로 중태임을 알고 있다. 아니, 어쩌면 이미 돌아가셨을지도 모른다.

해는 632년, 무함마드가 승리자로서 메카에 입성하여 유일신 알라의 이름으로 카바를 청소한 지 2년이 지났다. 그때만 해도 무함마드는 건강했고 영향력도 최고조에 달해 명실상부한 아라비아의 가장 강력한 지도자였다. 아라비아의 부족적 윤리를 개선하려는 시도로서 시작한 그의 운동이 전통적인 부족 제도 자체를 종식시키리라고는 예측하지 못했다. 세상에는 무슬림 공동체, 비잔틴제국과 페르시아제국을 포함한 무슬림 공동체의 적, 무슬림 공동체의 보호를 받는 딤미(기독교인과 유대인들)만이 있게 될 것이다. 꾸라이쉬 부족을 제압하고 얻은 막강한 권한에도 불구하고 무함마드는 메카의 귀족 사회를 이슬람 군주제로 바꾸는 것을 거부했다. 그는 열쇠의 보관자였지만, 메카의 왕이 되려고 하지는 않았다. 행정적 문제를 해결하고 헤자즈의 아랍 부족들에게 대표단을 파견해 새로운 정치질서를 알리고 난 후, 무함마드는 다시 메디나로 돌아갔다. 실로 누구도 예상하지 못한 일이었다.

무함마드의 메디나 복귀는 아무도 선뜻 도우려 하지 않았을 때 그에게 도피처와 보호막을 제공한 안사르(원조자)를 높이 평가한다는 뜻이 포함되어 있었다. 또한 메카를 대신하여 메디나가 앞으로 이슬람의 토대이자 중심이 된다는 것을 공동체에게 선언하는 것과 같았다.

아라비아 반도 대표단들도 이제는 메카가 아닌 메디나에 와서 충성의 표시로 "알라 외에 다른 신은 없도다"라고 선언했다. 이슬람의 가장 중추적 사상이 담긴 이 표현은 유일신 알라에 대한 것이지만, 동시에 이슬람을 창시한 무함마드 개인에 대한 충성의 표시기도 했다. 이슬람교의 종교적 근간과 이슬람 정부의 기초가 놓이고 논의되는 곳 역시 메디나였다. 또한 예언자가 마지막 숨을 거두게 되는 곳도 메디나였다.

이때였다. 미소를 지으며 모스크 입구에 무함마드가 등장한 것이다. 다소 여위어보였으나 나이에 비해서는 놀라울 정도로 화색이 돌았다. 길게 땋은 검은 머리는 더 가늘고 더 은색으로 빛나 보였으며, 등은 약간 구부러졌고 어깨는 처진 듯했다. 그러나 그의 얼굴은 전과 같이 빛났고 두 눈은 여전히 밝은 광채를 발하고 있었다. 그의 건강에 관한 모든 우려 섞인 소문이 일거에 사라지는 순간이었다.

예언자는 부축을 받으며 어렵게 발을 떼면서 앉아 있는 신자들 사이를 걸어왔다. 무함마드를 본 아부 바크르는 즉시 앉아 있던 민바르minbar(모스크의 설교단)에서 일어났다. 평소에 신자들 앞에서 집단예배를 진행하던 무함마드가 늘 앉던 그 자리였다. 그러나 무함마드는 자신의 오랜 친구인 아부 바크르에게 그대로 앉아 계속 예배를 진행하라는 손짓을 했다. 예배는 다시 시작되었고, 무함마드는 조용한 구석에 앉아 전방을 응시했다. 오래 전에 자신이 가르친 방식대로 신자들은 하나의 몸, 하나의 목소리가 되어 예배를 드리고 있었다. 망토로 몸을 감싼 채 예배를 지켜보던 무함마드에게 한없는 감동이 밀려오는 듯했다.

예언자는 그 자리에 오래 머물지 못했다. 예배를 마치고 무슬림들이 돌아가기 전에 무함마드는 조용히 자리에서 일어나 모스크를 빠져나갔다. 그리고 거처로 돌아온 그는 바로 침대 위에 쓰러졌다. 모스크까지만 갔다 온 짧은 외출이었으나 몸이 허약해진 그에게는 몹시 힘든 일이었는지 숨 쉬기조차 어려웠다.

사랑하는 아내 아이샤가 도착했을 때 무함마드는 거의 의식을 잃은 상태였다. 그녀는 주위의 사람들을 물리치고 방문을 닫았다. 그리고 무함마드의 옆에 앉아 머리를 자신의 무릎 위에 눕히고 긴 머리를 부드럽게 쓰다듬으면서 위로의 말을 속삭였다. 무함마드는 두 눈을 한두 차례 깜박이는가 싶더니 다시는 눈을 뜨지 않았다.

무함마드의 사망 소식은 곧 메디나 전체로 퍼져나갔다. 대부분의 주민들에게 신의 사도의 죽음은 믿을 수 없을뿐더러 상상조차 할 수 없는 일이었다. 우마르도 그런 사람 중 하나였다. 전갈을 받은 그가 거의 미친 듯이 모스크로 달려갔을 때, 그곳에는 이미 많은 사람이 모여 있었다. 어떤 사람은 흥분에 겨워 누구든지 무함마드가 죽었다고 말하는 자는 혼쭐을 내겠다고 소리치고 있었다. 예언자의 죽음으로 공동체에 커다란 빈자리가 만들어졌을 뿐만 아니라, 공동체 자체가 흔들리고 있었다.

사태를 진정시킬 수 있는 사람은 오직 한 사람, 아부 바크르뿐이었다. 무함마드의 죽음을 직접 눈으로 확인한 후 아부 바크르 역시 모스크로 향했다. 모스크에 당도해보니, 횡설수설하며 예언자가 아직 살아 있다고 장황하게 이야기하고 있는 우마르의 모습이 보였다. 우마르는 발작하듯 고함을 치고 있었다. "그분은 단지 죽은 것처럼 보일 뿐이오. 모세처럼 천국에 올라가셨을 뿐이란 말이오. 금방 다시 돌아오신다니까."

아부 바크르는 모스크 앞으로 걸어나가며 말했다. "조용히 하게, 우마르. 진정해."

그러나 우마르는 계속해서 예언자께서 천국에서 돌아오시는 날에 그의 죽음을 받아들인 사람들은 손과 발이 잘리게 될 것이라고 엄중하게 경고했다.

아부 바크르가 앞으로 나섰다. 그는 회중을 향해 손을 높이 들고 소리쳤다. "사람들이여, 누구든지 무함마드를 숭배했다면 그분은 이제 죽었소. 하지만 누구든지 알라를 숭배했다면 그분은 아직 살아 계시오. 아니, 영원히 살아 계실 것이오."

이 말을 들은 우마르는 힘없이 바닥에 주저앉아 흐느낄 뿐이었다.

이슬람 공동체가 무함마드의 죽음을 크게 염려하는 이유 가운데 하나는 신자들에게 그의 사후에 대한 대비를 거의 시키지 않았다는 것이다. 무함마드는 자신이 죽은 후에 움마의 지도자가 될 사람에 대해 공식적으로 아무런 입장을 밝히지 않았으며, 지도자의 자격이 무엇인지도 밝히지 않았다. 어쩌면 무함마드 자신도 이에 관한 계시를 기다렸을지 모르지만, 계시는 결코 내리지 않았다. 어쩌면 예언자는 후계자를 지명했으나 일부 신자들이 의심하듯이 후보자들 사이에 암투와 음모가 벌어지고 있어 그가 누군지를 감추는 것인지도 모른다.

반면 무슬림 공동체는 상상 외로 빠르게 팽창하고 있었으므로, 후계자 선출이 늦어질 경우에는 통제 불능의 상태로 빠져들 위험이 있었다. 무함마드의 사망으로 방대한 공동체에 관련된 문제들은 더욱 복잡해져, 고분고분했던 부족 일부는 공개적으로 무슬림의 통치에 대해 반발했고 메디나에 내는 십일조조차 거부했다. 부족주의의 관점에서 보면, 무함마드의 죽음은 충성서약의 대상이 사라졌음을 의미하며 따라서 무함마드의 공동체에 대한 책임의 의무도 없었다.

더욱 혼란스러운 것은 아라비아 반도의 다른 지역에서 자신들의 지도력과 이념을 이용하여 무함마드의 공동체를 흉내 내는 일이 잦아졌다는 것이다. 예를 들어 예멘에서는 알아스와드al-Aswad라는 사나이가 알라흐만(알라의 별명)이란 신으로부터 계시를 받았다고 주장하며 독립을 선언했다. 동부 아라비아의 야마마Yamama에서는 마슬라마Maslama(혹은 무사일라마Musaylama)라는 자가 무함마드를 기막히게 모방하여 이미 수천 명의 추종자들을 모으는 데 성공했다. 그는 야마마를 성도(하람)라고 선언하기도 했다. 대일 에이클먼Dale Eickelman과 같은 학자들은 이런 '가짜 예언자들'이 갑작스럽게 증가했던 현상을 무함마드의 운동이 아라비아 반도가 절실히 필요로 했던 사회적·종교적 가치를 충족시켰다는 증거로 보고 있다. 그러나 무함마드가 사망한 이상 그들은 움마의 종교적 정통성과 정치적 안정을 해하는 중대한 위협이었다.

그러나 더 큰 문제는 어쩌면 다른 곳에 있었다. 무함마드 사후 공동체가 당면한 가장 큰 도전은 부족들의 반란이나 가짜 예언자들이 아니라, 예언자의 말씀과 행동에 입각한 통일된 종교 체계를 어떻게 건설하느냐의 문제였다. 예언자의 언행은 기록된 것이 아니었고 거의 동료들의 기억에 의존하고 있었다. 어떤 면에서 이슬람은 무함마드의 사망과 함께 완성되고 완벽해졌다고 보는 경향도 있었다. 그러나 예언자의 사망과 함께 계시가 끝난 것은 사실이지만, 632년 당시의 이슬람이 신앙과 의식 양면에서 완전한 체계는 분명 아니었다.

이그나츠 골드치어에 따르면, 모든 위대한 종교들이 그랬듯이 "이슬람 사상의 출현, 이슬람 예배 양식의 확정, 이슬람 교리의 수립"이 이루어지기까지는 수세대에 걸친 신학적 노력이 필요했다.

그러나 존 반스브로흐John Wansbrough의 주장처럼, 우리가 알고 있는 이슬람은 무함마드가 사망한 지 수백 년이 지난 후 아라비아가 아닌 다른 곳에서 출현했다는 것은 어불성설이다. 반스브로흐와 그의 동료들은 이슬람이 7세기와 9세기 아라비아와 그 일대에서 유대교-기독교의 분파적 환경으로부터 발전했다는 주장을 제기했었다. 그러나 반스브로흐가 비아랍어(대부분 히브리어) 출전을 끊임없이 과장하고 역사적 인물인 무함마드를 무시하고 있으므로, 그의 주장은 사르지엔R. B. Sarjeant의 말을 인용하자면 "이슬람과 그 예언자에게서 최소한의 참신함과 독창성마저 박탈하기 위해 꾸며낸 논쟁"처럼 보일 뿐이다.

본론으로 돌아가서, 이슬람이 무함마드가 사망한 당시에도 여전히 자아 정립 과정에 있었다는 것은 의심할 여지가 없다. 632년까지 이슬람에 공인된 꾸란은 존재하지 않았을 뿐 아니라, 아직 수집이나 기록조차 하고 있지 않았다. 이슬람의 종교적 이념 역시 아주 초보적인 형태로만 존재했을 뿐, 의례나 법적·도덕적 행위에 관한 규정은 당시에 거의 확립되어 있지 않았다. 내부의 분쟁이나 외부와의 전쟁 결과로 어떤 문제가 제기되면 예언자에게 해결해 달라고 부탁하면 되었다. 그러나 신의 뜻을 설명해줄 무함마드가 사망한 상황에서, 움마는 문제에 봉착할 경우에 예언자라면 어떻게 했을까를 알아내야 했다.

가장 긴급한 관심사는 무함마드를 대신하여 움마(이슬람 공동체 혹은 이슬람 사회)를 지휘할 사람을 선출하는 것이었다. 선출될 지도자는 내부와 외부의 많은 도전에 맞서 공동체의 안정과 통합을 유지할 수 있어야 했다. 그러나 불행하게도 어떤 사람이 지도자가 되어야 하는지에 관해 일치된 의견이 전혀 없었다. 메디나의 안사르는 카즈라즈 부족의 쉐이크이자 메디나의 초기 개종자로서 신앙심이 깊은 사이드 이븐 우바이다Sa'd ibn Ubayda를 이미 지도자로 선출했다. 예언자에게 피난처를 제공하고 보호한 공로로 메디나의 주민들이 움마 내에서 특별한 지위를 가지고 있었던 반면, 아직도 메카를 지배하는 과거의 꾸라이쉬 귀족 계급은 메디나 출신 지도자의 지시를 결코 인정하지 않을 분위기였다. 메카에서 한 사람의 지도자를 뽑고 메디나에서 또 한 사람의 지도자를 뽑자는 제안이 있었으나, 꾸라이쉬는 이것도 받아들이지 않았다.

움마의 의견은 곧 하나로 일치되었다. 즉 움마의 통일과 연속성을 유지할 지도자는 꾸라이쉬 족 출신으로 622년에 메디나로 이주했던 예언자의 동료들 중에서 뽑자는 것이었다. '아흘 알바이트ahl al-bayt(성소의 백성들, 예언자 가문)' 라는 무함마드가 속한 씨족 바누 하쉼은 예언자께서 계승을 원한 사람은 자신들이라고 믿었으나, 꾸라이쉬 족 출신이면 움마를 지도할 수 있다는 사실에 결국 동의하고 말았다. 실제로 많은 무슬림은 무함마드가 메카에서 마지막 고별순례를 했을 때 조카이자 사위인 알리를 후계자로서 공개적으로 지명했다고 확신하고 있었다. 전승에 따르면, 메디나로 돌아가는 길에 무함마드는 가디르 알쿰Ghadir al-Khumm이라는 한 오아시스에서 쉬는 동안 이렇게 선언했다고 한다. "누구든지 나를 보호자mawla로 삼은 사람들은 알리를 보호자로 삼은 것이니라." 그러나 가디르 알쿰 오아시스 선언이나 바누 하쉼 족의 특별한 위상을 부정하는 무슬림들도 적지 않았다.

이 문제들을 한꺼번에 해결하기 위해 예언자의 동료인 아부 바크르, 우마르, 아부 우바이다Abu Ubayda가 안사르의 지도자들을 만났다. 더 사실대로 말하면, 안사르가 개최한 전통적인 아랍의 슈라shura(부족협의체)에 초대 없이 입장했다. 이 역사적 모임을 전하는 기록이 많이 남아 있으나, 참석한 사람이 누구이며 무슨 일이 일어났는지는 아직 분명하지 않다. 학자들이 확신하고 있는 유일한 사실은 이 모임이 끝날 무렵 우마르와 아부 우바이다의 적극적인 지지를 받아 아부 바크르가 무슬림 공동체의 차기 지도자로 선출되었다는 것이다. 아부 바크르는 자신의 호칭으로 칼리파트 라술 알라Khalifat Rasul Allah, 즉 '신의 사도의 대리자(후계자)'를 사용했다.

다소 모호한 칭호이지만 아부 바크르의 생각이 훌륭하다고 여겨지는 이유는 사실 아무도 그 칭호의 정확한 의미를 알 수 없었다는 데 있다. 꾸란은 아담과 다윗을 모두 "신의 대리자(2 : 30, 38 : 26)"로 부르고 있다. 그 의미는 그들이 지상에서 신의 '피신탁자' 혹은 '대리 지배자'로 일한다는 것이지만 아부 바크르가 그런 인물은 아니었던 것 같다. 패트리시아 크론과 마틴 힌즈Martin Hinds의 반대 의견에도 불구하고, 여러 가지 증거로 볼 때 칼리파(칼리프) 직위가 종교적으로 큰 영향력을 가진 것은 아니었다. 칼리파는 이슬람 종교기관들을 유지할 책임이 있었지만 종교적 행위를 규정하는 역할은 하지 않았다. 다시 말해 아부 바크르는 예언자를 계승했지만 예언자적 권위는 갖지 않았던 것이다. 무함마드는 죽었고 그의 죽음과 함께 사도의 계보도 끝난 것이기 때문이다.

호칭의 모호함은 아부 바크르와 그의 직접 후계자들에게 큰 이점이었다. 왜냐하면 스스로 자신들의 지위를 만들어갈 기회, 즉 폭넓고 다양한 역할을 수행할 기회를 갖게 되었기 때문이다. 아부 바크르에게는 무함마드로부터 내려온 전쟁 지도자(까이드)와 최고법관의 책임이 있었으나, 기본적으로는 '동등한 자들 가운데 첫 번째'라는 전통적인 부족 쉐이크의 지위와 비슷한 세속적 지위였다. 그러나 이런 권한조차도 상당히 제한적인 것이었다. 쉐이크로서 그는 결정의 대부분을 집단 협의를 통해서 내렸고, 칼리파 지위에 있는 동안에도 계속 상인으로 일했다. 충분하지 못한 수입을 보충하기 위해서 가끔씩 이웃의 소젖을 짜는 일도 했다. 물론 아부 바크르의 주된 책무는 움마의 통일과 안정을 유지하여 자신의 통치하에 있는 무슬림들이 평화롭고 자유롭게 신을 숭배하도록 하는 것이었다. 그러나 세속적 권한만을 지닌 아부 바크르는 신을 숭배하는 방식이나 절차를 규정할 수 없었으므로, 이 역할은 울라마Ulama로 불리는 학자 집단에게로 돌아갔다. '학식 있는 사람들'이란 의미의 울라마는 움마(이슬람 사회)를 올바른 길로 인도할 책임이 있었다.

나중에 살피겠지만, 궁극적으로 울라마는 신자들의 모든 생활양식을 통제하는 포괄적 행동규범을 만들게 된다. 성직자들과 학구적 신학자들이 순수하고 단일한 전통을 형성했다고 보기는 힘들지만, 이슬람의 교리와 의식을 형성하는 데 이들 울라마의 권한과 영향력은 지대한 것이었다. 칼리파들은 왔다가 가고, 국가기관으로서 칼리파의 권한은 커지고 줄어들지만, 울라마의 권한과 그들의 종교적 권한은 세월이 흘러갈수록 계속 커가기만 했다. 이슬람에서 울라마의 역할은 긍정적이기도 했지만 적지 않은 경우에 부정적 영향을 미쳤다.

여러 가지 면에서 아부 바크르는 무함마드를 계승하는 데 가장 적합한 인물이었다. 앗싯디끄as-Siddiq(충실한 사람)란 별명을 가진 그는 매우 신앙심이 깊었으며 동료들에게도 존경받는 사람이었다. 최초 이슬람 개종자들 중 한 명이었고 무함마드의 둘도 없는 친구였다. 무함마드가 오랫동안 병석에 있는 동안 그가 금요예배를 인도한 사실은 예언자도 그의 계승을 축복하였을 것이라는 증거로 작용했다.

칼리파(공동체의 지도자)로서 아부 바크르는 군사적 팽창을 통해 하나의 깃발 아래 이슬람 세계를 통일했고, 이슬람 세계의 황금기로 알려진 사회적 조화의 새로운 시대를 열어나갔다. 무함마드가 헤자즈 지방에서 뿌린 씨를 키워 방대한 제국으로 싹을 돋아나게 한 사람들이 바로 아부 바크르와 그의 직접 후계자들이었다. 이들 네 명의 후계자들을 가리켜 보통 라쉬둔Rashidun, 즉 '올바르게 인도된 사람들' 혹은 '정통 칼리파'라고 부른다. 이슬람 공동체가 북아프리카, 인도 대륙, 유럽의 넓은 지역까지 확장되었을 때도 정통 칼리파들은 무함마드의 유지, 즉 정의를 위한 투쟁, 모든 신자의 평등함, 가난한 자와 약한 자들에 대한 배려를 기초로 한 공동체를 건설하기 위해 노력했다. 하지만 결국 무함마드의 초기 교우들 사이에 내분과 권력투쟁이 일어나 공동체는 분열되었고, 칼리파 제도는 고대 아랍인들이 가장 혐오하고 비난했던 통치 형태인 절대군주제로 변화되었다.

그러나 대부분의 종교사가 그렇듯이 정통 칼리파 시대의 실상은 일반적으로 알려진 것보다 훨씬 복잡하다. 실제로 이슬람의 황금기는 종교의 조화와 정치의 화합 시기였다. 무함마드 사망 이후 이슬람 사회에는 그의 언행에 대한 해석 방법, 해석의 주체, 공동체의 지도자 자격, 통치 방법에 이르기까지 거의 모든 문제에 관해 이견이 있었다. 심지어 움마의 일원이 될 수 있는 적격자와 비적격자, 구원을 받기 위해 해야 할 일도 분명하지 않았다.

모든 위대한 종교와 마찬가지로, 이슬람의 다양한 종교적 규범을 낳은 것은 예언자 없이 신의 의지를 파악하는 과정에서 비롯된 논쟁과 부조화와 유혈 분쟁이었다. 예수가 죽은 후 베드로의 구세주적 유대교, 바울의 헬레니즘적 구원 종교, 이집트인들의 영지주의, 그리고 동방의 신비주의적 운동에 이르는 모든 종교적 경향을 '기독교(그리스도교)'라고 부르는 것이 더 타당한 것처럼, 무함마드의 사망 후 이어진 모든 종교적 경향을 '이슬람'이라고 부르는 것이 타당하다. 물론 초기 이슬람은 초기 기독교처럼 교리상으로는 거의 차이가 나지 않았다. 그럼에도 불구하고 초기 무슬림 공동체 내부의 정치적·종교적 차이를 인정하는 것이 교리의 차이를 이해하는 데 필요할 것이다.

먼저, 아부 바크르의 칼리파 선출은 결코 만장일치에 의한 것이 아니었다. 여하튼 가장 저명한 교우들 중 일부만이 부족협의체에 참석했다. 무슬림 공동체의 통치권을 다투는 유일한 다른 경쟁자는 협의가 끝날 때까지도 개최의 사실을 통보받지 못하고 있었다. 아부 바크르가 충성서약을 받고 있을 때, 알리는 예언자의 몸을 씻기고 매장할 준비를 하고 있었다. 바누 하쉼 부족은 알리가 참석하지 않은 부족협의체가 전 움마를 대표할 수 없다고 주장하면서 분개했다. 마찬가지로 안사르는 무함마드와 알리 모두를 메디나 사람, 즉 '같은 부족 사람'으로 간주했으므로 회의에 알리가 빠진 것을 격렬히 항의했다. 따라서 두 집단은 공개적으로 새 칼리파에 대한 충성서약을 거부했다.

아부 바크르와 우마르를 포함한 많은 무슬림 지도층 인사들은 알리가 움마의 지도자가 되기에는 나이가 아직 어리며, 그가 후계자가 되는 것은 왕위의 세습과 다를 바 없다는 논리로 알리가 배제된 것을 정당화하려 했다. 이 논쟁은 오늘날까지도 무슬림 학자들과 역사가들 사이에 계속되어오고 있다. 《이슬람 역사Islamic History》제1권에서 무함마드 샤반은 아랍인들이 "젊고 경험이 부족한 사람들에게 큰 책무를 위임하는 것"을 기피했으므로 알리 역시 초대 칼리파의 후보로는 적임이 아니었다고 주장한다. 헨리 라멘스Henri Lammens 역시 아랍인들이 세습통치를 혐오한다는 이유를 들어 알리가 합법적으로 무함마드를 계승할 수 없었다는 점에 동의한다. 결론적으로 대다수 학자들은 아부 바크르가 "계승의 분명한(그리고 유일한) 선택"이라고 한 몽고메리 와트의 의견을 따르는 편이다.

그러나 이러한 결론들은 여전히 만족스럽지 못하다. 우선, 무함마드가 사망할 당시 알리의 나이는 30세로 다소 젊은 편이었지만 '경험이 부족한' 나이라고 할 수는 없었다. 최초의 이슬람 개종자 중 하나이자 용맹한 전사로서 알리의 종교적 성찰과 군사적 무용은 널리 알려져 있었다. 메디나에서 알리는 무함마드의 개인 비서로 일했고 중요한 전투에 여러 차례 기수로 참전했다. 그는 무함마드 부재 시 언제나 움마를 관리했으며, 무잔 모멘Moojan Momen의 지적대로 예언자의 집을 자유로이 출입할 수 있는 유일한 사람이었다. 또한 예언자를 도와 알라의 전당 카바를 청소하도록 허락받은 사람은 알리뿐이었다.

젊은 나이에도 불구하고 칼리파로서 알리가 자격이 있다고 지지한 사람들은 바누 하쉼 족만이 아니었다. 예언자의 조카이자 사위이기도 한 알리는 아우스 족과 카즈라즈 족, 대부분의 안사르, 꾸라이쉬의 가장 영향력 있는 두 씨족인 압드 샴스Abd Shams와 압드 마나프Abd Manaf, 메카의 예언자 동료 중 상당수의 지지를 받고 있었다.

두 번째, 윌프레드 마델룽Wilfred Madelung이 그의 중요한 저서 《무함마드의 계승The Succession to Muhammad》에서 말한 대로, 세습적 계승은 베두인 아랍인들의 정서에 맞지 않았으나 귀족 계급적인 꾸라이쉬 부족 내에서는 흔한 일이었다. 꾸라이쉬 부족이 자기들의 가문 내에서 귀족 지위를 이어갈 구성원을 뽑는 것은 일반적이었다. 왜냐하면 귀족적 자질은 유전적으로 한 세대에서 다른 세대로 이어진다는 믿음 때문이었다. 꾸란도 혈연의 중요성을 강조하고 있으며 (2 : 177, 215), 움마 내에서는 무함마드의 가문, 즉 아흘 알바이트(예언자 가문)에게 탁월한 지위를 부여하고 있다.

여기에 한 가지 명심해야 할 중요한 사실이 있었다. 알리의 자격 시비에 상관없이, 많은 예언자와 성경의 족장이 혈족 관계로 이어졌다는 사실을 부정하는 무슬림은 하나도 없었다. 아브라함에서 이삭과 이스마엘, 이삭에서 야곱, 모세에서 아론이 그랬으며 다윗에서 솔로몬 등등이 그랬다. 바누 하쉼 가에 반대하는 사람들은 최후의 예언자인 무함마드는 더 이상 상속인이 없다는 주장을 제기하고 있으나, 여전히 의문점은 남는다. 무함마드와 그의 선구자들 사이의 동질성을 강조하고 있는 꾸란과, 알리와 무함마드의 관계를 아론과 모세의 관계와 동일시하고 있는 수많은 전승은 다 무엇인가. 따라서 지도자 지위의 세습을 혐오하는 아랍인들의 정서를 침해했다는 이유만으로 알리가 자격이 없다고 보는 것은 무리가 있다.

분명히 알리는 관습 이상으로 움마의 지도자 자격이 있었다고 주장할 수 있다. 또 한 가지 주목해야 할 사실은 알리를 교묘하게 슈라(부족회의)에서 배제한 이유가 단순히 그의 나이나 아랍인들의 세습 혐오 때문만은 아니었다는 것이다. 알리가 슈라에서 배제된 속사정은 무엇인가. 꾸라이쉬 부족 내의 영향력 있는 씨족들은 예언자와 칼리파의 지위를 그들보다 세력이 약한 하쉼 가문에게 전부 물려줄 경우에 세력의 균형이 깨지고 자신들이 불이익을 받을 수 있다고 우려하지 않았을까. 뿐만 아니라 아부 바크르와 우마르 같은 사람들은 움마의 지도권이 예언자 가문에 계속 존속하게 될 때 예언자의 종교적 권한과 칼리파의 세속적 권한의 경계가 모호해질 것을 우려했었다.

합리화의 명분이 무엇이든 간에, 알리의 지지자들은 침묵을 지키지 않았다. 이를 지켜본 우마르는 그들의 입을 막는 역할을 자처했다. 이미 안사르의 지도자 사아드 이븐 우바이다를 쳐서 복종시킨 적이 있는 우마르가 알리의 부인이자 예언자의 딸인 파티마의 집으로 찾아갔다. 그는 바누 하쉼 씨족과 그녀가 슈라의 결정을 받아들이지 않는다면 집을 불사르겠다고 위협했다. 다행히 아부 바크르가 마지막 순간에 그를 제지했으나, 경고는 분명했다. 움마는 너무 불안정하고 헤자즈의 정치적 환경은 매우 변덕스러워 이렇게 노골적이고 공개적인 불화를 용납하지 않을 것이었다. 마침내 알리는 아부 바크르에 동의한다. 그리고 공동체를 위하여 그와 그의 온 가족은 칼리파 위를 포기하고 아부 바크르에게 충성을 맹세했다. 이렇게 하기까지는 6개월 동안의 회유와 협박이 필요했다.

무함마드의 계승 문제로 민심이 소란스럽고 동요하긴 했으나 아부 바크르를 칼리파로 추대한 사건에서 짚고 넘어가야 할 사실이 있다. 무슬림이 동의하듯이, 누가 움마를 지도할 것인지에 대한 분란 속에 내재된 사실은 후보자가 되기 위해서는 구성원의 인정이 필수적이었다는 것이다. 아부 바크르는 움마에 의해 선출된 것이 아니라 소수의 연장자 그룹, 즉 슈라의 협의를 통해 임명되었다. 그러나 그 직후에 교우들이 만장일치적인 외양을 갖추기 위해 기울인 많은 노력은 칼리파의 임명이 전 공동체의 승인 없이는 무의미하다는 것을 분명히 보여준 것이다. 아부 바크르는 칼리파가 되자마자 움마 앞에서 겸손하게 선언했다. "정부의 걱정거리를 짊어진 나를 보시오. 나는 여러분보다 결코 훌륭한 사람이 아니외다. 오히려 여러분의 충고와 도움이 필요한 사람이라오. 내가 만약 잘한다면 나를 지지해주고, 실수를 한다면 충고를 부탁드리오. 내가 신과 예언자께 복종하는 한 나에게 복종해주기 바라오. 만약 내가 신과 예언자의 규범을 무시한다면 나에게 복종하지 않아도 좋소이다."

오늘날의 관점에서 본다면, 무함마드의 계승 문제는 무질서와 공갈과 협박이 난무하는 혼란 그 자체일 수도 있다. 아니면 적어도 임시변통에 불과할 수도 있다. 그러나 그것은 나일 강으로부터 옥수스 강Oxus(아무다리야 강, 아랄 해로 흘러 들어가는 러시아의 강)과 그 너머 어느 지방까지도 민중의 주권 개념이 없었던 시절에 일어난 하나의 중요한 과정이었다.

아부 바크르의 2년 6개월 통치는 짧지만 매우 성공적인 재위 기간이었다. 칼리파로서 그의 업적은 군사원정을 통해 '거짓 예언자들'을 쳐없애고, 무함마드와 체결한 동맹의 의무 역시 무효화되었다고 생각하고 십일조 납부를 거부하는 부족들을 징벌한 것이었다. 이런 부족들의 이반離反이 움마의 정치적 안정을 크게 약화시키고 메디나의 이슬람 정부를 경제적으로 피폐화시킬 위험이 있다고 본 아부 바크르는 반항 부족들을 잔인하고 무자비하게 응징했다. 이른바 릿다Riddah(변절, 이반) 전투로 알려진 이 군사원정은 아랍 부족들에게 그들의 서약이 인간 쉐이크가 아닌 불멸의 신께 행한 것이며, 서약을 위반하는 것은 곧 움마에 대한 배반 행위이자 신에 대한 범죄라는 강력한 메시지를 보냈다.

릿다 전투는 아부 바크르가 이슬람의 기치 아래 아랍인들의 통일과 메디나의 중앙집권적 권한을 유지하기 위해 노력했음을 보여주는 것이었다. 그렇게 함으로써 무함마드의 공동체가 구시대의 부족주의 관습으로 퇴보하는 것을 막았다. 이 군사원정은 순전히 메디나의 정치적 위상을 강화하려는 데 목적을 두고 있었으므로, 종교전쟁과 혼동해서는 안 된다. 그렇지만 이 전투는 배교(자신의 신앙을 부정하는 것)를 반란(칼리파의 중앙권력을 부정하는 것)과 동일시하는 유감스러운 결과를 낳았다.

영토 확장이 이슬람화와 동일시된 것처럼 배교와 반란은 7세기 아라비아에서 거의 같은 의미로 해석되었다. 오늘날까지도 이런 영향이 이슬람에 남아 있어서 일부 무슬림들은 신앙적 문제인 배교와 정치적 문제인 반란을 동일한 범죄로 인식하고 사형이 마땅하다고 주장하지만, 꾸란에 근거한 것은 아니다. 또한 일부 이슬람 국가의 울라마들이 자신들의 꾸란 해석에 동의하지 않는 사람들을 배교자로 매도하고 극형에 처할 권한을 가지고 있는 것도 바로 이런 잘못된 인식 때문이다.

아부 바크르가 칼리파로서 내린 결정은 이슬람사에서 유명하다. 그는 무함마드가 생전에 "우리(예언자들)는 상속인이 없도다. 우리가 남기는 것은 모두 자선품이니라"고 말하는 것을 들었다고 주장했다. 그리고 무함마드의 사위 알리와 딸 파티마가 무함마드의 재산을 상속받지 못하도록 했다. 그 결과 예언자의 가족들은 공동체가 제공하는 자선으로 생계를 이어가야 했다. 무함마드의 말이라는 것을 증언해줄 다른 목격자가 없음을 감안할 때, 이것은 놀라운 결정이다.

아부 바크르의 결정에 문제가 따르는 것은 무함마드의 부인들에게는 관대하게 예언자의 집을 상속 재산으로 주었다는 데 있다. 심지어 자신의 딸이자 예언자의 부인인 아이샤에게는 예언자가 남긴 메디나의 재산 일부를 주기도 했다.

아부 바크르의 행위는 바누 하쉼 씨족을 무력화하고 무함마드의 가문으로서 누리는 특별한 지위를 박탈하려는 시도로 해석된다. 반면 무함마드의 부인들에게는 재산을 물려주고, 그녀들의 순결함이 훼손되지 않을 것임을 확인시킴으로써 아흘 알바이트(성소의 백성들, 예언자 가문)는 아이샤와 나머지 부인들(신자들의 어머니)이라는 것을 공동체에 알렸다고 볼 수 있다.

알리는 아부 바크르의 결정에 어처구니가 없었으나 대응을 하지 않고 수용했다. 반면 파티마는 위로할 수 없을 정도로 비탄에 잠겼다. 불과 몇 달 사이에 그녀는 아버지와 유산, 그리고 자신의 생계와 움마 내에서의 종교적 지위를 모두 잃고 말았다. 그녀는 이 일로 아부 바크르를 미워하게 되었고, 그 후로는 아부 바크르와 말도 하지 않았다. 얼마 후 그녀가 사망하자, 두 사람의 관계를 잘 알고 있던 알리는 칼리파 아부 바크르에게 알리지 않고 한밤중에 조용히 매장해버렸다.

학자들은 아부 바크르가 알리의 유산상속을 막고 예언자 가문의 권한을 박탈한 배경에 뭔가 다른 동기가 있었을 것이라고 주장해왔다. 실제로 짧은 칼리파 재위 기간 동안 아부 바크르는 자신의 권한을 최대한 발휘하여 움마에서 권한이 있는 어떤 지위도 알리가 차지하지 못하도록 한 것으로 보인다. 예언자의 신분과 칼리파 지위, 즉 종교적 권한과 세속적 권한을 구분하려면 한 가문에 두 권한이 모두 속해서는 안 된다는 자신의 믿음 때문이었을 것이다. 그러나 아부 바크르와 알리 사이에 개인적인 감정이 없었다고 말하는 것은 거짓말이다. 무함마드의 생전에도 두 사람 사이에는 심한 불화가 있었다. 그것은 유명한 '목걸이 사건'에서 잘 드러난다.

이야기는 다음과 같다. 무함마드가 바누 알무스탈리끄Banu al-Mustaliq 부족을 공격하고 돌아오려던 참이었다. 무함마드가 가는 곳이면 어디든 따라다니던 아이샤 역시 부족과 함께 떠날 차비를 하던 중에 무함마드에게 선물로 받은 목걸이를 잃어버렸다는 것을 알게 되었다. 당황한 그녀는 대열에서 빠져나와 목걸이를 찾아 돌아다녔다. 한편 아이샤가 목걸이를 찾아다니는 동안 카라반은 그녀가 조금 전까지 타고 있던 낙타 가마에 있을 것으로 생각하고 그 자리를 떠나버렸다. 다음날 아침, 무함마드의 사랑하는 아내가 없어진 사실을 뒤늦게 알아챈 군사들은 당황하지 않을 수 없었다. 사람들은 아이샤를 찾아 이곳저곳으로 흩어져 소리를 치며 어수선하게 움직였다. 바로 그때, 한 잘생긴 청년이 아이샤와 함께 낙타를 타고 나타났다. 젊은이의 이름은 사프완 이븐 알무앗탈Safwan ibn al-Mu'attal, 아이샤의 어릴 적 친구였다.

사프완은 사막을 지나가다가 우연히 한 여자를 발견했다. 베일을 쓰고 있었지만 그녀가 아이샤임을 즉시 알아보았다. "아이샤, 혼자 이렇게 남아 있다니, 어쩐 일이오?" 그가 물었다.

아이샤는 대답하지 않았다. 그녀는 자신이 베일을 쓰고 있는 이유를 잘 알고 있었던 것이다.

사프완은 그녀의 난처한 입장을 곧 이해했으나, 무함마드의 아내를 사막에 혼자 두고 가버릴 수는 없었다. 그는 그녀에게 다가가 손을 내밀었다. "타시오!" 그가 말했다. "신께서 당신에게 자비를 베풀어주시길." 아이샤는 잠시 머뭇거리다가 낙타에 올라탔다. 낙타는 전속력으로 달렸으나 아침이 되어서야 다음 야영지에 도착한 카라반을 따라잡을 수 있었다.

베일을 쓴 무함마드의 아내가 어릴 적 친구라곤 하지만 건장한 청년이 된 사프완에게 몸을 밀착하고 나타났다는 소문은 곧 메디나 전체에 퍼져나갔다. 이야기를 전해들은 무함마드는 처음에는 불확실한 소문으로 치부했다. 그는 아이샤와 사프완 사이에 어떤 불미스러운 일도 없다고 믿었으나 소문은 점차 안 좋은 방향으로 흘러갔다. 게다가 무함마드의 적들은 이 사건을 악용하여 고의적으로 나쁜 소문을 유포시키고 있었다. 시간이 지나가도 소문은 수그러들기는커녕 더 무성한 소문을 낳을 뿐이었다. 마침내 무함마드도 아이샤를 차갑게 대하고, 거리를 두기 시작했다. 그리고 그녀에게 신께 참회하여 용서받기를 요구했다. 그녀는 벌컥 화를 내며 말했다. "신께 맹세코, 나는 이번 일로는 절대로 신께 용서를 구하지 않을 겁니다." 마음의 상처를 입은 그녀는 무함마드의 집을 나가 어머니가 사는 집으로 돌아가버렸다.

사랑하는 아내가 떠나버린 뒤, 무함마드는 실의와 좌절감에 빠졌다. 그러던 어느 날, 사람들 앞에 서게 된 무함마드는 화를 내며 소리쳤다. "내 가족을 음해하고 중상모략하는 자들이 도대체 누구인가?"

사람들은 대부분 그녀에게 잘못이 있다고 믿었으나, 무함마드의 고통을 이해한 나머지 아이샤의 정숙함을 칭송하기 시작했다. 그들은 이렇게 말했다. "우리는 사도의 부인에 대해 좋은 것만을 알 뿐이오." 그런데 단 한 사람, 그 자리에 모인 사람들 중에서 알리만은 자신의 주장을 굽히지 않았다. 알리는 아이샤가 잘못이 있건 없건 나쁜 소문이 무함마드의 평판에 악영향을 주고 있으므로 이혼하는 편이 더 나을 것이라고 조언했다. 공동체 전체의 이익을 위한 조언이었지만 아이샤의 아버지, 즉 아부 바크르는 그의 말을 들었을 때 솟아오르는 분을 참을 수 없었다.

사태가 심각하게 돌아가고 있을 즈음, 마침내 무함마드는 신으로부터 아이샤가 간음하지 않았다는 계시를 받았다. 기쁨에 들뜬 무함마드는 아내에게 달려가 외쳤다. "기뻐하시오, 아이샤! 신께서 당신이 무죄라고 하셨소."

아이샤는 대답했다. "신께 찬양을 드립니다." 이렇게 하여 그녀는 자신의 순결을 인정받게 되었고, 그 문제는 잊혀졌다. 그러나 아이샤도 아부 바크르도 결코 용서할 수 없는 사람이 있었으니, 바로 알리였던 것이다.

두 사람의 불화는 아부 바크르가 어떤 부족회의도 소집하지 않고 우마르를 후계자로 결정했을 때 최악의 상태로 발전했다. 마델룽에 따르면, 아부 바크르가 그런 식으로 공동체 대사를 처리한 데는 딱 한 가지 설명이 가능할 뿐이었다. 즉 어떤 부족회의라도 개최만 하면 예언자 가문의 권리 논쟁을 부활시킬 것이 불을 보듯 뻔했다는 것이다. 실제로 최근 몇 년 사이에 인기가 상승하고 있어 아부 바크르가 원치 않던 알리가 계승자가 될 수도 있는 상황이었다. 알리는 이미 많은 유력 씨족과 예언자의 교우로부터 지지를 받고 있었으므로, 다른 씨족들도 그의 후보 자격을 지지할 가능성이 많았다. 게다가 후계자로 물망에 오른 다른 인물인 우마르는 열정적이고 엄정했지만 여성을 혐오한다는 나쁜 평판이 있었고 알리에 비해 인기도 떨어졌다. 평판이 그리 좋지 않은 우마르와 인기 절정의 알리, 과연 누가 후계자로 선출될 것인가. 아부 바크르는 자신이 원치 않는 결과를 피하기 위해 전통적인 부족주의 관습과 선례를 모두 무시하고 일방적으로 우마르를 지명했다. 하지만 새 칼리파에게는 공동체의 합의를 얻어야 하는 일이 남아 있었다.

새 칼리파 우마르는 예언자 무함마드가 생전에 언제나 칭찬했던 모습, 즉 재기가 넘치는 정열적인 지도자였다. 키가 크고 기골이 장대하며 대머리였던 우마르는 풍채 역시 위풍당당했다. 그가 걸어갈 때면 "다른 사람들 위로 높이 솟은 모습이 마치 말을 타고 가는 듯" 했다고 한다. 타고난 전사로서 우마르는 세속적 문제에 전념하는 칼리파 직위를 유지했으나, '아미르 알무미닌Amir al-Mu'minin(신자들의 사령관)'이라는 새로운 호칭을 채택하여 전쟁 지휘자의 역할을 특별히 강조했다. 그의 뛰어난 전략과 무용은 634년 시리아 남부에서 비잔틴제국(동로마)의 군대를 패퇴시켰고, 1년 후에는 다마스쿠스를 함락했다. 우마르는 비잔틴제국의 박해를 받았던 시리아 유대인 공동체의 도움으로 까디시야Qadisiyyah 전투에서 페르시아제국의 군대를 철저하게 유린했다. 이집트와 리비아는 우마르의 군사들에게 쉽게 함락되었다. 군사적 전략과 무용을 자랑이라도 하듯이 그는 성도 예루살렘을 보기 좋게 함락시켰다.

군사적 무용에 덧붙여 우마르는 상상을 초월하는 노련한 외교관이기도 했다. 당대에 이미 아랍인들의 수를 능가하기 시작한 비아랍인 개종자들에게 유화정책을 실시하여 패전한 적들을 움마의 구성원과 동일하게 대우하는가 하면, 아랍인과 비아랍인 사이의 모든 인종적 차별을 없애기 위해 노력했다. 물론 이 당시만 해도 아직 이슬람에 개종하려면 아랍인의 후견이 필요했지만 말이다. 군사적 원정의 승리로 인해 메디나로 유입된 엄청난 전리품들은 아이들을 포함한 모든 공동체 구성원에게 공정하게 배분되었다. 우마르는 꾸라이쉬 귀족층의 세력을 억제하고 점령지를 다스릴 총독, 즉 아미르 amir들을 임명함으로써 중앙권력을 강화했다. 동시에 그는 자신이 임명한 총독들에게 점령지의 전통과 도덕을 존중하고 현지의 관행을 무시하지 말라는 엄한 명령을 내렸다. 그는 또한 세금제도를 재정비하여 움마의 재정을 탄탄하게 만들었고, 훈련받은 군대를 창설했지만 점령지에서 먼 곳에 주둔하게 함으로써 현지 주민들의 불편을 최소화했다.

내부적으로 우마르는 알리와의 불화를 극복하기 위해 바누 하쉼 씨족에게 유화적 제스처를 취했다. 예언자의 유산을 알리가 직접 상속받는 것은 반대했으나, 그 대신 예언자 가문에서 공동으로 관리하는 것은 허락했다. 나아가 그는 알리는 물론 신부 본인의 거부에도 불구하고 그의 딸과 결혼을 강행하여 바누 하쉼 가문과 유대를 맺었다. 그는 또한 알리가 정권에 참여하는 것을 권장하고, 중요한 대소사에 정기적으로 그의 조언을 구하기도 했다. 그런가 하면 우마르는 영향력 있는 예언자의 교우들을 가까이 두고 언제나 상의하면서 모든 일을 결정했다. 아부 바크르를 계승한 직후 움마의 시인을 받긴 하였으나, 전통의 방식대로 선출된 칼리파 직위가 아니라는 부담 때문이었을 것이다. 그래서였을까. 그는 사소한 결정을 내릴 때에도 독단적으로 보이지 않으려고 상당히 조심했다. 한번은 이렇게 말하기도 했다. "내가 만약 왕이라면, 그것은 정말 두려운 일이다."

바누 하쉼 가와 친해지려는 노력을 기울였음에도 불구하고 우마르는 예언자 지위와 칼리파 지위가 한 씨족에 주어져서는 안 된다는 신념은 바꾸지 않았다. 실제로 그에 대한 충성서약에 이 같은 신념과 무함마드에게는 상속자가 없다는 말을 인정하는 것이 포함되어 있을 정도였다. 아부 바크르처럼 우마르도 바누 하쉼 가문이 그런 권한을 모두 독차지한다면 궁극적으로 이슬람 사회에 득이 되지 않는다고 확신했으나, 알리의 치솟는 인기를 완전히 무시할 수는 없었다. 그래서였을까. 아부 바크르와 같은 실수를 범하여 바누 하쉼 가문과 더 소원해지는 것을 원치 않았던 우마르는 후계자를 직접 지명하지 않고 부족적 전통에 따라 슈라에서 선출하도록 했다.

우마르는 페르시아인 미치광이 피루즈Firooz의 칼에 찔려 마지막 숨을 거두기 전에 알리를 포함한 여섯 명의 칼리파 후보자를 자신의 침상으로 불렀다. 그리고 사흘 간의 시간을 주어 자신이 죽은 후 누가 공동체를 이끌어나갈 것인지 자율적으로 결정하도록 했다. 곧 최후의 후보자로 두 사람만이 남게 되었다. 한 명은 바누 하쉼 가의 알리였고, 다른 한 명은 70대의 평범한 우스만 이븐 아판Uthman ibn Affan이었다.

우스만 이븐 아판은 무함마드에게 가장 독하게 굴었던 아부 수프얀과 힌드가 속했던 우마위Umayya 씨족으로, 크게 보면 꾸라이쉬 부족에 포함되었다. 그는 이슬람 초기에 개종하였으나 지도자적 자질은 한번도 보인 적이 없는 인물이었다. 또한 그는 전사가 아니라 단순한 상인이었다. 그래서인지 우스만을 아끼던 예언자 무함마드도 여러 사람에게 카라반을 기습하거나 전쟁에서 군사를 지휘하는 역할을 맡기면서 그에게는 한 번도 그런 중책을 준 적이 없었다. 아이러니하게도 우스만을 매력적인 칼리파 후보로 만든 것은 정치적 야심의 부족과 함께 이 같은 군사적 무용의 결여였다. 다른 어떤 이유보다도 그는 알리를 대신할 완벽한 선택이었다. 지나치게 신중한 만큼, 절대로 움마를 위험에 처하게 할 사람이 아니었으니까.

마침내 알리와 우스만은 두 사람을 중재할 압드 알라흐만Abd al-Rahman 앞에 섰다. 그는 우스만의 매형이었음에도 불구하고 중재자로 선택되어 두 사람에게 각각 두 가지 질문을 던졌다. 첫 번째 질문은 "두 사람 모두 꾸란의 율법과 예언자의 모범을 따라 통치할 것인가?"였다. 이 질문에 대해 두 사람 모두는 그렇게 하겠노라고 대답했다. 두 번째 질문은 다소 예상 밖으로 "칼리파로 선출되면 전임 칼리파 아부 바크르와 우마르의 관행을 따를 것인가?"라는 것이었다.

이 질문은 이슬람 공동체를 지도하는 데 필요한 자질에 관한 질문도 아니었거니와 과거에도 한 적이 없는 질문이었다. 특정한 후보 한 사람을 탈락시키려는 의도를 가진 질문이 틀림없었다. 이 질문에 대해 우스만은 칼리파가 되면 자신의 모든 결정에 전임자들의 예를 기꺼이 따르겠노라고 확실하게 대답한 반면, 알리는 방 안에 있는 사람들을 무거운 시선으로 바라보다가 단호하게 답했다. "아니오, 나는 오로지 신의 뜻과 나 자신의 판단을 따르겠소이다."

알리의 대답으로 제3대 칼리파에는 우스만이 추대되었고, 644년 움마는 이를 신속하게 추인했다.

바누 하쉼 가문은 알리 대신 아부 바크르가 칼리파로 추대되었을 때 매우 불쾌한 심정이었다. 그러나 아부 바크르는 나무랄 데 없는 인격과 신용을 갖춘 매우 존경받는 무슬림이었다. 아부 바크르가 얼마 후 알리를 무시하고 우마르를 후계자로 지명했을 때도 하쉼 가문은 격분했지만, 우마르 역시 강력한 지도자였으므로 불만을 공개적으로 표시하긴 힘들었다. 그러나 이번에 다시 우스만이 알리를 누르고 칼리파가 되자 바누 하쉼 가문의 불만이 겉으로 드러나기 시작했다.

우스만의 칼리파 계승은 아랍 사회의 엘리트 신분을 되찾으려는 꾸라이쉬 귀족층의 계략이 받아들여진 것이라고 믿는 사람이 많았다. 무함마드가 이슬람의 이름으로 박탈했던 헤자즈의 패권은 우스만의 칼리파 계승으로 다시 한 번 우마위 가문에게로 돌아갔다. 그러나 과거에 예언자 무함마드에게 칼을 들이댔던 바로 그 부족에게 충성을 서약하는 기이한 상황을 하쉼 가문이 느끼지 못할 리가 없었다. 설상가상으로 우스만은 점점 심해지는 공동체의 분열을 치유하려는 노력은커녕, 태연하게 동족을 등용하는 등 족벌통치를 함으로써 상황을 더욱 악화시켰다.

우선, 우스만은 피정복지의 거의 모든 총독들을 자기 가문 사람들로 전격 교체했다. 그리고 수시로 공고公庫에 들러 많은 재화를 꺼내다가 친척들에게 나누어주었다. 게다가 그는 선대 칼리파인 아부 바크르가 분명하게 사용을 거부했던, 그래서 아무도 감히 생각하지 않았던 '칼리파트 알라(알라의 대행자, 계승자)'라는 칭호를 사용함으로써 과거와의 단절을 시도했다. 많은 반대자에게 알라의 대행자란 칭호의 사용은 우스만 자신의 권력 확대이자 남용의 신호였다. 칼리파 우스만은 스스로를 '사도의 대리인'이 아닌 지상에 있는 '신의 대리인'으로 만든 것이다.

도를 넘는 행동은 우스만 자신을 증오의 대상으로 만들기에 충분했다. 바누 하쉼 일족과 안사르들이 새 칼리파에 등을 돌렸으며 우마위 족의 경쟁자인 바누 주흐라Banu Zuhra, 바누 마크줌, 압드 샴스 족은 물론 예언자의 교우들도 그를 싫어했다. 그 가운데는 예언자의 부인 아이샤와 매형이자 중재자였던 압드 알라흐만도 포함되어 있었다. 우스만은 통치 말기까지 무모한 결정들을 수없이 내린 나머지, 가장 큰 공로인 꾸란의 수집과 편찬도 이슬람 사회에서 크게 평가받지 못했다.

무함마드가 생존해 있는 동안에 꾸란은 한 권의 책으로 집대성된 적이 없었고, 수집하려고 시도된 적도 없었다. 예언자가 계시의 내용을 말하면, 곧바로 무함마드에게 개인적 지시를 받은 새 학자 집단들이 열심히 암기했다. 이 학자들은 꾸르라Qurra, 즉 꾸란 독경사들로 불렸다. 꾸란의 계시 중에서 법률적인 중요한 내용들은 주로 동물의 뼈, 가죽, 대추야자 잎의 엽맥葉脈 위에 단편적으로 기록되기도 했으나 아랍인들에게 기록은 드문 일이었다.

예언자 사망 후 독경사들은 권위 있는 꾸란 교사로 이슬람 공동체 각지에서 활약했다. 그러나 움마가 급속히 팽창하고 꾸란 독경사 제1세대가 사망하면서 꾸란 암송 시 변형과 일탈이 나타나기 시작했다. 이런 변이형들은 주로 이라크, 시리아, 바스라의 무슬림 공동체의 토속 문화와 언어적 특징을 반영했던 것으로 꾸란 자체의 의미와 메시지에는 큰 영향을 주지 않았다. 그럼에도 불구하고 이런 불일치에 당황한 메디나 정부는 한 권의 성문화된 꾸란 원본을 만들기 시작했다.

일부 학자들에 따르면, 꾸란이 현재의 형태로 만들어진 것은 아부 바크르의 칼리파 재위 기간 중이라고 한다. 아부 바크르의 편집본이 이슬람법에 의해 권위를 부여받지 못한 것을 인정한 시어도어 놀디케Theodor Noeldeke는 이 입장을 견지하고 있다. 그러나 대부분의 학자는 650년경 꾸란을 구속력 있는 정전으로 만든 사람은 신의 대리인을 표방한 우스만이었다고 보고 있다. 우스만의 업적은 높이 평가할 만하나, 그 과정에서 그가 저지른 실수가 공동체의 구성원과 그를 더욱 소원하게 만든 것도 사실이다. 일단 정전 꾸란을 만든 우스만은 그것을 제외한 모든 꾸란 모음집을 메디나에 가져와 소각을 명령했다. 이 결정은 이라크, 시리아, 바스라의 지도적 무슬림들을 격분시켰다. 자신들의 꾸란 내용이 우스만의 것보다 더 정확하거나 완전하다고 생각해서가 아니었다. 그렇다고 꾸란의 차이들이 사소한 것이었다고도 생각하지 않았다. 그보다 더 중요한 것, 즉 우스만이 칼리파의 세속적 권한에 그치지 않고 종교 영역까지 간섭한다는 것 때문이었다.

655년, 불만은 최고조에 달해 칼리파의 무능력과 부패한 총독에 반대하는 봉기와 반란이 이슬람 세계 전역에서 일어났다. 메디나에서는 우스만이 공개적으로 경멸당하는 사건이 발생하기도 했다. 모스크에서 금요예배를 집전하고 있는 우스만의 뒤에서 난데없이 돌들이 날아온 것이다. 그 와중에 돌덩이로 이마를 맞은 그는 민바르(설교단) 아래로 굴러 떨어져 의식을 잃고 말았다. 메카의 명망 있는 예언자 교우들은 사태를 수습하기 위해 칼리파에게 부패한 총독들을 소환하고, 친인척 등용을 중단하며, 전 공동체 앞에서 잘못을 회개할 것을 요구했다. 그러나 우스만은 그의 친인척들, 특히 권력욕이 강한 조카 마르완Marwan으로부터 스스로를 낮춤으로써 나약하게 보여서는 안 된다는 압력을 받고 회개를 거부했다.

1년 후, 사태는 더욱 악화되었다. 칼리파에게 직접 불만을 전하기 위해 이집트, 바스라, 쿠파Kufa에서 대규모 사절단이 메디나로 행진해왔다. 대표단을 개인적으로 접견하는 것을 거부하는 한편, 우스만은 알리를 보내 그들의 불만을 공개적으로 수용한다는 약속을 전하고 고향으로 돌아가도록 했다.

다음에 일어난 일은 분명하지 않다. 출전들의 내용은 서로 상충되고 뒤죽박죽이다. 일부 출전에 따르면, 칼리파의 약속을 믿고 고향으로 돌아가던 이집트 사절단이 칼리파의 서한을 지닌 전령을 사로잡았다고 한다. 그런데 그 편지의 내용인즉 반란군이 도착하는 즉시 그 지도자들을 처벌하라고 명령하는 것이었다. 편지는 칼리파의 인장으로 서명되어 있었다. 격분한 사절단은 다시 방향을 돌려 메디나로 향했고, 바스라와 쿠파에서 온 반군들과 협동하여 칼리파 우스만의 저택을 포위하기에 이르렀다. 우스만은 자신의 집에 갇힌 신세가 되었다.

대부분의 역사학자는 우스만이 그 편지를 직접 쓰지는 않았을 거라고 믿고 있는 듯하다. 정치력이 부족한 지도자였을지는 모르지만 그런 짓을 할 정도로 어리석거나 자멸을 부를 만한 인물은 아니었기 때문이다. 우스만의 편지가 이집트에 전해졌다 해도 반군의 지도자들이 아무런 저항 없이 처벌을 받았을까. 한편 레온 카에타니Leone Caetani 같은 일부 학자들은 이 편지를 작성한 사람이 알리라고 주장했다. 우스만을 폐위하고 자신이 칼리파가 되기 위해 저지른 일이라는 것이다. 그러나 이것은 전적으로 근거가 없는 주장이다. 두 사람 사이에 적대감은 분명히 존재했고, 알리 역시 칼리파가 되려는 야망을 포기하지 않고 있었다. 그러나 알리가 우스만의 칼리파 재위 기간 내내 가장 신뢰받는 조언자였고, 반군들을 무마하기 위해 모든 노력을 기울인 것을 잊어서는 안 된다. 두 사람의 관계가 어떠했든 간에 반란군을 고향으로 돌려보낸 것은 결국 알리가 아니었던가. 반군이 칼을 뽑아들고 우스만의 저택을 포위하고 있는 동안, 알리는 칼리파를 계속 지지했다. 알리의 큰아들 하산은 반군들이 칼리파의 저택에 난입하려고 했을 때 목숨을 걸고 우스만을 경호한 몇 안 되는 친위병이었다. 또한 둘째아들 후사인 역시 생명의 위험을 무릅쓰고 봉쇄 기간 내내 칼리파에게 물과 식사를 날라다주었다.

비밀 서한의 작성자가 알리라기보다는 마르완이었다고 의심한

만델룽의 판단이 정확할 것이다. 마르완은 반군들이 칼리파와 면담하기 위해 도착했을 때 그들을 거칠게 다루어야 한다고 우스만에게 조언했다. 우스만이 자신의 실수와 과오를 회개하는 것을 막고, 공공창고의 재물을 친척들을 위해 나누어주도록 부추긴 사람도 마르완이었다. 메카의 예언자 교우들이 이에 대해 우스만을 비난하자, 족벌주의의 가장 큰 수혜자였던 마르완은 칼을 뽑아들고 그들을 죽이겠다고 위협했다.

누가 편지를 썼느냐에 상관없이 이집트, 바스라, 쿠파의 반군들과 메디나의 주민 대부분은 지도력 부재가 드러난 이상 우스만이 칼리파 위에서 자발적으로 물러나야 한다고 믿었다. 사람들은 그에 대한 충성서약을 철회할 것이며, 그 근거는 신과 예언자의 율법을 무시하는 칼리파에게 복종할 의무가 없다는 관습이었다.

그러나 우스만의 퇴위를 촉구한 무슬림 가운데 특이한 소수 무슬림 분파가 있었던 것은 주목할 만하다. 이들은 우스만에 대한 충성서약을 파기하는 이유에 대해 이슬람 공동체를 지도할 사람은 어떤 잘못도 없는 무결한 칼리파여야 하기 때문이라고 했다. 카와리지 Kharijites 파로 불리는 이 작은 종파는 얼마 후 이슬람 공동체의 운명을 결정하는 데 중요한 역할을 하게 된다.

한편 공동체의 거의 모든 사람이 그에게 등을 돌렸으나 우스만은 아직도 권력을 포기하지 않고 있었다. 그는 칼리파트 알라(알라의 대리인)라는 자신의 칭호가 알라께서 내려준 것이지 인간이 부여한 것이 아니라고 생각했다. 그러므로 오직 알라(신)만이 그에게서 지도자 망토를 벗길 수 있었다. 그러나 경건한 무슬림이기도 했던 우스만은 칼리파 직위를 유지하기 위해 같은 무슬림들끼리 피를 흘리는 것은 원치 않았다. 그래서 자신의 집을 포위하고 있는 반군들을 공격하지 않았고, 신변을 우려하는 지지자들에게는 질서가 회복될 때까지 집으로 돌아가 기다리라는 명령을 내려놓고 있었다.

우스만의 집 밖에서 벌어진 작은 충돌에 자극을 받은 반군들은 마침내 칼리파의 내실로 난입했다. 예언자의 교우들도 더 이상 간여하지 않았고, 실질적인 제지도 없는 상태였다. 그들은 방석에 앉아 자신이 수집하여 성문화한 꾸란을 읽고 있는 우스만을 발견했다. 반군들은 우스만에게 칼리파 위를 양도하라는 최후의 통첩장을 던졌다. 그리고 우스만이 이를 거부하자, 반군들은 들고 있던 칼로 우스만의 가슴을 서너 차례 찔렀다. 읽고 있던 꾸란 위로 칼리파 우스만이 쓰러지자, 붉은 피가 금박을 입힌 꾸란 위로 흘러내렸다.

무슬림들에 의해 칼리파가 살해되자 움마는 혼란의 도가니에 빠졌다. 반항자들은 성도 메디나를 아직 떠나지 않았고 무슨 일이 어떻게 일어날지 알 수 없는 상태였다. 그런데 헤자즈에는 이 기회를 이용하여 우스만을 계승하려는 야욕을 가진 사람들이 몇 명 있었다. 이 가운데 탈하 이븐 우바이드 알라Talha ibn Ubayd Allah와 주바이르 이븐 알아우왐Zubayr ibn al-Awwam은 무함마드가 살아 있을 적에 독실한 신앙심으로 유명했던 인물들이다.

물론 알리도 있었다.

알리는 모스크에서 예배를 하던 중에 우스만이 암살되었다는 급보를 전해들었다. 전갈을 받은 즉시 그는 엄청난 혼란이 올 것을 예견하고 가족의 안전, 특히 우스만을 보호했던 큰아들 하산의 신변 안전을 위해 집으로 돌아갔다. 다음날, 일시적인 평화의 분위기가 도시에 감돌았다. 알리는 무슬림 대표들로부터 충성서약을 받고 새 칼리파가 되어 달라는 요구를 받았다. 거의 25년 동안 알리는 칼리파가 되기 위해 노력했고, 바로 지금 모스크에 도착한 그는 칼리파가 되어 달라는 요구를 받고 있었다. 그러나 그는 수락을 거절했다. 전혀 예상치 못한 일이었다.

사실 알리가 칼리파의 계승을 주저하고 거부한 것은 놀랄 만한 일이 아니었다. 우스만의 죽음이 그에게 남긴 교훈이 있다면, 공동체의 동의가 칼리파의 직위를 유지하는 데 아직은 필수적이라는 것이었다. 그러나 현재의 상황은 어떠한가. 메디나는 반란군이 장악하고 있고, 시리아와 이라크 역시 소요 상태였다. 메카 주민들은 아부 바크르와 우마르의 뜻대로 예언자 가문이 아닌 사람이 칼리파가 되어야 한다고 주장했고, 우마위 가문은 칼리파의 선출에 앞서 우스만의 살해에 대해 즉각적인 보복을 요구하고 있었다. 따라서 공동체의 승인을 얻는 것은 불가능했다. 그럼에도 불구하고 지난 수십 년 동안 알리를 무조건적으로 지지해온 대규모의 무슬림 그룹이 있었다. 지지자들은 주로 안사르, 바누 하쉼, 꾸라이쉬의 일부 씨족들, 메카의 일부 예언자 교우들, 비아랍계 무슬림들(특히 바스라와 쿠파에 살던 무슬림)로서 보통 '쉬아투 알리Shi'atu Ali(알리의 추종자들)' 혹은 줄여서 '쉬아Shi'ah'로 불렸다.

마침내 알리가 칼리파 망토를 입은 것은 탈하와 주바이르를 포함한 메카의 정적들이 그에게 충성을 맹세한 이후였다. 전 메디나 주민이 보는 앞에서 공개적으로 그들의 충성서약이 이루어져야 한다는 고집을 굽히지 않았던 알리는 그 조건이 수락되자 마침내 움마의 수장으로 등극했다. 칼리파 알리는 우스만이 좋은 인상을 남기지 않은 칭호 대신 우마르가 사용한 아미르 알무미닌, 즉 '신자들의 사령관'을 취했다.

쉬아의 전폭적 지지를 받은 알리는 우스만의 살해에 직간접으로 연루된 모든 무슬림에게 대사면을 선언하고 메디나의 질서를 회복했다. 복수가 아닌 용서와 화해의 제스처였다. 알리는 낡은 부족관습은 이제 끝났다고 주장했다. 나아가 우스만의 일족들이 차지하고 있던 점령지 총독 자리에 능력과 평판을 겸비한 지역 유지들을 임명함으로써 중앙정부에 품었던 반감을 누그러뜨렸다. 그러나 알리의 조치, 특히 반군에 대한 대사면령은 우스만이 속했던 우마위 가문을 격분시키기에 충분했다. 뿐만 아니라 그 옛날 목걸이 사건으로 앙심을 품고 있던 예언자의 부인 아이샤는 그에게 우스만의 살해 책임을 전가함으로써 메카에서 새 칼리프에 반대하는 세력을 규합했다.

아이샤도 실제로는 알리가 우스만의 살해에 책임이 있다고는 믿지 않았다. 그러나 그녀의 믿음과 그녀의 감정은 별개의 문제였다. 아이샤는 우스만을 매우 싫어했고, 그에 대한 반란과 살해에 중요한 역할을 했다. 그녀의 동생 무함마드(예언자 무함마드가 아님)는 칼리파의 암살에 깊숙이 관여했다. 아이샤는 아버지 아부 바크르에게서 움마의 정치와 종교의 구분이 확실해지려면 하쉼 가문에게 칼리파 위를 결코 맡겨서는 안 된다는 말을 자주 들어왔다. 그래서 그녀는 알리가 우스만의 죽음에 관여했다고 주장함으로써 하쉼 가문의 그를 몰아내고 대신 탈하와 주바이르 같은 인물을 칼리파로 옹립하려고 했던 것이다. 그 계획이 실패로 돌아가자, 그녀는 메카의 반대세력을 규합한 후 직접 낙타를 타고 메디나에 있는 알리에게 도전장을 던졌다.

후세에 '낙타 전투'라고 알려진 이 전투는 이슬람 최초의 내란, 즉 피트나fitnah로 기록된다. 이 싸움은 알리와 아이샤 지지자들 사이의 적대감 때문이라기보다는 칼리파의 역할과 움마의 성격을 놓고 이슬람 공동체 내부에서 끊임없이 발전해온 논쟁의 불가피한 결과로 보는 것이 타당하다. 이 논쟁은 칼리파의 역할이 순전히 세속적 문제에 한정된다는 측과 세속적 지위와 함께 예언자가 지닌 종교적 권위까지 가진다는 측 사이의 논쟁이었다. 그러나 이렇게 단순한 양분화는 칼리파의 성격과 기능에 관한 7세기와 8세기의 다양한 견해를 감추고 가리게 된다.

대다수의 무슬림에게 비잔틴제국과 페르시아제국의 난공불락 영토에 급속히 이슬람이 팽창한 것은 신이 내린 은총으로 받아들여졌다. 한편 외국인들과의 접촉이 빈번해지자 무슬림들은 공동체의 정치 구조와 이념을 재검토할 필요를 느꼈다. 거의 대부분의 무슬림이 움마는 단일한 지도자의 통치를 받는 하나의 공동체여야 한다는 데 동의했지만, 누가 지도자가 되어야 하며, 그 지도자가 어떻게 통치를 해야 하는지에 관해서는 일치된 의견이 없었다.

한편 예언자의 부인 아이샤와 그녀의 지지자들처럼 신의 계율에 입각한 공동체 건설의 중요성은 인정하면서도 칼리파의 세속적 성격을 유지해야 한다고 주장하는 무슬림들도 있었다. 이 분파는 그 시대의 영향을 받아 '쉬아투 우스만Shi'atu Uthman(우스만의 지지자들)'이라고 불렸다. 물론 아이샤는 자신이 우스만의 추종세력이라고 생각해본 적이 결코 없었다. 오히려 그녀는 자신의 아버지 아부 바크르와 후계자 우마르가 정립한 칼리파 제도를 우스만이 망쳐놓았다고 믿었다. 우스만은 스스로를 '신의 대리인'이라고 칭했으며, 세속적 권한에 한정된 칼리파의 역할을 넘어 종교 문제에까지 간여하지 않았던가.

한편 우마위 씨족은 칼리파 우스만의 긴 재위 기간의 영향을 받았는지, 칼리파는 우마위 씨족의 세습적 직위라는 생각을 가지고 있었다. 그래서였을까. 우스만이 살해된 후 가까운 친척이자 다마스쿠스 총독이었던 무아위야Mu'awiyah는 메디나의 눈치를 보지 않고 스스로 칼리파가 되기 위한 준비를 시작했다. 무아위야 본인은 비잔틴과 사산조페르시아제국의 세습 제도를 모방하려고 한 것으로 보이지만, 훗날 '쉬아투 무아위야Shi'atu Mu'awiyah(무아위야의 지지들)'라고 불린 이 분파는 전통 부족주의 통치 이념을 따르고 있었다. 아직 아무도 무슬림제국의 수립을 주장하고 있지는 않았으나, 방대한 움마를 메디나의 무함마드 시절 수립된 '신-부족주의' 제도에 따라 통치하는 것은 불가능한 일이었다.

이 스펙트럼의 반대편에는 쉬아투 알리(알리의 지지자들)가 있었다. 이들은 사회적·정치적 변화에 상관없이 무함마드가 꿈꾼 움마를 유지해야 한다고 생각했다. 이런 부류에 속하는 무슬림들은 칼리파에게 종교적 권한도 있어야 한다고 생각했지만, 아직은 정립된 쉬아

사상이라고 보는 것이 무리다. 훗날 이 입장이 쉬아 사상에 반영된 것은 사실이지만 쉬아와 쉬아를 제외한 무슬림 공동체, 즉 순니 Sunni(정통파) 사이에 현격한 종교적 입장 차이는 없었다. 쉬아는 정치적 분파에 불과했고, 이들은 무함마드 이후에 공동체를 다스릴 권리가 예언자 가문(하쉼 가문)에 있어야 한다고 생각했을 뿐이다.

그러나 쉬아 내부에도 더 급진적인 입장을 취하여 움마(이슬람 공동체)는 신성한 제도이므로 부족, 파벌, 족보에 상관없이 공동체에서 가장 경건한 사람만이 다스릴 수 있다고 주장하는 소수파가 있었다. 훗날 카와리지(이탈자들)라고 불린 이 무슬림들은 우스만이 신의 율법을 위배하고 예언자의 모범을 배척했으므로 더 이상 칼리파의 자격이 없었으며, 따라서 그의 죽음은 당연하다는 입장을 취했다. 카와리지는 칼리파가 종교적 권위를 갖는 것이 필요하다고 보았으므로 최초의 '이슬람 신권주의자'라는 평판을 받는다. 그러나 이런 무슬림들은 어디까지나 소수였고, 이들의 신권주의적 입장은 이슬람 공동체의 통치를 노리는 거의 모든 분파에 의해 배척되었다.

그러나 이슬람 역사상 카와리지를 매우 중요하게 만든 것은 그들이 무슬림에게 뚜렷한 정체성이 필요함을 최초로 인식했다는 데 있다. 이들은 어떤 사람이 무슬림 공동체의 일원이고 어떤 사람이 아닌지를 규정하는 문제에 관심을 보였다. 카와리지에 따르면, 꾸란의 율법을 조금이라도 위배하거나 예언자 무함마드의 가르침을 위배한 사람은 카피르kafir(불신자)로 간주되어 즉각 움마에서 추방되어야 했다. 비록 소수이긴 했으나 이들의 주장은 이슬람 사상의 발전에 큰 공헌을 했다. 이들에 따르면, 구원은 오직 신의 카리스마적이고 신성한 움마에 가입함으로써 이루어진다. 또한 그들은 모든 무슬림을 둘로 나누기도 했는데, 자신들을 가리켜 '천국의 백성들'이라 하고 나머지 무슬림들을 '지옥의 백성들'이라고 했다. 이런 점에서 카와리지는 최초의 무슬림 극단주의자들이다. 비록 수세기 정도밖에 존속되지 못했지만, 카와리지의 엄격한 교리들은 현재까지도 정치적 반란에 종교적 합법성을 부여하는 수단으로 극단주의자들에 의해 활용되고 있다.

끝으로 칼리파의 성격이나 역할에 관한 여러 가지 견해가 있지만 7세기 아라비아의 이슬람 사회는 세속과 종교를 구분하고 있는 현대 사회와는 전적으로 달랐음을 인정하는 것이 중요하다. 예를 들어 쉬아투 우스만(우스만의 지지자들)과 카와리지의 중요한 철학적 차이는 국가의 경영에 대한 종교의 참여 여부가 아니라 어느 정도 참여하느냐에 있었다. 따라서 쉬아투 알리, 쉬아투 우스만, 쉬아투 무아위야, 카와리지 파는 무엇보다 정치적 분파들이었다고 볼 수 있다.

칼리파의 성격에 관한 논쟁에서 알리는 어떤 입장을 취했는가. 이 질문에 대한 대답은 쉽지가 않다. 왜냐하면 후술하는 바와 같이, 칼리파 알리는 무슬림들로부터 완전히 받아들여질 기회를 갖지 못했기 때문이다. 알리는 카와리지의 사상, 즉 움마는 신의 뜻이 반영된 공동체이므로 쉬아투 무아위야의 제왕적 사고나 쉬아투 우스만에 의해 구체화된 아부 바크르와 우마르의 신부족적 사고를 더 이상 따를 수 없다고 본 것 같다. 알리가 칼리파 직위를 종교적 권위까지 포함하는 것으로 생각했는지는 별개의 문제다.

알리는 분명히 카와리지 파는 아니었다. 그러나 그는 전 생애를 함께 보낸 예언자 무함마드와 깊은 유대를 느끼고 있었다. 두 사람은 같은 집에서 형제처럼 자랐으며, 어려서나 성인이 되어서도 서로의 곁을 떠난 적이 거의 없었다. 그러므로 이런 특수 관계로 미루어 알리 자신이 신성한 공동체를 인도하는 데 필요한 종교적 자질도 있다고 믿은 것은 이해할 만하다. 그렇다고 해서 무함마드의 예언자적 역할을 계속하기 위해 신에 의해 알리가 선택되었음을 의미하는 것은 아니다. 또한 알리가 칼리파는 종교적 지위여야 한다고 주장했다는 뜻도 아니다.

여하튼 그의 주변에서 교활한 정치적 음모와 책동이 일어나고 있음을 감안한다면, 처음부터 알리는 칼리파를 종교적 경건함을 겸비한 지위로 만들기 위해 노력할 운명이었다. 알리는 우선 예언자 가문의 깃발 아래 무함마드가 내걸었던 평등주의 속에서 움마를 통일하려 했다. 그래서 탈하와 주바이르를 죽이고 아이샤의 군대를 신속하게 제압한 후에도 반군들을 처벌하지 않았다. 아부 바크르가 릿다 전투(변절자를 응징하는 전투)에서 보여준 것과는 대조적이었다. 아이샤 자신도 화살을 맞아 중상을 입은 낙타 전투가 끝난 후, 알리는 반군들에게 너그럽게 용서를 베풀어 메카로 돌아가도록 허락했다.

메카와 메디나의 소요를 진정시킨 알리는 칼리파 집무실을 쿠파로 옮기고, 다마스쿠스의 무아위야의 동정을 살폈다. 아부 수프얀의 아들이자 우스만의 사촌인 무아위야는 꾸라이쉬의 부족 정서에 호소하여 우스만의 복수를 외치면서 알리에 대항하기 위해 힘을 쏟고 있었다. 마침내 657년, 알리의 쿠파 군대는 싯핀Siffin에서 무아위야의 시리아 군대와 대치했다. 여러 차례의 혈전과 대치가 있은 후 전

세는 알리에게 유리하게 전개되어 승리를 거두기 직전의 상태였다. 패배를 예감한 무아위야는 군사들의 창끝에 꾸란을 걸도록 명령했다. 이것은 항복의 의사 표현이자 협상을 시작하자는 메시지이기도 했다.

뜻밖의 상황에 부닥친 알리의 군사들, 특히 그를 열광적으로 지지한 카와리지 군단은 무아위야의 잔꾀에 속지 말고 반군을 철저히 응징할 것을 주장했다. 알리 역시 무아위야의 배반을 괘씸하게 생각하고 있었으나 결국 협상을 받아들이고 말았다. 창끝에 꾸란을 매단 적들은 그에게 신의 율법을 상기시켰다. "만약 저들이 싸움을 단념할 경우에는 너희들 또한 적대 행위를 중단해야 하느니라.(2 : 193)" 알리는 전군에 싸움을 중지할 것을 명령하고 무아위야와의 협상을 중재할 사람, 즉 하캄을 불렀다.

그런데 이 슬기롭지 못한 결정 때문에 알리는 치명적인 일격을 당하고 만다. 우스만의 살해가 정의롭지 못하다고 본 중재자가 싯핀 전투는 전통적인 아랍의 보복 사건에 해당한다고 선언한 것이다. 이 선언은 적어도 외관상 우스만의 복수를 기치로 내건 무아위야의 반란을 사실상 정당화하고 있었다. 설상가상으로 알리의 진영 내부에서도 불만이 터져나왔다. 처음부터 협상에 반대한 카와리지 군단이 반란을 응징하지 않고 중재를 받아들이기로 한 알리의 결정을 신의 정의 앞에 중대한 과오라고 간주한 것이다. 카와리지 군단은 "알라(신)의 심판이 아닌 다른 심판은 존재할 수 없다"라고 외치면서, 중재가 시작되기도 전에 알리에게 불만을 품고 싸움터를 떠나버렸다.

졸지에 또 다른 적을 만들어낸 알리는 얼마 후 중재의 충격에서 채 벗어나기도 전에 안나흐라완An-Nahrawan에 대군을 파병해야 했다. 전쟁의 상대는 진영을 이탈하고 알라의 뜻을 저버렸다며 알리를 칼리파에서 퇴위시킬 음모를 획책하던 카와리지였다. 전쟁이라기보다는 대학살에 가까웠던 이 싸움에서 카와리지를 제압하자마자 알리는 다시 무아위야에게 창을 돌렸다. 길고 긴 중재 기간을 이용해 무아위야는 전열을 가다듬어 군사를 보강한 다음 이집트를 정복하고 660년에는 예루살렘에서 칼리파에 즉위했다. 지지자들이 각자의 소신에 따라 떠난 상태에서 헛되이 시간을 소비한 알리는 무아위야의 시리아 반군들을 제압하기 위해 그 다음해 마지막 원정을 준비했다.

원정을 떠나기 전날 아침, 알리는 쿠파에 있는 한 모스크에서 평소처럼 예배를 드렸다. 하지만 그 모스크에 자신의 생명을 앗아갈 자객이 기다리고 있다는 것을 어디 상상이나 했으랴. 압드 알라흐만 이븐 아므르 이븐 물잠Abd al-Rahman ibn 'Amr ibn Muljam이라는 카와리지의 한 사람이 붐비는 신자들을 헤치고 알리에게 접근했다. 그는 품안에서 칼을 꺼내며 큰 소리로 외쳤다. "알리! 심판은 알라께서 하신다. 네놈이 하는 것이 아니다."

이븐 물잠의 독이 묻은 칼은 알리의 머리를 향해 비호처럼 바람을 갈랐다. 다행히도 칼은 알리의 머리를 스치고 지나갔으나 치명적인 독에 감염된 알리는 이틀 후 숨을 거두고 말았다. 그의 죽음과 함께 예언자 가문의 깃발 아래 신성한 이슬람 공동체를 건설하려던 바누 하쉽 씨족의 꿈도 사라지고 말았다.

알리는 암살되기 며칠 전 설교에서 "덕이 있는 자는 그가 행한 선행과 알라께서 받도록 예정하신 칭송으로 기억될 것이니라"고 말했다. 이 말이 먼 미래를 내다보고 한 것이었을까. 알리는 죽었지만 그의 말은 영원히 기억되고 있다. 오늘날 전 세계 수백만 명의 쉬아(알리의 지지자들)에게 이슬람 신앙의 모델이자 알라께로 가는 길을 밝혀주는 등불이 되고 있는 것이다. 알리 샤리아티의 글에 따르면, 그는 "가장 훌륭한 연설가, 가장 독실한 신자, 가장 경건한 종교인"이었다.

알리를 영웅이자 순교자로 만든 것은 그가 단순히 제4대 칼리파가 아니라 무함마드의 유일한 계승자, 아니 그 이상의 어떤 다른 존재라는 쉬아의 확고한 생각이다.

쉬아의 주장에 따르면 알리는 최초의 이맘Imam, 즉 지상 위의 신의 화신이다.

토머스 아널드 경Sir Thomas Arnold은 칼리파 직위는 "어떤 선입견도 없이 성장했다"고 썼다. 칼리파 직위가 처음부터 올바르게 인도된 지도자를 목표로 발전한 직책이 아니었다는 것이다. 오히려 헤자즈의 작은 공동체로부터 서부 아프리카의 아틀라스 산맥과 인도 대륙의 동부 변방에 이르는 방대한 제국으로 성장하는 과정에서 움마에 닥친 환경 변화의 산물로서 발전한 직책이었다. 따라서 칼리파의 역할과 움마의 성격에 관한 의견의 불일치로 무슬림 공동체가 결국 분열된 것은 놀라운 일이 아니다. 또한 세 명의 정통 칼리파가 같은 무슬림에 의해 살해된 것도 놀라운 일이 아니다. 우스만을 살해한 반군들과 알리를 암살한 카와리지는 어쩌면 그들의 정신적 후계자인 오늘날의 알까에다al-Qaeda처럼 외부의 적들로부터 공동체를 지키는 것보다는 무함마드 공동체의 순수성을 유지하는 데 더 관심이 있었으므로 내부적 알력과 불화는 예견된 일이었다.

알리가 죽은 후, 무아위야는 절대 권력을 독차지했다. 무아위야는 수도를 쿠파에서 다마스쿠스로 옮기고 왕조를 수립하여 칼리파를 왕으로, 움마를 제국으로 바꾸었다. 이른바 아랍 우마위왕조는 661년부터 750년까지 약 100년 정도로, 비교적 짧은 기간 동안 존속했다. 그리고 이 왕조는 아랍계 엘리트를 수적으로 훨씬 능가하는 비아랍계 개종자들(대부분 페르시아인)의 도움을 받은 압바스왕조Abbasid Dynasty로 이어진다. 압바스왕조는 무함마드의 숙부 알압바스의 후예들에 의해 수립되었다. 압바스인들은 수도를 바그다드로 옮기고 우마위 가문을 전부 처형함으로써 우마위왕조의 반대 세력이었던 쉬아의 지지를 규합했다. 그러나 결국 쉬아는 압바스왕조의 정통성을 부인함으로써 무자비한 박해를 당하게 된다.

압바스왕조의 칼리파는 대부분 세속적 권한을 지닌 왕으로서 제국을 다스렸지만, 전 왕조의 칼리파들보다 종교적 문제에 훨씬 깊이 관여했다. 예컨대 압바스왕조 제7대 칼리파 알마문al-Ma'mun(833년 사망)은 자신의 신학적 소신에 동의하지 않는 울라마(종교학자)를 종교재판을 통해 처벌하고 제왕적 정교를 수립하려고 했다. 성공하지는 못했으나 압바스 칼리파들이 종교적 권한까지 장악하려 한 시도로 볼 수 있을 것이다.

압바스왕조는 11세기까지 존속했으나, 후기 칼리파들은 세력이 없는 이름뿐인 왕에 불과했다. 심지어 수도 바그다드를 부와이Buyids라고 하는 이란의 귀족 가문이 지배한 시기도 있었다. 932년에서 1062년 사이에 제국의 실질적 통치자들이었던 이들은 압바스왕조의 칼리파들이 허수아비처럼 왕좌에 남아 있는 것은 허용했다. 한편 카이로에서는 예언자의 딸 파티마의 후예임을 주장한 쉬아들이 바그다드에 대항하는 파티마왕조Fatimids(909~1171년)를 수립하고 튀니지에서 팔레스타인에 이르는 아프리카 북동부 지역을 지배했다. 우마위왕조의 후예 압드 알라흐만은 시리아 대학살에서 가까스로 목숨을 부지하여 탈출한 후, 스페인에 왕조를 수립했다. 스페인의 이슬람왕조는 15세기까지 존속했을 뿐만 아니라, 무슬림-유대인-기독교인이 조화를 이룬 찬란한 문명을 만들어 종교적·인종적 관용의 중요한 사례가 되었다.

페르시아의 부와이 추장들은 인종상 터키인이 세운 가즈나왕조Ghaznavid(977~1186년)로 대치되었으며, 이 왕조는 이란 북부, 아프가니스탄, 인도 북부를 실질적으로 지배했다. 한편 그 동쪽 지역은 셀주크왕조Saljuq(1038~1194년)에 의해 대치되었다. 용병으로 시작하여 고위직에 오른 터키인들은 이슬람제국의 영토 대부분을 오스만제국의 칼리파 아래 재통일했다. 오스만제국은 이스탄불에 수도를 정하고 1453년부터 1924년까지 이슬람제국을 지배한 순니왕조였으나 제1차 세계대전의 패배로 망하고 만다.

오늘날 이슬람 세계에 칼리파는 존재하지 않는다. 중동에 현대 국가가 출현한 후, 무슬림들은 독립적 주권을 가진 국가의 시민으로서, 세계 공동체의 일원으로서 이중적인 정체성을 조화시키기 위해 노력하고 있다. 칼리파 제도는 무슬림 통일의 상징이므로 반드시 부활되어야 한다고 매우 강경한 어조로 주장하는 무슬림들도 있다. 예를 들어 파키스탄 자마아트 이슬라미Jama'at-i Islami(이슬람연맹)의 설립자인 마울라나 마우두디Mawlana Mawdudi를 인용하자면, 이슬람의 이상과 민족주의는 "서로 완전히 대립"하는 것이다. 마우두디와 그의 동조자들은 "인종적·민족적 편견이 없는" 유일한 세계 국가는 이슬람 국가라고 생각한다.

20세기 들어 칼리파의 역할과 움마의 성격에 관한 역사적 논쟁은 무함마드가 규정하고 정통 칼리파들이 발전시킨 이슬람의 종교·사회적 원칙을 현대적 헌법주의와 민주주의에 조화시키는 방법으로 변했다. 현대의 논쟁 역시 움마가 이슬람 초기 수백 년 동안 논전을 벌인 종교와 정치 문제에 깊이 뿌리박혀 있다.

1934년 근대주의 개혁가 알리 압드 알라지끄는 그의 책 《이슬람과 정부의 기초Islam and the Bases of Goverment》를 통해, 이집트에서 종교와 국가의 분리를 주장했다. 그는 신의 사도로서 종교적 역할에 한정된 예언자의 권위는 세속적 권한으로서 칼리파의 역할과 분명하게 구분되어야 한다고 주장했다. 세속적인 권한은 모든 무슬림이 자유롭게 의심하고 반대할 수 있으며, 심지어 봉기를 일으킬 수도 있다고 보았다. 결국 알라지끄는 이슬람의 보편성은 종교와 도덕에 한한 것이며, 개별 국가의 정치질서와는 아무 상관없다고 주장했다.

몇 년 후, 이집트 학자이자 실천주의자인 사이드 꾸툽Sayyid Qutb

(1906~1966년)은 알라지끄의 주장에 반대하는 입장을 취했다. 그는 메디나에서 무함마드의 지위는 종교와 정치 모두를 포괄했으며, 이슬람은 "그 성격과 목적상 신앙과 세속적 삶이 분리될 수 없는" 통일된 것이었다고 주장했다. 따라서 유일하게 합법적인 이슬람 국가는 시민들에게 물질적 필요는 물론 정신적 필요까지 충족시키는 국가라야 했다.

1970년대 아야톨라 루홀라 호메이니는 자신을 아흘 알바이트(성소의 백성들, 바누 하쉼 씨족, 예언자 가문)의 후계자로 주장하며, 꾸틉의 쉬아적인 사상을 이용하여 절대주의적이고 친미적인 군주제에 대항하던 이란의 사회혁명에서 주도권을 장악하는 데 성공했다. 국민 대다수의 쉬아 정서와 민주주의 열망에 호소하면서 호메이니는 유일한 최고기관이 "예언자가 한 것과 마찬가지로 종교와 정치적 문제들을 다룰 수 있다"고 주장했다. 동료 아야톨라(신의 표지, 증거)들의 심한 반대에도 불구하고 호메이니는 새로 수립된 이란 정부의 통치권을 장악하고 이란을 이슬람공화국으로 만들었다.

위에서 언급한 세 사람의 정치 지도자들은 분열된 무슬림 공동체의 통일감을 회복시키기 위해 노력한 사람들이다. 그러나 현대 세계에서 무슬림 공동체를 하나의 깃발 아래 결집시키는 데 최소한의 성공을 거둘 수 있었던 유일한 세력은 울라마(종교학자)들이었다. 이들은 칼리파와 같은 정치기구도 아니었으며, 그렇다고 교황과 같은 종교기구도 아니었다.

이슬람 역사를 살펴볼 때, 왕조의 흥망에 따라 무슬림 왕들은 즉위되다 퇴위되고, 이슬람 의회는 소집되고 해체되었지만 전통과의 유일한 연결고리인 울라마는 이슬람 사회의 지도자 역할을 유지할 수 있었다. 그런 면에서 이슬람은 지난 15세기 동안 이슬람 세계의 정치·사회·종교의 기둥들이라고 자처한 울라마 집단, 즉 엄격하고 보수적인 종교 집단에 의해 규정되었다고 볼 수 있다. 그들이 어떻게 그런 권위를 얻었는지, 그리고 무엇을 했는지를 밝히는 작업이야말로 이슬람의 연구에서 가장 중요한 일일 것이다.

6 이슬람은 학문이다 이슬람 신학과 율법의 발전

심문은 간단한 질문으로 시작된다. "꾸란은 신에 의해 창조되었는가, 아니면 창조되지 않고 신과 함께 영원히 공존하는 것인가?"

갖가지 금은보석으로 호화스럽게 장식된 왕좌에 앉은 압바스조 칼리파 알무타심al-Mu'tasim(842년 사망)은 '신에 관해 잘 아는 사람'인 울라마(종교학자)들이 쇠고랑을 찬 채 한 사람씩 끌려나와 심문받는 광경을 무표정하게 바라보았다. 꾸란이 창조되었다고 인정하면 (이른바 '합리론자' 또는 '이성론자'의 지배적 신학 이론) 그들은 자유인이 되어 집으로 돌아가 계속해서 가르칠 수 있었다. 그러나 꾸란이 창조되었음을 인정하지 않으면(이른바 '전통주의자' 또는 '보수주의자'의 입장) 채찍질을 당하고 감옥에 던져졌다.

칼리파 알무타심이 침묵을 지키며 자신이 이해하기 힘든 신학적 주장과 고백을 듣는 동안, 울라마에 대한 종교재판은 몇 시간이고 계속되었다. 그는 지루했고 마음도 편하지 않았다. 꾸란이 신에 의해 창조되었느냐 아니냐 하는 것은 그의 관심거리가 아니었다. 그는 군 사령관이었지 학자가 아니었다. 제국 도처에는 진압해야 할 반란과 반드시 이겨야 하는 전쟁이 난무해 있었다. 그렇지만 그는 지금 군대가 아니라 좌우로 분홍색 예복을 입고 늘어선 재상들과 함께 앉아, 그의 형이자 제7대 압바스조 칼리파였던 알마문이 시작한 종교재판을 지휘하며 앉아 있어야만 했다. "그대들은 가능한 나에 관해 좋은 말을 하라. 내가 나쁜 일을 했다면 말을 하지 말라. 나는 그대들이 하는 말에 의해 평가될 것이기 때문이다." 칼리파 알무타심은 형이 숨을 거두기 직전 침대에서 나지막하게 했던 말을 회상했다.

종교학자들이 끌려나와 병사들에게 고문당하는 것을 보면서 알무타심은 '할 말도 참 많구나!'라고 생각했다. 그러나 자신의 가문에 언제나 충실했던 알무타심은 형의 영혼을 위해서라도 침묵을 지키면서 다음 학자에 대한 종교재판을 진행했다. 이번에 면전으로 끌려나온 학자는 갈색 피부에 올이 성긴 하얀 터번을 쓰고 허리 밑으로는 불결한 옷을 걸쳐 입은 노인이었다. 헤나henna로 염색된 긴 턱수염은 그의 두 뺨과 가슴에까지 흘러내렸다. 얼굴에는 타박상이 있었고 눈덩이는 검게 멍이 들었다. 칼리파 앞에 나오기 전에 이미 한두 차례 이상 고문을 당한 것이 분명했다. 다른 학자들과 마찬가지로 쇠고랑을 찬 모습이었으나 그는 두려움 없이 당당하게 서서 칼리파를 바라보았다. 사실 그는 얼마 전에도 전임 칼리파 알마문에게 불려나와 꾸란에 관한 자신의 주장을 펼친 적이 있었으나, 후계자 알무타심 앞에 나온 것은 이번이 처음이었다.

역경을 이겨낸 늙은 학자는 자신의 이름이 낭독되는 동안 법정에 조용히 앉아 있었다. 그가 바로 유명한 신학자이자 전통주의 한발리 Hanbali 법학파의 창시자인 아흐마드 이븐 한발Ahmad ibn Hanbal(780~855년)이라는 것이 알려지는 순간, 칼리파 알무타심의 표정은 굳어졌다. 그는 왕좌에서 일어나 재판장 이븐 아비 두아드Ibn Abi Du'ad에게 손가락질하면서 고함을 쳤다. "그대는 이븐 한발이 젊은이라고 하지 않았는가? 그런데 이자는 중늙은이 아니더냐?"

재판장은 피의자가 여러 차례 알마문에 의해 심문을 받았고 명성을 감안하여 주장을 재고해줄 것을 요청받았으나, 그는 모든 타협과 설득을 거부하고 꾸란은 하나님의 말씀이며 그분과 함께 영원하다는 이단적 주장을 굽히지 않았었노라고 설명하면서 알무타심을 진정시키려 했다.

아직도 완전히 노여움이 수그러들지 않은 칼리파 알무타심은 다시 왕좌에 앉으며 심문을 시작하라고 명령했다. 이븐 아비 두아드가 심문을 시작했다. "아흐마드 이븐 한발! 그대는 꾸란이 창조된 것이라고 보느냐, 아니면 창조되지 않았다고 보느냐?"

칼리파는 몸을 앞으로 구부리고 노인을 뚫어지게 바라보며 대답을 기다렸다. 그러나 전에도 여러 차례 그랬듯이 이븐 한발은 종교 재판관의 질문을 무시하고 가볍게 웃을 뿐이었다. 그리고 이렇게 말했다. "알라 외에 다른 신은 없음을 증언하노라."

잠시 후, 이븐 한발이 밖으로 끌려나가 두 개의 말뚝 사이에 매달려 채찍을 맞는 동안 칼리파는 왕좌에 털썩 주저앉으며 자신의 형에게 저주를 퍼부었다.

알마문은 압바스조의 수도 바그다드를 포위하고 이복형 알아민 al-Amin을 살해한 후 칼리파가 되었다. 알아민이 아버지 하룬 알라쉬드 Harun al-Rashid(809년 사망)에 의해 이미 칼리파로 지명된 상태였으므로 그의 행위는 사실 왕위찬탈이나 다름없었다. 자신의 행위를 정당화할 필요가 있었던 알마문은 칼리파 직위를 계승한 것은 알라의 뜻이라고 주장함으로써 대의명분을 삼았다. 알마문은 선언했다. 신께서 칼리파 위를 자신에게 부여한 이상, 모든 무슬림은 그분의 뜻에 복종해야 한다고.

물론 이와 같은 일이 결코 새롭다고 볼 수는 없었다. 피비린내 나는 권력투쟁은 이슬람 역사에 흔한 일이었고, 그때마다 칼리파 직위 찬탈자들은 신의 뜻을 명분으로 삼고 정통성을 주장했다. 압바스왕조 자체도 우마위 왕족을 대량학살하고 칼리파 위를 찬탈함으로써 시작되지 않았던가. 그러나 알마문이 선대의 칼리파들과 다른 점은 신께서 칼리파 위를 부여한 이상 종교적으로 이슬람 사회를 올바른 길로 인도할 수 있다고 진짜로 믿었다는 데 있었다.

"나는 올바르게 인도된 통치자니라." 그는 바그다드에 새 정치적·종교적 질서가 온다는 것을 선언하고, 자신의 신성한 지도에 절대적으로 복종할 것을 요구했다.

이것은 비상한 선언이었다. 무아위야가 칼리파 제도를 왕조로 바꾼 이래, 칼리파의 종교적 권한 여부는 어느 정도 정착되어 있었다.

그 결과로 칼리파는 공동체의 정치·사회적 문제를 다스리는 반면, 종교적 역할은 울라마가 담당했던 것이다. 물론 움마에 종교적 영향력을 행사한 칼리파가 없지는 않았으나, 스스로를 '무슬림 교황'으로 내세우며 절대적인 종교적 복종을 요구한 적은 없었다. 그런데 자신은 무엇보다도 종교학자이며 그 다음이 정치 지도자라고 생각해온 알마문은 달랐다. 그는 종교적으로도 권한을 행사하고 싶었다.

젊었을 때 공식적으로 종교 수업을 받았던 알마문은 자신이 이슬람 율법과 신학 분야, 특히 합리주의 신학의 전문가라고 자부했다. 그리고 칼리파가 되자 자신을 지지하는 울라마를 주변에 두고 신의 속성, 인간의 자유의지, 꾸란의 성격에 관한 문제를 토의하곤 했다. 꾸란의 성격에 관한 한 그는 신의 본질로부터 완전히 떨어져나온 창조된 것이라고 생각했다.

대부분은 꾸란이 신과 함께 영원한 것이라고 믿었으며, 창조된 것이라고 보지는 않았다. 그러나 칼리파는 재위 말기에 이르자 모든 교사와 종교학자는 꾸란이 창조된 것이라는 교리를 따라야 한다고 선언했다. 그렇지 않을 경우, 그들은 가르치는 것이 허락되지 않았다.

앞에서 말했듯 칼리파가 종교적 문제에 영향력을 행사하는 것이 처음은 아니었지만, 칼리파 자신이 절대적 종교 권위를 지닌 재단자裁斷者가 되려고 한 일은 유례가 없었다. 리처드 불리에트가 말한 바와 같이, 알마문이 "칼리파적 합법성의 재구성"에 성공했다면 그 후의 일은 예측하기 힘들다. 어쩌면 칼리파는 교황의 직위처럼 되었을지도 모른다. 종교적 권한이 국가에 집중된 결과 무슬림 정교회로 발전했을 수도 있다.

그러나 알마문은 성공하지 못했다. 몇 년 후 아들 알무타와킬al-Mutawakkil(861년 사망)이 칼리파 위를 계승한 후, 종교 문제에 칼리파가 노골적으로 개입해서는 안 된다는 이유로 종교재판은 폐지되었다. 실제로 알무타와킬은 보수주의자들 편에 서서 그들에게 많은 보상을 주는 한편, 그때까지 왕조로부터 혜택을 누려왔던 합리주의자들에게는 박해를 가했다. 칼리파 알까디르al-Qadir(1031년 사망)의 재위 때까지는 보수주의 울라마, 특히 한발리 학자들이 대부분 단일한 교리로 통일되었다.

국가에 의한 속박이 풀리자 울라마들은 자유롭게 높은 종교적 지위에 오를 수 있었다. 그들은 뚜렷한 법적·신학적 의견을 지닌 학파를 제도화했을 뿐 아니라, 무슬림들의 생활양식을 구속하는 포괄적 행동규범 샤리아Shariah를 제정했다. 이슬람은 단순한 종교 이상이었고 샤리아를 제정할 수 있는 사람은 당연히 울라마에 한정되었다. 말리키Maliki 법학파의 창시자인 9세기 법학자 말리크 이븐 아나스Malik ibn Anas는 한때 이렇게 빈정거리기도 했다. "이슬람은 일종의 학문이다. 그러니 당신들이 그것을 배우고자 한다면 이슬람 학자들에게 주의를 기울여라."

한때 역사를 구성하던 신화와 제례가 권위 있는 정설(신화의 바른 해석)과 정례(의식의 정확한 해석)가 되었을 때 종교는 제도가 되었다. 기독교는 '정설적' 종교의 대표적 예가 될 것이다. 왜냐하면 독실한 기독교인을 만드는 것은 주로 신앙에 의한 믿음이기 때문이다. 이 스펙트럼의 반대편 끝에는 본질적으로 '정례적' 종교인 유대교가 자리하고 있다. 유대교에서 독실한 유대교인을 만드는 것은 주로 율법에 따른 신자의 행동이다. 그렇다고 유대교에서 신앙이 중요하지 않다거나, 기독교에서 실천이 중요하지 않다는 것은 아니다. 두 종교 가운데 유대교는 기독교보다 정례적 실천을 훨씬 강조한다는 뜻이다.

유대교와 같이 이슬람도 본래 정례적 종교이므로 월프레드 캔트웰 스미스Wilfred Cantwell Smith는 순니Sunni라는 단어를 '정통설'보다는 '정통례'라고 번역할 것을 제안했다. 그러나 울라마는 실천이 신학을 말해주는 것이라고 주장하므로 이슬람에서 정설과 정례는 서로 밀접하게 연관되어 있다. 즉 칼람kalam으로 불리는 신학의 문제를 율법의 문제인 피끄흐fiqh와 분리하는 것이 불가능하다.

이런 이유로 흔히 울라마는 순전히 사색적 신학의 실천은 중요하지 않은 재잘거림으로 치부했다. 칼람의 글자적 뜻은 '말하기' 혹은 '이야기'인데 무슬림 신학자들은 보통 경멸적 의미로 아흘 알칼람ahl al-kalam(말하는 사람들, 말뿐인 사람들)이라고 불린다. 이슬람 팽창 초기, 특히 움마가 언어 문화적으로 매우 다양해진 시기에 울라마들의 가장 큰 관심사는 신의 속성에 관한 논쟁이 아니라 신앙을 표현하는 특별한 의식을 공식화하는 데 있었다. 그들의 궁극적 목표는 무슬림과 비무슬림을 정확히 밝혀줄 엄격한 지침을 만드는 것이었다. 이들이 기울인 노력의 결과는 오늘날 일반적으로 이슬람의 5주五柱라고 알려진 것이다.

이슬람의 5주는 무슬림 신앙의 주요한 의례적 행위를 구성한다. 그렇다고 존 레나드John Renard의 지적처럼 5주가 "복잡한 지구적 공동체의 정신과 삶을 몇 가지 종교적 실천으로 축소하는 것"을 의미하지는 않는다. 무엇보다도 5주는 이슬람의 은유적 표현으로, 움마의 무슬림에게 무슬림이 된다는 것이 무엇인지를 요약한 것이다.

일반인의 예상과 달리 5주는 강압적인 의무사항이 아니다. 오히려 자신이 행할 수 있는 일에 대해서만 책임을 진다는 점에서 고도로 실용적인 의식들이다. 5주는 형식적인 행위가 아니다. 무슬림들의 모든 의식 행위에서 가장 중요한 요소는 신자의 의도이다. 의도는 모든 행위를 하기 전에 반드시 선언되어야 한다. 궁극적으로 5주는 '총체적 행동'을 의미하는 것이다. 모하메드 아부 리다Mohamed A. Abu Ridah에 따르면 5주는 단순히 "말이나 행동이 아니라 정신적이고 도덕적인 일정한 상태, 즉 외면적·내면적 순수성, 겸손과 순종의 상태에 따라 신도의 영혼 안에 종교적 헌신과 영적 삶을 만드는 수행"이다.

5주를 자세히 살펴보자면, 중요한 기둥인 샤하다(신앙고백)를 제외한 나머지 기둥들은 기본적으로 사회적 행동이다. 5주의 주요 목적은 신자가 행위를 통해 무슬림 공동체의 일원임을 명확히 표명하는 것을 돕는 데 있다. 과거에 카와리지가 주장했듯이 오직 카리스마적이고 신성한 움마에 가입함으로써 구원받을 수 있는 움마 이념은 절대 다수 무슬림들에게 정설이다. 또한 무슬림 신앙의 토대는 중앙집권화된 종교 당국, 교회, 표준화된 종교 계급이 아니라 이슬람 공동체라고 믿고 있다.

간단히 말해, 공동체는 '이슬람의 교회Church'이며 몽고메리 와트의 용어로 표현하자면 '가치를 나르는 주체'이다. 공동체의 일원이라는 사실은 움마 구성원의 민족, 인종, 성에 언제나 우선한다. 공동체는 지리적·정치적 국경에 구속되지 않는다. 예를 들어 라마단 기간에 단식을 하거나 금요일 회중예배에 참여하는 모든 무슬림은 자신들의 단식이나 예배가 무함마드가 최초로 이슬람을 설교한 날부터 오늘날까지 국경과 지역에 상관없이 동일한 시간에 동일하게 이루어지고 있음을 알고 있다.

첫 번째 기둥은 무엇인가. 메카의 무함마드가 규정한 최초의 무슬림 관습은 살라트salat, 즉 예배이다. 이슬람에는 두 가지 종류의 예배가 있다. 하나는 두아du'a라고 하는데, 신자와 알라 사이에 개인적이고 비공식적으로 이루어지는 소통을 말한다. 다른 하나는 살라트로 하루에 다섯 차례, 즉 해 뜰 무렵, 정오, 오후, 석양 무렵, 저녁에 수행하는 의무적인 예배이다. 살라트는 '굽히다', '구부리다', 혹은 '뻗다'라는 의미를 갖는다. 서 있기, 절하기, 일어나기, 앉기, 동쪽과 서쪽으로 바라보기, 엎드리기와 같은 요가 동작으로 구성되며, 모든 동작은 순환적으로 반복되고 꾸란의 특정한 구절이 함께 낭송된다.

다른 이슬람의 의식처럼 살라트는 예배의 의도를 소리 낸 후에 비로소 시작되며, 예배의 방향(끼블라)인 메카를 향하여 행한다. 살라트는 영적 순화를 위한 개인적 행위이기도 하지만, 동시에 움마를 하나의 유기체로 묶어주는 사회적 행위이기도 하다. 그래서 살라트는 단체로 행해지는 것이 더욱 바람직하다고 말한다. 그래서 일주일에 한 차례, 적어도 금요일 정오예배에는 반드시 모스크에서 집단으로 예배해야 한다. 하루 다섯 차례의 예배는 힘든 경우가 있을지도 모른다. 그러나 아픈 사람, 여행 중인 사람, 합당한 이유로 예배 보기가 어려운 사람에게는 그 의무가 면제된다. 그리고 본인이 원한다면 나중에 언제든지 빠뜨린 예배를 보충하면 된다.

두 번째 기둥 역시 메카에서 무함마드가 활동하던 초기에 확립되었다. 아랍어로는 자카트라고 하는 의연금(혹은 자선금) 내기이다. 앞에서 언급한 대로, 자카트는 공동체에 세금으로 내는 의연금이며 모아진 의연금은 가난한 사람의 생계와 복지를 보장하기 위해 분배된다. 자카트는 자발적인 십일조가 아니라 종교적인 의무사항이다. 자카트의 글자적 뜻은 '물질적·정신적 정화'로 모든 무슬림에게 움마에 대한 사회적·경제적 책임을 상기시키는 것이기도 하다. 물론 자카트는 여유가 있는 사람들만 내는 것이며, 형편이 못 되는 사람은 자카트의 수혜자가 된다.

움마가 방대한 제국으로 성장함에 따라, 자카트는 의무적인 자선에서 모든 무슬림에게 부과되는 국세의 한 종류가 되었다. 기독교인이나 유대인들을 포함한 비무슬림들은 이와는 성격이 다른 보호세, 즉 지즈야zizya를 내면 되었다. 칼리파 제도의 전성기에는 자카트를 군사적 목적에 사용하는 것이 일반적이었으며, 이 때문에 제국의 여러 곳에서 봉기가 야기되기도 했었다. 현대 국가의 출현에 따라 자카트의 징수와 분배는 국가가 떠맡게 된다. 실제로 국세와 차이가 있음에도 불구하고 자카트는 파키스탄, 리비아, 예멘, 사우디아라비아 등지에서 의무적인 세금처럼 부과된다. 특히 사우디아라비아는 개인과 사업 모두에게 자카트를 부과한다. 그러나 대부분의 무슬림은 전통적 방식대로 모스크나 종교 단체에 개별적으로 자카트를 지불하며, 모인 자금은 공동체의 약자들에게 분배된다.

세 번째 기둥은 한 달 동안 지속되는 단식(사움sawm)이다. 단식은 매년 라마단 달에 행해지는데, 예언자가 메디나로 이주한 후에 비로소 종교적 의식으로 확고하게 자리 잡았다. 사막적 환경에서 음식을 먹지 않는 것은 어려운 일이므로 베두인의 전통으로 보기는 힘들다. 따라서 단식은 아라비아 유대인들의 전통이었던 것으로 보인다. 꾸란 역시 그렇게 인정하고 있다. "오, 너희 믿는 자들아! 너희 앞에 있었던 자들에게 규정되었듯이 너희에게 단식이 규정되었으니 그리하여 너희들은 정의롭게 될 수 있느니라.(2 : 183)" 알타바리는 유대인의 욤 키푸르와 최초의 단식일이 일치하는 이유가 유대인들이 출애굽한 사건을 기념하여 행하는 단식일에 무함마드가 무슬림들도 같이 행하라고 명령했기 때문이라고 말했다. 하지만 나중에 이슬람의 단식일은 무함마드에게 최초로 꾸란이 계시된 라마단 달로 바뀌었다.

라마단 28일 동안 먹거나, 마시거나, 섹스를 하는 행위는 해가 뜰 때부터 질 때까지 금지되어 있다. 단식은 공동체를 하나로 묶는 데 주요한 목적이 있다. 단식은 공동체 구성원 중 음식 없이 생활해야 하는 사람들의 가난과 고통을 상기시키는 것이다. 그러므로 노인, 임신부와 유모, 여행자, 중노동을 하는 사람들은 단식을 하지 않아도 되며, 대신 꾸란(2 : 184)의 규정대로 가난한 자들에게 음식을 제공해야 한다. 한 달 동안이나 단식을 한다는 것이 잔인하게 보일 수도 있으나 실제로 라마단은 자아성찰과 축제의 기간이다. 라마단 기간에는 친구, 가족, 이웃들이 모여 같이 장만한 음식을 먹으면서 긴 밤을 보내기도 한다. 특히 라마단의 마지막 밤부터 시작되는 이드 알피트르Eid al-Fitr(소축제)는 이슬람 세계에서 가장 널리 기념되는 명절이다.

네 번째 기둥은 연례적인 메카 순례, 즉 핫즈Hajj이다. 모든 무슬림은 가능하다면 생전에 적어도 한 번은 메카에 순례하여 카바 신전의 성스러운 의식에 참여해야 한다. 1년 중 어느 때라도 행할 수 있는 우므라umra(소순례)와는 달리 핫즈(대순례)는 이슬람력 12월 한 달 동안에만 행할 수 있다. 12세기 스페인의 유명한 학자이자 시인인 이븐 주바이르Ibn Jubayr가 말한 것처럼 순례 기간에 성도 메카는 몰려드는 순례객들로 팽창한다. 그는 이 광경이 마치 "아이가 자랄 공간을 기적적으로 만드는 어머니의 자궁"과 같다고 묘사했다.

다른 우상숭배자들처럼 무슬림들도 메카의 카바 신전이 지닌 신비한 힘을 체험하고 싶어하지만, 이단적 성소와 달리 카바 신전은 살아 있는 유일신의 존재를 상징하는 것이다. 카바 신전에 건축적인 중요성은 없었다. 카바는 가장 간단한 형태인 육면체 건물이며, 가장자리는 꾸란의 구절로 수놓아진 검은색 천으로 덮여 있다. 카바는 전통적 의미의 신전이 아니다. 카바는 여러 차례 부서져 재건축되었기 때문에 원래의 신성함을 더 이상 가지고 있지 않다. 비록 '신의 전당'이라고 불리긴 하지만, 카바는 꾸란 몇 권과 몇 가지 고대 유품을 제외하고는 아무것도 소장하고 있지 않다. 그러나 극도의 단순함 속에서도 카바 신전과 그곳에서 행해지는 의식은 신의 유일성과 통일성을 상기시켜준다.

핫즈는 순례객이 속세와 종교의 세계를 구분하는 그랜드 모스크 Grand Mosque의 문지방을 넘으면서 시작된다. 성소에 들어가기 위해 순례객들은 반드시 입고 있던 일상복을 벗고 청정한 의복으로 갈아입어야 한다. 이 옷은 남성의 경우 바느질 자국이 없는 두 개의 긴 천이며, 여성은 그냥 검소한 옷이면 된다. 이 옷은 순결한 상태를 상징하는 것으로, 아랍어로는 이흐람ihram 복장이라고 한다. 또한 남자들은 머리털을 자르고 수염과 손톱을 깎아야 하지만, 여자들은 몇 타래의 머리를 잘라내는 것으로도 충분하다.

일단 청결한 상태가 되면 의식을 행하겠다는 의도를 소리 내어 말하고 타와프에 들어간다. 타와프는 카바 신전 둘레를 일곱 바퀴 도는 의식으로, 순례에서 중요한 절차이다. 아프리카 사하라 남부에서 미국 시카고에 이르기까지 지구촌의 무슬림들이 카바를 향해 예배하는 가운데 메카에 모인 순례객들은 카바를 중심축으로 하여 돌기 의식을 행한다. 순례객들로 하여금 카바 신전을 돌게 하는 것은 성소가 가지는 원심력일지도 모른다.

카바 신전 돌기가 끝나면 다른 몇 가지 의식을 더 행하게 되는데, 전설에 따르면 이 의식들은 무함마드 말년에 수립되었다고 한다. 또 다른 의식들로는 하가르의 고사를 기념하여 사파와 마르와 언덕 사이를 빨리 걷기, 아라파트Arafat 산 오르기(아담과 이브가 에덴동산에서 추방되어 피난한 곳이자 무함마드가 마지막 교별 설교를 행한 곳), 미나에서 악마를 상징하는 세 기둥에 돌 던지기, 순례의 마지막 의식으로 양이나 소를 도살하기 등이 포함된다(이 고기는 가난한 사람들에게 나누어준다).

의식이 끝나면 순례객들은 청정한 상태의 의복을 벗고 핫지Hajji(순례를 한 사람)가 되어 속세로 돌아간다. 순례객이 이흐람 복장을 다시 입는 시기는 죽어서 수의로서 입을 때가 될 것이다.

핫즈(순례)는 이슬람 최고의 집단적 이벤트이다. 이슬람에서 남자와 여자의 구분 없이 참여하는 유일한 의식이 바로 순례이다. 청정한 상태에서 모든 순례객이 똑같은 복장을 입을 때 계급, 지위, 신분은 더 이상 존재하지 않는다. 또한 남녀도 인종도 국적도 존재하지 않는다. 오직 무슬림이란 동질성만이 존재하는 것이다. 이런 공동체적 정신은 말콤 엑스Malcolm X가 자신이 행한 순례에 대해 쓰면서 "나는 이제껏 모든 인종이 이렇게 진지하고 진실한 형제애를 보여주는 것을 경험해본 적이 없다"라고 했던 것이다.

위의 네 가지 의식, 즉 집단예배, 자선금 내기, 라마단의 단식, 순례는 무슬림 공동체에 통일의 의미를 더해준다. 그러나 이 의식들은 모두 다섯 번째이자 가장 중요한 기둥을 표현하기 위한 것이라고 주장할 수 있다. 행위보다는 신념과 관계된 유일한 기둥 샤하다(신앙고백)는 어떤 의미에서 이슬람 개종의 시작이다.

"알라 외에 다른 신은 없으며, 무함마드는 신의 사도이시다."

이 놀라울 정도로 단순한 진술은 이슬람 신앙의 기초일 뿐 아니라, 어떤 면에서는 이슬람 신학의 전부라 할 수 있다. 왜냐하면 샤하다는 타우히드tawhid(신의 단일성, 통일성)라고 하는 고도로 복잡한 신학 교리를 인정함을 의미한다.

이슬람 신학 발전에 중추적인 '신학'ilm al-kalam'은 '타우히드 학

'ilm al-tawhid'과 동일한 개념이다. 글자적으로 '하나로 만들기' 또는 '통일하기'를 뜻하는 타우히드는 단순한 유일신교 이상을 표현한다. 오직 하나의 신이 존재하는 것은 하나의 출발점일 뿐이며, 타우히드란 신의 단일성을 의미한다. 신은 전적으로 분리가 불가능하고 유일한 존재이다. 신은 본질이나 속성 면에서 그 어느 것과도 비슷하지 않다.

신비론주의 학자인 아부 하미드 알가잘리Abu Hamid al-Ghazali(1058~1111년)는 그의 책《종교학의 부활Rivival of the Religious Sciences》에서 "아무것도 그분과 같지 아니하다. 또한 그분은 어떤 것과도 같지 아니하다"라고 썼다. 꾸란이 반복적으로 신자들에게 상기시키는 것처럼 신은 '지극히 높은' 분이다. 무슬림들이 "알라후 아크바르Allahu Akbar(신은 위대하시도다)!"라고 말할 때, 실제 의미는 신이 이런저런 존재에 비해 위대하다가 아니라 "신은 절대적으로 더 위대하시다"라는 뜻이다.

인간은 상징이나 은유를 통해 인간의 언어로밖에 신을 묘사할 수 없다. 그래서 신의 속성을 고전적 철학 의미로 '선'이나 '존재'로 언급하지만, 이것은 실체도 사건도 아닌 신에게 적용하기에는 의미 없는 용어라는 것을 인정해야 한다. 실제로 타우히드에서는 신은 형용할 수 없으며 어떤 인간의 지식도 초월한다고 설명한다. 이집트 신학자 알타하위al-Tahawi(933년 사망)는 "상상으로 신에 도달할 수 없고 이해력으로 그에게 접근할 수 없다"라고 강조했다. 다시 말해 루돌프 오토Rudolph Otto의 유명한 표현대로 신은 "불가해하고 엄청난 존재Mysterium Tremendum"이다.

타우히드에 의해 신은 한 분이므로 수피Sufi라고 불리는 무슬림 신비론주의자들은 신에서 분리할 수 있는 것은 아무것도 없다고 주장한다. 수피의 대가 이븐 알아라비Ibn al-Arabi(1165~1240년)에 따르면, 신은 유일한 존재이자 유일한 사실이다. 알가잘리는 신은 알아우왈al-Awwal이자 알아키르al-Akhir, 즉 "그 앞에 아무것도 존재하지 않는 최초이자, 그 후에 아무것도 존재하지 않는 마지막"이라고 보았다. 여기서 명심해야 하는 것은 알가잘리가 신의 존재에 대한 존재론적 주장이나 목적론적 주장을 하고 있지는 않다는 것이다. 신은 토마스 아퀴나스의 '제1원인'도 아니며 아리스토텔레스의 '원동력'도 아니다. 신은 유일한 원인이며 동력 그 자체이다.

타우히드(유일신 숭배)가 이슬람의 토대라면, 그 반대인 쉬르크shirk(다신숭배, 우상숭배)는 이슬람에서 가장 큰 죄악이다. 왜냐하면 쉬르크에 대해서는 용서가 없기 때문이다(2:116). 쉬르크를 가장 간단히 정의하면, 신과 다른 대상을 동일시하거나 신에게 다른 대상을 관련시키는 것이다. 그러나 타우히드처럼 쉬르크도 간단한 개념은 아니다. 다신교는 명백히 쉬르크이다. 왜냐하면 신이 하나임을 부정하기 때문이다. 신에게 인간적 속성을 부여하여 신을 의인화하는 것도 결과적으로 신의 영역을 제한하거나 한정하려는 시도로서 쉬르크에 해당한다.

궁극적으로 타우히드는 알리 샤리아티의 말을 인용하자면 "현세와 내세, 자연과 초자연, 실체와 추상, 정신과 육체"로 나누지 않고 "보편적 합일성"으로 창조를 인정함을 의미한다. 바꿔 말해 신과 창조 사이의 관계는 '빛과 그 빛을 발하는 등불' 관계와 같을 뿐 '빛과 어둠' 의 관계가 아니다. 신도 한 분, 창조도 하나이다.

이슬람에서 모든 교리 토론의 출발점으로서 신의 합일성과 유일성은 몇 가지 신학적 문제들을 일으킨다. 예를 들어 신이 절대적으로 전능하다면, 신이 선뿐만 아니라 악에 대해서도 책임이 있는가? 인간이 선악을 선택할 자유의지를 가지고 있는가? 우리 모두에게는 구원이나 영원한 형벌이 예정되어 있는가? 신의 속성, 즉 신의 지식, 신의 권능, 꾸란에 기록된 신의 언어를 어떻게 해석할 것인가? 신이란 단어가 신과 동시에 존재하는가, 아니면 자연과 우주처럼 신이란 단어도 창조된 것인가? 이에 대한 어떤 대답도 불가피하게 신의 합일성과 조화하는가?

초기 이슬람에서 종교와 정치의 관계를 감안할 때, 이런 질문들이 신학적인 문제이지만 정치적 함축성을 가지고 있다는 것은 당연하다. 예컨대 우마위왕조의 칼리파들은 움마에 대한 절대통치를 합법화하기 위해 신의 권능을 열심히 이용했다. 우마위왕조의 칼리파들이 신의 대리인으로 선택되었다면, 그들의 행위도 신에 의해 명령되었을 것이다. 이런 주장은 저명한 신학자 하산 알바스라Hasan al-Basra(642~728년)에 의해 채택되어, 나쁜 칼리파라 할지라도 신의 뜻에 의해 왕위에 오른 이상 그의 말에 절대 순종해야 한다고 강조되었다.

그러나 알바스라가 운명예정론자predeterminist는 아니었다. 따라서 칼리파 제도에 관한 그의 입장은 신학적 견해에 따른 것이 아니라, 그의 정적주의quietism 정치 성향과 반카와리지 입장에서 비롯된 것이었다. 보통 그와 동일시되는 운명예정론적 신학파Qadarite school of theology처럼 알바스라는 신의 선견지명이 반드시 운명예정론과 부합되는 것은 아니라고 믿었다. 미래에 무슨 일이 일어날지 신이 아시는 것은 맞지만, 그렇다고 어떤 사람에게 그 일을 하라고 강요하지는 않는다는 것이다. 운명예정학파의 일부 신학자들은 한 걸음 더 나아가 "신은 일어나기 전까지는 우리의 행동을 알 수 없다"라고 주장한다. 이 말은 신의 전지전능함을 믿는 보수주의 신학자들을 자극하는 개념이었다. 그들은 창조주와 창조가 하나인데 인간이 어떻게 신의 의지에 반할 수 있느냐고 반문했다.

운명예정론자들 스스로도 양분되었다. 이들은 모든 인간 행위(구원을 포함하여)가 신에 의해 예정되어 있다고 생각한 급진적 자흐미Jahmites 파와, 앞에서 언급한 법학자 아흐마드 이븐 한발의 추종자들처럼 인간사를 신이 주관하시지만 신이 정한 환경에 반응하는 것은 인간의 책임이라고 생각한 무리로 나뉘었다.

9세기와 10세기까지 결정론과 자유의지에 관한 논쟁은 두 가지 사상적 추세로 발전했다. 즉 무타질라Mu'tazilah 학파에 의해 아주 명쾌하게 소개된 '합리주의적 입장'과 아샤리Ash'ari 학파에 의해 주도된 '보수주의적 입장'이다. 합리주의 무타질라 학자들은 근본적으로 정의할 수는 없지만 신은 인간의 이성 안에서 존재한다고 주장한다. 종교적 진리는 신의 계시를 통해서만 알 수 있다는 개념에 도전한 무타질라는 신학적 주장이 합리적 사고에 기초해야 한다고 강조했다. 심지어 꾸란과 예언자 전통(순나)의 해석까지도 합리주의자들에게는 인간 이성에 예속된 것이었다. 당대에 가장 영향력 있는 무타질라 파 신학자였던 압드 알잡바르Abd al-Jabbar(1024년 사망)가 주장했듯이, 신의 말씀의 '진실성'은 오직 신의 계시에만 입각한다고 할 수 없다. 왜냐하면 그것도 우회적인 이성이기 때문이다.

서양에서 아베로에스Averroës로 더 잘 알려진 스페인 철학자이자 의사인 이븐 루쉬드Ibn Rushd(1126~1198년)는 종교와 철학은 서로 상반된다는 '두 가지 진리' 이론을 제기하여 알잡바르의 진리 개념을 제한시켰다. 이븐 루쉬드에 따르면, 종교란 도그마의 형성과 해석에서 비롯된 교리적 모순이나 이성적 부조화에 상관없이 쉬운 상징과 기호에 의존하여 대중의 진리를 단순화한다. 그러나 철학은 그 자체가 진리이다. 철학의 목적은 인간의 이성을 통해 진실을 표현하는 것이기 때문이다.

빈야민 아브라하모프Binyamin Abrahamov가 말한 "계시를 압도하는 이성의 힘"은 현대 학자들로 하여금 무타질라 파를 이슬람 세계 최초의 사색적 신학자라고 부르게 했다. 그리고 아샤리와 같은 보수주의 학자들은 무타질라의 인간 이성의 우월성에 대한 강조를 맹렬히 비난했다.

아샤리는 인간의 이성이 중요하긴 하지만 꾸란과 예언자의 순나(전통)에는 예속되어야 한다고 주장했다. 종교적 지식이 합리적 사색에 의해서만 취득될 수 있다면 예언자들과 계시는 필요 없어질 것이다. 그리고 그 종말은 신의 뜻보다는 자신들의 뜻을 따르도록 종용하는 신학적 다양성과 혼동일 것이라고 보았다. 아샤리는 예언자와 성서의 전통은 안정적이며 고정적이라고 본 반면, 이성은 불안정하며 변하기 쉬운 것으로 간주했다.

한편 합리주의 신학자들은 인간이 자유롭게 선이나 악을 행할 수 있다는 자유의지를 채택하고 확대했다. 이것은 구원의 책임이 직접 신자의 손에 달려 있음을 의미하는 것이다. 예를 들어 신이 인간을 신자로도 만들고 불신자로도 만들면서 누구는 보상하고 누구는 벌하는 것은 불합리하다는 것이다. 그러나 많은 보수주의자는 이러한 주장이 신을 인간의 주관에 의해 합리적으로 행동하게 만든다고 하여 배척했다. 이것은 바로 아샤리에서 주장한 쉬르크였다. 가장 영향력 있는 철학파인 한발리의 신조를 인용하자면, 만물의 창조주 신은 "선과 악, 적음과 많음, 외부와 내부, 단 것과 쓴 것, 좋아함과 싫어함, 좋은 것과 나쁜 것, 처음과 마지막"의 원조여야 했다.

합리주의자와 보수주의 신학자들은 신의 속성에 대한 해석에서도 의견을 달리했다. 두 신학자들 모두가 신은 영원하며 유일무이하다는 것을 믿었고, 꾸란이 보이는 의인법적 기술을 인정했다. 그러나 합리주의자들 대부분이 의인법적 계시가 시적 목적을 달성하기 위한 은유적 장치에 불과하다고 해석한 반면, 보수주의자들은 계시의 상징적 해석을 전적으로 거부했다. 이들은 꾸란이 신의 손과 얼굴을 언급하고 있으며, 이것이 물론 인간의 손이나 얼굴을 의미하지는 않지만 그럼에도 불구하고 글자 그대로 읽혀져야 한다고 주장했다.

아샤리 학파의 설립자인 아불 하산 알아샤리Abu'l Hasan al-Ash'ari (873~935년)는 꾸란("너희들의 주님의 얼굴은 영원히 계속될 것이니라"—55:27)이 그렇게 말하고 있으므로, 신은 얼굴을 가지고 있으나 우리가 어떻게 혹은 왜를 물을 입장은 아니라고 했다. 실제로 아샤리 학파는 "왜냐고 묻지 말라"로 번역되는 '빌라 카이파bila kayfa'를 만들어냄으로써 종교 교리의 엄격한 해석에서 야기된 이성적 부조화와 내적 모순에 대응했다.

이런 처방은 합리주의자들을 공포에 떨게 했다. 특히 신의 속성(신의 지식, 말 등)이 신 자체가 아니라 신을 이해하려는 인간의 '이정표'에 불과하다고 생각한 이븐 시나Ibn Sina(서양의 아비센나Avicenna, 980~1037년)와 같은 학자들을 공포에 떨게 했다. 합리주의자들은 신의 속성이 신처럼 영원할 수 없으며 창조의 일부분이라고 주장했다. 신의 많은 속성에 영원성을 부여하는 것은 무타질라 파의 설립자 와실 이븐 아타Wasil ibn Ata(748년 사망)의 말대로 영원한 존재를 하나 이상 주장하는 것과 같다.

보수주의자 울라마는 신의 속성이 분리되기도 하지만 신의 존재에 본래 내재된 것이며, 따라서 영원한 것이라면서 와실의 주장을 배척했다. 하나피Hanafi 학파(현대 이슬람 세계에서 가장 큰 집단)의 설립자 아부 하니파Abu Hanifah(767년 사망)는 "신의 속성은 영원한 것이다. 신의 속성이 창조된 것이나 기원된 것이라고 말하는 사람은 모두 … 불신자들이다."

여기에서 신의 속성이나 신의 본질이라고 할 때 합리주의자와 전통주의자 모두는 하나의 특별한 속성, 즉 신의 말씀인 꾸란을 염두에 두고 있음을 기억하기 바란다.

※

칼리파 우마르가 이슬람에 개종한 것과 관련된 놀라운 이야기를 소개한다. 우마르는 원래 이단적 조상과 부족 유산에 강한 자부심을 가지고 있었으므로, 초기에는 무함마드와 그의 추종자들을 심하게 비난하고 욕했다. 사실 한때 우마르는 평지풍파를 일으키는 새 종교 운동을 종식시키기 위해 무함마드를 살해하려는 계획을 꾸미기도 했다. 그러나 예언자를 찾아나선 길에서 우연히 만난 한 친구가 우마르의 여동생이 새 종교를 받아들였으며 이슬람 신자를 집에서 만나고 있다고 알려주는 것이 아닌가. 격분한 우마르는 칼을 뽑아들고 집을 향해 뛰었다. 가족과 부족을 배반한 여동생을 죽이기 위해서였다. 그런데 집에 도착하여 안으로 뛰어 들어가기 전에 그는 꾸란의 성스러운 구절을 듣게 되었다. 그 구절의 신비로운 힘과 우아함을 느끼는 순간, 그는 칼을 떨어뜨린 채 그 자리에 얼어붙어버렸다.

그는 눈물을 흘리면서 탄식했다. "도대체 어떤 말이 이렇게 섬세하고 감동적일 수 있단 말인가!" 타르수스Tarsus의 사울이 기독교인들에 대한 박해를 멈추라고 훈계하는 예수를 본 순간 눈이 멀어버린 것처럼, 우마르 역시 한순간에 변화되었다. 신을 보았기 때문이 아니라 신의 말씀을 들었기 때문이었다.

인간이 '기적'을 경험하는 매개체는 시간과 장소에 따라 아주 달라진다고 알려져 있다. 모세 시대를 예로 들면, 기적은 주로 마술을 통해 경험할 수 있었다. 모세는 지팡이를 뱀으로 만들거나 홍해 바다를 가르든가 하여 자신의 예언자적 사명을 증명해 보였다. 예수의 시대에 기적의 경험은 대부분 귀신 쫓는 의식을 포함한 치료로 바뀌었다. 예수의 제자들은 그를 구세주로 믿었지만, 유대의 나머지 사람들은 예수를 방랑하는 치료사로 보았을 것이다. 가는 곳마다 예수는 마술이 아니라 환자나 절름발이를 치료함으로써 예언자임을 증명해 보여야 했다.

한편 무함마드의 시대에는 기적을 보여주는 수단이 마술이나 치료가 아니라 언어였다. 일반적으로 구전사회에서는 언어에 신비한 힘이 있다고 보았다. 그래서 오디세우스의 방랑을 노래한 고대 그리스의 음유시인과 라마야나Ramayana의 성스러운 구절을 노래한 인도의 시인은 단순한 이야기꾼 이상의 존재였다. 매년 새해가 시작되는 날에 미국의 원주민 샤먼(무당)들이 부족 신화를 말할 때는, 과거를 회상할 뿐만 아니라 미래에 관해서도 이야기했다. 기록이 보편적이지 않던 사회에서는 세상이 그들의 신화와 의식을 통해 끊임없이 재창조된다고 믿는 경향이 있다. 이런 사회에서 시인들은 보통 사제나 샤먼들이었고, 그들이 사용하는 일상 언어와 다른 시어는 신성한 권위를 가진 것으로 생각되었다.

이러한 사실은 시인들이 높은 사회적 지위를 누리던 이슬람 이전 아라비아 사회에 특히 들어맞는 말이었다. 마카엘 셀즈Michael Sells의 문서 〈사막 추적Desert Tracings〉에서처럼 매년 순례의 시기가 되면 훌륭한 시인이 지은 시들은 이집트에서 가져온 천에 금실로 수놓아져 카바 신전에 높이 걸렸다. 시의 주제가 종교적이어서가 아니었다. 오히려 이슬람 이전의 시들은 낙타의 아름다움과 같은 세속적 주제가 대부분이었다. 그 이유는 오히려 시 구절에 신성한 힘이 내재되어 있다는 믿음 때문이었던 것이다. 언어의 내재적 신성함 때문에 카힌(주술사)들은 시를 통해 신탁의 내용을 말했다. 신들이 시가 아닌 다른 방법으로 말하는 것은 당시로서 상상하기 어려운 일이었을 것이다.

아랍어를 모르는 사람들이 꾸란의 언어적 아름다움이나 훌륭함을 평가하기는 힘들다. 다만 꾸란이 가장 훌륭한 시적 아랍어로서 널리 인정되고 있다는 사실을 언급하고자 할 뿐이다. 실제로 헤자즈 지방의 언어 표현이나 방언을 규범화하는 데 꾸란은 필수적이었다. 문헌으로서 꾸란은 이슬람교의 토대 그 이상이다. 꾸란은 바로 아랍어 문법의 원천인 것이다. 진화하는 언어를 스냅사진처럼 생각해볼 때, 꾸란과 아랍어의 관계는 호머와 그리스어의 관계 또는 초서 Chaucer(근대 영시의 창시자)와 영어의 관계와 비슷하다.

케네스 크래그의 표현대로 "최고의 아랍 사건"인 꾸란은 무함마드가 행한 유일한 기적이다. 이전에 왔던 예언자들처럼 무함마드도 계속해서 기적을 통해 예언자임을 증명해 보이라는 압력을 받았다. 그러나 무함마드는 도전을 받을 때마다 자신은 사도일 뿐이며, 그의 메시지가 자신이 보여줄 수 있는 유일한 기적이라고 주장했다. 12세기 신비주의자 나짐 앗딘 라지 다야Nadjm ad-Din Razi Daya(1177~1256년)의 말처럼, 한 시대로 끝난 다른 예언자들의 기적과 달리 무함마드의 기적은 "세상 끝날 때까지 남게 될" 꾸란이다.

형식과 내용 양 측면에서 모두 세상에 존재하는 어떤 기록물과도 꾸란을 비교할 수 없다는 것이 다야를 포함한 무슬림들의 기본적 시각이다. 무함마드 자신도 당대의 우상숭배 시인들에게 꾸란의 아름다움에 견줄 수 있는 글을 지어보라고 자주 도전했었다. "너희들이 우리가 계시한 것을 의심한다면 … 그것과 같은 구절을 가져와보라. 너희가 그렇게 할 수 없다면 —실로 너희들은 그렇게 할 수 없을 것이도다―지옥 불을 무서워해라. 그 연료는 사람과 돌들이니라.(2 : 23~4, 16 : 101)"

무슬림들이 꾸란을 성서들의 모서(알 움 알키탑)라고 생각하는 배경에는 꾸란이 영적으로 다른 성서들과 연관이 있다는 사실이 존재한다. 그러나 모세오경(토라)이나 신약성서가 수백 년에 걸쳐 신과의 만남을 기록한 많은 저자의 책들로 구성된 것과 달리, 꾸란은 신으로부터 직접 내린 계시(탄질tanzil)로 간주된다. 무함마드는 실제로 신이 하신 말씀을 전한 것이며, 이 과정에서 그는 하나님의 말씀이 흐르는 수도관과 같은 존재였다. 아주 순수한 문학적인 용어로 말한다면, 꾸란은 신의 극적인 모놀로그(독백)이다. 꾸란은 신과 인간의 소통을 자세히 이야기하지 않는다. 그것은 신과 인간의 소통 그 자체이다. 신성한 합일성의 분할을 절대 금하는 타우히드 교리를 감안하면, 꾸란은 단순히 신의 말이 아니라 신 자체이다.

이것이 정확히 보수주의 신학자들이 주장한 내용이다. 신이 영원하다면 신과 분리될 수 없는 신의 속성도 영원하다. 신의 속성, 즉 신의 말씀인 꾸란이 영원하며 창조되지 않은 것으로 보는 이유가 여기에 있다. 그러나 합리주의 학자들에게 이런 견해는 해결할 수 없는 많은 신학적 문제를 야기할 비논리적 견해로 간주되었다. 예를 들어 신께서는 아랍어를 말하는가, 꾸란의 모든 사본은 신의 사본인가 등의 신학적 문제들 말이다. 꾸란은 신을 반영할 뿐 신 자체가 아니라는 것이 합리주의자들의 주장이었다.

아부 하니파와 같은 일단의 신학자들은 합리주의 신학과 보수주의 신학 사이의 논쟁에 가교 역할을 하려고 노력했다. 이들은 절충적 입장을 취해 "꾸란을 우리가 입 밖에 낸 것은 창조된 것이며, 그것을 우리가 기록한 것은 창조된 것이며, 우리가 그것을 낭송한 것은 창조된 것이다. 그러나 꾸란 자체는 창조된 것이 아니다"라고 주장했다. 이븐 쿨랍Ibn Kullab(855년 사망) 역시 보수주의 신학자들이 신의 말씀을 '신에 존재하는 유일한 것'이라고 본 것은 옳지만, 그것이 물질적인 문자나 단어로 구성되어 있지 않은 경우에 한에 그렇다고 주장하면서 아부 하니파에 동의했다. 이븐 쿨랍의 견해는 이븐 하즘Ibn Hazm(994~1064년)에 의해 더욱 정교해졌다. 그는 (성서들의 모서라는 개념에서 나타났듯이) '미리 계시된, 이미 존재한 꾸란'의 존재를 옹호했다. 그리고 이미 존재한 꾸란의 내용과 밖으로 드러난 (물질적) 꾸란은 '모방 관계'라고 보았다. 무슬림들이 제본된 꾸란에서 읽을 수 있는 단어나 기호들 자체가 신의 실제적 말씀이며, 이 말씀은 영원하며 창조되지 않은 것이라고 주장하면서 보수주의적 교리를 확고히 하였다.

합리주의 신학자들과 보수주의 신학자들의 논쟁은 시대에 따라 우세함이 달라지면서 수백 년 동안 계속되다가, 13세기 말에 칼리파 알마문의 종교재판 박해에 의해 종식되었다. 그 결과 보수주의 신학이 순니 이슬람의 정통파적 입장이 되었고, 대부분의 합리주의 신학자들은 이단으로 낙인찍히면서 이슬람 신학과 법학에서 점차 영향력을 잃어갔다. 오늘날까지 계속되는 꾸란의 성격에 관한 논쟁은 보수주의 해석의 영향을 받아 특이한 이슬람 신학과 법학 발전으로 이어졌다.

예를 들어 꾸란은 영원하며 창조되지 않은 하나님의 말씀이라는 믿음은 무슬림들 사이에 원래의 언어로부터 번역될 수 없다는 생각을 널리 퍼트렸다. 다른 언어로 번역된 꾸란은 하나님이 직접 말씀하신 효과가 없으므로 꾸란이 될 수 없다는 것이었다. 따라서 아랍인들은 물론이고 모든 개종자들—아랍인, 페르시아인, 유럽인, 아프리카인, 인도인 할 것 없이—도 이슬람의 신성한 경전을 읽기 위해서는 아랍어를 배워야만 했다. 심지어 오늘날에도 모든 무슬림은 인종과 문화에 상관없이 반드시 아랍어로 꾸란을 읽어야 한다. 꾸란의 메시지는 무슬림으로 살아가는 데 필수적이지만 '바라카baraka'라고 알려진 영적인 힘을 가진 것은 낱말 자체—유일신의 실제 말씨—이다.

바라카(영적인 힘)는 특히 서예라는 독특한 이슬람 전통을 통해 가장 생생하게 경험할 수 있다. 아랍어 단어가 가지는 탁월한 지위와 초상화를 우상숭배로 보는 시각 때문에, 서예는 무슬림 세계에서 최상의 예술적 표현이 되었다. 그러나 이슬람의 서예는 단순한 예술 형식 이상의 것이다. 왜냐하면 서예는 영원한 꾸란의 시각적 구현이며 신의 현존에 대한 지상 위의 상징이기 때문이다.

꾸란의 구절과 단어들은 모스크, 무덤, 예배용 양탄자 위에 새겨져 그것들을 신성하게 한다. 또한 꾸란의 단어들이 컵, 사발, 램프 등과 같은 일상용품에 장식된 결과, 꾸란 구절들로 수식된 접시로 식사를 하거나 꾸란 구절이 식각된 램프에 불을 밝힘으로써 바라카를 경험하는 것이 가능해졌다. 이슬람 이전에 시들을 통해 신성한 힘을 전달한다고 믿은 것처럼, 꾸란의 단어들 역시 신성한 힘을 방출하는 부적과 같은 기능을 한다. 카바 신전을 청결케 하여 신께 다시 헌전한 후에 이단적 송시가 적혀 있던 천들을 찢고 꾸란 구절이 수놓인 천으로 바꾼 것은 신성한 힘이 시어에서 꾸란 구절로 이동된 사회적 현상에 불과하다.

무슬림들이 바라카를 경험하는 다른 방법은 일종의 학문으로 발전한 '꾸란 낭송학'을 통해서이다. 윌리엄 그레이엄William Graham 의 지적대로, 초기 무슬림들에게 꾸란은 자기 자신을 위해 조용히 읽는 것이 아니라 집단으로 크게 읽도록 의도된 성서였다. '꾸란'의 글자적 의미는 '낭송'이며 그렇기 때문에 많은 절들이 '말하라(qul)!'로 시작되는 것임을 기억해야 한다.

꾸르라, 즉 꾸란 낭송가들이 성서를 암기하여 보존하려고 기울인 초기 노력은 결과적으로 타즈위드tajwid(꾸란 낭송법)라고 하는 학문을 낳았다. 타즈위드는 꾸란을 낭송할 때 언제 멈추고 멈추어서는 안 되는지, 언제 음을 높이고 낮추는지, 언제 숨을 들이마시고 내쉬는지, 어떤 자음에 강세를 주는지, 모음은 어느 정도 길게 발음하는지 등을 규정한 엄격한 규칙들이다. 또한 이슬람은 아랍어의 신성한 성격을 훼손한다는 이유로 전통적으로 예배 때 음악을 사용하지 않는다. 따라서 어떠한 낭송도 지나치게 음악적이어서는 안 되는 반면, 자연스러운 곡조나 가락은 권장되고 있다. 실제로 현대 꾸란 낭송가들 중에는 간혹 비상한 음악성을 지닌 사람도 있으며, 이들의 낭송은 마치 수천 명의 떠들썩한 청중이 무대 위의 공연자에게 소리 질러 호응하는 록 콘서트와 유사하다.

물론 이 낭송들을 '콘서트'라든가 '공연'이라고 부르는 것은 적절하지 않다. 꾸란 낭송장은 낭송자가 신의 말씀이 가진 바라카(영적 힘)를 회중에게 전달하는 영적 모임이기 때문이다. 꾸란을 신의 독백이라고 볼 수도 있으나, 적어도 큰 소리로 읽을 때는 기적적으로 창조자와 피조물 사이의 대화로 변한다. 실제로 신이 참석하여 신자와 대화하는 듯한 분위기가 자연스럽게 연출되는 것이다.

영원한 꾸란에 관한 보수주의자 입장에서 가장 중요한 발전은 꾸란 해석학에서 일어났다. 사실 꾸란의 의미와 메시지를 해석하는 데 무슬림들은 처음부터 매우 큰 어려움에 봉착했었다. 꾸란은 신이 직접 하신 말씀으로, 어떠한 해석이나 주석도 없고 연도나 사건의 서술에 대한 관심도 거의 없이 기록되었다. 이런 면을 보완하기 위해 초기 종교학자들은 해설을 덧붙여 두 시기, 즉 메카에서 계시된 구절과 메디나에서 계시된 구절로 뚜렷하게 나누었다. 그렇게 대략적인 시기 구분을 함으로써 꾸란 본문을 정확하고 분명하게 해석하는 데 도움을 주고자 했다.

새로운 개종자들에게 꾸란의 구성은 당황스러울 수 있다. 우스만 칼리파가 수집한 꾸란은 114개의 장(수라surah)으로 구분되어 있으며, 각 장은 다른 구절(아야ayah) 수를 포함하고 있다. 몇 개의 예외가 있긴 하지만, 각 장은 바스말라Basmala, 즉 "자비롭고 자애로운 알라의 이름으로"라는 기원으로 시작한다. 꾸란의 장들은 계시된 순서나 주제별로 배열된 것이 아니라, 가장 긴 장에서 짧은 장 순으로 배열되었다. 아마 꾸란이 신으로부터 직접 계시되었음을 강조하기 위해서일지 모른다. 한 가지 예외는 꾸란 제1장이자 가장 중요한 장인 개경장Surah al-Fatiha이다.

꾸란을 해석하는 데는 두 가지 특징적인 방법이 있다. 첫 번째인 타프시르tafsir(직역)는 본문의 글자적 의미에 주로 관심을 가지는 반면, 두 번째인 타으윌ta' wil(의역)은 꾸란의 숨겨진 은유적이고 복잡한 의미에 더욱 관심을 가진다. 타프시르는 문맥과 연대에 관한 질문에 답하며, 무슬림들이 올바른 삶을 영위하도록 쉽게 이해할 수 있는 틀을 제공한다. 타으윌은 본문의 감추어진 메시지를 한층 깊이 연구하는 것으로, 신비로운 성격 때문에 오직 선택된 소수만이 이해할 수 있다. 두 방법 모두 장점이 있는 해석이지만, 타프시르와 타으윌 사이의 갈등은 특정한 역사적 문맥에 기반을 둔 영원하고 창조되지 않은 성서를 해석하고자 노력할 때 피할 수 없는 결과 중 하나이다.

창조되지 않은 꾸란의 개념을 부정하는 합리주의자들에게 유일하게 합리적인 해설 방법은 계시의 시간적 성격을 강조하는 것이었다. 그래서 합리주의자들은 꾸란의 본질뿐 아니라 그 의미와 역사적 맥락을 이해할 때 인간 이성의 탁월함을 강조했다. 반면 꾸란의 영원하고 창조되지 않은 성격을 강조하는 보수주의자들에게 역사적 맥락이나 원래의 의도에 관해 해설하는 것은 큰 의미가 없었다. 꾸란은 결코 변하지 않았고 앞으로도 변하지 않을 것이므로 그 번역도 불변이어야 한다는 것이다.

보수주의자들의 입장은 꾸란 해설에 큰 영향을 끼쳤다. 첫째, 그들의 입장을 취하는 신학자들에게 신의 뜻이 담긴 불변의 경전으로 널리 인식된 꾸란을 해석할 유일한 권위를 제공했다. 둘째, 영원하고 창조되지 않은 꾸란은 무함마드 당대 사회의 산물이라고 볼 가능성이 없으므로 역사적 맥락은 꾸란 해석에 어떤 역할도 할 수 없었다. 7세기 무함마드 사회에 적용되는 것은 시간과 장소에 상관없이 모든 무슬림 사회에 적용되어야만 한다는 것이다. 다분히 꾸란을 정적이고 변하지 않는 것으로 보는 견해라 할 수 있다. 그러나 이 견해는 계시가 단순한 무슬림 사회의 도덕적 안내와 지침으로부터 이슬람의 신성한 율법, 즉 샤리아의 원천으로 변함에 따라 점점 문제의 소지가 발생하게 되었다.

조셉 샤흐트Joseph Schacht가 "이슬람의 핵심과 요점"이라고 했던 샤리아는 울라마들에 의해 이슬람에서 좋고 나쁜 모든 행위의 심판 기준으로 발전되어 보상과 처벌을 규정했다. 더 상세하게 말한다면, 샤리아는 다섯 가지 부류의 행동을 인정한다.

1) 하면 보상이 있고 안 하면 처벌이 따르는 의무적 행위
2) 하면 보상을 받을 수 있으나 안 해도 처벌을 받지 않은 행위
3) 중립적이고 좋지도 나쁘지도 않은 행위
4) 비난은 받지만 그렇다고 반드시 처벌은 받지 않는 행위
5) 금지된 행위로서 하면 처벌받는 행위

이 다섯 가지 범주는 이슬람이 나쁜 행위를 금할 뿐만 아니라 좋은 행위는 적극적으로 권장하는 것을 보여준다.

모든 무슬림의 생활을 포괄하는 법규범으로서 샤리아는 두 가지

범주로 나눌 수 있다. 신앙 행위나 종교적 의무에 관한 규정과 순수하게 사법적 성격을 지닌 규정(비록 두 규정이 중복되기도 하지만)이 그것이다. 그러나 어떤 경우에도 샤리아는 무슬림들의 외적 행동만을 통제하는 데 목적을 두고 있으며, 내적이고 영적인 것과는 거의 관계가 없다. 결과적으로 이슬람의 신비주의적 전통에 찬성하는 신자들은 샤리아란 단지 정의로움의 출발점에 불과하며 진실한 믿음이란 법을 초월해야 한다고 본다.

샤리아의 도덕적 규정들은 피끄흐, 즉 이슬람 법체계에 의해 구체화된다. 가장 중요하고 가장 우선적인 법원이 꾸란이라는 데서 출발하는 피끄흐의 어려움은 꾸란이 법전이 아니라는 데 있다. 사실 토라(모세오경)와 유대인의 관계와는 달리, 법적인 문제를 직접 다루고 있는 꾸란의 구절은 약 80개 정도—상속, 여성의 지위, 형법적 규정들—에 불과하다. 따라서 꾸란에 구체적 언급이 없는 수많은 법적 문제를 다룰 때 울라마들은 예언자의 전통, 즉 순나에 의존할 수밖에 없다.

순나는 초기 예언자의 동료들은 물론 예언자 자신의 말과 행위라고 주장하는 수천 수만 개의 이야기, 즉 하디스로 구성되어 있다. 제 3장에서 논의된 바와 같이 이 하디스들은 여러 세대를 거쳐 내려오면서 복잡하게 뒤엉키고 신빙성을 잃어 거의 모든 법적·종교적 의견들이—아무리 급진적이거나 상도를 벗어난 것이라 해도— 예언자의 이름으로 합법화될 수 있었다. 9세기까지 상황은 더욱 악화되어, 마침내 법학자들이 가장 신빙성 있고 권위 있는 하디스를 모음집으로 분류하려는 시도를 하기에 이르렀다. 이 가운데 가장 평판이 좋은 것은 무함마드 알부카리Muhammad al-Bukhari(870년 사망)와 무슬림 이븐 알핫자즈Muslim ibn al-Hajjaj(875년 사망)의 정전들이다.

하디스 모음집들이 신빙성을 인정받는 주요한 기준은 각 하디스와 함께 언급되는 전달의 고리, 즉 이스나드isnad(계보)이다. 이스나드에 의해 초기 출전으로 소급되는 하디스들은 '확실한 것'으로 간주되어 신빙성 있는 하디스로 받아들인 반면, 그렇지 못한 하디스들은 '불확실한 것'으로 배척되었다. 여기에서 문제는 하디스 수집이 끝난 9세기까지는 하디스 보급에 계보의 완전성 여부가 중요한 요인이 아니었다는 점이다. 샤리아의 발전에 관해 광범위하게 연구한 조셉 샤흐트에 따르면, 널리 인정된 많은 하디스가 실제로는 신빙성을 가미하기 위해 계보를 추측으로 덧붙였다. 샤흐트는 이런 문제점을 가리켜 "이스나드가 완벽하면 할수록 후대에 나온 하디스"라고 말할 정도였다.

예언자의 전통, 즉 순나를 주요한 법원으로 사용하는 데 더 큰 장애는 무엇인가. 알부카리와 이븐 알핫자즈 같은 학자들이 각 하디스의 정확한 전달 경로를 엄밀하게 조사한 것은 사실이나, 그들 역시 정치적·종교적으로는 객관성이 결여되어 있었다. 계보가 확실해서가 아니라 공동체의 가치관과 관습을 반영한다는 이유로 많은 하디스가 믿을 만한 것으로 간주되었다. 다시 말해, 하디스의 수집과 순나의 발전은 이미 다수의 울라마들이 채택한 신앙과 관습에 정통성을 부여하기 위해 의도적인 선별을 통해 이루어졌다는 것이다. 실제로 어떤 하디스들은 계보상으로 예언자와 그의 동료들의 시대까지 거슬러 올라갈 수 있으나, 순나는 7세기 울라마가 아니라 9세기 울라마의 의견을 더 잘 반영했다. 그래서 조나단 버키Jonathan Berkey의 말을 인용하자면, "순나를 규정한 것은 무함마드 자신이 아니라 그에 관한 기억"이었다.

신빙성이 있든 없든 이슬람이 방대한 제국으로 확대되면서 발생하는 무수한 법적 문제를 해결하는 데 순나만으로는 충분하지 않았다. 그러므로 꾸란과 순나에서 명확히 다루지 않은 문제들을 해결하기 위해 다른 여러 가지 법원이 개발되어야 했다. 이 가운데 중요한 것이 유추, 즉 끼야스qiyas였다. 끼야스는 새롭고 낯선 법적 곤경에 처했을 때 당대와 무함마드 시대 사이에 유사한 점을 비교하는 방식이었다. 물론 보수주의자들이 우세한 분위기에서 법학자들이 자유롭게 유추를 사용할 수는 없었으므로 어디까지나 제한된 범위에 한했다. 따라서 끼야스가 샤리아의 발전에 중요한 도구인 상태에서 울라마들은 네 번째 법원인 이즈마ijma, 즉 '법적 만장일치'에 훨씬 더 많이 의존했다.

"나의 공동체는 결코 잘못된 일에 동의하지 않을 것이니라"고 한 예언자의 말에 의존하여, 울라마는 특정한 시대의 법학자들의 만장일치로 합의한 법적 문제들은 그 합의가 설사 꾸란의 규정을 위배한다 해도 구속력을 가진다고 단정했다. 예를 들어 꾸란에는 나와 있지 않으나 간음자에게 돌을 던져 죽이는 관습은 법적 합의에 의한 것이었다. 순나처럼 이즈마도 정통 교리를 만들기 위해 발전되었다. 그러나 여기에서 이즈마는 바람직한 행동이나 신앙을 결정하는 유일한 권위를 가진 울라마의 권위를 보다 확고히 해주었다는 것을 간과해서는 안 된다. 다양한 법학파가 형성된 것도 주로 이즈마의 사용에 의해서였다.

　이런 학파들의 법적 판결들은 이슬람 세계에 확고하게 제도화되어 불행히도 한 시대 법학자들이 내린 만장일치가 후속 세대를 구속하는 결과를 낳았다. 또한 울라마는 동시대의 법률 문제들을 창의적으로 해결하는 데는 관심이 없고 조소를 받더라도 타끌리드taqlid(맹목적 모방), 즉 사법적 전례를 맹목적으로 수용했다.

　한 가지 다른 법원은 이즈티하드ijtihad(꾸란, 순나, 유추, 만장일치에 근거하여 법적·신학적 문제에 개인적 의견을 개진함)이다. 일반적으로 꾸란과 순나가 어떤 문제에 대해 언급한 내용이 없고, 유추(끼야스)와 만장일치(이즈마)로도 해결하지 못하는 법적 문제에 대해서는 자격 있는 법학자가 독자적으로 법적 견해, 즉 파트와fatwa를 개진했다. 이른바 이즈티하드는 10세기 말 주요 법학파를 이끌던 보수주의 울라마들에 의해 금지될 때까지 필요한 법원이었다. '이즈티하드 문의 폐쇄'라고 불린 그들의 결정은 종교적 진리도 명백하게 꾸란에 위배하지 않는 한 인간의 이성에 의해 발견될 수 있다는 사고를 종식시켰다.

　11세기 초까지 비슷한 견해를 가진 울라마끼리의 모임은 율법에 관해 구속적 의견을 가진 법적 제도로 구체화되었다. 이 제도는 오늘날 네 개의 대표적 법학파로서 존재한다. 현재 동남아시아에 널리 퍼진 샤피이Shafii 학파는 순나가 가장 중요한 법원이라고 주장한 무함마드 앗샤피이Muhammad ash-Shafii(820년 사망)의 원리에 입각하여 수립되었다. 서아프리카에 주로 퍼진 말리키 학파는 전적으로 메디나의 하디스에 의존한 말리크 이븐 아나스Malik ibn Anas(795년 사망)에 의해 설립되었다. 중앙아시아와 인도 대륙에 우세한 아부 하니파의 하나피 학파는 해석의 폭이 넓고 다양한 법적 전통이다. 마지막으로 아흐마드 이븐 한발의 한발리 학파는 법학파 가운데 가장 전통주의적이며 중동 도처에 있으나, 사우디아라비아와 아프가니스탄 같은 매우 보수적인 국가에 지배적인 경향이 있다. 이 학파들에 덧붙여 자으파르 앗사디끄Ja'far as-Sadiq(765년 사망)에 의해 수립된 쉬아 법학파를 들 수 있다. 이 법학파에 관해서는 다음 장에서 설명하기로 한다.

이 법학파들에 소속된 울라마들은 이슬람적 행위의 유일한 결정자이자 이슬람 신앙의 유일한 해석자였다. 이 학파들은 점차 법기관화됨에 따라 초기의 특징이던 의견의 자유와 사상의 다양성 대신 엄격한 형식주의와 전례를 철저하게 수용하고 독립적인 사고는 거의 사라지게 되었다. 그 결과 12세기의 알가잘리(그 자신도 보수주의자였음) 같은 이슬람 사상가들은 "누구든지 울라마가 인정하는 규범적 신학을 알지 못하거나 그들의 인용에 따라 성법의 규정을 알지 못하는 사람은 불신자이다"라는 보수주의 울라마의 주장을 비난하기 시작했다. 나중에 살피겠지만, 900년 전에 알가잘리가 울라마들에 대해 가졌던 불만은 오늘날에도 비슷한 실정이다.

현대에는 개인의 종교적 의무가 정치 영역에까지 침투함에 따라 종교학자들이 올바른 행동과 신앙에 관해 대중적 연설을 할 기회가 많아졌다. 그들은 중동의 정치적 발전에 훨씬 적극적으로 개입함으로써 지지 청중을 넓히기도 했다. 이란, 수단, 사우디아라비아, 나이지리아를 포함한 일부 무슬림 국가에서 울라마는 대중에게 직접적으로 정치적·법적 통제를 행사하지만, 대부분 다른 국가의 사회·

정치 분야에서는 간접적으로 영향력을 행사하고 있다. 이들은 주로 종교적 포고, 법적 판결, 이슬람 종교학교(마드라사madrassa)의 경영을 통해 사회적 영향력을 행사하는데, 특히 종교학교에서 젊은 무슬림들은 정적이고 글자적인 꾸란의 해석과 샤리아의 신성 및 절대 무오류성에 관하여 보수주의 신학으로 무장된다. 다음은 파키스탄 학자이자 교사인 어느 한 사람이 최근 주장하는 내용이다.

이슬람법은 관습법이 존재한 것처럼 존재한 것이 아니다. 이슬람법은 인간이 만든 법들이 겪은 동일한 발전 과정을 거칠 필요가 없었다. 이슬람법은 몇 가지 규칙으로 시작하여 점차적으로 증가한 것이 아니다. 기초적 개념으로 시작했으나 세월의 흐름에 따라 문화 발전에 의해 세련되어진 것도 아니며, 이슬람 공동체와 함께 성장하거나 일어난 것도 아니다.

사실 그것이 바로 샤리아가 발전한 방법, 즉 "기초적 개념으로 시작했으나 세월의 흐름에 따라 문화 발전에 의해 세련되어진 것"이다. 이것은 토착 문화와 관습뿐 아니라 탈무드와 로마법에 의해서도 영향을 받은 절차이다. 꾸란을 제외한 모든 이슬람 법원은 인간 노력의 소산이었으며 신성한 것이 아니었다. 초기 법학파들은 이것을 잘 알고 있었고, 따라서 법학파들도 이슬람 공동체의 사상적 경향일 뿐이었다. 이 학파들의 전통을 형성해간 원천, 특히 이즈마(만장일치)는 사상의 발전을 허용했다. 이 때문에 울라마의 의견은 —합리주의자든 보수주의자든— 끊임없이 시대적 상황에 적응하고 있었고, 법

자체도 필요에 따라 계속해서 재해석되고 재적용되었다.

그럼에도 불구하고 이들 학파가 내린 법적 결정은 무슬림 개개인에게 구속력이 없었다. 사실 근대까지 신자들은 마음대로 학파를 바꾸는 것이 일반적이었고, 어떤 문제에서는 말리키 학설을 따르고 다른 문제에서는 하나피 학설을 따르는 것을 명백히 금하는 그 어떤 것도 없었다. 그러므로 그렇게 설립된 법을 오류도 없고 수정할 수도 없고 영원하며 구속력 있는 신의 성법이라고 간주하는 것은 분명히 불합리하다.

심지어 샤리아를 가장 피상적으로 들여다보아도 법과 계시가 '이슬람 공동체와 함께' 성장했음이 드러난다. 꾸란 자체도 그 메시지는 영원하지만 아주 특수한 역사적 환경에 대한 반응으로 계시되었음을 분명하게 말하고 있다. 무함마드의 공동체가 발전하면 할수록 계시는 새로운 필요에 적응하기 위해 변화했다. 실제로 무함마드의 22년 통치 기간 동안 꾸란은 계속해서 유동적 상태였고 때로는 메카의 계시인지 메디나의 계시인지, 무함마드 초기인지 말기인지에 따라 대폭 수정되기도 했다.

이런 변화들은 외관상 심각한 꾸란의 모순을 낳기도 했다. 예를 들어 초기에 꾸란은 술과 도박에 관해 "사람들에게 크게 해로우나 유익함도 있느니라. 그러나 죄가 유익함보다는 크나니(2 : 219)"라고 말하여 비교적 중립적 입장을 견지했다. 몇 년 후 다른 구절에서는 여전히 술과 도박을 금하고는 있으나 신자들에게 도박을 삼가고 "취한 채 예배하러 오지 말 것(4 : 43)"을 권장하였다. 그러나 그 후 얼마 지나서 꾸란은 명백하게 술과 도박 행위를 "사탄의 행동"이라 부르고 우상숭배와 동일시하면서 가장 중대한 죄이므로 해서는 안 된다고 규정했다(5 : 90). 이런 식으로 술과 도박을 금지하지 않았던 과거의 꾸란 구절은 뚜렷하게 금지한 후기의 다른 구절에 의해 폐기된 것이다.

꾸란 학자들은 한 구절이 다른 구절에 의해 폐기되는 것을 나스크naskh(취소)라고 불렀다. 그 이유로는 신이 무함마드에게 사회 변화를 단계적으로 인지시키고, 그렇게 함으로써 움마가 새로운 도덕성에 점진적으로 적응하도록 한 것이라고 주장했다. 그러나 나스크의 존재는 신은 변하지 않을지 모르나 계시는 분명히 변할 수 있음을 의미한다. 꾸란은 이렇게 말하고 있다. "우리가(내가) 하나의 구절이나 주장을 폐기할 때마다 더 나은 비슷한 것으로 바꾸는 것이니라. 신께서는 무엇이든 할 수 있다는 것을 알지 않느냐?(2 : 106, 16 : 101)"

예언자 자신도 공공연히 옛 구절을 폐기하여 금지했으며 새로운 구절로 대치시켰다. 그것은 무함마드가 꾸란을 불변의 것으로 간주하지 않았기 때문이며, 그가 왜 꾸란 모음을 한 권의 정전으로 굳이 만들려 하지 않았는지에 대한 설명이 된다. 무함마드에게 꾸란은 끊임없이 발전하고 변화하며 공동체의 특수한 필요를 충족시키는 살아 있는 성서였다.

아스밥 알누줄asbab al-nuzul(계시의 이유)이라고 하는 주석학은 무함마드 사망 직후 어느 구절이 어떤 특수한 역사적 상황에서 계시되었는지를 결정하기 위해 발전했다. 계시의 변화를 추적함으로써 초기 꾸란 해석가들은 꾸란 구절들의 연대기를 만들어낼 수 있었다.

그러나 이 연대기가 아주 분명하게 시사하는 바는 최초의 계시가 내린 610년부터 632년까지 신께서는 단계별로 가르치며, 필요한 경우 계시의 수정을 통해 움마를 육성하고 있었다는 것이다.

무함마드의 죽음과 함께 계시도 끝났으나, 이것이 곧 움마가 발전을 멈추었음을 의미하지는 않는다. 오히려 15억 명에 육박하는 현대 이슬람 사회는 7세기 아라비아에 무함마드가 남겨놓은 작은 신앙 공동체와 거의 닮은 점이 없다. 계시는 끝났지만 꾸란은 아직도 생동하는 문헌이며, 반드시 그렇게 취급되어야 한다. 꾸란의 해석에 역사적 관점은 불필요하며, 따라서 무함마드 공동체에 적용된 것이 모든 시대와 모든 이슬람 사회에 적용된다는 주장은 합리적이라 할 수 없다.

그럼에도 불구하고 이른바 보수주의의 계승자들은 개혁을 위한 비평, 심지어 자신들의 내부에서 나온 비평조차도 침묵시켜왔다. 1990년대 카이로대학교의 무슬림 교수인 나스르 하미드 아부 자이드Nasr Hamid Abu Zayd는 꾸란이 신의 계시이긴 하나, 동시에 7세기 아라비아의 특수한 문화적 산물이라고 주장했다. 이 주장으로 인해 그는 보수적인 이집트의 아즈하르대학교의 울라마들에 의해 이단으로 낙인찍히고 그의 무슬림 아내와 강제로 이혼을 해야 했다(부부는 함께 이집트에서 달아났다). 그런가 하면 수단의 저명한 법개혁가 마흐무드 무함마드 타하Mahmoud Mohamed Taha(1909~1985년)는 꾸란의 메카와 메디나 계시가 서로 상당히 다른 이유는 역사적으로 특수한 청중을 향해 내려졌기 때문이라고 주장했다. 게다가 꾸란은 이런 점을 감안하여 해석되어야 한다고 주장했다가 사형 집행되었다.

곧 분명해지겠지만 꾸란과 샤리아(이슬람 율법)의 성격과 기능에 관한 논쟁은 결코 끝나지 않았다. 압돌카림 소로쉬Abdolkarim Soroush와 칼리드 아부 엘파들Khaled Abou El Fadl과 같은 현대 무슬림 학자들은 이즈티하드(개인의 법적 의견)의 문을 다시 개방함으로써, 정력적으로 무슬림 사회의 개혁을 촉구하며 꾸란의 합리적 해설을 강조하고 있다. 그러나 보수주의자들의 우세는 아직도 계속되어 현대 중동에서 법과 사회의 발전에 부정적 영향을 끼치고 있다.

문제는 보수주의 법학자들의 관점과 민주주의와 인권의 현대적 개념을 조화시키는 것이 실제적으로 불가능하다는 데 있다. 현대 이슬람 국가는 샤리아를 그 법률 체계에 구체화시키는 정도에 대해 오직 세 가지 대안을 가지고 있다. 첫째, 샤리아를 민법의 합법적 법원으로 받아들이되 이집트와 파키스탄에서처럼 가족, 이혼, 유산 분야를 제외하고는 무시하는 것이다. 둘째, 사우디아라비아와 탈레반 정권하의 아프가니스탄에서처럼 현대의 법과 사회규범에 전적으로 샤리아를 적용하는 것이다. 셋째, 광범위한 개혁을 통해 샤리아의 전통적 가치를 현대 민주주의 및 인권 원리와 결합시키는 것이다. 이라크가 초기 민주주의적 실험을 하고 있지만, 이 마지막 대안은 지금까지 한 이슬람 국가만이 진지하게 고려해왔다.

20년 이상 이란이슬람공화국은 다원주의, 자유주의, 인권에 중점을 둔 참된 이슬람 민주주의를 수립하기 위한 시도로 대중의 주권과 신의 주권을 조화시키려고 노력해왔다. 지금까지 이런 시도는 매우 어렵고 폭력적이었으며 성공도 하지 못했다. 그러나 아메리카 식민지 동맹이 미국 헌법 초안을 발효시킨 이래 지금까지 그보다 더 중요한 정치적 실험이 시도된 적은 없었다.
 물론 이란은 특별한 경우이다. 이란의 이슬람 이상은 분명히 쉬아파적이다. 칼리파 직위를 예언자의 가문에 돌려준다는 정치적 운동에서 출발하여 독특한 신앙과 실천으로 무장한 이슬람의 독립적 분파로 성장하기까지 쉬아는 대다수 무슬림 공동체와 자신들을 동일시하려고 노력한 적이 결코 없었다.

7 순교자의 발자국 쉬아주의에서 호메이니주의까지

이슬람력 무하르람Muharram 달 10일 이른 아침, 예언자의 메디나 이주 61년째 되던 해(680년 10월 10일)에 예언자의 손자이자 알리의 추종자 무리의 수장인 후사인 이븐 알리는 그의 천막에서 걸어나왔다. 마지막으로 그는 바짝 마른 방대한 카르발라Karbala 평원을 가로질러 자신의 군대를 포위하고 있는 시리아의 대군을 응시했다. 몇 주 전 우마위왕조 칼리파 야지드Yazid 1세가 보낸 적의 대군은 후사인과 그의 군대가 쿠파에서 반왕조 세력과 회합하기 전에 저지하라는 명령을 받은 상태였다.

명령을 받은 시리아의 군사들은 10일 동안 카르발라에서 후사인을 포위하고 있었다. 시리아 군사들은 처음에 기병대를 이용해 후사인 군을 기습 공격한다는 전략을 짰다. 그러나 후사인은 후방을 보호하기 위해 구릉이 연결된 지역 가까이에 진을 치고, 진지의 3면에

고랑을 파서 나뭇가지를 채운 후 불을 붙였다. 그리고 불이 붙은 초승달 모양의 지대 중앙에 군사들을 집결시킨 후, 무릎을 꿇고 창끝을 전방으로 향하게 하여 조밀하게 밀착한 대형을 만들라고 명령했다. 그래서 적의 기병들이 접근하면 화염과의 사이에 만들어진 함정에 빠지는 형세가 되었다.

단순한 전략이었으나 후사인의 군사들은 3만이 넘는 칼리파 군사들의 공격을 6일 동안이나 막아낼 수 있었다. 그러나 7일째 되던 날, 시리아 군은 전략을 바꾸었다. 그들은 후사인 본진에 대한 공격을 중지하고 유프라테스 강의 지류를 막음으로써 후사인의 군사들에게 공급되던 물을 차단했다.

유혈이 낭자했던 백병전은 끝났다. 칼리파의 무장한 군사들은 후사인의 진영을 바라만 볼 뿐 공격을 가하지는 않았다. 마상에 앉아 칼집에 칼을 넣고 어깨에는 활을 건 채 구경만 하는 것이었다. 3일이 지나자 물길을 끊은 효과가 나타나기 시작했다. 태양이 작열하는 메마른 광야에서 물을 먹지 못한 후사인의 군사들은 대부분 쓰러졌다. 아직 목숨을 부지하고 있는 소수의 군사들 역시 갈증에 허덕이며 천천히 고통스럽게 숨져가고 있었다. 바닥에는 시체들이 뒹굴었다. 그 시체들 중에는 후사인의 열여덟 살 난 아들 알리 아크바르Ali Akbar와, 형님의 큰 아들로 이제 열네 살이 된 조카 까심Qasim도 포함되어 있었다. 야지드를 쓰러뜨리기 위해 메디나에서 쿠파까지 먼 길을 원정 온 72명의 예언자의 동료들도 전부 숨을 거두었다. 이제 남은 사람은 부녀자들과 몇 안 되는 아이들뿐이었다. 유일하게 살아 있는 후사인의 아들 알리는 여자들의 막사 안에서 거의 모든 기력을 상실한 채 숨을 거두기 직전의 상태였다. 전사자들은 수의에 싸여 쓰러진 바로 그 자리에 머리를 메카로 향한 채 매장되었다. 무심한 바람은 그들의 무덤을 스쳐 지나갔고, 부패한 시신의 악취는 평원을 가로질러 먼 곳까지 퍼져나갔다.

이미 중상을 입은 후사인 역시 갈증을 견디지 못하고 그의 막사 입구에서 쓰러지고 말았다. 그때 화살 하나가 바람을 매섭게 가르고 날아오더니 그의 팔뚝에 박혔고, 어디에선가 날아온 투창이 볼을 꿰뚫었다. 출혈 과다로 정신이 혼미해진 후사인은 피인지 땀인지 모를 액체를 훔치기 위해 눈언저리를 연신 닦아냈다. 머리를 들 힘도 없는 그는 주변에서 들리는 부녀자들의 울부짖는 소리를 무시하려고 애썼다. 그 여자들은 조금 전 아이를 안고 언덕에 올라 시리아 군사들에게 물을 달라고 요청했다가, 날아온 화살에 목을 맞아 숨진 젖먹이 아들을 매장하던 중이었다. 그녀들의 절규는 어떤 화살보다도 더 깊이 후사인의 몸을 뚫고 지나갔다. 그에게 남은 일은 사력을 다해서 완성할 수 없는 임무를 끝내는 것뿐이었다. 자신의 두 발로 서기 위해서 후사인은 남아 있는 온 힘을 끌어모았다.

하늘을 향해 피 묻은 손을 들어올리면서 그는 기원했다. "우리는 알라를 위해 존재하며 알라께로 돌아갈 것이다."

기원을 마친 그는 비장한 결의를 다지며 한 손에 꾸란을 들고 다른 한 손에는 칼을 들었다. 그리고 준마에 올라탄 후, 전방 수백 미터 앞에 있는 적진을 향하게 말머리를 돌렸다. 말의 옆구리를 차고 바람처럼 달려나간 그는 적의 방어선을 향해 돌진했다. 그리고 미친 듯이 휘두르는 그의 칼 앞에서 허수아비처럼 쓰러지는 적들을 향해 큰 소리로 외쳤다. "이놈들, 파티마의 아들이 어떻게 싸우는지 똑똑히 보았느냐? 알리의 아들이 어떻게 싸우는지 똑똑히 보았느냐? 사흘을 굶은 하쉼 가문의 아들이 어떻게 싸우는지 똑똑히 보거라!"

칼이 햇빛을 받아 번득일 때마다 시리아 기병들이 하나씩 쓰러졌다. 처절하지만 장엄한 광경이 아닐 수 없었다. 시리아 장수 쉬므르Shimr는 전열을 가다듬어 사방으로 후사인을 포위하라고 명령했다. 곧 몇 겹으로 에워싸인 후사인은 창기병이 던진 작살을 맞고 마침내 말 위에서 굴러 떨어졌다. 놀란 말이 몸을 밟아 뭉개자 그는 머리를 감싸며 신음했다. 이때 후사인의 누나 자이납Zainab이 막사에서 달려나왔다. 그녀는 동생을 도우려 했으나, 후사인은 제자리에 있으라고 소리를 질렀다. "천막으로 돌아가세요, 누님. 나는 아직 끝나지 않았다구요."

기병들에게 물러서라고 명령하고 앞으로 나온 쉬므르는 말에서 내려 후사인의 비참한 몰골 앞으로 몇 걸음 걸어갔다. 그리고 잠시 그를 내려다본 후, 엄숙하게 말했다. "신앙고백을 하거라! 이제 너의 목을 자를 때가 되었으니."

후사인은 자신의 사형 집행인을 잠깐 동안 올려다본 후, 큰 소리로 절규했다. "오, 자비로운 알라시여, 나의 할아버지의 백성들이 지은 이 죄를 용서해주소서, 또한 나를 불쌍히 여기소서……."

마지막 기도를 끝내기 전에 쉬므르는 칼을 허공에 들어올려 예언자의 손자 후사인을 향해 내리쳤다. 획하는 바람소리와 함께 후사인의 머리가 떨어져 땅바닥에 굴렀다. 쉬므르는 창끝에 그의 머리를 매달아 다마스쿠스로 옮긴 다음, 금쟁반에 담아 우마위왕조의 칼리파에게 선물로 바쳤다.

661년 제4대 칼리파 알리가 암살된 이후, 쿠파에 살던 알리의 추종자들은 그의 장남 하산을 칼리파로 선출했다. 그러나 쿠파는 외딴 도시였고, 알리의 지지자들은 사방으로 흩어져 있었으며 그 세력도 얼마 되지 않았다. 또한 무아위야가 자신을 이미 예루살렘의 칼리파로 선포하고 이슬람 영토의 패권을 장악한 상황인지라 이슬람 공동체의 지도권을 놓고 하산의 지지자들이 시리아 군대와 싸우는 것은 역부족이었다. 그러나 그 수가 얼마 되지 않음에도 불구하고 알리의 추종자들은 여전히 영향력 있는 집단이었다. 특히 메카와 메디나의 주민들 사이에서, 그리고 아랍우월주의를 내세운 우마위왕조를 싫어하던 사산조페르시아 옛 제국의 이란인들 사이에서 알리의 영향력은 지대했다. 메카와 메디나 주민들 역시 정치적으로 우마위왕조와 제휴하고 있었으나, 그들의 기억 속에는 예언자의 모습이 아직도 생생히 살아 있었다. 그러므로 예언자의 손자에게 동정적인 것은 어쩔 수 없는 일이었다. 이런 상황에서 하산이 일시적 휴전을 제안하고 협상을 하려 하자 무아위야는 기회를 놓치지 않고 응했다.

두 사람은 하쉼 가문과 우마위 가문의 싸움이 내란으로 치닫는 것을 막기 위해 휴전에 동의했다. 협정은 이슬람 세계의 지도권을 무아위야가 갖되 그의 사후에 칼리파 직위는 무함마드의 가문에게 되돌린다는 것을 암시했다. 무함마드의 가문이 아니라 하더라도 최소한 무슬림 공동체의 만장일치에 의해 지도자를 결정한다는 것은 명확했다. 협정은 두 사람 모두의 승리였다. 하산은 시리아 군의 위협을 받지 않고 아버지 알리의 추종자 세력을 재집결할 수 있었고, 무아위야는 칼리파 위를 꿈꾸던 순간부터 얻고자 했던 정통성을 획득했다.

무슬림 공동체의 수도가 다마스쿠스임이 확실해진 상황에서 무아위야는 칼리파로서 자신의 지위를 강화하기 위한 일련의 중앙집권적 개혁 조치를 취했다. 그는 자신의 힘을 이용하여 구심점 없이 변방에 주둔하던 군사들을 모았다. 또 움마의 일부라고 생각해본 적이 없는 유목민들을 오지의 마을에 강제로 정착시켜 제국의 영향력하에 두었다. 그는 또한 칼리파 알리에 의해 면직되었던 자신의 친인척을 총독에 재임명함으로써 멀리 떨어진 지방과도 긴밀한 관계를 유지했다. 그러나 사촌이었던 우스만의 통치 기간 중에 무슬림 공동체에 만연했던 부패와 무질서를 척결하기 위해서 엄한 통제를 가했다. 무아위야의 총독들은 부지런히 세금을 걷어 다마스쿠스에 보냄으로써 자신들의 지위를 확보하고자 했고, 칼리파는 그 재원을 이용하여 과거에 아랍 부족들이 상상하지 못했던 거대한 도시를 건설했다.

비록 무아위야가 우스만이 사용했던 종교적 칭호인 칼리파트 알라(알라의 대리인)를 계속 사용하고 종교학자와 꾸란 낭송가들에게 많은 돈을 쏟아붓긴 했으나, 울라마들의 신학적·법적 논쟁에는 직접 개입하지 않는 선례를 남겼다. 그러나 선조 꾸사이처럼 무아위야는 카바가 정권에 종교적 정통성을 부여한다는 것을 인정했다. 그래서 그는 아흘 알바이트(하셈 가문 혹은 예언자 가문)로부터 메카의 성소를 관리하고 순례객들에게 휴식처와 물을 제공할 권리를 사들였다.

무아위야는 기동력 있는 정예병(시칠리처럼 먼 지역을 정복하곤 했던 강력한 해군 함대는 말할 것도 없고)을 이용하여 칼리파의 위상을 확고히 하고 다마스쿠스를 이슬람 공동체의 수도로 만든 후, 다른 지역도 자신의 직접적 영향력하에 두었다. 그렇게 함으로써 방대한 팽창의 시기가 도래하게 된다. 예식이나 지위 면에서 왕이 아닌 부족의 강력한 쉐이크로 부각시키기 위해 큰 노력을 기울였지만, 무아위야가 비잔틴이나 사산조페르시아제국을 모방하여 중앙집권화를 꾀하고 왕조를 이어가게 한 것은 분명하다. 무아위야는 칼리파 제도를 군주제로 변화시킨 후에 자신의 아들 야지드를 후계자로 임명하지 않았던가.

야지드가 카르발라에서 예언자의 가문을 거의 몰살시킨 것을 생각하면 이슬람 사가들이 그에 대해 비우호적인 것은 어쩌면 당연한 일이다. 예를 들어 무아위야의 계승자는 애완용 원숭이와 노는 데 탐닉하고 주색에 빠진 방탕한 사람으로 묘사되어 있다. 이런 설명이 정당하지 않다 하더라도 야지드의 평판은 그가 아버지 무아위야의 뒤를 이어 왕위를 세습하는 순간부터 결정된 것일지 모른다. 그의 계승은 전통적인 신의 공동체에 종지부를 찍은 사건이자, 모호하긴 하지만 역사상 최초의 아랍제국의 출발을 예고한 사건이었다.

쿠파가 봉기한 것도 이 때문이었다. 자유를 얻은 노예와 비아랍계 무슬림(대부분 이란인)이 주로 거주하던 국경 도시 쿠파는 짧고 소란스럽긴 했으나 알리의 칼리파 재위 기간에는 수도였는데, 이제는 반우마위 세력의 중심지가 되었다. 반우마위 정서는 이질적인 쉬아투 알리, 즉 알리의 추종자들이 가세함으로써 더욱 노골적으로 변했다. 우마위 가문에 대한 혐오감과 예언자 가문만이 이슬람을 본연의 정의, 경건함, 평등주의로 회복시킬 수 있다는 믿음은 두 세력의 유일한 공통점이었다.

앞에서 언급한 대로, 쉬아투 알리는 처음에 알리와 파티마 사이에서 난 큰아들 하산을 자신들의 새 지도자로 간주했다. 그러나 669년 하산이 독살된 이후(그의 동료들의 주장), 알리의 추종자들은 둘째아들 후사인에게 관심을 집중했다. 정치적 음모나 책동을 매우 혐오한 형과 달리 후사인은 추종자들로부터 강력한 충성을 이끌어낸 훌륭한 지도자 감이었다. 하산이 사망하자 쉬아투 알리는 후사인에게 목숨을 기꺼이 바치겠다고 맹세하며 무아위야에 대해 즉시 봉기하라고 압력을 가했다. 그러나 후사인은 형이 칼리파와 맺은 협정 때문에 주저했다.

11년 동안 칼리파가 사망할 때를 기다리면서, 메디나의 후사인은 이슬람을 가르치거나 설교하면서 가문의 전통을 지켜나갔다. 이 기간 동안 그는 자신의 아버지 알리에 대한 공개적인 비난과 악담을 가만 앉아서 끝까지 들어야 하는 수모를 견뎌내야 했다. 알리에 대한 폄하는 무아위야가 제국 내 모든 모스크에게 설교할 때 의무적으로 포함하라고 명령한 것이었다. 680년 마침내 무아위야가 사망했다. 그리고 얼마 지나지 않은 어느 날, 쿠파에서 한 통의 편지가 후사인에게 도착했다. 비밀스러운 편지의 내용은 독재자를 세습한 아들에 대항하여 봉기를 일으킬 테니 쿠파에 와서 자신들을 지휘해 달라는 것이었다.

어쩌면 오랫동안 기다려왔던 편지였는지도 모른다. 그러나 후사인은 쿠파 주민들의 변덕스럽고 화합이 힘든 기질에 대해 익히 알고 있었을 뿐 아니라, 칼리파의 시리아 대군에 대항하여 이라크 반란군의 사령관이 되는 것이 무모한 행동임을 모르지 않았다. 후사인은 자신의 운명을 그들과 함께하는 것이 내키지 않았으므로 망설였다. 그러나 동시에 정통성이 없는 통치자에 의해 공동체가 겪는 고통과 압제에 대항하여 분연히 일어서는 것이 예언자의 손자인 자신의 사명임을 무시할 수 없었다.

이런 찰나에 분위기를 눈치 챈 새 칼리파 야지드가 후사인에게 전갈을 보내왔다. 메디나에 있는 총독 왈리드Walid에게 출석하여, 그 앞에서 다마스쿠스의 새 정권에 충성을 맹세하라는 것이었다. 왈리드와 그의 참모 마르완 앞에 선 후사인은 자신이 아흘 알바이트(예언자의 가문)의 대표이므로 충성서약은 칼리파에게 직접 하는 것이 더 도움이 된다고 설득하여 서약을 연기하고자 했다. 여기서 잠깐 마르완을 소개하자면, 그는 칼리파 우스만에게 엉뚱하게 조언하여 재앙을 안겨주었고, 후에 우마위왕조의 칼리파 직을 찬탈한 바로 그 사람이다. 메디나의 총독 왈리드는 후사인의 의견에 동의하고 그를 보내주려고 했으나 마르완은 속지 않았다.

"만약 메디나를 떠나도록 한다면, 총독께서는 다시는 그를 생포하지 못할 것이외다. 지금 당장 충성맹세를 시키시든지, 아니면 죽여서 후환을 없애십시오." 마르완이 조언했다.

그러나 왈리드가 마르완의 충고를 받아들이기 전에 후사인은 이미 가족을 데리고 지지자 무리와 함께 서둘러 쿠파로 떠나버렸다.

후사인이 자신에 대항하여 반란을 꾀하려 한다는 사실을 눈치 챈 야지드는 급히 군사를 쿠파로 보내 반란군들을 한 사람도 남기지 말고 사로잡아 처형하라는 명령을 내렸다. 야지드는 쿠파의 주민들에게 후사인 일당을 지지하면 신속하고 무자비하게 진압된다는 사실을 본보기로 보여주려고 했다. 실제로 쿠파 남쪽 수킬로미터 지점에 위치한 카르발라에서 후사인과 그의 추종자들이 몰살되기 오래 전 이야기이지만, 쿠파의 반란은 무자비하게 진압되고 말았다. 후사인이 예측한 대로 변덕스러운 쿠파인들은 후사인의 운명이 자신들과는 상관없다며 내팽개쳤다. 쿠파의 폭동이 진압되었다는 소식을 들은 후에도, 쿠파인들에게 버림을 받은 후에도 후사인은 자신의 운명을 받아들이기로 결심하고 쿠파를 향한 행군을 계속했던 것이다.

카르발라의 참극은 전 이슬람 세계에 충격을 던져주었다. 야지드의 군사들은 대량학살을 자행한 이후에 후사인의 마지막 남은 아들 알리를 포함한 모든 생존자를 끌고 쿠파의 거리를 행진함으로써 후사인의 지지자들에게 경고의 메시지를 보냈다. 건강이 좋지 않은 알리는 가죽 끈으로 낙타에 몸을 묶인 채 끌려다녔다. 후사인의 잘린 머리가 군중이 볼 수 있도록 내걸리자 쿠파인들은 가슴을 치고 울부짖으면서 예언자의 가족을 그 지경에 이르도록 내버려둔 자신들의 과오에 저주를 퍼부었다. 적극적으로 아흘 알바이트의 지도권 주장에 반대했던 파벌들조차 잔인하게 칼리파 권위를 과시하는 데 아연실색했다. 사람들은 말했다. 어찌 되었든 이들은 신의 사도의 가족들이 아닌가, 어떻게 이런 사람들이 굶어죽고 짐승처럼 학살될 수 있단 말인가?

거의 즉각적으로 이슬람 세계 도처에서 폭동이 일어났다. 생존한 카와리지 파들은 야지드를 이단자로 규정하고 자신들의 독립적 정권을 이란과 아라비아 반도에 각각 하나씩 세웠다. 쿠파에서는 카르발라 참극에 대한 복수로, 짧지만 유혈이 낭자한 봉기가 무함마드 이븐 알하나피야Muhammad ibn al-Hanafiyyah(알리의 아들이지만 파티마와의 사이에서 태어난 아들은 아님)의 이름으로 일어났다. 메카에서는 압드 알라 이븐 알주바이르Abd Allah ibn al-Zubayr—낙타 전투에서 탈하 및 아이샤와 함께 알리에 대항하여 싸웠던 주바이르의 아들—가 군대를 일으키고 자신을 아미르 알무미닌(신자의 사령관)이라 칭했다. 안사르들도 이븐 알주바이르의 예를 따라 신속하게 다마스쿠스로부터 독립을 선언하고 메디나에서 자신들의 지도자를 뽑았다.

야지드는 군대를 풀어 이런 폭동들을 진압했다. 그의 명령을 받은 시리아 군은 대규모 쇠뇌를 동원하여 메카와 메디나를 포위하고 무차별적으로 주민들에게 화석을 쏟아댔다. 메카에서는 카바 신전에 불이 나서 성소를 태워 무너뜨렸다. 결국 불길이 잡히긴 했지만 성스러운 두 도시는 거의 황폐화되었다. 메디나는 즉시 항복을 선언하고 야지드에게 충성을 맹세했다. 그러나 압드 알말리크Abd al-Malik의 우마위왕조가 메카의 이븐 알주바이르 군사들을 패배시키고 다마스쿠스의 절대주권을 회복하는 데는 10년이란 세월이 더 걸렸다.

한편 우마위 칼리파들은 잘 알지 못했으나, 훨씬 더 복잡하고 심각한 대변화가 이미 제국 안에서 일어나고 있었다. 이 변혁은 정치적이라기보다는 무슬림 신앙의 본질을 통제하는 것이었다. 684년, 카르발라의 참극이 일어난 지 4년이 지난 후였다. 자신들을 타우와 분tawwabun(참회자)이라고 부른 쿠파 출신의 집단이 이 대량학살 현장에 —얼굴에 검은 칠을 하고 그들의 옷을 찢은 채— 모여 후사인과 그의 가족의 죽음을 애도했다. 후사인에게 애도를 표한 이 행사는 우마위왕국 군대에 대항해 싸운 그를 방치하여 죽게 내버려둔 것에 대한 속죄 행동으로서, 비공식적이고 비의식적인 모임이었다. 참회자들은 그들의 죄를 공개적으로 참회하기 위해 모였고 애도 행위를 통해 죄 사함을 받고자 했다.

    속죄의 행위로서 애도를 표하는 것은 조로아스터교, 유대교, 기독교, 마니교 등 메소포타미아 지방의 대부분 종교에 있는 풍습이었지만 이슬람에서는 전례가 없었다. 실제로 참회자들이 카르발라에서 표한 집단적 애도 행위는 전적으로 새로운 종교적 관행으로 발전한 최초의 기록된 의식이었다. 카르발라의 기념행사를 통해 공동체의 지도권을 예언자 가문에 돌리려는 정치적 목적을 가진 집단이 이슬람의 종교 분파, 즉 쉬아주의Shi'ism로 변화되고 있었다. 쉬아주의는 카르발라 순교자들의 전례를 따라 기꺼이 자신을 희생하여 압제에 대항하는 정의로운 신자를 이상으로 삼는 종교적 이념이다.

    카르발라의 참회자 행동을 종교사에서 특이하게 보는 이유는 신화가 아닌 제례(혹은 의식)가 신앙을 만들 수 있다는 것을 보여주기 때문이다. 이것은 쉬아주의를 논할 때 명심해야 할 중대한 사항이다.

하인즈 함Heinz Halm이 지적한 대로 쉬아는 "교리에 대한 신앙고백에 의해서"가 아니라 카르발라 신화에서 발원한 "제례의 수행 과정을 통해서" 태어난 공동체이다. 수백 년이 지나 의식이 공식화된 후에 쉬아 신학자들은 이미 수립된 종교운동에 신학적 토대를 놓기 위해 그것들을 재해석하고 검토했다.

카르발라는 쉬아주의의 에덴동산이 되었다. 이곳에서 인간의 원죄는 신에 대한 불순종이 아니라 신의 도덕률에 대한 불충이었다. 초기 기독교인들이 예수의 십자가 죽음을 자기희생적 결정으로 재해석함으로써 예수의 죽음에 대한 혼란에 대처한 것과 같이 쉬아도 후사인의 순교가 자각적 결정이라고 주장했다. 카르발라 사건은 후사인이 태어나기 오래 전에 기적적으로 아담, 노아, 아브라함, 모세, 무함마드, 알리, 파티마에게 계시되었다고 쉬아는 주장한다. 쉬아는 후사인이 칼리파의 군대를 무찌를 수 없음을 알고 있었으나 의도적으로 쿠파로 행진하여 공동체의 미래 세대를 위해 자신을 희생한 사실에 주목했다. 후사인 자프리Husain Jafri의 말을 인용한다면, 단지 무력만 사용해서는 무함마드의 이상을 실현할 수 없음을 깨닫고 후사인이 "무슬림 공동체의 의식에 일대 혁명"을 가한 것이었다. 샤 압둘 아지즈Shah Abdul Aziz가 논한 대로, 후사인의 자기희생은 아브라함이 큰아들 이스마엘을 희생시키려고 했던 고사의 연장선상에 있으며 논리적 종결이라고 할 수 있다. 그래서 쉬아는 아브라함이 시작하고 무함마드가 아랍인들에게 계시한 종교가 후사인의 순교로써 완성된 것으로 간주한다. 카르발라 사건의 해석에 따라 쉬아주의에는 희생을 통한 속죄라는 독특한 이슬람 신학이 발전했는데, 정통 순니 이슬람에서는 낯선 것이다. 쉬아파 무슬림들은 "후사인이 흘린 눈물 한 방울이 수백 가지 죄를 씻어낸다"고 말한다. 아자 'aza, 즉 애도라고 불리는 이 개념은 8세기 중반 무렵 쉬아 당국에 의해 공식화된 의식에 충분히 표현되었으며 오늘날까지도 쉬아 신앙의 중심적 의식이다.

매년 무하르람 달 초에 10일 동안 지속되어 10일째 되던 날(아슈라의 날)에 벌어지는 애도 집회를 통해 쉬아파의 후사인 순교 기념은 절정에 달한다. 이 집회에서는 쉬아파의 순교자들 이야기를 '자키르zakir'라고 하는 종교 전문가가 낭독하고, 애도 행렬에서는 무함마드 가문의 유품을 나르기도 한다. 그러나 아마도 가장 유명한 의식은 타으지야ta'ziyah라고 불리는 카르발라 참극을 극화한 연극일 것이다. 또 마탐matam이라고 하는 장례 행렬에서는 참가자들이 참회의 뜻으로 리듬감 있게 자신들의 가슴을 치거나 쇠사슬로 만든 채찍으로 등을 때리는데, 매를 맞는 사람들은 자신들이 흘린 피로 거리가 얼룩질 때까지 하산과 후사인의 이름을 소리쳐 부른다.

외관상 비슷해 보이지만, 쉬아의 자기 채찍질 의식과 일부 기독교 수도승 교단에 존재하는 관습의 공통점은 거의 없다. 쉬아의 행위는 경건한 자기 고행을 위한 고독한 행위로서의 채찍질이 아니다. 힌두교의 일부 교파가 행하는 극기 행위, 즉 의식의 이동을 달성하는 수단으로서 고통을 주는 것도 아니다. 버넌 슈벨Vernon Schubel, 데이비드 피놀트David Pinault, 시드 모흐신 나꾸비Syed-Mohsen Naquvi 등 무하르람 의식의 다른 객관적 관찰자들이 기록한 대로, 마탐은 육체적으로 고통 없는 행위, 즉 공동체의 목격 행위일 뿐 자신의 죄를 저주하는 수단이 아니다. 구원을 가져다주는 것은 후사인을 위해 자발적으로 흘린 피와 눈물이지 고통이 아니다. 그래서 종교와 정치 당국이 눈살을 찌푸리는 많은 대도시에서는 채찍질 의식 대신 혈액은행에 안전하고 질서 있게 헌혈을 하자는 캠페인이 활발하게 전개되고 있다.

쉬아에게 무하르람 의식은 하나의 도덕적 선택이다. 한 참가자의 말을 빌리면 "우리가 카르발라에 있었다면, 후사인과 함께 서서 피를 흘리고 그와 함께 죽었을 겁니다"라고 하는 공개적 천명이다. 이 의식이 갖는 또 하나의 중요성은 개종 행위로서의 기능이다. 다른 참가자가 피놀트에게 설명하듯이 "우리의 채찍질은 단지 후사인을 추모하기 위한 것만이 아니라 우리가 쉬아라고 말하는 방법"인 것이다.

대다수 순니 세계는 그런 의식적 헌신은 비드아bid'a(종교적 혁신) 행위이며, 모든 정통 학파가 강하게 반대하는 행위라고 말한다. 그러나 순니는 사실 의식이 의도하는 것에 훨씬 더 비판적이다. 즉 16세기 꾸란학자 알카쉬피al-Kashfi에 따르면, "후사인을 위해 우는 사람이나 후사인을 위해 참회하는 사람에게" 천국의 보상이 있다는 것이다. 구원을 받기 위해서는 예언자 무함마드, 그의 사위 알리, 그의 손자 하산과 후사인, 예언자의 합법적 계승자인 이맘들의 간구가 필요하다고 쉬아는 믿는다. 이들은 최후의 날에 인간의 중재자가 될 뿐 아니라 신의 계시의 영원한 집행자(왈리wali)가 된다.

'이맘'이란 용어는 여러 가지 함축적 의미를 가지고 있다. 순니 이슬람에서 이맘은 모스크에서 집단예배를 인도하는 사람이다. 반면 쉬아 이슬람에서는 같은 의미로 쓰이기도 하지만 분파에 따라 정해진 수의 이맘이 있고, 이들은 예언자의 합법적 계승자로서 그의 신성한 복음을 지키고 보관할 책임을 진다. 정치적으로 지명되고 적어도 이론상으로는 무슬림 공동체의 추인을 받는 칼리파와 달리, 이맘은 예언자 무함마드의 영적 권한을 대변하고 신에 의해 지명된다. 순니 칼리파가 지상에서 무함마드의 부통치자임을 주장한다면, 쉬아의 이맘은 정치적 힘은 가지고 있지 않지만 속세의 지도자보다 큰 영적 권한을 소유한다고 믿는다.

저명한 쉬아 신학자 알라마 타바타바이Allamah Tabataba'i에 따르면, 이맘의 존재는 필수적이다. 왜냐하면 신의 지식은 인간 스스로 취득할 수 없기 때문이다. 따라서 이맘은 모든 사회와 모든 시대에 필요한 존재이다. 무함마드의 지상의 권위를 계승한 '정해진' 이맘 수에 더해 '언제나 존재하는' 또는 '이미 존재하는' 한 명의 이맘이 반드시 있어야 하며, 그는 계시의 영원한 안내자로서 '지상에서 신을 증거'하는 역할을 한다. 최초의 이맘은 무함마드도 알리도 아닌 바로 아담이었다. 이맘과 예언자의 역할을 가끔 한 사람이 다 하기도 하지만, 두 역할의 차이는 주로 의식의 차이다. 쉬아의 주장에 따르면, 예언자는 신의 뜻에 따라 우리가 벗어나지 못하는 하늘처럼 영원히 창조물을 에워싸고 있는 신의 메시지를 의식하는 사람인 반면, 이맘은 예언자적 자각을 갖지도 못하고 이해할 이성적 힘도 없는 사람들에게 그 메시지를 설명해주는 사람이다. 다시 말해 예언자는 신의 메시지를 전달해주는 반면, 이맘은 인간에게 그 메시지를 해석해주는 것이다.

쉬아에 따르면, 예언자와 이맘의 관계는 예언의 역사 내내 관측이 가능하다. 아브라함은 신으로부터 언약을 받았겠지만, 신의 이맘으로서 그것을 이행한 사람은 이삭과 이스마엘이었다. 모세는 성법을 계시했으나 약속의 땅에 도착한 사람은 아론이었다. 예수는 구원을 설파했으나 교회를 건설한 사람은 베드로였다. 마찬가지로 마지막 예언자 무함마드는 신의 메시지를 아랍인들에게 계시했으나, 그것을 실천한 사람은 그의 합법적 계승자인 알리였다. 그래서 쉬아의 신앙고백은 다음과 같다.

"알라 외에 다른 신은 없도다. 무함마드는 신의 사도이시며, 알리는 신의 (계시의) 집행자(왈리)이시다."

이맘은 신의 뜻을 집행하는 사람으로서 예언자처럼 무오류이며 죄를 짓지 않는다. "죄를 짓게 되면, 부름받은 자의 정당성이 없어지기 때문이다." 결과적으로 쉬아는 이맘이 다른 인간들처럼 먼지로 창조된 것이 아니며 영원한 빛으로 창조되었다는 견해를 발전시켰다. 나아가 이맘은 다른 이맘으로부터 신비한 자각에 의해 비밀스러운 지식을 전수받게 된다고 알려져 있다. 이 신비한 지식 중에는 예언자 사후에 가브리엘Gabriel이 파티마에게 계시한 《파티마의 책The Book of Fatima》 같은 비서秘書들도 있다. 이맘은 또한 유일하게 알라의 비밀 이름을 알고 있으며 이슬람 신앙의 진실을 밝히는 데 필요한 영적 인도력도 가지고 있다.

꾸란을 해석하는 이맘의 배타적 권한은 바로 이 영적 인도력에서 비롯된다. 쉬아는 꾸란 안에 다른 두 청중을 위한 두 개의 다른 메시지가 담겨 있다고 믿는다. 꾸란의 분명한 메시지(자히르zahir)는 명백하고 타프시르의 원칙을 통해 모든 무슬림이 이해할 수 있지만, 타으윌을 바르게 사용하여 꾸란의 암시적 메시지(바틴batin)를 밝힐 수 있는 존재는 이맘뿐이다. 타프시르와 타으윌의 차이는 순니 이슬람에도 있지만, 쉬아는 계시가 인간의 이해력을 초월하여 나오므로 꾸란 전체는 상징과 암시로 가득 차 오직 영적으로 완성된 이맘만이 밝힐 수 있다고 믿는다. 여덟 번째 이맘인 알리 알리다Ali ar-Rida의 말을 빌리면, 꾸란의 암시를 그 구절에 구체적으로 조화시킬 수 있는 유일한 사람이 "올바른 길로의 인도"를 주장할 수 있는 것이다.

　쉬아에서 타으윌의 우월성은 자신들의 신앙과 실천을 정당화할 영적 근거를 밝힘으로써 무함마드와 자신들을 연관시키기에 열심이었던 초기 쉬아에게 큰 이점이었다. 물론 분파적 운동이 원래의 종교에 자신들을 연관시키고자 하는 것은 일반적 전략이다. 예를 들어 메시아가 왔다고 믿은 유대인에 불과한 초기 기독교인들은 자신의 분파를 유대교와 연관시키고, 자신들의 구세주가 히브리 성서에 나오는 많은 구세주 관련 예언과 일치한다는 것을 보이기 위해 히브리 성서를 급히 뒤지며 예수에 대한 언급을 찾았다. 마찬가지로 쉬아 역시 꾸란을 뒤져 타으윌(의역)을 통할 때 이맘 제도의 영원한 진리를 분명히 나타내는 구절로 꾸란이 가득 차 있다는 것을 발견했다. '빛의 구절'로 알려진 꾸란의 다음 내용을 감상해보자.

　　하나님께서는 하늘과 땅의 빛이시라.
　　그의 빛의 비유는 빛나는 벽감niche과 같아서,

그 안에 등불이 있느니라.
등불은 유리 속에 있느니라.
유리는 말하자면, 빛나는 별이니라.
그것은 동쪽도 아니고 서쪽도 아닌
축복받는 나무 올리브로부터 켜지며,
그 기름은 불이 닿지 않아도 잘 타느니라.
빛 위에 빛이라!
하나님께서는 원하는 자는 누구나 그분의 빛으로 인도하시니라.
하나님께서는 사람들에게 우화를 보이시며,
하나님께서는 모든 것을 잘 아시느니라. (24 : 35)

이맘 자으파르 앗사디끄에 따르면, 위의 절묘한 구절들은 신께서 쉬아에게 보낸 메시지를 담고 있다. 신의 빛은 실제로는 무함마드이고, 유리에 담긴 것은 예언자가 이맘 알리에게 전한 예언자 지식이며, 알리는 "(동쪽의) 유대인도 (서쪽의) 기독교인도 아닌" 바로 축복받는 나무 올리브라는 것이다. 또한 성스러운 기름은 불이 닿지 않아도 타는 것처럼, 성스러운 지식은 "심지어 무함마드가 말하지 않았다 해도" 이맘의 입에서 나오게 된다.

"빛 위에 빛이라"는 꾸란의 구절을 자으파르는 "이맘에서 이맘으로"라고 해석한다.

무함마드를 계승한 '정해진' 이맘 중 최초의 이맘은 알리가 확실하며, 그의 아들 하산과 후사인이 각각 뒤를 이었다. 제4대 이맘은 카르발라 참극에서 살아남은 후사인의 유일한 아들 알리(자인 알아바 딘Zayn al-Abadin으로 알려져 있다)였다. 카르발라에서 살아남은 그는 다마스쿠스에 볼모로 끌려가 몇 년을 보낸 후에야 결국 메디나로 돌아올 수 있었다. 알리 자인 알아바딘의 뒤를 이어 712년 그의 아들 무함마드 알바끼르Muhammad al-Baqir(카르발라 당시 그는 네 살이었다)가 이맘이 되었다. 하지만 쉬아의 일부 집단이 알바끼르가 제5대 이맘이 되는 것을 반대하고, 대신 그의 아들 자이드 앗샤히드Zayd ash-Shahid를 선출했다. 이 분파는 공식적으로 쉬아의 본체를 이탈하여 자이디 파Zaydis로 알려지게 된다.

쉬아의 절대 다수는 알바끼르를 수용했고, 차기 이맘은 그의 아들 자으파르 앗사디끄가 이었다. 제6대 이맘이자 가장 영향력이 큰 이맘이었던 자으파르는 카르발라 기념 의식을 공식화하고 쉬아의 법학파 원칙들을 수립했다. 알려진 대로라면, 자파리Jafari 법학파는 우선 무함마드뿐 아니라 다른 이맘의 이야기를 포함한 하디스 전집을 인정하고, 쉬아 율법의 주요 법원 중 하나로 이즈티하드(독립적인 법적 유추, 개인의 법률 해석)를 활발히 적용함으로써 순니 법학파들과 자신들을 차별화했다.

쉬아는 수년 동안 무즈타히드(이즈티하드를 행하는 사람)를 허용하여 파트와(권위 있는 법정 결정)를 내리기 위해 합리적 추측에 의존할지 말지 내부적 진통을 겪은 끝에 분열되었다. 예를 들어 아크바리Akhbari 학파는 이즈티하드를 전적으로 배척하고 울라마들에게 예언자와 이맘의 전례에 의존하여 법결정을 하라고 요구했다. 그러나 아크바리 파와 경쟁적 관계인 우술리Usuli 학파는 이슬람 율법의 형성에 이즈티하드의 사용을 적극 지지했으며, 쉬아의 다수를 차지했다. 현대 쉬아 법학자인 후세인 무다르리시Hossein Modarressi의 말을 인용하자면, 쉬아 법은 오늘날까지도 "뭐든지 이성으로 규정된 것은 종교에 의해 규정된 것과 다름이 없다"라는 신조를 유지하고 있다.

현재 쉬아 세계에는 많은 무즈타히드가 있어, 고급 학위를 취득했거나 많은 제자를 거느리고 있는 사람들은 계속해서 이즈티하드를 행하고 있다. 무즈타히드들의 정상에는 아야톨라(신의 표지, 증거)가 있으며, 이들의 결정은 자신들의 원칙에 구속된다. 오늘날 주로 이란과 이라크에 있는 아야톨라는 소수이지만, 쉬아에 미치는 그들의 종교적·정치적 권한은 막강한 것이다. 1979년 이란혁명을 유도한 아야톨라 호메이니는 바로 이 권위를 이용하여 사회·정치·경제적 세력에게 자신의 뜻을 관철시켰던 것이다.

자으파르는 757년에 사망했다. 공개적으로 순니 당국이 저지른 것은 아닐지라도 숨진 모든 이맘에 대해 제기되는 의혹은 독살에 의한 죽음이라는 것이었다. 생전에 자으파르는 장남 이스마일Ismail을 제7대 이맘으로 지명했으나, 그는 아버지보다 일찍 죽었다. 그래서 자으파르의 차남 무사 알카짐Musa al-Kazim으로 대치되었다. 절대다수의 쉬아는 무사 알카짐을 차기 이맘으로 받아들였으나, 일부에서는 이맘이 바뀐 상황에 혼란스러워했다. 그들은 물었다. 이맘은 신의 뜻에 의해 임명되는 자리가 아닌가? 절대무류의 이맘 자으파르가 후계자로 이스마일을 선택한 것은 잘못된 일이었던가? 결국 이런 회의감을 떨치지 못한 이스마일의 추종자들은 자신들의 신학에 따라 이스마일이 죽지 않았다고 주장하기에 이르렀다. 이들은 이스마일은 보이지 않는 영적 세계에 들어가 자신의 모습을 감추었으며, 말세가 되면 이맘 이스마일이 아니라 구세주, 즉 마흐디Mahdi의 자격으로 세상에 돌아올 것이라고 믿고 있다.

이스마일리 파Ismailis 혹은 오직 일곱 이맘의 존재만을 믿는다고 하여 '일곱이맘 파Seveners'로 불리기도 하는 이스마일의 추종자들이 최초로 마흐디(구세주) 교리를 공표한 것은 아니었다. 마흐디란 '신의 뜻으로 인도하는 사람'이란 의미이며, 존경의 칭호로서 이슬람 초기부터 사용되었다. 무함마드가 '마흐디'라고 불렸고, 알리와 그의 두 아들도 그렇게 불렸다. 카르발라의 참극이 일어난 후에 압드 알라 이븐 알주바이르와 무함마드 이븐 알하나피야는 우마위왕조의 칼리파에 대항하여 일으킨 실패한 봉기에서 자신들을 마흐디라고 선언하기도 했다. 그러나 이스마일리 파는 마흐디에 대한 믿음을 신앙의 중심으로 삼은 최초의 이슬람 분파였다. 그렇다고는 하지만 독특한 이슬람 신학이 심판 날에 지상에 돌아와 정의를 구현하기 위해 현세를 떠난 '숨겨진 이맘'에 집중된 것은 대다수 쉬아가 마흐디 사상을 채택한 이후부터였다. 대다수 쉬아는 열두이맘 파로 불렸는데, 그 이유는 무사의 계보를 따라 열두 번째이자 마지막 이맘까지만 추종하기 때문이었다.

꾸란에는 마흐디에 대한 언급이 없으므로, 무슬림들은 '숨겨진 이맘'의 재림을 찾기 위해 하디스(예언자 언행록)에 의존했다. 일반적인 예상처럼, 전승은 지리적 위치와 정치적 연합에 따라 크게 달랐다. 예를 들어 종교와 사회문제를 지배하던 시리아 우마위왕조의 하디스는 마흐디가 꾸라이쉬 부족의 일원이라고 주장한 반면, 쉬아가

강한 쿠파에서는 예언자 무함마드의 사위인 알리의 후손으로 계보가 이어진다고 주장했다. 또한 지상에 재림하게 될 알리의 첫 번째 임무는 카르발라의 참극에 대한 복수가 된다는 것이다. 마흐디 재림의 전조로 나타나는 것은 내전, 거짓 예언자, 지진, 이슬람 율법의 폐기 등이라고 주장하는 전승도 있다. 14세기 역사가이자 철학자인 이븐 칼둔Ibn Khaldun에 따르면, 마흐디는 예수 바로 앞에 오거나 예수와 함께 올 것이며 둘은 힘을 모아 적그리스도를 물리칠 것이라고 했다.

마흐디 사상이 쉬아의 주된 사상이 되자 순니의 종교학자들은 이 주제와 점차 거리를 두기 시작했다. 순니 법학파들은 정치적으로 빠르게 분열되는 것을 막기 위해 마흐디에 대한 믿음을 공개적으로 비난했다. 순니의 두려움은 옳은 것으로 나타났다. 압바스인들이 우마위왕조를 전복시키게 되었으며, 이것은 부분적으로 쉬아의 구세주 신앙에 호응한 것이었기 때문이다. 실제로 압바스왕조의 초대 칼리파는 자신에게 구세주적인 칭호를 부여하여 앗사파흐as-Saffah(관대한 분)라고 했고, 공식적으로 '하쉼 가문의 마흐디'로 칭했다. 압바스왕조의 제2대 칼리파는 자신을 알만수르al-Mansur(예멘에서 주로 사용되는 마흐디의 다른 명칭)라고 불렀고, 제3대 칼리파는 약속된 구세주의 통치와 자신의 통치를 동일시하기 위해 스스로를 '마흐디'로 불렀다.

이맘이 더 이상 지상에 존재하지 않으므로, 쉬아는 오랫동안의 정치적 정적주의와 타끼야taqiyyah(숨기기)라고 불리는 '예비적 가장假裝' 상태로 들어갔다. 직접적인 정치력의 행사는 필연적으로 마흐디의 신성한 권한 남용을 수반하게 되므로, 모든 정부는 그의 재림

때까지 비합법적으로 간주되었다. 결과적으로 쉬아 종교학자들의 역할은 축소되어 마흐디의 대변인에 불과했다. 압둘아지즈 사케디나Abdulaziz Sachedina의 말을 빌리면 "살아 있는 이스나드(계보)들" 즉 '숨겨진 이맘'으로 소급되는 인간 전달 고리였다.

쉬아 정부나 국가가 전혀 출현하지 않은 것은 아니다. 1501년, 이스마일이라고 불리는 16세의 아미르Amir(왕자, 왕)가 이란을 정복하고 자신을 사파위Safavid왕조 최초의 샤Shah, 즉 왕이라 칭했다. 이스마일은 열두이맘 파 쉬아를 이란의 공식 국교로 선언하고 자신의 왕국과 이웃한 오스만제국 영토에서 순니 이슬람에 대한 비인간적인 성전(지하드)을 전개했다. 순니에 대한 이스마일의 지하드는 몇 년 후 오스만제국의 술탄 살림Salim 1세에 의해 끝이 났다. 그 패배로 샤는 오스만제국에서 유람여행을 할 수 없게 되었으나, 이란 자체는 영원히 변했다.

샤 이스마일은 '숨겨진 이맘'이 없는 상태에서 쉬아 국가의 합법성에 의문을 제기하는 논쟁에 동요되지 않았다. 대신 그는 자기 자신을 오랫동안 기다려온 마흐디라고 선언하고 즉위식에서 대담하게 선포했다. "짐이 바로 신, 바로 신, 바로 신이다."

18세기에 이스마일의 사파위왕조가 멸망한 후에 열두이맘 파 쉬아는 이란의 국교로 남아 있긴 했으나 곧 옛날의 정치적 정적주의로 되돌아갔고, 아야톨라들로 하여금 다시 한 번 타끼야의 이념을 발전시키도록 조장했다. 또한 사파위왕조를 이은 19세기 까자르Qajar왕조, 뒤를 이은 20세기 팔레비Pahlavi왕조의 행정에 직접 간여하는 것을 삼갔다.

하지만 이 모든 상황은 아야톨라 호메이니와 함께 급변했다.

1979년 따스한 2월 아침, 수십만 명의 이란인이 테헤란 거리로 몰려나와 이란의 마지막 샤인 무함마드 레자 팔레비Mohammad Reza Pahlevi의 길고도 압제적이었던 통치의 종말을 축하했다. 그날 군중 속에 있던 민주주의자, 학자, 서구식 교육을 받은 지식인, 자유주의 및 보수주의 성직자, 시장의 상인, 여성운동가, 공산주의자, 사회주의자, 마르크스주의자, 무슬림, 기독교인, 유대인, 남자, 여자, 아이들 모두는 많은 사람에게 오랫동안 이란에서의 삶을 견딜 수 없게 만들었던 독재적 미국 지원 정권에 대한 경멸에 사로잡혀 있었다.

군중은 허공에 주먹을 휘두르며 "샤에게 죽음을!", "독재자에게 죽음을!"이라고 소리쳤다. 분노한 청년들은 도시 곳곳에 모여 미국 성조기를 불사르고, 20여 년 전 이란의 민주혁명 불꽃을 꺼버린 이 강대국에 반대하는 반제국주의 슬로건을 외쳤다. 이란의 민주혁명은 1953에 일어나 같은 지식인, 성직자, 상인들이 연대하여 이란의 군주제를 가까스로 쓰러뜨렸으나, 몇 달 후 미국 CIA에 의해 강제로 원상 복귀되었던 것이다.

"미국에 죽음을!"이라고 소리 지르는 그들의 함성은 테헤란 주재 미국 대사관에게 어떤 희생을 치른다 할지라도 이번 혁명만큼은 방해받지 않겠다는 경고였다.

같은 날, 대부분 수염을 기른 남자들과 검은 천으로 가려진 여자들로 구성된 시위대가 있었다. 그들은 거리를 행진하며 순교자 하산과 후사인의 이름을 부르고 마지막 날의 도래, 즉 마흐디의 재림을 외쳤다. 목이 쉴 정도로 소리를 지른 이 무리는 오직 한 사람을 위한 초상화와 포스터를 들고 있었다. 모질어 보이고 생각에 잠긴 듯한 이 성직자는 지난 몇 년 간 이란의 반제국주의 물결에 가장 주도적인 목소리가 된 인물, 즉 아야톨라 루홀라 호메이니였다.

1902년 명망 있는 쉬아 성직자 가문에서 출생한 호메이니는 나자프Najaf와 꼼Qom의 전통 있는 신학교에서 법과 신학을 공부했다. 그는 얼마 되지 않아 쉬아의 복잡한 성직자 계급 제도의 고위급에 올라 비교적 젊은 32세의 나이로 존경받는 무즈타히드가 되었으며, 그 후에는 아야톨라가 되었다. 대다수 이란인처럼 호메이니 역시 이란의 병약한 군주제가 이란을 "하루는 영국의 노예, 다음날에는 미국의 노예"로 만들고 있다고 비난했다. 그러나 대부분의 아야톨라가 전통적인 정치적 정적주의를 주장한 것과 달리 호메이니는 태연히 자신의 도덕적 권한을 국가의 사회정치적 제도 속에 주입했다. 계속해서 샤에 대한 무자비한 비난과 왕정의 폐지를 주장하던 그는 마침내 체포되었으며, 1964년 망명길에 올랐다.

15년이 지난 1979년, 호메이니는 의기양양하게 이란으로 돌아와 이란 역사에 새로운 시대를 예고했다. 군중 가운데 어느 누구도 예측할 수 없었던 그런 시대를. 사실 호메이니는 1년도 채 되지 않아 과거에 자신의 혁명을 도왔던 정치적 반대자와 종교적 반대자들을 추방하고 사형에 처했으며, 과도정부를 대신하여 이슬람 국가 이념을 수립했다. 이 국가 체제하에서는 오직 호메이니 한 사람만이 민사, 형사, 종교의 모든 분야에서 최종 권한을 가지고 있었다.

그러나 2월의 그날 아침에는 누구도 호메이니를 파끼흐Faqih, 즉 '법관'이라고 부르지 않았다. 이 호칭은 새로 수립된 이란이슬람공화국의 최고 지도자였던 그가 자신에게 부여한 것이다. 그런데 '알라, 꾸란, 호메이니'의 연호와 그를 '우리 삶의 빛'이라고 선언한 플래카드 속에는 또 하나의 호칭이 비밀처럼 퍼지고 있었다. 사람들은 속삭였다, 호메이니는 마흐디(구세주)라고. 그는 이슬람을 원래의 상태로 돌려놓기 위해 이란에 돌아온 것이라고.

호메이니주의가 이란이슬람공화국의 수립을 낳은 종교-정치 철학을 여기서 다 설명할 수는 없다. 어떤 점에서 1979년 이란혁명은 과거 두 차례의 대중혁명, 즉 1905~1911년의 헌법혁명과 1953년의 민족주의혁명의 불가피한 결론이었다. 두 혁명은 모두 이란의 천연자원을 노린 외국 정부 때문에 실패했다. 첫 번째 혁명은 러시아와 영국에 의해, 두 번째 혁명은 미국에 의해 진압되었다. 하지만 1970년대 말까지 대부분의 이란인은 부패하고 무능한 이란 군주 무함마드 레자 팔레비의 통치에 식상해 있었으므로 또 다른 혁명이 예견되었다.

정치적 참여가 전적으로 결여된 가운데(샤는 이란의 정당 제도를 철폐하고 헌법을 무효화했다), 기록적 인플레에 불을 붙인 성급하고 무분별한 경제 계획, 급격한 무장, 민족적·종교적 정체성, 사회단체들의 해체는 성직자, 지식인, 상인, 사회정치단체들로 하여금 이념적 차이를 제쳐두고 모두 반제국주의와 부패한 왕정의 타도에 온 힘을 모으게 했다. 혁명 이후의 선전에도 불구하고, 이것은 이슬람 신정국가 수립을 노린 아야톨라 호메이니의 훈령에 의해 촉발된 혁명은 아니었다. 오히려 그 반대였다. 샤에 반대하는 목소리는 다양했으며 때로는 상충적이기도 했다. 단지 호메이니의 목소리가 가장 컸을 뿐이다.

정치인이자 종교 지도자로서 호메이니의 천재성은 쉬아주의의 신앙과 문화에 젖은 나라에서 대중을 움직일 수 있는 공용어는 오직 쉬아 이슬람의 상징과 은유뿐이라는 것을 인식한 데 있었다. 호메이니는 이란을 그의 개인적 신정통치로 변화시키기 위해, 역사의 가장 좋은 예에 눈을 돌렸다. 즉 500년 전에 스스로 마흐디라고 선언하여 최초의 쉬아 국가를 수립한 사파위왕조의 이스마일이었다.

물론 호메이니는 자신을 신격화하지도 않았고, 노골적으로 마흐디의 칭호를 사용하지도 않았다. 그러한 행동은 자신에게 정치적 자살이 될 것이었다. 대신 호메이니는 고의적으로 마흐디의 구세주적 카리스마를 수용했다. 이전의 모든 마흐디처럼 호메이니도 자신이 7대 이맘 무사 알카짐의 후예라고 주장했으며, 구세주적 칭호인 '이맘'을 기꺼이 받아들였다. 그는 이라크의 사담 후세인Saddam Hussein과 벌인 무시무시한 8년 전쟁을 교묘하게도 카르발라에서 후사인과 그의 가족을 살해한 데 대한 복수라고 규정했다. 물론 그런 복수는 마흐디의 배타적 권한이었지만 말이다. 사실 인간 지뢰 제거반으로 전선에 내던져진 약 1만 명의 소년들은 목에 '천국으로 가는 열쇠'를 걸었으며 이마에는 '카르발라'라고 쓰인 띠를 둘렀는데, 이것은 그들이 영토를 위한 전쟁이 아니라 순교자의 발자국을 따라 걷고 있음을 상기시키기 위함이었다.

그때까지 호메이니가 마흐디와 자신을 가장 노골적으로 연관시킨 것은 그의 발라야트 파끼흐Valayat-e Faqih(법관의 후견) 교리였다. 국민의 주권과 신의 주권이 하나의 정부에 통합된다는 이 교리의 특징은 이 책의 마지막 장에서 자세히 다루어질 것이다. 지금은 그 주장의 기본 내용과 정치적·종교적 이념에 나타난 호메이니의 위상을 이해하는 것으로 충분하다.

호메이니는 마흐디의 부재 속에서 신의 인도는 지상에서 '숨겨진 이맘'의 대리인에 의해서만 나온다고 주장했다. 호메이니가 이런 주장을 펼친 최초의 쉬아 신학자는 아니었다. 이 생각은 20세기 초 쉐이크 파즈롤라 누리Fazlollah Nuri와 아야톨라 카샤니Kashani와 같은 정치적 성향이 강한 성직자들에 의해 공식화되었었다. 그러나 발라야트 파끼흐는 전통적 쉬아 교리에 두 가지 놀라운 수정을 제기하고 있었다. 첫째, 절대적 권한은 모든 자격 있는 성직자가 아니라 한 사람의 성직자 손에 있어야 한다고 주장한 것이다. 둘째, 마흐디의 대리인으로서 최고 성직자의 권한은 '숨겨진 이맘'의 권한과 동일하다고 주장한 것이다. 다른 말로 하면, 호메이니의 인도는 예언자와 열두 이맘의 인도처럼 오류가 전혀 없으며 신의 영감을 받았다는 것이다.

이것은 쉬아주의에서 놀라운 주장이자 급진적인 종교개혁이었다. 마흐디가 영적 세계에 숨지 않고 나왔을 때 오직 인도될 수 있다는 쉬아의 오랜 믿음을 설명하면서, 호메이니는 자신을 위해 마흐디 국가를 수립하고 통치함으로써 구세주적 시대의 도래를 알리는 것이 바로 성직자들의 책임이라고 주장했다. 발라야트 파끼흐는 '숨겨진 이맘'의 부재 속에서 파끼흐(최고 법관이자 가장 학식 있는 성직자)가 "이맘에게 부여된 모든 문제를 수행하고 모든 일을 처리할 책임"을 가져야 한다고 제안했다. 파끼흐는 지상에 있는 마흐디의 대변자이므로, "가장 고귀한 사도와 동일한 권한"을 가졌으며, 백성들에게 절대적 복종을 받을 수 있다고 보았다.

이란의 대다수 아야톨라는 현대 세계에서 무슬림 성직자들의 책임은 이슬람 국가를 직접 다스리는 것이 아니라 이슬람 국가의 정신적 성격을 유지하는 것이라고 주장한다. 그들이 호메이니의 발라야트 파끼흐 교리를 배척하는 것은 바로 쉬아에 존재하는 다양한 종교적·정치적 사고의 증거이다. 호메이니를 배척하는 사람들 중에는 그의 상급자인 아야톨라 보로제르디Boroujerdi와 아야톨라 샤리아트 마다리Shariatmadari도 포함되어 있다. 그러나 호메이니의 매력은 자신의 신학을 당대의 가장 인기 있는 수사적 표현으로 나타내는 능력이었다. 따라서 그는 전통적인 쉬아의 이념을 피압박 대중의 봉기 촉구로 바꿈으로써 이란의 영향력 있는 공산주의자들과 마르크스주의자들에게 접근할 수 있었다. 그는 자신의 연설에 이란의 신비적 과거를 가미하여 세속적 민족주의자들의 마음을 사로잡는 한편, 의도적으로 자신의 정치철학은 애매하게 만들었다. 그는 주장했다. "우리는 정부가 반드시 파끼흐의 손에 있어야 한다고 말하는 것이 아니라, 국가의 행복을 위해 신의 법과 일치하여 통치되어야 한다고 말하는 것이다." 그가 공개적으로 언급하지 못하는 내용은 '종교 지도자들의 감독'이 아니면 그런 국가는 있을 수 없다는 것이다.

호메이니는 그의 동료 아야톨라들이 발라야트 파끼흐는 독재 형식을 다르게 바꾼 것에 지나지 않는다고 배척하자 당황스러워하며 주저했다. 결국 호메이니는 파끼흐란 단지 세속적 지도자가 아니며, '숨겨진 이맘'의 계승자라고 주장했다. 그렇다면 그는 신의 정의를 관리하는 것이 아니라, 그 자신이 바로 신의 정의인 것이다. 호메이니에 따르면, 파끼흐는 "제한된 의미의 사회정의에서 '정의로운' 것이 아니라, 단 하나의 거짓말이라도 한다면 정의로움이 취소된다는 더 엄격하고 광범위한 의미에서 정의롭다"고 볼 수 있다.

그의 동료들이 겁을 먹어 침묵하고 이란의 쉬아 대다수가 선동되자, 호메이니는 마음대로 임시정부를 주물렀다. 대부분의 이란인이 눈치 채기도 전에 그는 신학적 이념을 정치에 주입하여 이란을 이슬람공화국으로 변화시키고 자신을 국가 제일의 파끼흐라고 선언했다.

아야톨라 호메이니는 1989년에 사망했다. 병들고 나약한 87세의 노인이었지만 그의 죽음은 이란을 충격에 몰아넣었다. 장례행렬 도중 그의 시신은 거리에서 습격을 받았으며, 시신을 쌌던 수의는 애도객들이 갈기갈기 찢어 유품으로 가져갔다. 이란에는 심지어 '이맘'의 죽음을 믿지 않는 사람들도 있었다. 어떤 사람들은 그가 죽지 않고 종적을 감추었으며, 그는 다시 돌아온다고 주장하기도 했다.

그러나 호메이니는 이란에서 메시아로 등장하기 오래 전에 이슬람의 신비주의, 즉 수피주의의 경건한 수행자였다. 사실 젊은 루홀라였던 호메이니는 이상적인 대학생으로서 사랑하는 사람이 애인과 결합하듯이 신과의 합일을 열망하는 정열적 구절로 몰래 노트를 가득 채우곤 했다.

호메이니는 이렇게 썼다. "오, 나는 내가 사랑하는 사람의 손으로 가득 채운 포도주 한잔을 원한다. 내가 어떻게 그에게 비밀을 숨길 수 있겠는가? 내 슬픔을 받기 위해 나는 어디에 있는가? 나는 평생 내 사랑하는 사람의 얼굴을 보기 위해 살았다. 나는 불길 주위를 맴도는 열광한 나방이며, 불길 속에 타는 야생 루타 씨앗 깍지이다. 나의 지저분해진 망토와 위선으로 만든 예배용 양탄자를 보아라. 내가 어느 날 선술집 문 앞에서 이것들을 갈가리 찢을 수 있을까?"

이 구절들은 미래의 아야톨라에게는 놀라운 표현일 수 있겠지만, 수피주의에 익숙한 사람들에게는 전혀 낯선 것이 아니다. 수피에게 이슬람은 법률도 신학도 아니며, 신조도 의식도 아니다. 수피주의에 따르면, 이슬람은 단지 신자가 자신의 에고를 깨고 하늘과 땅의 창조주와 하나가 되기 위한 수단일 뿐이다.

8 예배용 양탄자를 포도주로 물들여라
수피의 길

 다음은 라일라와 마즈눈의 전설이다.

옛날에 아주 아름다운 한 소년이 존경받는 쉐이크의 가문에 태어났다. 그의 이름은 카이스였다. 소년은 성장하면서 가문과 부족에 큰 자랑거리가 되었고, 사람들은 그가 분명 훌륭한 인물이 될 것이라고 생각했다. 어려서부터 지식, 근면함, 총명함, 고상한 말투가 다른 아이들과는 비교가 되지 않을 정도로 뛰어났기 때문이다. 그가 입을 열어 말하면 혀는 진주를 뿌리는 듯했고, 미소 짓는 그의 볼은 태양을 잠에서 깨어나게 하는 한 송이 튤립 같았다.

그러던 어느 날, 카이스는 한 아름다운 소녀를 만나 걷잡을 수 없는 사모의 감정에 휩싸이게 되었다. 그녀의 이름은 라일라, 즉 '밤'이었다. 이름처럼 그녀는 어둠 속에서 빛나는 존재였다. 그녀의 두 눈은 가젤의 눈과 같았고, 그녀의 입술은 물기를 머금은 장미꽃과 같았다.

　라일라 역시 카이스를 만나자마자 사랑의 감정에 휩싸였다. 아직 나이가 어린 그들은 뭔지 모를 사랑에 빠지게 된 것이다. 그들에게 사랑은 마음의 잔에 가득히 포도주를 부어주는 사람과 같았다. 그 사람이 잔에 붓는 대로 둘은 그 술을 마셨으며 영문도 모른 채 흠뻑 취해버렸다.

　카이스와 라일라는 은밀히 눈길을 주고받으며 웃음을 나눌 정도로 가까이 지냈으나, 한편으로는 남들 눈에 띄지 않도록 거리를 유지하면서 골목길이나 시장의 좁은 통로에서 만나곤 했다. 그러나 이런 비밀은 원래 오래 유지되기 힘든 법이다. 두 사람의 관계는 곧 왕국 안에 소문으로 퍼지고 말았다. "라일라와 카이스가 사랑에 빠졌다는군!"

　이 사실을 알게 된 라일라의 부족 사람들은 당황하는 한편 분개했다. 아버지는 그녀에게 일체의 외출을 금하고 집안에서만 살게 했으며, 형제들은 만약 카이스가 가까이 오기만 하면 붙잡아 혼쭐을 내겠다고 공언했다. 그러나 떠오르는 달을 보고 짖는 사냥개에게 달을 못 보게 할 수는 없는 법이었다.

　사랑하는 사람과 헤어진 카이스는 망연자실하여 시장 노점 곳곳과 천막들을 배회했다. 가는 곳마다 그는 라일라의 아름다움을 이야기하고, 만나는 사람마다 그녀의 미덕을 찬양했다. 라일라를 못 보고 지내는 시간이 길어질수록 그는 점점 미쳐갔다. 거리에서 그를 만나는 사람들마다 손가락질을 했다. "저기 봐라, 미친 놈이다! 마즈눈(미친 자)이 온다!"

카이스는 미쳤다. 그러나 미쳤다는 것은 무엇인가? 사랑의 불길로 소진된 것인가? 열망의 불길 속으로 자신을 던지는 나방과 같은 것인가? 만약 그렇다면 맞다. 카이스는 마즈눈(미친 자)이었다.

누더기 옷을 입은 그는 도시를 버리고 헤자즈의 산과 광야를 떠돌아다니면서 만날 수 없고 볼 수도 없는 애인을 위해 슬프고 음울한 시들을 지었다. 그에게는 이제 집도 없고 자신을 돌봐줄 부족도 없었다. 그는 행복의 땅에서 도망친 망명자와 같았다. 그에게 선과 악, 정의와 부정은 어떤 의미도 없었다. 그는 사랑에 빠진 사람이었고 사랑 외에는 아무것도 몰랐다. 그는 이성을 포기하고 사막에 내던져져 살았다. 머리는 하얗게 세고 옷은 찢어졌다.

미친 듯 떠돌다 카바 신전에 도착한 그는 순례객들의 행렬을 뚫고 성소에 달려가 소리치며 신전의 문을 두들겼다. "주여, 나의 사랑을 자라게 해주소서. 나의 사랑이 꽃피울 수 있도록 해주소서. 나의 갈증이 사라질 때까지 사랑의 샘물을 마실 수 있게 허락해주소서. 사랑은 내가 가진 전부이며, 내 자신이며, 내가 되고자 했던 모든 것입니다."

그러다가 지쳐 땅에 쓰러지면 그의 머리에는 먼지가 쌓였다. 순례객들은 처절하고 간절한 그의 모습에 소름이 끼칠 정도였다.

마즈눈의 행동은 부족들에게 수치감을 안겨주었으나 그 자신은 부끄러움을 몰랐다. 그러던 어느 날, 사랑하는 라일라가 이븐 살만이라는 부유한 사람과 결혼하게 되었다는 이야기를 듣게 된 그는 이성과 감각을 완전히 상실하고 말았다. 그는 자신의 옷을 찢어 알몸으로 짐승처럼 사막을 기어다녔다. 사막의 야생동물과 함께 계곡에서 지내면서 야생초를 뜯어먹고 빗물을 마셨다. 마즈눈의 이상한 행동을 보기 위해 도처에서 많은 사람이 몰려왔으며, 그가 말하는 연인 라일라의 이야기를 듣곤 했다.

어느 날, 그가 무심히 청중을 향해 자신이 지은 시 구절을 읽고 있을 때였다. 그때 바람에 날린 종잇조각 하나가 그의 무릎 위에 내려앉았다. 그 종이에는 두 단어, '라일라'와 '마즈눈'이 쓰여 있었다. 그런데 사람들이 보는 앞에서 마즈눈은 종이를 반절로 찢어버리는 것이 아닌가. 그러더니 '라일라'라고 쓰인 반 조각을 구깃구깃하여 어깨 뒤로 던지고, 나머지 반 조각은 자신이 간직하는 것이었다.

"그렇게 하는 이유가 무엇이오?" 어떤 사람이 물었다.

마즈눈이 대답했다. "당신은 한 사람의 이름이 두 사람의 이름보다 낫다는 것을 모르오? 사랑의 진실을 안다면 당신이 당신의 연인을 만난다는 것은 곧 두 사람이 하나가 된다는 의미라는 것도 알 텐데."

"그렇다면 왜 당신의 이름이 아닌 라일라를 던진 것이오?" 다른 사람이 물었다.

마즈눈은 그 남자를 노려보다가 입을 열었다. "이름은 단지 조개껍질과 같은 것일 뿐 전혀 중요하지 않소. 정말로 중요한 것은 조개 안에 감춰져 있지. 나는 조개껍질이고 라일라는 진주야. 나는 베일이고 그녀는 그 뒤에 감추인 얼굴이거든."

그를 보기 위해 모인 사람들은 그의 달변과 능숙한 언어 구사력에 놀랐다. 비록 그가 하는 말을 전부 이해하지는 못했지만 말이다.

한편 부족의 완고한 전통에 의해 사랑하지 않는 사람과 결혼하게 된 라일라는 외로움과 슬픔 속에 하루하루를 보내고 있었다. 그녀는 깊이 상심하고 고통을 받았으나 여자의 몸이라 마즈눈처럼 자유를 누리지도 못했다. 그녀 역시 사막의 야생동물들과 함께 생활하는 한이 있어도 자유를 누리고 싶었고, 높은 산 위에 올라 마즈눈에 대한 사랑을 외치고 싶었다. 그러나 그녀는 자신의 천막과 자신의 마음 안에 갇힌 죄수와 같을 뿐이었다. 어느 날 아침, 그녀의 부족 야영지를 지나던 한 늙은 상인이 마즈눈의 소식을 가져다주었을 때, 라일라는 바람에 날리는 갈대처럼 몸이 가벼워지는 것을 느꼈다.

"너의 빛이 없다면 마즈눈의 영혼은 매서운 바람이 몰아치는 겨울 밤바다와 같을 뿐이야. 마즈눈은 말이지, 미친 사람처럼 산야를 떠돌아다니며 절규하고 있단다. 그의 입술에서 나오는 말은 오직 하나 '라일라' 뿐이야."

가슴이 저리도록 슬픈 라일라는 흐느끼며 말했다. "다 나 때문이에요. 사랑의 불을 지펴 그를 태워버리고 재로 만든 장본인이 바로 나니까요." 눈물을 멈춘 라일라는 몸에 걸치고 있던 보석을 풀어 늙은 상인에게 건넸다. "이것을 받고 마즈눈에게 가주시겠어요? 그리고 그를 이곳으로 데려와주세요. 잠시만이라도 그의 얼굴을 보고 싶어요, 단 몇 초만이라도……."

늙은 상인은 그렇게 하겠노라 대답하고 길을 떠나 며칠 동안 사막에서 마즈눈을 찾아 헤맸다. 그리고 마침내 마즈눈을 만난 상인은 그에게 라일라의 소식을 전했다. 상인은 부탁했다. "단 몇 초라도 좋으니 세상을 등지겠다고 한 맹세를 깨고 고통 속에서 살고 있는 그녀를 만나줄 수 있겠는가?"

마즈눈은 속으로 생각했다. '사람들은 나를 전혀 이해하지 못하는구나. 저들은 저들의 행복이 나의 행복과는 다르다는 것을 알지 못하는 거야. 저들은 이 세상에서 소망을 이루는 것이 가능할지 모르지만 나의 소망은 전적으로 달라. 단지 스쳐 지나가는 이 세상에서는 절대로 이룰 수 없는 소망인 것을 모르고 있어.'

그러나 마즈눈 역시 연인의 얼굴을 잠시나마 볼 수 있는 기회를 뿌리칠 수 없었다. 결국 그는 망토를 걸치고 상인을 따라 대추야자 숲까지 따라갔다. 그리고 상인이 다시 라일라를 데려올 때까지 숨어서 기다렸다.

상인의 안내로 마즈눈이 있는 곳 가까이 온 라일라는 온몸이 심하게 떨리는 것을 느꼈다. 사랑하는 사람과 불과 10여 걸음 남은 상태에서 그녀의 몸은 땅에 얼어붙는 듯했다. 늙은 상인이 그녀의 팔을 잡아끌었지만 그녀는 움직일 수가 없었다.

그녀는 노인에게 간청했다. "여기까지만요, 더 이상은 못 가겠어요. 여기에서도 저는 불타는 양초와 같아요. 만약 한 걸음만 더 떼면 완전히 타버릴지도 몰라요."

노인은 그녀를 떠나 마즈눈에게로 갔다. 그리고 그를 대추야자 숲에서 이끌어 달빛 아래 서게 한 후, 라일라를 가리켰다. 그의 눈은 이제 유리와 같고 얼굴은 창백했다. 마즈눈은 앞으로 비틀거리며 걸어갔다. 대추야자나무 위로부터 숲속으로 달빛이 새어 들어왔다. 어둠 속에서 서로의 움직임을 응시하다가 마침내 서로의 눈길이 부딪혔다.

한순간 강렬한 피가 양 볼로 솟아오르는 듯했다. 서로의 숨결을 느낄 만큼 가까이 선 두 연인은 서로를 응시하며 사랑의 포도주를 마시고 있었다. 그런 포도주는 오직 천국에서만 맛볼 수 있는 감미롭고 흥분된 것이었다. 숨이 막히는 듯한 분위기에 한숨과 억제된 신음소리가 들리는 듯했다. 이때 마즈눈은 갑자기 몸을 돌리더니 숲에서 벗어나 사막으로 향했다. 그리고 바람처럼 어둠 속으로 사라져버렸다.

그로부터 몇 년이 흘렀다. 두 사람의 슬픈 이야기를 알기라도 하는 듯, 대추야자나무의 잎들은 색이 바랬고 꽃들은 슬픔 속에서 시들었다. 농경지는 누렇고 파리했으며 정원은 천천히 시들었다. 라일라의 빛나던 눈동자도 어두워져갔다. 그녀는 마지막으로 마즈눈의 이름을 부른 후 숨을 거두고 말았다.

라일라의 죽음을 전해들은 마즈눈은 미친 듯이 그녀의 집으로 달려갔다. 그리고 그녀의 무덤 앞에서 가슴을 치며 몸부림쳤다. 그러나 그의 마른 입술에서 나오는 말은 오직 한 마디뿐이었다. 그것은 '라일라'였다. 극도의 슬픔과 고통 속에서 마즈눈은 마침내 숨을 거두었고, 그의 영혼은 죽음으로 자유롭게 되었다.

전하는 바에 따르면, 마즈눈의 시신은 몇 달 동안이나 그렇게 라일라의 무덤 위에 놓여 있었으며 그동안 아무도 그의 시신에 접근하지 못했다고 한다. 놀랍게도 사막의 야생동물들이 밤낮으로 그 무덤을 지키고 있었기 때문이다. 심지어 무덤 위에 내려앉은 독수리조차도 마즈눈의 시신을 건드리지 않았다. 그의 살이 먼지가 되고 뼈만 남게 되었을 때, 동물들은 비로소 그를 떠나 사막으로 돌아갔다.

동물들이 떠나고 먼지로 변한 마즈눈의 시신이 바람에 날려간

후, 라일라의 무덤에는 비석이 하나 세워졌다. 비석에는 다음과 같은 글이 적혔다.

두 연인이 이 한 무덤에 누워 있네,
어두운 죽음의 요람 속에서 영원히 결합된 채.
오랫동안 이별하고, 진실하게 사랑했으니,
하늘의 천국에는 두 사람이 살 천막이 있으리라.

수피주의Sufism—이슬람의 매우 다양하고 복잡한 신비주의적 전통을 가리키는 용어—는 레이놀드 니콜슨Reynold Nicholson이 오래전에 관측한 대로 근본적으로는 정의를 내리기가 힘들다. 수피라는 용어조차 이 신념을 설명하는 데 도움이 되지 않는다. 흔히 말하는 타사우프tasawwuf라는 용어는 '수피가 된 상태'를 의미한다. 이 용어는 최초의 수피들이 속세로부터의 단절과 가난함의 상징으로서 조잡한 양털 옷 수프suf를 입었던 데서 나온 말이므로 중요한 의미는 없다. 전문용어 수피Sufi는 '다르위쉬dervish(탁발승)' 혹은 '파끼르faqir(거지)'라는 단어와 바꿔서 사용이 가능하다. 어떤 사람들은 수피가 아랍어의 사프위safwe에서 유래한다고 주장하기도 했는데, 이 단어는 '선택된 자' 혹은 수파suffa(청결 혹은 순결)를 의미하는 것이다. 어쨌든 어원적인 관점에서 서로 관계가 없는 것이 분명하다.

다른 주장에 따르면, 수피가 그리스어의 '지혜'를 의미하는 소피아sophia의 부정확한 표현이라고 한다. 두 단어 사이에 존재하는 음운적인 유사성이 매력적으로 보이기는 하지만 그럴 가능성은 거의 없다. 왜냐하면 언어적 유사성에 관계없이 소피아가 아리스토텔레스적 의미인 '궁극적 대상에 대한 지식'이라고 할 수 있을 때 비로소 수피와 관련이 있기 때문이다.

종교적 운동으로서 수피주의는 다양한 철학적·종교적 경향의 혼합이란 특징이 있다. 수피주의란 마치 속이 빈 큰 솥에 기독교 금욕 생활의 원칙들과 힌두교의 고행주의를 붓고 그 위에 불교의 탄트라Tantra 사상, 이슬람의 영지주의와 신플라톤주의, 쉬아주의, 마니교, 중앙아시아의 샤머니즘 요소를 뿌린 것과 같다. 이렇게 여러 영향들이 뒤범벅되어 학문적 연구에 어려움이 따르기도 하지만, 초기에 수피즘이 어떻게 형성되었는지를 정확히 알려준다고 볼 수 있다.

최초의 수피들은 신의 지식을 구하기 위해 무슬림 제국 곳곳을 여행하던 개인들로서 느슨한 관계를 유지하고 있었다. 이런 '유랑하는 탁발승'의 수가 늘어나면서, 바그다드와 호라산Khurasan 같은 교통의 중심지에는 이들을 위한 임시 숙소가 건설되기도 했다. 이곳에서는 탁발승들이 서로 모여 자신들의 영적 여행에서 얻은 지식들을 공유했다. 압바스왕조 사람들이 이단적인 행동을 이유로 쉬아파를 적극 박해할 무렵인 11세기까지 임시 숙소는 수도원과 비슷한 건물이 되었고, 이 가운데 일부는 점차 복잡한 신비주의 학교나 교단의 성격을 띠기 시작했다.

수피 교단들은 한 명의 정신적 지도자를 중심으로 모이며, 이 지도자는 영적 순결과 내적 각성의 길을 걷기 위해 움마(공동체)로부터 영원히 탈퇴한다. 아랍어로 쉐이크, 페르시아어로 피르Pir라고 불리는 이 수피의 대가들은 앞서간 전설적 대가들의 제자이기도 했다. 이들은 대가들의 체계화되지 않은 가르침을 수집하여 새로운 세대의 제자들에게 전수했다. 제자들이 일정한 수준의 영적 성숙에 도달하게 되면 비로소 스승의 말씀을 자신의 제자들에게 전수할 책임을 지게 된다. 수피주의가 오랜 기간에 걸쳐 다양한 원전에서 수집된 절충적 재료들의 조리법처럼 보이는 이유가 여기에 있다. 물론 수피의 대가 쉐이크 파들랄라 하에리가 가르친 대로 "그저 조리법들을 모은 것과 실제로 요리하고 맛을 보는 것 사이에는 커다란 차이가 존재한다"는 것은 자명한 사실이다.

수피주의는 쉬아주의가 그랬듯이 제국적이고 왕조적인 이슬람과 이슬람의 보수적 학자 계급인 울라마의 엄격한 형식주의에 맞선 반동적 운동이라는 것을 중요한 사실로서 인정해야 한다. 양 분파는 꾸란의 숨겨진 의미를 발견하기 위해 타으윌을 활발하게 사용했으며, 예언자 무함마드에 헌신하기 위해 영적 활동을 강화했고 이맘이나 피르스를 포함한 성자들을 중심으로 개인 예찬을 발전시켰다.

쉬아와 수피가 동일한 영적 차원에서 서로에게 영향을 준 것은 분명한 반면, 수피주의는 이슬람 안에서 비교秘敎주의, 열광적 신앙, 반-지적 기질을 대표한다. 또한 수피들은 쉬아와 달리 정치에 관심이 없었다. 물론 후대 인도에서는 정치적 영역에 개입했으나, 초기의 수피 피르(지도자)들은 모든 세속적 권한을 회피했고 무슬림 공동체에 만연하던 정치적·신학적 논쟁에 발을 들여놓지 않았다. 대신 수피들은 금욕주의를 지향해 단순하고 궁핍한 생활을 함으로써 공동체와 그 세속적 문제에서 벗어나려고 했다. 수피들은 "네가 만일 왕을 바꿀 수 없다면, 너 자신을 바꾸어라"고 말했다.

의식과 실천 면에서 수피들은 에고ego를 제거하려고 노력했다. 이 목적이 모든 신비주의적 운동에 일반적이긴 하지만, 수피주의와 전통적 신비주의 이념들 사이에는 몇 가지 중요한 차이점이 있다. 첫째, 이슬람은 신자의 모든 생활 측면을 규제하는 엄격한 수도원 생활을 반대한다. 간단히 말해, 이슬람은 사회적 종교인 것이다. 이슬람은 급진적이고 은둔적인 개인주의를 혐오한다. 사람에 따라서는 움마를 배척하는 무슬림이 사도교회를 부정하는 로마 가톨릭교인과 같다고 주장할 수도 있다. 왜냐하면 둘 다 의도적으로 구원의 원천으로부터 자신을 분리하고 있기 때문이다. 수피 대가 대부분이 공동체로부터 이탈되었지만, 그렇다고 그들이 수도승은 아니었다. 그들의 제자들은 속세에서 살면서 장인, 화학자, 상인 등으로 일했다. 쉐이크 하에리는 이렇게 쓰고 있다. "진정한 수피는 외부와 내부를 구분하지 않는다." 왜냐하면 "당신이 내적 자아를 정화하기 시작할 때 당신은 외부와 사회에 대한 관심을 끝내고 있기 때문이다."

둘째, 꾸란은 잘 알려진 신비주의 전통 중 하나인 독신 생활을 "자녀를 낳아 번창하라"고 하신 알라의 말씀에 위배된다고 비난한다. 사실 계시의 상당한 분량이 가족제도의 강화와 보존에 할애되어 있다. 이슬람에서 가족의 유지는 움마에 대한 모델이자 모든 창조의 미립자이다. 꾸란은 반복적으로 부모에 대한 효도가 신에 대한 충성과 동일하다고 말한다(2 : 83, 4 : 36, 6 : 151, 31 : 14). 수피 중에는 바스라의 라비아Rabia(717~801년)처럼 빼어난 미모에 반한 모든 구혼자를 물리치고 자신을 전적으로 신께 바친 독신자들이 있었으나, 독신 생활은 수피주의에서 널리 유행한 현상이 결코 아니었다.

수피주의와 전통적인 종교적 신비주의 사이의 가장 중요한 차이점은 신비주의가 그 '아버지의' 종교를 항구적으로 고수하는 경향이 있는 반면, 수피주의는 이슬람에서 기원했음에도 불구하고 이슬람을 신의 지식을 직접 구하기 위해서 벗어나야만 하는 조개껍질처럼 바라본다는 데 있다. 다시 말해 이슬람교는 수피주의의 서곡에 불과할 뿐 뚜렷한 중심 사상은 아닌 것이다. 이슬람은 다른 모든 종교처럼 신을 향하도록 인간을 설득하지만, 수피주의의 목적은 인간을 신에게 바치는 데 있다.

이상 살펴본 내용이 수피주의가 이슬람과 그 종교적·법적 의무 사항을 모두 배척한다는 의미는 아니다. 간혹 쉬아파나 순니파가 격렬한 비난을 하지만 수피는 여전히 무슬림(이슬람교 신자)이다. 그들도 무슬림들처럼 예배하며, 무슬림의 상징과 은유를 사용하고, 무슬림의 신조와 의례를 따른다. 예루살렘 리파이Rifa'i 교단의 존경받는 수피인 쉐이크 무함마드 앗샤딜리Muhammad ash-Shadhili는 이렇게 말했다. "네가 예언자의 길로 들어서길 원한다면 … 너는 진정 무슬림임이 분명하다. … 신의 노예가 되기 위해 그에게 모든 것을 바치는 사람 말이다."

이런 관점에서 볼 때, 수피들은 모든 정통교리나 전통적 가르침, 법, 신학, 이슬람의 5주 등을 신의 진실한 지식을 얻는 데 부적당한 것으로 간주한다고 볼 수 있다. 심지어 수피들 스스로 신이 직접 내린 말씀이라고 존경하는 꾸란조차도 신의 본질을 밝히는 데는 부족하다고 생각하는 것이다. 한 수피 대가의 주장을 인용하자면 다음과 같다. "무엇 때문에 연애편지(꾸란)를 읽으며 시간을 보내는가? 그

편지를 쓴 애인이 바로 앞에 있는데……."

모든 여행에는 언제나 그 시작이 있듯이 수피의 길은 이슬람의 '외부 껍질'과 함께 시작된다. 자기부정과 신과의 합일을 향해서 한 국면씩 나아감에 따라 그 껍질은 점차 벗겨지게 된다. 마즈눈이 말했듯이 "중요한 것은 껍질 안에 감춰져 있는 내용물"이기 때문이다. 수피들은 이성과 신학, 신조와 의식, 법과 그 계율은 모두 최상의 미덕, 즉 사랑을 지닌 깨달은 사람의 영혼으로 대치되어야 한다고 생각한다.

역사적으로 보았을 때, 대부분의 무슬림이 수피주의를 회의적 시각으로 바라본 것은 놀라운 일이 아니다. 인간의 이성으로는 신을 헤아릴 수 없으며 그런 지식은 오직 궁극적 진실에 대한 직관적 인식에서 올 수 있다는 수피의 주장은 자연스럽게 종교 당국을 자극했다. 수피들을 회의적 시각으로 바라보게 한 또 다른 이유는 그들이 내적 세계의 비밀스러운 지식을 탐구하는 데 샤리아(이슬람 율법)를 적용할 수 없는 것으로 간주했다는 데 있다. 앞에서 지적한 대로, 이슬람 율법은 신앙의 외적(자히르) 성격에 관심을 둔다. 그것은 양적이며 측량할 수 있다. 그러나 내적(바틴) 측면은 측량할 수 없으므로 종교 당국에게는 중대한 위협이 된다. 설상가상으로 수피들은 무슬림 공동체에서 이탈하여 자신들만의 공동체를 만드는 것처럼 보였다. 그리고 그 공동체의 유일한 종교적 권위를 피르(지도자)가 가짐으로써 울라마에게는 권한이 없었던 것이다.

수피주의는 샤리아와 그 해석의 엄격성에 반대해 토착 신앙과 관습을 적극적으로 받아들였으며, 이슬람 제국 내에 아랍인들이 다수가 아닌 여러 지역에서 큰 인기를 끌었다. 예컨대 인도에서는 수피주의가 불길처럼 번졌다. 왜냐하면 수피주의는 통제된 호흡, 앉는 자세, 명상 등과 같은 전통적 인도 관습을 반카스트 무슬림 미덕과 적극적으로 통합했기 때문이다. 중앙아시아에서는 페르시아 수피들이 시와 노래와 수피 문학으로 특징지을 수 있는 새로운 성경을 발전시켰다. 이 경전은 꾸란과 달리 통속어(방언)로 기록되어 제국 전체에 쉽게 전파될 수 있었다.

수피주의의 기원에 관한 언급은 이 운동이 어떻게 일어났고 어떻게 전파되었는지를 보여주지만, 수피주의가 무엇인지는 결코 설명해줄 수 없다. 그것은 수피주의가 설명할 수 있는 종교적 운동이긴 하지만 정의를 내리기는 어렵기 때문이다.

모든 수피 시인들 가운데 가장 위대한 잘랄 앗딘 루미Jalal ad-Din Rumi(1273년 사망)가 처음 만들어, 사르다나Sardana의 대쉐이크인 이드리스 샤Idris Shah가 설명한 다음 우화를 고찰해보자.

페르시아인, 터키인, 아랍인, 그리스인 각각 한 명이 먼 나라를 여행하던 중 마지막으로 수중에 남은 동전 한 닢을 어떻게 쓸 것인가를 놓고 설전을 벌이기 시작했다. 네 명 모두는 음식을 사자고 했지만 페르시아인은 안구르angur, 터키인은 우줌uzum, 아랍인은 이납inab, 그리스인은 스타필stafil을 먹고 싶다고 했다. 논쟁은 각자가 양보하지 않고 자기 주장을 계속 내세우면서 가열되었다.

이때 옆을 지나가던 한 언어학자가 그들이 싸우는 소리를 듣게 되었다. 학자는 말했다. "동전을 나에게 가져와보시오. 내가 당신들 모두의 희망을 충족시켜주도록 하겠소."

동전을 받아 든 언어학자는 곧 가까운 상점에 가서 작은 포도 네 송이를 샀다. 그러고는 각각에게 한 송이씩을 나눠주었다.

"이게 내가 사려고 한 안구르야." 페르시아인이 외쳤다.

"하지만 우리는 이것을 우줌이라고 불러." 터키인이 대답했다.

"당신은 나에게 바로 이납을 가져다주었소." 아랍인이 말했다.

"아니야! 이것은 이납이 아니라 스타필이라구."

마지막으로 그리스인이 말하는 순간, 그 자리에 있던 사람들은 각자가 원했던 것이 사실은 같은 것이었음을 깨달았다. 다만 다른 사람에게 자신이 원하는 바를 설명하는 방법에 대해 몰랐을 뿐이었다. 이 언어학자가 바로 수피이며, 이들은 인류의 종교가 다른 곳에서 다른 이름으로 불리지만 실제로는 한 대상을 지칭한다는 사실을 가르쳐준다는 것이다. 그러나 이 우화의 가장 중요한 측면은 따로 있는데, 언어학자는 여행객들에게 오직 포도만 줄 수 있을 뿐이라는 것이다. 그는 그들에게 '그 과일의 진수'인 포도주를 줄 수 없다. 다시 말해 인간은 궁극적 진실을 얻을 수 없다. 왜냐하면 그런 지식은 나누어 가질 수 없기 때문이다. 오직 자기부정을 향해 열심히 내적 수행을 하다보면 반드시 경험할 수 있는 것이다. 이란의 뛰어난 시인이었던 쉬라즈Shiraz의 사디Saadi는 이렇게 썼다.

나는 벙어리 공상가이다.
그리고 사람들은 귀머거리이다.
나는 말을 할 수 없고,
저들은 들을 줄을 모른다.

수피주의란 무엇인가? 라일라와 마즈눈의 이야기에 비유한다면, 그것은 마즈눈이 라일라에게 품은 사랑이다. 수피 대가 할키Halki에 따르면, 그것은 "찰싹찰싹 밀려오며 시시각각 태양 빛을 반사하는 셀 수 없이 많은 물결이다. 그 물결은 모두 한 바다에서 온다." 수피주의의 대가 이븐 주나이드Ibn Junayd(910년 사망)의 표현대로라면, 그것은 "모든 고상한 자질을 받아들이고 모든 저속한 자질을 버리는" 습관이다. 루미는 이렇게 썼다. 수피는 "기독교인도 유대인도 무슬림도 아니다. 수피는 어떤 종교, 어떤 문화도 아니며 … 동도 서도 아니며, 대양에서 온 것도 땅에서 솟아난 것도 아니며, 자연적인 것도 천상의 것도 아니며, 어떤 요소로 구성된 것도 아니며 … 이 세상이나 저 세상의 대상도 아니다." 이샨 카이세르Ishan Kaiser의 설명에 따르면, 수피주의는 "배화교도의 실제 신전, 마기교의 승려, 양반다리를 한 브라만교인의 명상의 내적 진실, 예술가의 붓이며 물감"이다.

술 없이 취하고, 음식 없이 배부르고, 검소한 망토를 입은 왕, 폐허 안의 보물인 수피주의와 이슬람의 관계는 심장과 인간의 관계와 같다. 수피주의는 이슬람의 긴요한 중심이자 그 본질의 요람이다. 마즈눈(미친 자)의 말을 빌리자면, "조개껍질 안에 감추인 진주요, 베일 안에 가려진 얼굴"이다. 수피주의는 이슬람 신앙의 속 깊이 감추인 비밀의 미묘한 진실로서, 수수께끼 같은 이 분파를 조금이라도 이해할 수 있으려면 그 깊숙한 곳을 파내야 한다.

10세기 바그다드의 어느 봄날 아침, 엄하게 관리되던 시장에 누더기 옷을 걸친 후사인 이븐 만수르 알할라즈Husayn ibn Mansur al-Hallaj라는 사람이 붐비는 광장에 뛰어들어 큰 소리로 "아나 알학끄An al-Haqq!"라고 소리치면서 일대 소동이 일어났다. 그는 최초의 수피 가운데 하나이자 가장 유명한 수피 대가이다. 아나 알학끄(내가 곧 진리다)라는 말은 "내가 곧 신이다"라는 의미와 같았다.

시장을 관리하던 사람들은 아연실색했다. 그들은 즉각 알할라즈를 체포하여 심판을 위해 울라마(종교학자)에게 인계했다. 이미 바그다드의 울라마들은 이 논쟁을 일으킨 수피 대가에 대해 잘 알고 있었다. 알할라즈는 남부 이란의 한 사제 가문에서 배화교인으로 태어났지만, 이슬람으로 개종하고 아주 젊은 나이에 압바스왕조의 수도 바그다드로 이사했다. 전설적인 수피 대가 투스타리Tustari(896년 사망)의 제자가 된 그는 성장하면서 기적을 행하고 노골적인 표현을 서슴지 않는 것으로 유명한 설교자로 변신했다. 제자들에 의해 '양육자'로 불리기도 했던 알할라즈는 핫즈(대순례)는 순수한 마음을 가진 사람이면 어느 곳에서나 행할 수 있는 내적인 가치라고 주장하여 종교 당국의 반감을 사고 비위를 거슬렀다. 그는 나아가 예수를 '감추인 수피'라고 생각했으며, 예수에 대해 많이 설교함으로써 울라마들과 사이가 나빠졌다. 이런 이유로 그는 미친 사람이자 '은밀한 기독교인'으로 비난받기도 했다. 그러나 알할라즈가 유일한 순교자는 아니었다. 그런데도 그를 역사상 가장 유명한 수피 순교자로 만든 것은 자신이 신과의 합일을 이룩했다는 용납할 수 없는 이단적 주장이었다.

8년 동안의 수감 생활 중 여러 차례 자신의 신념을 철회할 기회가 주어졌음에도 불구하고 알할라즈는 끝까지 거부했다. 그리고 마침내 압바스왕조의 칼리파 알무끄타디르al-Muqtadir는 종교기관의 압력을 받아 사형을 선고했다. 칼리파는 그의 이단적 행동이 중대했다는 표시로, 알할라즈를 고문하고 채찍질하고 사지를 절단하고 십자가에 못 박았다. 그의 목은 참수되었고, 사지는 절단되었으며, 나머지는 불태워져 티그리스 강에 뿌려졌다.

알할라즈는 무엇을 의도했는가? 그는 실제로 신이라고 주장했는가? 만일 그렇다면, 어떻게 유일신적이고 열렬히 성상 파괴적인 이슬람교의 한 분파라고 볼 수 있겠는가?

많은 저명한 수피들은 거침없이 알할라즈를 비난했다. 이슬람 역사상 가장 중요한 무슬림 신비주의자인 알가잘리는 11세기 그의 명저 《행복의 연금술The Alchemy of Happiness》에서, 알할라즈를 "어리석은 수다쟁이"라고 지칭하고 그의 죽음이 "참 종교를 위해 보다 큰 이익"이 되었다고 언급했다. 알가잘리는 알할라즈가 자신의 본질과 신의 본질이 합일된 상태로 신과 영적으로 통일된 수준을 달성했다고 주장했기 때문에 비난한 것은 아니었다. 오히려 그와 다른 사람들은 알할라즈가 비밀로 남아 있어야 할 것을 공개적으로 폭로한 것에 반대했다.

평생을 이슬람 신비주의와 이슬람 정교의 조화를 위해 노력했던 알가잘리는 —거짓말 같지만 그는 수피이자 동시에 보수주의자 아샤리 파였다— 그런 내밀한 지식은 천천히 단계적으로 밝혀져야 한다는 것을 누구보다 잘 알고 있었다. 알가잘리는 그의 책 《종교학의 부활》에서 "어린아이들이 어른의 지식에 대한 참된 이해가 없듯이" 일자무식의 어른이 "학자의 지식을 이해할 수 없듯이", 학자라 할지라도 지식이 뛰어난 학자들의 경험을 잘 이해할 수 없다고 썼다.

알할라즈의 실수는 그의 선언이 갖는 신성모독이 아니라 이해할 수 없는 사람들에게 자신의 지식을 노골적으로 폭로한 데 있었다. 수피 가르침은 준비되지 않은 자들이나 정신적으로 미성숙한 자들에게는 누설할 수 없다. 알후즈위리al-Hujwiri(1075년 사망)는 "경험이 없는 자는 수피의 의향을 오해하거나 그 개념을 거절하기 십상이다"라고 말했다. 심지어 알할라즈조차도 자신이 경험한 신과의 합일이 오랜 기간의 내적 성찰 후에 왔음을 인정했다. 그는 자신의 시집에서 신에 관해 이렇게 썼다. "당신의 영혼이 나의 영혼과 조금씩, 차례로, 그리고 재결합과 포기를 거친 후 섞였다. 지금 나는 당신 자신이다. 당신의 존재가 나 자신이며 나의 의지이다."

따라서 알할라즈가 이 내적 수행을 어디에서 끝냈는지 알려면 그가 어디에서 수행을 시작했는지 알아야 한다. 즉 수피들이 타리까 tariqah(길)라고 부르는 영적 자아성찰의 길고도 힘든 수행길의 출발점으로 돌아가야 한다. 타리까는 수피를 종교의 외적 진실에서 벗어나 성스러운 신의 진실로 인도하는 신비로운 여행이다. 모든 여행처럼 그 구도의 길(타리까)도 정해진 목적지로 인도하는 곧은길이 아니라 봉우리에 신의 존재를 감추고 있는 장엄한 산으로 생각할 수 있다. 정상에 오르는 길은 많고 어떤 길은 다른 길보다 더 좋을 수 있다. 그러나 모든 길은 결국 같은 목적지에 도달할 테니 어떤 길을 택하든 상관이 없다. 중요한 것은 구도를 위한 여행길 위에 있다는 것이고, 한 번에 한 걸음씩 끊임없이 정상을 향해 움직인다는 것이다. 한편 목적지에 도착할 때까지 부지런히 그 길을 따라 놓인 특정한 '체류지' 혹은 '쉬는 곳'을 부지런히 통과해야 하는데, 각 단계는 영적 발전을 위해 필요한 설명할 수 없는 경험으로 특징지을 수 있다. 이것은 진실의 베일이 벗겨지고, 자아는 망각되며, 전적으로 신과의 합일이 달성되는 각성의 순간이다.

몰아의 경지에 오르기 위한 여행 혹은 수행에서 반드시 지나쳐야 할 정거장(혹은 시련)과 수피의 길을 설명한 가장 유명한 우화는 12세기 이란의 향수 제조업자이자 연금술사인 파리드 앗딘 앗타르Farid ad-Din Attar(1230년 사망)가 만들었다. 앗타르의 서사적 대작 《새들의 회담The Conference of the Birds》의 내용은 이렇다. 전 세계의 새들 중 제비뽑기로 선출된 새들이 새들의 왕 시무르그Simurgh를 만나러 가는 여행에서 자신들을 인도할 후투티hoopoe(한 신비한 새) 앞에 모였다. 여행을 떠나기 전, 모든 새는 먼저 후투티 새에게 절대적 복종을 선언해야 했다.

여행 중에 그분이 명령한 것은 무엇이든,
우리는 반항하지 않고 반드시 순종한다.

후투티가 설명하는 대로라면, 여행이 매우 위험한데다 육체적·

정신적 역경으로 가득 차 있고 길은 오직 자기만이 알고 있기 때문에 이 맹세는 꼭 필요했다. 결국 후투티의 명령이나 요구는 아무런 의심 없이 이행되어야 했다.

시무르그에 도달하기 위해서 새들은 일곱 개의 매우 힘든 계곡을 지나가야 하며, 각각의 계곡은 길 위에 있는 정거장을 나타낸다. 첫 번째는 탐색의 계곡으로, 이곳에서 새들은 "세상과의 인연을 끊어야 하며" 각자의 죄를 회개해야 한다. 다음에 오는 계곡은 사랑의 계곡이다. 이곳에서는 새들이 "자신의 존재가 화염에 의해 없어질 때까지" 불바다에 던져지게 된다. 세 번째 신비의 계곡에서 새들은 각자 다른 길을 택해야 한다. 왜냐하면 "너무나 많은 길이 있고 각각의 길은 오직 한 마리의 새에게만 운명 지어졌기 때문이다." 고립의 계곡에서는 "의미에 대한 모든 주장과 갈망이 사라져버린다." 반면 합일의 계곡에서는 많은 새가 하나, 즉 모든 다양한 것이 하나로 통일된다.

여섯 번째 당황의 계곡에 도착하자마자, 지친 새들은 갑자기 존재의 공허에 직면하여 전통적인 이중성의 베일을 벗어버린다. 새들은 당황하여 울면서 말한다. "나에게는 더 이상 어떤 지식도 없다."

나는 나의 의심을 의심한다, 의심 자체가 불분명하니까.
나는 사랑한다, 그러나 누구를 위해 한숨을 짓는가?
나는 무슬림도 아니고 다신교도도 아니다. 도대체 나는 누구인가?

마지막으로 구도 여행의 끝 무렵에 새들은 무無의 계곡에 도착하여 자신들의 자아를 벗고 몰아의 망토를 걸쳐 입는다. 그리고 우주의 영혼에 의해 소진된다. 이렇게 일곱 개의 계곡을 모두 통과한 후에야 비로소 새들은 "자아의 벽을 부수는 법"을 배우게 되며, "사랑을 위한 지성"을 포기할 수 있게 된다. 그리고 마침내 시무르그의 왕좌로 나아감을 허락받는 것이다.

후투티 새와 함께 여행한 수천 마리의 새들 중 서른 마리만이 목적을 달성할 수 있다. "희망이 없는 마음과 나달나달해지고 늘어뜨린 날개들"을 가진 서른 마리의 새는 시무르그의 앞으로 인도된다. 그러나 새들이 마침내 왕을 보는 순간, 그들은 기대했던 새들의 왕이 아니라 자기 자신을 보게 되는 것이다. 시무르그는 페르시아어로 '서른 마리의 새'를 의미한다. 비록 "싸우고, 방황하고, 멀리까지 여행했지만 그들이 싸운 것은 바로 그들 자신"이라는 사실을 새들이 깨닫는 것은 여기 여행이 끝나는 곳에서이다. 시무르그는 말한다. "나는 너희 눈앞에 놓인 거울이다. 나의 광채 앞에 온 자들은 바로 자신의 독특한 진실을 보게 된다."

앗타르는 시와 가르침을 통해 '영적 연금술'을 발전시킨 수피 대가이다. 영적 연금술의 관점에서 영혼은 모재母材와 같이 취급되며, 본연의 태곳적 상태로 회복되기 위해서는 거기에 붙은 불순함을 반드시 제거해야 한다. 대부분의 수피처럼 앗타르도 모든 영혼을 신의 메시지의 저장소로 간주했다. 동시에 그는 각 개인이 구도의 길 위의 어느 지점에 있느냐에 따라 그 수용력이 다를 수 있다고 믿었다.

그 길의 시작 단계(대다수의 인간이 있는 곳)에서는 자아, 자신, 정신, 바로 나 자신인 '나프스nafs'가 ―'개개의 자아 중심적 성향'이 어떻든 간에― 유일한 진실로 남는다. 수행자는 (자기 수행의) 길을 나아감에 따라 루흐ruh, 즉 보편적 영혼을 만나게 된다. 꾸란은 루흐를 아담의 육신에 생명을 주기 위해 불어넣은 "신의 숨결"이라고 지칭한다(15 : 29). 이런 의미에서 루흐는 창조물에 깃드는 신성하고 영원하며 생명을 주는 정신, 즉 그 자체로서 창조의 정수이다. 루흐는 순수 그 자체이다. 그것은 힌두교인들이 프라나prana, 도교 신자들이 기氣라고 부르는 것이다. 왜냐하면 기독교의 신비론자들이 말하는 성령Holy Spirit은 우주에 잠재된 영묘한 힘이기 때문이다.

전통적인 수피 교리에서 루흐는 깔브qalb(마음)의 소유를 두고 나프스(자신)와 끊임없이 싸우는 상태에 있다. 깔브는 감정의 소재지가 아니며(대부분의 이슬람 문화에서 감정은 배에 있기 때문이다), 인간 본질의 중심이다. 티투스 부르크하르트Titus Burckhardt의 말에 의하면, "개개의 형식을 초월하는 본질"의 소재지이다. 깔브는 전통적인 서구의 개념으로 보면 영혼, 즉 지성의 추진력과 같다.

나프스가 깔브에 대한 지배를 풀어 루흐로 하여금 ―모든 인간에게 루흐는 있지만 자아의 베일 안에 가려져 있다― 끝없이 방대한 바다에 던져진 한 방울의 이슬인 것처럼 깔브를 흡수하도록 허용할 때, 개인은 수행의 마지막 단계에 진입하게 된다. 그렇게 되면 개인은 파나fana, 즉 몰아지경의 자아 망각에 도달한다. 자아를 벗어나 수행의 길이 끝나는 이곳에서 그는 보편적 영혼과 합일되고 신과 일체가 되는 것이다.

구도의 길 위에 위치한 정거장(혹은 시험)의 수는 전설에 따라 다르지만(앗타르의 교단에는 일곱 개의 정거장이 있다), 수피는 각 정거장을 한 번에 하나씩 넘을 수 있다고 믿는다. 루미가 쓴 대로 "다섯 번째 잔을 마시기 전에 너는 앞선 네 잔을 다 마셔야 하며, 각각의 잔은 감미롭다." 나아가 각각의 시험 혹은 정류장은 반드시 피르(지도자)의 엄한 감독하에서 행해져야 한다. 왜냐하면 힘든 구도의 여행을 마친 사람만이 다른 사람의 구도를 위한 노력을 인도할 수 있기 때문이다. "완벽한 대가大家가 동반하지 않으면 이 정거장들을 통과하지 말라." 수피 시인 하피즈Hafiz는 이렇게 경고했다. "어두운 길이다. 길을 잃어버릴 수도 있으니 조심해라."

지도자는 '최상의 진수' 이다. 수피 학자 자와드 누르바크쉬Javad Nurbakhsh에 따르면, 최상의 진수란 "구도자의 구리 심장을 순금으로 바꾸고 그 존재를 정화하는 것"이다. 후투티 새처럼 지도자는 제자들에게 완전한 복종을 요구하고, 그들은 전통적으로 쉐이크나 칼리파에게 하던 바이아의 형태로 충성을 서약한다. 그러나 피르는 '신의 친구' 이기 때문에 쉐이크나 칼리파보다 훨씬 더 큰 권위를 누린다. 피르는 단순히 영적 안내자가 아니다. 그는 '신이 세상을 바라보는 눈' 이다. 많은 수피의 시에서 피르는 '우주의 극지' 즉 '꾸틉qutb' 으로서, 우주의 영적 기운의 중심이 되는 축이다. 이 개념은 유명한 터키의 회전하는 탁발승Whirling Dervishes 수피 교단에 의해 생생하게 구현되고 있다. 이들은 우주의 축인 피르를 중심으로 원을 그리며 황홀경에 빠지는 영적인 춤을 추는데, 한번에 길면 몇 시간씩 빠른 속도로 빙빙 돌면서 우주의 운동을 모방한다.

구도의 길을 완성한 사람으로서 수피 피르는 성자로 추앙받는다. 그들이 사망한 날은 성스러운 기념일이 되는데, 아랍어나 페르시아어로는 우르스urs, 즉 '결혼'이라고 불린다. 왜냐하면 죽음으로써 이승을 떠나 피르는 마침내 신과 혼연일체가 되기 때문이다. 그들의 무덤은 메카로 순례할 수 없는 가난한 무슬림들에게 순례지가 되며 순례자들은 자신들의 맹세, 청원, 간구를 두고 기도한다. 피르의 영력, 즉 바라카는 너무나 커서 병든 자가 그의 무덤을 그저 만지기만 해도 병을 고칠 수 있고 불임녀가 아이를 낳을 수도 있다. 이 무덤들을 방문하는 것은 인종, 성, 신앙에 관계없이 완전히 개방되어 있다. 인도 대륙에서는 특히 기독교인, 시크교인, 힌두교인, 무슬림들이 수피 성자의 무덤에 거의 같은 수로 모이는 것이 흔한 일이다.

영적 카리스마를 가진 피르들은 제자들을 모으고 수피들이 에르판erfan이라고 부르는 비밀 지식을 전수해준다. 그리스어 그노시스gnosis와 마찬가지로, 에르판은 궁극적인 진실을 직관으로 알아차릴 수 있는 고도의 지적 수준을 지칭한다. 그러나 에르판은 오베이시Oveyssi 교단의 42번째 피르인 샤 안가Angha의 말처럼 오직 "이성을 사용할 필요가 없을 정도의 자기 훈련과 자기 정화를 통해서만" 획득할 수 있는 비지성적이고 비합리적인 지식이다. 지성은 난해한 신비를 헤아릴 수 없기 때문에 수피들은 우주의 성격과 우주 안에서 인간의 위치를 파악하는 것은 사랑 대신 이성을 포기할 때만 가능하다고 믿는다. 수피 제자가 자신의 삶에서 갖추어야 하는 것들 중에서 사랑의 원리보다 중요한 것은 없다. 수피주의는 언어로 가장 완벽하게 표현될 수 있으며, 유일한 수단인 언어를 통해서 그 이념들도 이해될 수 있다. 사랑의 경험은 수피의 수행길에 있는 가장 보편적인 정거장, 즉 시험이다. 왜냐하면 신의 지식을 이해하는 것은 신학이나 율법이 아니라 바로 사랑이기 때문이다.

수피에 따르면 신의 본질, 즉 신의 실체는 사랑이다. 사랑이 가진 창조의 힘이다. 수피주의는 창조의 개념, 즉 엑스 니힐로ex nihilo를 허락하지 않는다. 왜냐하면 무엇인가 있기 전에 이미 사랑이 있었기 때문이다. 즉 원초적 단일체 상태에서도 신 자신을 사랑하는 사랑이 있었던 것이다. 인간이 신의 형상대로 창조된 것은 오직 신이 이 사랑을 '다른' 것으로 표현하길 원했을 때였다. 그렇다면 인류는 구현된 신이다. 왜냐하면 사랑을 통해 구체화된 신이기 때문이다.

수피들이 말하는 신에 대한 사랑은 기독교인들의 전통적인 아가페agape(기독교적 사랑, 인간 상호간 사랑)나 영적 사랑을 의미하는 것이 아니다. 오히려 그 반대이다. 그것은 정열적이고, 모든 것을 태워버리며, 자기부정적인 사랑이다. 마즈눈이 라일라를 사랑한 것과 같이, 수피 사랑은 자기 자신의 행복은 고려하지 않고 사랑하는 사람의 뜻에 조건 없는 복종을 요구한다. 이것은 극도의 자기부정 사랑이다. 그것이 바로 사랑의 목적이기 때문이다. 앗타르에 따르면, 사랑은 에고를 말살시키고 영혼을 순화하는 불이다. 그리고 사랑하는 사람은 "불붙고 타는…" 사람이다.

> 누구의 얼굴에 열이 나며, 누가 열광적인 그리움 속에 있는가,
> 누가 사려를 모르는가, 누가 기꺼이 보낼 것인가,
> 타오르는 끝을 향해 백 가지 세계를.

누가 신념이나 신성모독을 모르는가,
누가 의심하거나 확신할 시간이 없는가,
누구에게 선과 악이 똑같은가,
누가 아무것도 아니지만 살아 있는 불꽃인가.

대부분의 신비주의자들처럼 수피들도 주체와 객체로 구분하는 양분법적 신앙에서 벗어나려고 노력한다. 그렇게 함으로써 개인과 신을 분리할 수 없는 일체로 만들려고 하는 것이다. 이 같은 수피주의의 일체적 사상은 흔히 참신하고 노골적인 성적 비유를 통해 표현된다. 예를 들면 하피즈는 신에 관해 이렇게 썼다. "당신의 머리에서 풍기는 향기가 나의 삶을 채워주고 당신 입술의 감미로움은 비길 데가 없나이다."

성적인 상상력과 비유가 가장 탁월한 묘사는 바스라의 라비아가 쓴 글에 나타나 있다. 젊어서 고아가 된 라비아는 노예로 팔려 주인의 성적 노리개가 되었다. 그러나 그녀는 일생 동안 신과의 신비로운 일체를 갈망했고, 때로는 우주의 운동에 관해 명상하고 기도하고 단식하기 위해 몇 주일씩 잠을 안자고 견디기도 했다. 그녀가 명상하며 보내던 어느 날 밤, 주인은 그녀의 머리 위에서 온 집안을 비추는 후광이 밝게 빛나는 것을 발견했다. 겁을 집어먹은 주인은 즉시 라비아에게 자유를 주고 사막에서 수행의 길을 걸을 수 있도록 허락했다. 그리고 라비아는 광야에서 마침내 득도함으로써 최초의 여성 수피 대가가 되었다. 그녀 앞에서는 유명한 학자 하산 알바스라조차 영적으로 무기력해짐을 인정할 정도였다.

기독교인 아빌라Avila의 테레사Teresa처럼 라비아의 시는 신과의 깊고도 가까운 만남을 보여주고 있다.

당신은 나의 숨결,
나의 희망,
나의 동반자,
나의 열망,
나의 풍부한 재산입니다.
나의 사랑이자 인생인 당신이 없으면
나는 이 끝없는 나라에서 절대 배회하지 않을 겁니다.
나는 모든 곳에서 당신의 사랑을 찾았습니다.
그리고 갑자기 나는 그것으로 가득 차 있습니다.
오, 내 마음의 주인이시여,
내 가슴에 빛나는 열망의 눈이시여,
나는 당신으로부터 절대 자유롭지 않겠습니다.
내가 살아 있는 한,
사랑이여, 나에게 만족해주세요.
그러면 나도 만족합니다.

사랑하는 사람에 대한 이 같은 강렬한 열망은 라비아의 시에 나타난 너무 흔한 주제이자 사랑에 대한 수피적 개념을 보여준다. 다른 무엇보다도 이 사랑은 마즈눈이 대추야자나무 숲에서 얻은 깨달음처럼 반드시 미완성으로 남아야 하는 사랑이다. 결국 앗타르의 새들이 시무르그를 향한 긴 여행에서 깨달은 것처럼 누구나 완성을 기대하면서 수행의 길을 시작할 수는 없다. 왜냐하면 오직 소수만이 최후의 목적지에 도달하여 신과의 합일을 이루기 때문이다. 이런 이유로 수피는 보통 장미꽃을 뿌린 신혼 침대에 앉아 결코 오지 않을 수도 있다는 것을 알면서도 신랑이 오기를 열망하는 신부에 비유된다. 그러나 신부는 기다린다. 아니 그녀는 '사랑을 열망하며' 사랑하는 사람으로 인해 아파하며, 숨 쉴 때마다 "나에게 오세요! 나에게 오세요!"라고 울부짖으면서 영원히 기다린다. 마침내 그녀가 분리된 개체로서 존재하길 멈추고 완전한 합일 속에서 사랑하는 사람이 될 때까지. 알할라즈는 신과 합일된 경험을 이렇게 썼다.

나는 내가 사랑하는 그분이며, 내가 사랑하는 그분은 바로 나입니다.
우리는 한 몸에 사는 두 개의 영혼입니다.
당신이 나를 본다면 그분을 보는 것이랍니다.
만약 당신이 그분을 본다면 우리 둘 모두를 보는 것이랍니다.

완전한 사랑이 아무 대가도 바라지 않는 그런 사랑이라고 할 때, 완전한 애인이자 수피를 향한 사랑의 예는 이블리스Iblis가 될 것이다. 즉 '하나님께 헌신하기 위한 길'에서 천사로 시작했지만 아담에게 절하기를 거부하여 신의 면전에서 쫓겨난 사탄이다. 루미는 그의 〈이블리스의 변명Apology of Iblis〉에서 신에게 순종하길 거부한 것은 "신을 사랑하기 때문이며 불복에서 온 것이 결코 아니다"라고 설명한다. 결국 "모든 질투는 사랑하는 사람에게 다른 동반자가 생기는 것을 두려워하는 그런 사랑에서 일어난다."

지옥에 떨어져 다시는 신을 볼 수 없음에도 불구하고, 이블리스(사탄)는 계속해서 "나의 요람을 부드럽게 흔들어주고, 어렸을 적 나에게 우유를 먹여준" 사랑하는 사람을 동경한다. 그는 지옥 깊은 곳에서 이렇게 소리치며 영원히 신을 애타게 사모할 것이다. "나는 그분의 짝이다. 나는 그분의 짝이다. 나는 그분의 짝이다."

이블리스에게 다소 동정적인 이 설명은 대부분의 무슬림에게는 놀라운 것이지만, 사실 별로 중요한 것은 아니다. 앗타르가 주장한 대로, "사랑은 신앙이나 신성모독에 대해 아는 것이 없다." 파나(도, 황홀경)를 얻기 위해서는 인간이 적당한 도덕적·종교적 행동을 분류하기 위해 만든 전통적 이원성의 베일을 걷어 치워야만 한다. 이원성을 알지 못하는 수피들은 오로지 단일성만을 추구한다. 선과 악, 빛과 어둠은 존재하지 않으며 오직 신만이 존재할 뿐이다. 그러나 수피의 개념을 힌두교의 마야maya(진실의 환상)나 불교의 순야타sunyata(만물의 허무함)와 혼돈해선 안 된다. 수피에게 진실은 허무도 환상도 아니다. 진실은 오직 신일 뿐이다. 꾸란은 이렇게 말한다. "어느 쪽을 돌아봐도 신은 존재한다. 신은 모든 곳에 계시며 모든 것을 아신다.(2 : 115)" 타우히드(신의 유일성, 단일성)는 신이 한 분임을 강조하기 때문에 수피는 진실도 하나여야 한다고 주장하는 것이다.

원자, 태양, 은하수, 우주는
분명히 모두 이름이며 이미지이며 형식일 뿐이다.
실제로 그것들은 하나이다. 오직 하나일 뿐이다.

전통 서양 철학에서 이 급진적인 단일성 개념은 모니즘monism(일원론)이라고 불리기도 한다. 즉 만물이 그 다양성에도 불구하고 시간, 공간, 본질 혹은 성질 면에서 하나의 통일된 '어떤 것'으로 축소될 수 있다는 개념이다. 그러나 수피의 급진적 단일성 이념은 유신론적 성질을 강조하기 위해서 아하디야ahadiyyah, 즉 '합일슴—'이라고 부르는 것이 더 타당하다. 왜냐하면 알아하드al-Ahad(하나, 유일)는 신의 99개 아름다운 이름들 가운데 첫째이자 가장 중요한 이름이기 때문이다.

수피들이 전통적 이원성을 부정하는 이유는 정확히 이 유일신적 일원론 때문이다. 그들이 도덕적으로 올바른 행위를 회피해서가 아니라 오직 '합일적 존재' 즉 신성한 단일성만을 받아들이기 때문이다. 물론 이 개념은 참된 수피의 가르침에 관해 많은 혼란을 불러일으켰다. 특히 종교의 외적 측면을 극복하는 수단으로써 공개적으로 술을 마시고, 도박하고, 여색에 빠지는 등 이슬람 율법을 위배하는 '술 취한 수피'들은 무슬림들에게 많은 혼란을 주었다. 그러나 분명히 말하건대 전통적인 이원성의 부재가 비유로 표시되었을 뿐이다. 제일 일반적인 비유는 주색에 빠지거나 방탕한 생활이며, 이러한 생활은 자기부정과 사람을 도취시키는 수피의 사랑 시에 가장 흔한 상징이었다.

오마르 카얌Omar Khayyám은 그의 훌륭한 〈루바이야트Rubáiyát〉에서 이렇게 썼다. "나는 오늘 밤 100개의 술통을 마시겠다. 나는 모든 이성과 종교를 뒤로하고 나 자신을 위해 술의 처녀성을 취하겠다." 여기에서 오마르 카얌의 '술'은 영적인 술이며 '온유한 주님의 은총'을 나타낸다. 수피는 전통적인 종교적 경건함과 도덕적 행위 이념을 부정해온 사람이며, 마음의 잔에 신의 사랑으로 만든 술을 채우기 위해 '이성과 지성이 뒤섞인 것'을 피해 달아난 사람이다. 그래서 하피즈는 말한다. "경건함이나 도덕은 몰아의 경지와는 관계가 없다. 당신의 예배용 양탄자를 포도주로 물들여라."

일단 전통적인 이원성의 베일이 벗겨지고 루흐가 깔브를 흡수할 정도가 되면, 수행자는 마침내 파나(몰아의 경지, 득도)에 도달한다. 그리고 이 수도여행이 마무리될 즈음 만물이 하나라는 진리가 드러난다. 샤 안가의 말을 빌리면 "개울, 강, 물방울, 바다, 거품 모두가 한목소리로 '우리는 물이야, 물'이라고 하는 말"을 듣게 되는 것이다.

수피는 근본적인 몰아 행위를 통해 자신의 성질과 속성을 포기함으로써 신의 성질과 속성으로 들어가게 된다. 순니와 쉬아 무슬림들의 오해처럼 파나를 통해 신 자체가 되는 것이 아니다. 수피는 신에 몰입되는 것이며, 그럼으로써 창조주와 피조물은 일체가 된다. 신성한 합일의 개념은 위대한 신비주의 학자인 이븐 알아라비에 의해 잘 표현되고 있다. 그는 전통적인 무슬림의 신앙고백인 "알라 외에 다른 신은 없도다"를 "신의 존재 외에 다른 존재는 없으며, 신의 진실 외에 다른 진실은 없도다"로 재해석했다.

이븐 알아라비 학파―이 책 한 장을 전부 할애할 수 있을 만큼 수피주의 발전에 큰 영향을 준 학파―에 따르면, 인간과 우주는 분리되었으나 밀접하게 연관된 보편적 영혼의 구조로서 서로를 비추는 두 개의 거울과 같다. 이븐 알아라비는 타으윌(꾸란의 은유적 해석)을 사용함으로써 신이 "하나의 영혼으로부터(4:1)" 인간을 창조했다는 구절을 우주 자체가 "하나의 존재와 같다"는 뜻으로 해석했다. 따라서 알아라비 학파에게 인간은 "위대한 우주 책의 축약"이며, "성스러운 존재와 본질적으로 하나임을 충분히 알고 있는" 사람들은 그들의 용어를 빌리면 "완전한 인간(혹은 우주적 인간)"으로 변한다.

완전한 인간이란 개성은 단지 그의 외형에 불과하고 그의 내적 진실은 우주 자체와 일치한다. 완전한 인간은 알아라비의 가장 위대한 제자인 압둘 카림 알질리Abdul Karim al-Jili의 말을 빌리자면 "신의 복사체"이다. 왜냐하면 그 안에 신의 속성들이 완전히 녹아 있고, 신이 구현되는 매개이기 때문이다.

수피주의는 이맘이나 피르는 물론 모든 예언자와 사도를 완전한 인간의 대표자들로 간주하지만, 수피는 예언자 무함마드를 이 독특한 존재의 전형으로 간주한다. 모든 무슬림은 예언자의 예를 따름으로써 신께 곧장 가는 길로 들어서길 기대한다. 물론 수피에게 무함마드는 꾸란이 지칭한 대로 "훌륭한 모범(33 : 21)"일 뿐이다. 무함마드는 본원의 빛, 즉 신의 창조물 가운데 으뜸일 뿐이다.

'무함마드의 빛nur Muhammad'의 개념은 수피주의에게 영지주의의 깊이를 보여준다. 간단히 말해 수피는 많은 기독교 영지주의자들이 예수를 이해하듯이 무함마드를 영원한 로고스logos로 이해한다는 것이다. 따라서 무함마드는 "어두움에 비추되 어두움이 깨닫지 못하는 빛(요한복음 1 : 5)"이거나, 토머스의 복음Gospel of Thomas처럼 "만물의 이전에 있는 빛"이다.

그러나 요한과 토머스의 복음에 나타난 예수와 달리 무함마드는 결코 '육신이 된 신'이 아니다. 알가잘리가 그의《빛의 벽감Niche of

Lights》에서 말했듯이, 꾸란의 "신은 하늘과 땅의 빛이니라(24 : 35)"는 말은 무함마드의 빛이 실제로는 신의 빛의 반사일 뿐임을 의미한다. 사실 수피주의는 신과 무함마드의 관계를 흔히 태양과 달의 관점에서 설명한다. 왜냐하면 후자가 전자의 빛을 반사하기 때문이다. 태양은 힘을 표현한다. 즉 태양은 창조적이다. 달은 아름다움을 표현한다. 즉 달은 반응적이다. 따라서 이나야트 칸Inayat Khan에 따르면, "신의 메시지를 주는 사람은 신의 지식을 주지 자기 자신의 것을 주는 것이 아니다. … 그것은 달빛이 달의 것이 아님과 같다." 수피들이 예언자를 디크르 알라dhikr Allah, 즉 '신의 상기想起'라고 부르는 이유가 무함마드의 이 같은 독특한 위상 때문이다. 디크르dhikr가 수피주의에서 많은 의미로 사용되는 용어이긴 하지만 말이다.

일반인들이 예상하는 바와 같이, 수피 신앙의 추종자들은 그 반율법적인 사상에 몹시 신경이 거슬린 종교 당국에 의해 심한 박해를 받는 경우가 허다했다. 모스크(이슬람 사원)에서 환영받지 못한 수피들은 개인과 신의 단절 상태를 극복하는 데 도움이 될 특유의 의식과 실천을 발전시켜야만 했다. 따라서 그 형식이나 기능은 교단에 따라 천차만별이지만, 신을 상기하는 신체적 행위로서 디크르(신의 상기)는 모든 수피의 중심적 신앙 행위가 되었다.

디크르의 가장 보편적인 형식은 까디리Qadiri 교단의 의식을 통해 널리 퍼진 '음성에 의한 디크르vocal dhikr' 이다. 이 교단은 주로 시리아, 터키, 중앙아시아, 아프리카 일부에 존재한다. 아마 수피주의에서 까디리 교단의 디크르는 최초의 공식적 수행 방법일 것이다.

그들의 디크르 의식은 샤하다(신앙고백)나 기타 종교적 구절을 리듬감 있게 반복적으로 주문처럼 외우는 것이다. 보통 이 주문들은 머리와 몸통을 빠르게 움직이면서(수행자들은 보통 원을 그리고 앉아 있는 상태) 격렬하게 숨을 내쉬며 소리 내는데, 점점 빨라지다가 마침내 아무런 의미가 없는 단음절의 숨 쉬는 소리 '후!'와 비슷해진다. 그런데 이 '후hu'는 아랍어로 '그분' 즉 신을 의미한다. 육체적으로 신을 상기하는 이런 형식을 통해 신께 계속 간구함으로써 수행자는 점점 자신의 에고를 벗어나 신의 속성으로 옷을 갈아입을 수 있다. 까디리는 이 방식으로 "상기하는 사람이 기억되는 사람이 된다"라고 주장했다.

까디리가 음성에 의한 디크르라면, 나끄쉬반디Naqshbandi 교단의 디크르는 '침묵에 의한 디크르silent dhikr'이다. 나끄쉬반디는 수피 가운데 가장 전통적인 교단으로, 초대 칼리파 아부 바크르까지 계보가 거슬러 올라가며 샤리아(이슬람 율법)의 엄격한 준수를 주장한 정치적 성인들을 포함하고 있다. 나끄쉬반디의 전통적 수피주의는 침묵처럼 소리가 없고 보다 엄숙한 의식 행위를 선호하면서 음악이나 춤은 배격한다. 그래서 수행자들은 함께 크게 소리를 내기보다는 명상의 상태에서 마음속으로 신의 속성을 계속 암송하는 것이다.

침묵에 의한 디크르는 소승불교Theravada Buddhism에서 볼 수 있는 명상 의식과 똑같지는 않다. 그러나 수피 교단의 다른 몇몇 사색가들처럼 나끄쉬반디도 피크르fikr를 수행한다. 이 피크르는 이안 리처드 넷톤Ian Richard Netton의 말을 빌리면 "신의 확신을 낳는 사색"으로 번역할 수 있다. 어쨌든 까디리와 마찬가지로 나끄쉬반디 교단의 공통점은 다른 디크르나 피크르를 수행하면서도 오직 하나의 목적, 즉 신과의 합일을 추구한다는 점이다.

소리를 내든 침묵에 의한 것이든 모든 디크르(신의 상기)가 낭송을 수반하지는 않는다. 가장 널리 인정된 디크르의 형식은 루미에 의해 설립된 터키의 메브레비Mevlevi 교단에서 볼 수 있듯이 영적 춤이다. 메브레비는 일반적으로 '회전하는 탁발승' 교단으로 알려져 있다. 그런가 하면 어떤 수피들은 디크르의 형식으로 서예를 사용하기도 한다. 코카서스 지방에서는 낭송이나 사색을 하지 않고 고대 인도-유럽인들의 샤머니즘을 수용하여 몰아 지경으로 가는 수단으로서 육체적 충격과 고통을 가하기도 한다. 마케도니아의 리파이 교단은 공개된 장소에서 수행자들이 자신의 몸에 대못을 찔러 스스로를 불구로 만드는 것으로 유명하다. 모로코의 일부 지역에서는 자신을 거짓된 물질세계로부터 분리하기 위해 힘의 재주를 통해 디크르를 하기도 한다.

인도 대륙에 잘 알려진 키스티Chisti 교단에서는 음악을 널리 사용하여 영적 훈련을 한다. 그들이 신을 상기하는 행위는 사마으sama' 라고 하는 열광적인 콘서트인데, 브루스 로렌스Bruce Lawrence는 이를 가리켜 "사랑하는 인간과 사랑받는 신 사이의 역동적 대화"라고 기술하고 있다.

전통 이슬람 신앙에서 엄격히 금지된 음악과 춤은 인도 대륙에서 오랜 역사를 가지고 있다. 사실 수피주의가 인도 대륙에서 그렇게 빨리 전파된 이유 중의 하나는 음악과 춤을 예배 의식에 쉽게 사용했기 때문이라고 볼 수 있다. 사마으는 키스티들이 초감각적 세계를 경험할 수 있는 수단일 뿐 아니라, 복음의 귀중한 수단이다. 사마으가 정치회합으로 변질되는 경우는 드물다. 그런데 정치적 관심이 없는 대부분 수피 교단과는 달리, 인도의 수피주의는 국가의 사회적·정치적 책동이나 음모와 연루되는 경우가 많았다. 특히 무굴제국(1526~1858년) 동안, 상당수의 수피들이 영적인 도움과 도덕적 정통성을 제공하는 대가로 정부에 막강한 영향력을 행사했었다.

이 정치적 수피들 중 가장 영향력 있었던 사람은 18세기 작가이자 철학가인 샤 왈리 알라Shah Wali Allah(1762년 사망)였다. 전통주의적 나끄쉬반디 교단의 열렬한 추종자였던 왈리 알라는 그의 책과 강의를 통해 수피주의에 존재하는 외래적 영향(예컨대 신플라톤주의, 페르시아 신비주의, 힌두교의 베단타Vedanta 철학)들을 제거하려고 노력했다. 그렇게 함으로써 더 원시적이고 더 순수한 이슬람 신비주의, 정통 순니 이슬람에 충실한 신비주의를 회복하려고 했다. 그러나 왈리 알라는 단순히 수피주의를 정화하기보다는 사회·경제 분야에서 이슬람적 가치를 강조했다. 그의 신정神政 사상은 다양하게 해석되었고, 결과적으로 후대의 무슬림 신학자와 철학자들에게 심대한 영향을 주었다.

한편 왈리 알라의 이슬람 과학의 부흥 주장과 그의 사회경제 이론은 사이드 아흐메드 칸과 같은 이슬람 근대주의자에게 알리가르Aligarh 운동을 벌이도록 영향을 끼쳤다. 이 운동을 통해 그는 인도에 유럽식 교육 제도를 도입하고, 인도의 정치적 문제에 적극적으로 개입하려고 하던 영국 식민주의자들과 협력하도록 촉구했다.

왈리 알라의 정통신학은 인도의 이른바 '청교도적(종교적·도덕적으로 엄격한)' 운동에 도화선이 되기도 했다. 이 가운데 가장 유명한 것이 데오반디학교Deobandi School이다. 이 학교의 학생들(아랍어로는 탈리반taliban)은 영국의 인도 점령에 적극 저항했는데, 이들 가운데 민족적 파쉬토Pashtun(파쉬토어는 인도유럽어족의 이란어 분파에 속하며, 지역적으로는 파키스탄 북부와 아프가니스탄 동부에서 사용된다. 아프가니스탄의 공용어 가운데 하나이다) 분견대는 후에 아프가니스탄을 장악하여 그들의 급진적인 신정철학을 구현하려고 한다. 이에 관한 이야기는 다른 장에서 언급할 것이다.

인도에서 식민주의자들의 부정적 영향을 고려할 때, 샤 왈리 알라의 신정정치 사상은 인도의 억압받는 주민들을 사로잡은 것이 분명하다. 중동과 북아프리카의 식민지에서 나타나듯이 유럽 식민주의자들의 계몽사상과 근대화에 보조를 맞추자는 목소리는 제국주의의 압력에 대한 저항과 목소리가 커진 보수주의 세력에 눌려 설 땅이 없었다. 따라서 대영제국의 배타적 재산처럼 되어버린 인도에서 태어난 무슬림 세대는 "세상이 너에게 맞지 않는다면, 너를 세상에 맞추어라"고 한 유명한 수피의 말에 더 이상 공감하지 않았다. 그 대신 까디리 교단의 제자이자 왈리 알라의 추종자였던 위대한 신비주의 시인이자 철학자인 무함마드 이끄발Muhammad Iqbal(1877~1938년)이 제시한 비전, 즉 "세상이 너에게 맞지 않는다면, 그것에 대항해 싸워라!"는 말에 더욱 공감했다.

9 동양의 각성 제국주의에 대한 저항

 인도 라호르에서 반란을 일으킨 세포이Sepoy(벵골Bengal 무슬림 군사들)의 처리에 관해 암리차르Amritsar의 차관 프레더릭 쿠퍼Frederick Cooper가 런던 외무부에 급송함. 1857년 8월 1일.

7월 30일, 델리의 무함마드교Mohammedan 반군에 가세하는 것을 예방하기 위해 국왕의 명으로 소집되어 무장 해제당하던 제26보병사단의 세포이 400명이 미안미르Mianmir 형무소에서 탈출했다. 지치고 굶주린 세포이들은 라비Ravi 강까지 쫓겨 달아났으며, 그곳에서 약 150명은 사살되거나 익사했다. 운 좋게 나무 조각을 잡고 강을 떠다니다가 반대편에 도달한 생존자들은 생포되길 기다리는 한 떼의 야생 닭처럼 모여 있다. 그들이 달아나려 했다면 유혈충돌이 발생했을 것이다. 그러나 신의 섭리로 다른 일이 일어났다. 자연적으로,

그리고 인위적으로, 그리고 우연하게 상황이 전개되어 그들은 생명을 구할 수 있었다.

태양은 찬란한 황금빛으로 저물고 있었다. 불운한 병사들이 우리의 보트를 잡기 위해 대추야자나무에서 떼를 지어 내려와 강가로 몰려왔다. 긴 그림자들이 반짝이는 수면 위에 반사되는가 싶더니 극도로 절망한 40~50명의 병사들이 강으로 뛰어들었다. 그들의 머리를 향해 근접 사격을 하려고 했으나 소와르sowar(인도 현지인 기병)들은 사격 금지 명령을 받았다. 반항자들은 놀랍도록 고분고분했다. 그들은 약간의 음료수를 제공받은 후 군사재판에 회부되리라는 순진한 생각을 하고 있는 것이 분명했다. 그래서인지 단 한 사람이 그 많은 숫자를 쉽게 포승으로 묶을 수 있었으며, 그들은 순종하는 노예처럼 우리 보트의 화물실로 집합했다.

한밤중, 둥근 달이 구름 속에서 빠져나와 호수와 강을 비출 때까지 우리는 전부 282명의 벵골 반군들을 붙잡을 수 있었다. 아침에 한 무리의 시크교인들이 밧줄을 한 움큼 가지고 왔다. 그러나 나무가 드물었기 때문에 밧줄은 사용되지 않았다. 더 큰 문제는 충성스러운 무함마드교 기병대들을 대하는 데 있었다. 비록 반항하긴 했으나 같은 동료 종교인들에게 정의가 행해지지 않았기 때문에 그들은 수수방관하지 않을 것이 분명했다. 그러나 운 좋게도 8월 1일은 무함마드교의 부크라 에이드Bukra Eid 명절이었다. 이것이 훌륭한 구실이 되어 무함마드교 기병대원들에게 고향으로 돌아가 명절을 보내도록 하였다. 우리 기독교인들은 그들 때문에 골머리 썩지 않고 충실한 시크교도들의 도움을 받으며 그들의 형제들을 희생시키는 의식을 수

행할 수 있을 것이다. 마지막으로 남은 어려움 하나는 위생에 관한 것이었다. 그러나 다시 한 번 운이 좋았다. 경찰서 경내 안에서 마른 우물이 발견되어 불명예스러운 병사들을 편리하게 처리할 해결책이 되었다.

새벽에 동이 트자 포로들은 열 명씩 묶여 감옥에서 끌려나왔다. 재판을 받으리라고 믿었던 세포이들은 평소 같지 않게 온순했다. 그러나 고요한 아침 공기를 뚫고 총소리가 울리기 시작하자, 자신들을 기다리고 있는 섬뜩한 운명과 비참한 현실을 문득 깨닫고 당혹해 하며 분노하는 듯했다.

사형의 집행은 우리 부대원 하나가 그 비참함에 기절할 때까지(그는 소총수 가운데 가장 나이가 많았다) 계속되었고, 잠시의 중단도 허락되지 않았다. 237명의 무함마드교인 전부를 사살한 후에 행정관은 남은 포로들이 죽을까봐 밖으로 나오려 하지 않는다는 보고를 받았다. 크게 저항하며 탈출할 것에 대비하여 조치들이 취해졌다. 요새를 포위한 후 감옥 문을 열었더니, 오! 공포와 탈진, 피로와 고온, 부분 질식으로 사망한 45구의 시신들이 밝은 곳으로 끌어내졌다. 이 시체들은 사형 집행된 동료들의 시체와 함께 마을 청소부들에 의해 우물에 던져졌다. 이런 식으로 제26보병대 전체는 탈출한 지 26시간 만에 죽음을 당했다.

상징물을 읽기 좋아하는 사람들에게 우리는 델리의 높은 교회 꼭대기에 아직도 빛나고 있는 외로운 황금 십자가를 가리킨다. 십자가가 달려 있는 구체는 마을의 폭도가 고의로 쏘아댄 총탄 자국으로 벌집이 되긴 했지만 말이다. 산산이 부서진 지구에 대해 상징적으로 승리한 십자가! 우리 영국 병사들의 지혜와 영웅적 행위는 기독교의 대의로 볼 때 전지전능한 신의 명백하고 놀랄 만한 중재 앞에서 얼마나 쓰레기처럼 가치 없어 보이는지!

영국인들이 '세포이 반란Sepoy Mutiny'으로 기술한 데는 몇 가지 이유가 있었으나, 지금은 일반적으로 1857년 '인도 봉기Indian Revolt'로 알려져 있다. 봉기를 일으키게 한 역사는 분명하다. 비록 무굴제국의 마지막 황제 바하두르 샤 2세Bahadur Shah II가 강제로 퇴위된 19세기 초가 되어서야 직접 통치했지만, 대영제국은 인도 시장을 완전히 독점하고 있던 동인도회사의 후원하에 거의 200년 동안 이미 인도의 실질적 통치자였다. 1857년까지 영국은 큰 힘 들이지 않고 인도 대륙의 방대한 자원을 마음껏 약탈할 수 있었다.

유럽의 공장을 가동하기 위해 식민지들은 근대화로 내몰렸다. 유럽인들의 세속주의, 다원주의, 개인의 자유, 인권, 민주주의 같은 이념들(유럽에서 발전하는 데 수백 년이 걸린 계몽주의의 놀라운 유산)이 현지 주민들에게 설득 없이 강요되었다. 서구의 기술은 생산을 증가시키는 범위에서 공유될 뿐이었다. 옛 도시를 발전시키는 대신 새로운 도시가 건설되었다. 저렴하게 생산된 수입품은 인도의 공장을 파산으로 몰고 갔으며, 토착 시장은 배타적으로 식민주의 세력의 경제적 필요에 따라 좌우되었다.

토지 수탈, 독립의 억압, 지역경제의 파괴에 대한 대가로 식민지의 주민들은 '문명'의 선물을 받게 되었다. 실제로 유럽인들이 소유를 주장한 모든 지역에서 식민주의 수탈은 '문명화 사업'으로 위장

되어 나타났다. 드비어스De Beers 다이아몬드 회사의 설립자이자 한때 남아프리카의 실질적 독재자였던 세실 로즈Cecil Rhodes는 유명한 말을 남겼다. "우리 영국인들은 세계에서 일등 국민이다. 우리가 더 넓은 지역에 살면 살수록 인류에게 더욱 유익하다."

이른바 문명화 사업이 가진 많은 문제 중에는 '기독교화 사업'으로 교묘히 치중되는 문제가 있었다. 마드라스Madras 주장관 찰스 트레빌리언 경Sir Charles Trevelyan의 말을 인용하면 "토착민들을 기독교인으로 개종시키는 데 부족한 것은 아무것도 없었다." 인도에서 기독교 선교사들은 영국군의 모든 계급을 달고 있었으며 정부의 가장 고위직에 배치되었다. 1858년까지 정부의 거의 모든 권한을 장악했던 동인도회사의 찰스 그랜트Charles Grant 사장도 기독교 선교사였으며, 대부분의 영국인처럼 영국이 인도를 지배하는 것은 신의 뜻에 따라 인도를 그리스도의 빛으로 인도하기 위해서라고 믿었다. 인도 대륙에서 과반수에 이르는 학교들은 현지민들에게 기독교 사상을 주입하기 위해 대영제국으로부터 막대한 지원금을 받은 그랜트와 같은 선교사들에 의해 운영되었다.

모든 식민주의자가 영국의 선교 사업에 동의한 것은 아니었다. 1842년부터 1844년까지 총독 직을 맡았던 엘른버러 경Lord Ellenborough은 영국인들에게 기독교 복음의 전파가 제국의 안전에 해로울 뿐만 아니라, 민중의 분노와 반란까지 이르게 할 가능성이 있다는 것을 반복해서 경고했다. 그러나 엘른버러 경조차 인도의 종교는 "너무 많은 비도덕성과 불합리 때문에 유럽 과학의 빛 앞에 즉시 자리를 내주게 될 것"이라고 한 트레빌리언의 주장에 동의했다.

기독교 세계의 옛 적이 이제는 문명을 절실히 필요로 하고 있다는 영국인들의 믿음과 달리, 인도 무슬림들은 열등감을 느끼고 자신들의 종교와 문화가 위협받고 있다고 생각했다. 식민지 국가들의 병합, 지주의 축출, 인도 농민의 궁핍함, 탐욕스러운 동인도회사의 모진 세금 정책은 산더미 같은 분노와 울분을 만들어냈다. 결국 벤저민 디즈레일리Benjamin Disraeli가 말한 대로, 반란의 도화선이 된 것은 "영국 정부의 정치와 선교 사업의 결합"이었다.

사실 1857년 인도 봉기를 시작한 벵골 군인들은 자신의 땅에서 자원을 약탈하는 식민주의 정책에 분개했을 뿐만 아니라, 영국 군대가 자신들을 강제로 기독교로 개종시킨다고 확신했었다. 그들의 상관이 모든 군인에게 기독교 복음을 설교한 것과 더불어 자신들의 소총에 소기름과 돼지기름 칠이 되어 있다는 것을 발견했을 때, 힌두교인이나 무슬림들 모두 치욕에 몸을 떨었다. 자신들이 가장 두려워하고 있던 바가 사실로 확인된 것이었다. 시민불복종운동 과정에서 소수의 군인들이 상관의 발사 명령을 거부하자, 영국인 장교들은 그들을 쇠사슬로 묶어 군 형무소에 가두었다. 하지만 이를 식민주의자들의 성향으로 본 나머지 벵골 부대원(약 15만 명의 무슬림 군인)은 반란을 일으켰다.

군인들은 잽싸게 델리를 장악했고 폐위된 무굴 황제 바하두르 샤를 추대했다. 80대의 황제는 전국에 칙령을 발표하여 힌두교인과 무슬림들 모두에게 자기를 도와 식민주의 통치하에서 "신음하고 있는 가난하고 희망이 없는 국민들을 해방시키고 보호할 것"을 촉구했다. 이 칙령은 전국에 알려졌고, 곧 세포이 군사들의 봉기는 힌두교인과-무슬림들이 연대한 시민 봉기로 확산되었다.

영국은 아무런 주저함 없이 무자비하게 반응했다. 소요를 진압하기 위해 그들은 썩 내키지는 않았지만 모든 식민지 군대를 풀어야 했다. 전국적으로 대규모 연행이 이루어지고, 시위대는 젊고 늙음을 가리지 않고 노상에서 두들겨 맞았으며 대부분의 도시는 약탈되었다. 알라하바드Allahabad에서 영국 군인들은 도로에 있는 사람들을 무차별 살해하여 그 시체를 산더미처럼 쌓았다. 러크나우Lucknow는 노략질당했으며, 델리도 철저히 파괴되었다. 500여 명의 제14보병단 세포이들이 젤람Jhelam에서 대량학살당했고, 베나레스Benares(바라나시)에서는 동정적인 시민들까지 살해되어 그 시체가 나무에 걸렸다. 모든 마을은 약탈된 후에 불질러졌다. 약탈과 살육은 식민통치가 완전히 회복되기까지 무려 2년 동안 계속되었다. 반란이 진압되고 동인도회사가 해체되면서 인도의 통치는 영국 여왕의 직접 책임하에 들어갔다. 그리고 여왕은 자랑스럽게 "대영제국의 해는 결코 지지 않는다"라고 선언했다.

인도에서 식민통치의 재개와 더불어 시작된 폭력은 영국의 도덕적 우수성에 대한 환상을 산산조각 냈다. 대부분의 무슬림은 중동에서 벌인 영국의 문명화 사업은 야만적인 군사력을 통해 달성된 정치·경제적 패권 이데올로기에 불과하다는 것을 확실히 깨달았다. 영국이 지치지 않고 주장해온 계몽사조의 거짓 이념들은 식민정부의 제국주의적 정책과 더 이상 따로 생각할 수 없었다. 인도는 사라져버린 제국주의 실험의 모델이었다.

그렇다고 해도 많은 무슬림 지식인은 법의 지배나 과학 발전의 추구와 같은 유럽적 가치관의 채택이 무슬림 문명의 급격한 쇠퇴를 극복하는 수단이라는 것을 여전히 확신하고 있었다. 이들은 근대주의자들이라고 알려지게 되었는데, 이 가운데 사이드 아흐메드 칸 경보다 더 개혁주의를 표방한 지식인은 드물 것이다.

무굴제국의 귀족 가문에서 출생한 사이드 아흐메드 칸 경은 18세기 중엽까지는 인도에서 반힌두교적·반시크교적 반란에 도화선을 지핀 바 있는 청교도적 이념과 거리를 두고 있었으나, 사실은 인도의 신-신비주의자 샤 왈리 알라의 충실한 추종자였다. 사이드는 인도 봉기 기간에 동인도회사의 행정관으로 일하고 있었고, 영국군이 델리의 반항적 주민들에게 가한 오싹한 보복을 직접 목격했다. 이런 경험이 그를 대영제국의 충실한 신하로 남는 것을 막진 않았으나(그의 영국 작위가 말해주듯이), 그는 봉기가 진압된 이후 인도 무슬림들의 역경과 고난에 가슴 아파했다. 특히 사이드 경은 영국인 선교사 알렉산더 더프Alexander Duff가 "영국의 힘에 대항하기 위해 오랫동안 꾸며온 무함마드교의 음모"라고 기술한 봉기를 우려 섞인 시선으로 바라보았다. 그런 믿음은 무슬림 공동체를 정부 보복 행위의 주요 목표물로 만들었다.

이 오해를 풀기 위해 사이드 경은 유명한 《인도 봉기의 원인들The Causes of the Indian Revolt》이라는 저서를 출간하고 영국인들에게 1857년 사건의 배경 원인을 설명하려고 노력했다. 그의 주장에 따르면, 인도 봉기는 계획적인 반란이 아니라 사회·경제적 불만이 결합된 자연스러운 결과였다. 말하자면, 인도 봉기의 핵심에는 영국이 주민들을 기독교로 개종시키고 강제적으로 유럽 문화를 받아들이게 한다는 두려움이 널리 자리 잡고 있었음을 스스로 인정한 것이었다. 그럼에도 불구하고 사이드 경은 이것은 분명 말이 되지 않는 이유라고 주장했다. 다시 말하자면, 그는 충분한 증거가 있음에도 불구하고 인도에서 영국 여왕의 목적은 주민들의 개종이었음을 받아들이길 거부한 것이었다. 그 대신 식민주의 사업이라는 것이 단순하게 인도의 종교와 기독교 사이의 전쟁이라고 생각하는 것만으로도 대중은 봉기할 수 있다는 것을 인정했다.

경건한 인도의 무슬림이자 충성스러운 영국의 신하로서 사이드 경은 스스로 두 문명 사이의 가교를 건설할 임무를 떠맡아 각각의 문화, 신념, 가치관들을 설명하였다. 그가 바라본 문제점은 인도인들이 "정부가 우리에게 어떤 권한을 가지며, 정부에 대한 우리의 의무는 무엇이며, 우리는 누구의 신하인지를 알지 못했다"라는 것이었다. 영국의 목적과 이념이 인도인들이 알아들을 수 있는 언어로 설명될 수 있다면 "사회의 짐이 아니라 선물"이 될 것이었다.

1877년, 사이드 아흐메드 칸 경은 알리가르학교를 설립한다. 이 학교의 주요 목적은 근대 유럽식 교육을 도입하여 이슬람의 영광을 회복하는 것이었다. 그는 유럽의 합리적이고 과학적인 사고의 빛을 전통 무슬림의 신앙과 관습에 비출 수만 있다면 이슬람 세계를 20세기로 밀고 갈 계몽사조를 낳을 수 있을 것이라고 확신했다. 알리가르학교는 학생들에게 울라마(이슬람 보수주의 학자)의 족쇄와 그들의 맹목적인 모방(타끌리드)을 벗어던지라고 교육시켰다. 왜냐하면 근대 세계에서 무슬림이 당면한 문제들은 낡은 신학으로 해결될 수 없었기 때문이다. 이슬람 부흥의 유일한 희망은 샤리아(이슬람 율법)의 근대화였다. 그리고 이 목적을 달성할 유일한 방법은 무능하고 완고한 울라마의 손에서 그것을 뺏어오는 것이었다.

사이드 아흐메드 칸은 "내가 본연의 이슬람교로 인정하는 것은 … 설교자들이 만들어낸 종교가 아니다"라고 주장했다.

사이드 경의 법개혁 주장을 가장 간결하게 설명한 사람은 그의 제자 쉬라그 알리였다. 그는 유럽인들이 이슬람을 "본질적으로 엄격하고 변화가 불가능한" 종교로 설명하는 데 분개했다. 이슬람의 법과 관습이 "더해질 수도 없고, 뺄 수도 없으며, 변화하는 세상에 맞도록 발전할 수도 없는 특별한 신념들의 집합"을 기본으로 하고 있다는 생각은 울라마가 무슬림들을 계속 통제하기 위해 만들어낸 허구라는 것이 쉬라그 알리의 주장이었다. 그는 샤리아가 민법전으로 간주될 수 없으며, 그 이유는 이슬람에서 유일하게 정당한 법은 꾸란이기 때문이라고 보았다. 그의 주장에 따르면, 꾸란은 "정치 문제에 간여하지 않으며 특별한 행동규범도 제정하지 않는다"는 것이었다. 오히려 꾸란은 단지 "특정한 종교적 교리와 일반적인 도덕률"을 가르칠 뿐이므로, 울라마의 상상의 소산인 이슬람 율법이 "변화시킬 수 없고 수정할 수 없는" 것이라는 주장은 타당하지 않다는 것이다.

일반인들의 생각처럼, 울라마는 무능하고 완고하다는 비난에 잘 대답하지 않으며 대중에 대한 영향력을 행사하여 새로운 이슬람 정체성을 주장하는 근대주의자들과 대항하여 싸우라고 촉구했다. 근대주의자의 주장은 인도 봉기 이후에 유럽의 계몽주의 이념과 제국주의적 이념이 동일하게 해석됨에 따라 퇴색했다. 그러나 울라마 계층의 큰 관심 사항이던 민간 영역에서 샤리아가 전적으로 분리된 것은 근대주의자의 요구에 따른 것이었다. 자마아트 이슬라미(이슬람연맹)의 설립자인 마울라나 마우두디와 같은 종교학자는 종교와 세속을 구분하기는커녕 이슬람이 "신의 법은 사람들의 생활을 인도할 법이 되어야" 함을 요구한다고 주장함으로써 알리가르의 교육 방침에 반격을 가했다.

아이러니컬하게 마우두디 자신은 열렬한 반민족주의자였으나 그의 사상은 세계 최초의 이슬람 국가인 파키스탄의 이념적 토대를 세우는 데 큰 역할을 했다. 그러나 인도 무슬림 공동체가 인도 봉기 이후 비극적 상황에서 100년도 채 안 돼 자신들의 국가를 성공적으로 만든 것을 이해하자면 이집트를 살펴볼 필요가 있다. 이집트에서도 식민 통치하에 살고 있던 다른 무슬림 그룹이 전 무슬림 세계에 잔물결을 일으킨 동양의 각성을 시작하기 직전에 있었다.

윌리엄 웰시William Welch의 말을 빌리자면, 19세기 초 이집트는 대영제국의 "제국주의 수레에 필수적인 바퀴살"이 되어 있었다. 모든 민간 행정을 영국이 공개적이고도 노골적으로 장악하고 있던 인도와 달리 이집트는 전적으로 무능한 태수, 즉 케디브khedive의 세습적 집권을 통해 말뿐인 독립을 누리고 있었다. 외관상으로 오스만제국에 충성맹세를 하였으나, 19세기까지 케디브들은 대영제국의 신하에 불과했다. 그들은 식민지 주인의 허락 없이는 어떤 정치적·경제적 결정도 내릴 수 없을 정도로 무능했다. 상환이 도저히 불가능한 빚을 대가로, 이집트의 태수들은 점점 무절제하게 사치스럽고 정치적으로는 무관심한 정권이 되어갔다.

한편 외국인 노동자, 부유한 투자가, 중류층 영국인들은 행정 장애물이 거의 없고 무한한 발전 기회가 있는 나라에서 자신들의 권리를 강력히 주장하기 위해 이집트로 몰려들었다. 이집트인들이 사는 지역에서 멀리 떨어진 카이로 근교에는 급속히 불어나는 유럽인들을 수용하기 위한 도시들이 건설되었다. 외국인들은 잽싸게 이집트의 주요한 수출품인 목화를 장악했다. 그들이 건설한 항구, 철도, 댐들은 모두 이집트 경제에 대한 식민통치를 확대하기 위한 것이었다. 영국에게 가장 소중한 식민지였던 이집트의 운명은 식민주의자들의 놀라운 업적, 즉 수에즈 운하의 건설로 결정되었다.

지방경제의 몰락으로 펠라힌fellaheen(농부들)의 도시 유입이 증가한 것은 말할 것도 없고, 대규모 건설 사업의 비용 지불을 위해 이미 카이로 시민들이 감당할 수 없을 정도로 높았던 세금 역시 더욱더 늘어났다. 설상가상으로 외압을 받은 케디브들은 외국 엘리트들에게 터무니없는 양보를 함으로써, 부동산세를 제외한 모든 세금을 면제했고 이집트 법원에서 전적으로 재판을 면제받도록 해주었다.

이집트의 불평등 상황은 당연히 반식민주의 감정과 산발적 시위를 야기했고, 영국인들은 이를 다시 이용하여 이집트 국민에 대한 통제를 더욱 강화하는 명분으로 삼았다. 그 결과는 유럽 채권자들에 대한 빚에 눌려 비틀거리는 정부와 식민주의자들의 협박에 맞서 필사적으로 정체성을 찾던 권리를 박탈당한 국민이었다. 19세기 중엽까지 이집트의 상황은 당시 인도에서 무르익고 있던 근대주의자들의 주장에 적합했다. 그 주장은 '동양의 깨달은 자'로 유명한 자말 앗던 알아프가니Jamal ad-Din al-Afghani(1838~1897년)에 의해 소개된다.

알아프가니(아프간 사람)란 이름과 달리 그는 사실 아프간 출신이 아니었다. 그의 번역가 니키 케디Nikki Keddie가 말한 대로, 알아프가니는 실제로 이란에서 태어나 그곳에서 자라면서 전통적인 쉬아 교육을 받았다. 그런 그가 왜 아프간 출신의 순니 무슬림이나 이스탄불 출신의 터키인으로 행세했는지 설명하기란 쉽지 않다. 당시 전 이슬람 세계를 풍미하던 샤 왈리 알라의 청교도적 운동을 감안할 때, 알아프가니는 자신의 개혁 노선을 더 광범위하게 전파시키기 위해 쉬아 정체를 숨기는 것이 유리하다고 판단했을 수 있다.

알아프가니는 열일곱 살의 나이에 이란을 떠나 인도로 갔으며, 여기에서 자신이 배운 종교 교육에 서양의 과학을 보충했다. 1856년, 인도의 거의 3분의 2가 대영제국의 직접 통치하에 들어갔다. 동인도회사와 그 지부들의 경제 정책으로 영국인들은 토착 인도인들이 소유한 방대한 토지를 합병하는 것이 허용되었다. 지역의 법규는 강제로 철폐되었고, 농부들은 빈약한 소득마저 박탈당해야 했다. 전국적 봉기가 임박했다.

처음에 알아프가니는 자신의 주위에서 일어나고 있는 중대한 사건들에 무관심한 듯 보였다. 그의 전기 작가인 살림 알안후리Salim al-Anhuri가 적은 대로, 그는 학문에 몰두한 나머지 인도 국민의 고난에 관심을 가질 여유가 없었다. 그러나 다음해에 인도의 불만이 공공연한 소요 사태로 분출되었을 때, 알아프가니는 분연히 일어났다. 그는 인도인들의 자유와 국민주권을 잔인하게 짓누르면서도 고상한 계몽사조적 가치를 설교하는 영국인들의 위선에 충격을 받았다.

인도 대륙에서의 경험은 그의 마음속에 영국인에 대한 평생 혐오감을 심어주었다. 또 이슬람에 가장 중대한 위협으로 간주한 유럽 제국주의의 멍에로부터 이슬람 세계를 해방시키는 데 전력투구하도록 했다.

그러나 알아프가니는 종교적 관점에서 이슬람에 대해 거의 이야기하지 않았다. 그가 이슬람 정치사상 분야에 끼친 가장 큰 공헌은 제국주의와의 대항에서 이슬람 세계를 일치단결시키기 위해서는 순수한 종교를 벗어난 사회정치적 이념으로 이슬람을 이용할 수 있다고 주장한 것이라고 볼 수 있다. 알아프가니에게 이슬람은 법과 신학을 초월한 문명 그 자체였다. 실제로 이슬람은 우수한 문명이었다. 그의 주장에 따르면, 서구 문명의 기초는 이슬람에서 빌려간 지적 자산이었기 때문이었다. 사회적 평등, 인민주권, 지식의 추구와 보존 같은 이념들은 기독교 유럽이 아니라 움마(이슬람 공동체)에 그 기원을 두었다. 모든 인종적 차별을 없애고 여성과 아이들에게 유례가 없는 권한과 권리를 주는 한편, 정권에 대한 대중의 승인 개념을 도입한 것이 바로 무함마드의 혁명적 공동체였다.

알아프가니는 울라마(보수주의 이슬람 학자)가 이슬람 문명의 쇠퇴에 대한 책임을 져야 한다고 한 사이드 아흐메드 칸의 주장에 동조했다. 이슬람의 수호자라고 자부한 울라마들이 오히려 창조적이고 독립적인 사고를 억압함으로써, 유럽이 계몽주의 사조에 눈을 떴을 때도 이슬람 세계는 아직 중세 속에서 버둥거리고 있었다. 울라마들은 법과 성서의 한계에 관한 합리적인 대화를 금한 측면에서 이슬람의 진정한 적이었고, 알아프가니는 그들을 "주위는 물론 다른 사람들조차 밝힐 수 없는 램프의 아주 작은 심지"에 비유했다.

알아프가니는 알리가르학교의 멤버가 아니었다. 사실 그는 설립자인 사이드 아흐메드 칸을 유럽의 이념을 너무 사랑한 식민주의의 도구로 간주하고 있었다. 알아프가니가 보기에 유럽이 이슬람보다 우수한 점은 과학적 진보와 경제적 발전뿐이었다. 이 두 가지는 과거의 영광을 되찾는다면 이슬람 세계에도 일어날 수 있는 것이었지만, 지속적인 사회·정치·경제 개혁을 이룩하는 유일한 방법은 과거에 이슬람 공동체의 기초를 이루었던 이슬람적 가치를 현대화하는 길뿐이라고 믿었다. 사이드 아흐메드 칸이 무슬림들에게 말한 대로 단순히 유럽을 모방하는 것은 알아프가니가 보기에 시간 낭비일 뿐이었다.

알아프가니의 싹트는 정치 이념은 그가 오스만제국의 교육평의회 의원으로 일하는 동안 더욱 강화되었다. 평의회에서 알아프가니는 '젊은 오스만인들'이라고 불리는 터키의 정열적인 개혁 그룹과 접촉했다. 소수의 작가와 학자들이 이끄는 이 그룹에서 가장 유명한 사람은 저명한 시인이자 희곡 작가인 나미크 케말Namik Kemal(1840~1888년)이었다. 젊은 오스만인들은 전통적 이슬람 원리에 서구의 민주적 이념들을 가미한 흥미로운 개혁 일정을 수립했다. 그 내용은 범이슬람주의Pan-Islamism라고 알려진 초민족주의적 사업이었다. 범이슬람주의의 주요한 목적은 단일한 중앙집권적 칼리파 제도(분명히 터키의 칼리파), 다른 말로는 움마(이슬람 공동체) 부활의 기치 아래 문화적·분파적·국가적 경계를 초월하여 전 세계 무슬림의 단결을 강화하자는 것이었다.

알아프가니는 젊은 오스만인들의 철학을 적극 수용했다. 특히 유럽의 제국주의와 싸우기 위해 쉬아파와 수피를 동등한 자격으로 하여 통일된 무슬림 공동체를 건설하자는 데 알아프가니도 동의했다. 1871년, 범이슬람주의란 새로운 신념으로 무장한 알아프가니는 당시 이슬람 세계의 문화적 중심지였던 카이로에 건너갔다. 표면적으로는 철학, 논리학, 신학을 가르치기 위해서였지만, 실제로는 이집트의 정치 환경에 자신의 근대주의적 비전을 심기 위한 것이었다. 젊고 정열적인 개혁자로 훗날 이집트의 이슬람 개혁에 큰 영향력을 발휘했던 무함마드 압두Muhammad Abdu(1849~1905년)란 학생을 만난 것도 여기 카이로에서였다.

나일 델타의 작은 마을에서 출생한 압두는 열두 살 때 꾸란 전권을 암기할 정도로 신앙심이 매우 깊은 소년이었다. 샤딜리 수피 Shadhili Sufi 교단의 젊은 수행자인 그는 이슬람학 연구에 뛰어난 재능을 보여, 카이로의 아즈하르대학교에서 수업을 계속했다. 그러나 종교적 독실함과 지치지 않는 학문 탐구에도 불구하고, 압두는 아즈하르 울라마의 엄격한 암기식 교수법이나 보수적 가르침과 충돌했다. 동시에 그는 유럽의 수준 높은 학문이 그 식민주의적 행위와 상충되는 데 충격을 받았다.

그는 이렇게 썼다. "우리 이집트인들은 한때 영국의 자유주의와 동정심을 믿었으나, 더 이상은 믿지 않는다. 왜냐하면 현실은 말보다 훨씬 강력하기 때문이다. 우리가 보고 있는 자유로움은 당신들을 위한 것일 뿐이며, 우리에 대한 당신들의 동정심은 마치 늑대가 잡아먹으려는 양에 대해 품는 동정심과 같다."

종교적·정치적 지도자들의 마법에서 벗어난 압두는 알아프가니의 문하생이 되어 그의 지도를 받았다. 그리고 최초 무슬림 공동체의 기초가 된 메디나 살라프salaf(독실한 선조)들의 순수한 가치관으로 돌아갈 것을 촉구하는 내용의 많은 책과 논문을 간행했다. 스스로를 '신新무타질라 파'라고 부른 압두는 이즈티하드(독립적 유추, 추론)의 재허용을 촉구했다. 그는 무슬림에게 권한을 위임하는 유일한 길은 울라마의 통제와 전통적인 샤리아(이슬람 율법) 해석으로부터 이슬람을 벗어나게 하는 것이라고 주장했다. 사이드 경처럼 압두 역시 인간이 만든 모든 법원, 예컨대 순나(관습), 이즈마(합의), 끼야스(유추) 등은 합리적 담화에 종속되어야 한다고 요구했다. 심지어 꾸란조차도 해석, 의문, 이슬람 사회 모든 분야의 토론에 다시 문호를 개방해야만 했다. 압두의 주장에 따르면, 무슬림들이 신성한 계시를 이해하는 데 울라마의 인도는 필요하지 않으며 각 무슬림은 자유롭게 꾸란을 경험할 수 있어야 했다.

압두는 이슬람이 세속적 영역과 종교적 영역을 분리시킬 필요는 없다고 믿었지만, 무슬림 공동체를 새로운 세기로 인도하는 데 합당하지 않다고 간주한 성직자들이 세속적 권한을 잡는 것은 배척했다. 그 대신 보수적 이슬람 이념을 재해석하여 일반 무슬림들이 쉽게 이해할 수 있도록 현대 민주주의 원리를 소개하는 것이 필요하다고 보았다. 따라서 압두는 부족협의체인 슈라를 대의 민주주의로, 이즈마(만장일치)를 대중 주권으로, 바이아(충성서약)를 보통 선거권으로 재규정했다. 그의 견해에 따르면 움마(이슬람 공동체)는 국가이고, 그 통치자는 칼리파였다. 그리고 칼리파의 유일한 기능은 공동체의 행복에 봉사하고 구성원을 보호하는 것이었다.

　알아프가니는 무함마드 압두와 함께 이집트 근대화 계획인 살라피야Salafiyyah 운동을 시작했다. 그리고 알아프가니가 사망하자, 압두는 절친한 친구이자 전기 작가인 라쉬드 리다Rashid Rida(1865~1935년)와 함께 군에 입대하여 살라피야 개혁운동을 보급했다. 그러나 압두의 범이슬람주의와 개혁은 치솟는 인기에도 불구하고 실천하기가 극도로 어려운 상황이었다.

　범이슬람주의는 이슬람의 정신적·사상적 다양성으로 말미암아 종교적 결속을 이룩할 전망이 처음부터 거의 불가능해 보였다. 이것은 특히 이슬람에서 문화적 창의성을 없애려고 노력하던 이슬람의 청교도 운동에 적용되었다. 또한 중동의 다른 세력인 민족주의자 집단은 살라피야 운동(이슬람에 의한 결속)의 배경에 자신들이 추구하는 근대화의 목적과 상충되는 정치적 독립, 경제적 번영, 군사적 힘 등이 있다고 보았다. 하지만 많은 민족주의자가 알아프가니의 상징이라 할 수 있는 이슬람 자유주의에 고취된 것은 아이러니컬한 일이다. 이집트에서 가장 유명한 민족주의자인 사아드 자글룰Sa'd Zaghlul(1859~1927년)도 무함마드 압두의 문하생으로 그의 경력을 시작했던 것이다.

　그러나 사아드 자글룰과 민족주의자들은 살라피야가 추구한 '문명으로서의 이슬람' 비전을 수용한 반면, 종교적 결속을 통해 제국주의를 물리칠 수 있다는 주장은 배척했다. 그들은 울라마(보수적 종교학자)의 가치 없는 입씨름들이 바로 범이슬람주의의 무익함을 인정하는 것이라고 생각했다. 민족주의자들은 살라피야의 종교적 결속 대신 더 실질적인 인종적 단결, 즉 범아랍주의Pan-Arabism를 주장하여 유럽의 식민주의에 대항하려고 했다.

범아랍주의는 범이슬람주의보다 실현하기가 더 쉬워 보였다. 그 지도자 가운데 하나인 사티 알후스리Sati al-Husri(1880~1968년)는 "종교는 개인과 신 사이의 문제인 반면, 조국은 우리 모두의 관심사이다"라고 결론 지었다. 그럼에도 불구하고 범아랍주의자들은 자신들의 운동이 정치적일 뿐만 아니라 종교적이라고 생각했다. 이슬람의 발상지가 아랍 지역이었으므로 그들 역시 아랍적 뿌리와 이슬람을 분리할 수 없었던 것이다. 민족주의 이데올로기 공론가인 압드 알라흐만 알밧자즈Abd al-Rahman al-Bazzaz의 말을 빌리자면, "무슬림 역사의 가장 영광스러운 페이지는 아랍 역사의 한 페이지"이기도 했다. 이같이 범아랍주의자는 범이슬람주의자가 주장한 대로 무슬림들이 메디나의 초기 공동체의 가치관으로 반드시 돌아가야 한다는 의견에 동조하면서, 그 공동체는 아랍적이라고 규정했다. 또한 무슬림의 단결은 아랍의 단결 없이 달성할 수 없으며, 범아랍주의는 "범이슬람주의에 선행하는 실천적 단계"로 간주했다.

물론 범아랍주의자들은 아랍의 단결이 정확히 무엇을 의미하는지 정의 내리지는 못했다. 인종적 결속을 주장했지만, 단일한 아랍 민족성 같은 것은 존재하지 않았다. 예컨대 이집트의 아랍인들은 이라크 아랍인들과 실질적으로 공통점이 없으며, 심지어 각기 다른 아랍어 방언을 사용하고 있다. 움마의 뿌리가 아랍적인 것은 사실이지만, 20세기 초에 전 세계 무슬림 인구 중에서 아랍인들이 차지하는 비중은 크지 않았다(아마 20퍼센트도 채 안 될 것이다). 어떤 민족주의자들은 장애를 극복하기 위해 자국의 고대 문화와 연결 지으려고 노력했다. 예를 들어 이집트 민족주의자들은 파라오 시대의 유산에 호소했고, 이라크의 민족주의자들은 메소포타미아 유산으로 돌아가려고 애썼다.

그러나 아랍 민족주의자들은 오스만제국이 케말 아타투르크 Kemal Ataturk에게 붕괴된 제1차 세계대전 말에 생각지도 않은 도움을 받았다. 세력은 약했으나 거의 15세기 동안 움마의 정신적 통일의 상징이던 칼리파 제도가 급진적이고 세속적인 터키공화국으로 대치된 것이다. 영국을 포함한 전승국들은 방대한 오스만제국을 반독립적인 여러 개의 국가로 쪼갰다. 영국은 이 기회를 이용하여 이집트의 유일한 보호자라고 선언하고 터키와의 모든 관계를 청산시켰다. 그리고 케디브를 이집트의 왕으로 선포했으나 여전히 식민주의자들의 꼭두각시일 뿐이었다.

칼리파 제도가 해체되고 이집트가 영국의 확고한 점령하에 들어가면서 통일의 가시적 이념으로서의 범이슬람주의는 효력을 상실하고 범아랍주의가 제국주의에 대항하는 주요 목소리로 남게 되었다. 그러나 국경을 초월할 희망은 더 이상 갖기 어렵게 되었다. 무슬림은 이제 하나의 공동체에 속한 것이 아니라 여러 국가의 시민으로서 정체성을 가지게 되었다. 범이슬람주의가 쇠퇴하고 정치적인 지주였던 범아랍주의도 무력해짐에 따라, 이집트인들의 자유와 독립의 열망을 실현시킬 임무는 카리스마 넘치고 젊은 사회주의자인 하산 알반나 Hasan al-Banna(1906~1949년)가 이끄는 젊은 무슬림 세대의 몫으로 남게 되었다.

하산 알반나는 학위를 취득하기 위해 1932년 카이로에 왔다. 알가잘리의 신비주의적 가르침에 깊이 영향을 받은 알반나는 자신의 신앙과 문화적 전통을 보존하고 부흥시키기 위해 젊은 나이에 하사피야Hasafiyyah 수피 교단에 가입했다. 그 후 총명하고 근면한 학생이었던 알반나는 알아프가니와 무함마드 압두의 저서들을 섭렵했다. 그는 이 책들을 읽으면서 무슬림 문명의 쇠퇴가 단지 외국의 영향이라고 볼 수는 없으며, 메디나의 무함마드가 강조한 이슬람의 원칙들을 이집트 사람들이 잘 지키지 않았기 때문이라고 확신하게 되었다.

카이로에서 알반나는 도시에 만연한 부패와 무절제한 세속주의에 충격을 받았다. 많은 재산과 높은 지위를 누리는 대가로 영국 식민주의자들과 결탁한 정치와 종교 지도자들의 탐욕 때문에 이슬람의 평등과 사회정의는 사라진 지 오래였다. 모든 정부의 요직을 차지한 외국인들은 이집트 경제를 마음대로 주물렀다. 카이로는 어마어마한 부를 가진 소수의 유럽인과 서구화한 이집트인들이 수백만 명에 이르는 가난한 농부들의 노동력을 착취하고 억압하는 인종차별 국가로 전락해버렸다.

알반나는 이집트의 아즈하르대학교 울라마에게 호소했으나, 근대주의자들이 비난했듯이 그들은 무능력했을뿐더러 관심조차 보이지 않았다. 그러나 그는 근대주의자들이 '서구 문명의 기초가 되는 사회적 이념들'을 수용하려 한다는 오해를 받고 있다고 믿었다. 알반나는 얼마 전에 끝난 세계대전의 주된 이유를 민족주의로 간주하면서, 범아랍주의를 민족주의적 이념으로서 거부했다. 그리고 독립과 무슬림 주권을 달성할 유일한 방법은 이슬람적 가치와 현대 생활을 조화시키는 것이라고 결론 지었다. 그는 이 과정을 '사회의 이슬람화'라고 지칭했다.

1928년, 알반나는 이슬람화 비전을 안고 최초의 부임지인 수에즈 운하 근처에 이스마일리야라는 작은 마을로 갔다. 운하는 이집트의 제국주의자들이 이룩한 최고의 업적이었지만, 아랍인들이 그 운하 아래로 침몰한 깊이기도 했다. 이스마일리야는 비참하고 불쌍한 이집트인과 사치스러운 외국의 군인이나 기술자가 함께 사는 지역이었다. 도로의 표지는 영어로 되어 있었고, 카페와 음식점들이 밀집되었으며, 공공장소에는 '아랍인 출입금지'란 푯말이 붙어 있었다.

대영제국에게 막대한 부를 제공하고 있는 지역의 주민들이 직면한 멸시와 불평등은 알반나를 분노시키기에 충분했다. 그는 공원과 음식점, 다방과 가정을 가리지 않고 이슬람화의 메시지를 설교하기 시작했다. 무력한 정부와 무능한 종교 지도자들에게 배신감을 느끼던 젊고 가난한 사람들은 알반나의 간단한 메시지, 즉 "이슬람이 해결책이다"에 공감했다. 결국 사회복지를 통해 생활을 변화시키려고 시작된 비공식적이고 민중적인 단체의 움직임은 세계 최초의 이슬람 사회주의 운동이 되었다.

당시 스물두 살에 불과했던 알반나는 단체의 최초 공식 회합에서 이렇게 선언했다. "우리는 이슬람을 위한 봉사 안에서 형제들이다. 그러므로 우리는 무슬림 형제들Muslim Brothers이다."

무슬림형제단이 무슬림 세계에 끼친 영향을 과장하는 것은 어려울 것이다. 알반나의 이슬람화 계획은 시리아, 요르단, 알제리, 튀니지, 팔레스타인, 수단, 이란, 예멘으로 빠르게 확대되었다. 이슬람 사회주의는 범이슬람주의나 범아랍주의보다 훨씬 성공적으로 무슬림들의 불만을 대변했다. 무슬림형제단은 어느 누구도 말하려 하지 않던 문제들까지 적극적으로 접근했다. 이슬람 세계에서 기독교 선교사들의 선교 활동 증가, 팔레스타인에서 시오니즘의 출현, 무슬림들의 빈곤과 정치적 열등감, 아랍 왕들의 엄청난 재산과 독재는 형제단이 언급하는 단골메뉴였다.

알반나가 벌인 운동은 종교·사회·경제·문화를 총망라한 제도로, 이슬람을 보려는 최초의 근대적 시도였다 점에서 그 의미를 찾을 수 있다. 알반나는 이슬람이야말로 지금까지 존재했던 모든 사회조직 체계보다 우수한 보편적 이데올로기라고 믿었다. 그런 만큼 보다 순수하게 이슬람적인 정부, 즉 사회의 병폐를 적절하게 치료할 수 있는 이슬람 정부를 수립할 필요가 있었다. 그러나 그는 자기의 사상을 이집트의 정치 상황에 심는 것이 자신에게 부여된 의무라고는 생각하지 않았다. 무슬림형제단은 정당이 아니라 사회주의 단체였으므로, 그 주요 관심사는 신의 뜻을 헤아려 인간의 고통을 덜어 주는 것이지 정치적 혁명을 일으키는 것이 아니었다. 대신 정치에 대한 무관심을 표방하고 있는 수피 교육을 받은 알반나는 사회 개혁을 통해서만 국가가 발전할 수 있다고 확신했다.

알반나가 정치에 대해 무관심했다 하여 정부가 그를 우호적으로 바라본 것은 아니었다. 1949년, 식민지 고위관리의 압력을 받은 이집트 케디브의 명령으로 알반나는 암살되었다. 정부는 암살 행위로 한 사람의 지도자를 잠재울 수 있었으나, 이로 인해 무슬림형제단은 더욱 결속되었고 1950년까지 50만 명에 육박하는 회원을 확보하여 이집트에서 가장 큰 목소리를 내게 되었다. 이집트 군대 내에서 어렴풋이 나타나고 있던 반식민주의·반제국주의 그룹도 이 형제단의 세력을 무시할 수 없었다.

1952년 7월 23일, 스스로를 자유장교단Free Officer Corps이라고 부른 일단의 군 장교들은 쿠데타를 일으켜 무능한 왕정을 전복시키고 영국의 식민통치로부터 독립을 선포했다. 쿠데타는 육군 사령관 무함마드 나깁Muhammad Naguib에 의해 주도되었다. 그러나 이집트 사람들은 쿠데타의 숨은 실력자가 나깁 장군의 오른팔인 가말 압드 알낫세르Gamal Abd al-Nasser 대령임을 잘 알고 있었다.

쿠데타 초기에 무슬림형제단은 자유장교단을 적극적으로 지지했다. 낫세르가 혁명 이후 이집트에 사회주의 이념을 실현시키겠다고 약속했기 때문이다. 형제단의 지도부는 자유장교단을 '축복받은 단체'라고 부르며, 쿠데타 이후에 모든 주요 도시에서 질서와 안정을 유지하도록 협조했다. 낫세르는 그들의 협조에 대한 답례로 알반나의 무덤을 방문하고, 무슬림형제단에게 새 의회의 구성에 참여해 달라고 부탁하기도 했다. 하지만 그들은 알반나가 주장했었던 정치불참 원칙을 지키기 위해 낫세르의 제의를 거절했다.

한편 낫세르가 민족주의적 조치를 시행하고 권위주의적 통치를 함에 따라 무슬림형제단의 평등주의적 가치관과 충돌하기 시작했다. 1953년 1월, 낫세르는 정부의 통제력을 강화하기 위해 이집트의 모든 정당과 정치단체를 해산시켰다. 물론 자신의 인기 유지에 아직은 필요하다고 판단한 무슬림형제단을 제외한 모든 단체였다. 그러나 다음해 알렉산드리아에서 연설하던 낫세르가 저격을 당한 사건은 무슬림형제단을 해산시킬 기회로 삼기에 충분했다. 암살 사건의 책임을 형제단에게 전가한 낫세르는 무슬림형제단을 불법단체로 규정하고, 단원들은 체포해 투옥시켰다. 그 지도자들은 고문을 당하고 사형되었다.

축축하고 음울한 감방 안에서 무슬림형제단은 이념 노선에 따라 분열되었다. 우선 많은 단원에게 사회를 변화시키기 위해 국민의 마음을 바꾸려는 사회주의 방식은 실패한 것이 분명해졌다. 이들은 알반나의 이슬람화 사상은 사회복지를 통해서는 실현될 수 없다고 보았다. 낫세르가 그들에게 준 교훈이 있다면, 그렇게 고상한 목표는 오직 힘에 의해서만 달성될 수 있다는 것이었다. 식민통치 이후의 이집트는 새로운 이슬람적 청사진을 요구하고 있었고, 당시 그 비전을 줄 수 있는 사람은 카이로의 한 감옥에서 고뇌하고 있었다.

시인, 소설가, 언론인, 비평가, 사회주의 활동가인 사이드 꾸툽 Sayyid Qutb(1906~1966년)은 이슬람 급진주의의 아버지로 알려져 있다. 상이집트(남부 이집트)에서 출생한 그는 알반나처럼 정치적으로 소란했던 1920년대에 카이로로 이사했다. 꾸툽은 이집트 교육부에서 잠깐 근무한 후 1948년에 교육제도 연구를 위해 미국으로 건너갔다. 그가 본 미국은 개인의 자유를 완벽하게 보장하지만 "법적 강제를 제외하면 인간적 동정심과 책임감이 없는" 그런 나라였다. 그는 종교와 일상생활이 분리된 미국을 비난했고 아울러 미국의 '물질적 태도'와 '악하고 광적인 인종차별'에 혐오감을 느꼈다. 꾸툽은 서구의 물질문명이 중동과 북아프리카의 개발도상국가들로 급속히 확대되는 현상에 놀라움을 금하지 못했다. 이란의 사회비평가 잘랄 아흐마드Jalal-e Ahmad가 가릅자데기Gharbzadeghi, 즉 '웨스톡시피케이션Westoxification(서구 문명에의 도취)'이라고 부른 현상이었다.

1950년에 카이로로 돌아온 꾸틉은 사회주의 이슬람 정책 수립을 위해 헌신하는 무슬림형제단에 가입했다. 얼마 되지 않아 그는 단체의 선전부를 지휘했고 지도자의 자리에까지 올랐다. 2년 후, 쿠데타를 일으켰던 낫세르는 꾸틉에게 자신의 정부에 참여해줄 것을 부탁했다. 하지만 그는 형제단과 함께 사회활동을 계속하기 위해 거절했고, 그 결정은 참담한 결과로 이어졌다. 꾸틉은 낫세르의 암살 기도 사건 이후 체포되어 야비한 고문을 당하고 감옥에 던져졌던 것이다.

석방되던 1964년에 출판된 혁명적 선언 〈이정표Milestones〉에서, 꾸틉은 독방에 갇혀 있는 동안 하나의 계시를 받았다고 쓰고 있다. 그 계시는 "설교만으로는 충분하지 않다. 알라의 권한을 훔치고 알라의 창조물을 억압하는 자들이 단지 설교만으로는 권력을 내놓지 않을 것이다"라는 것이었다.

꾸틉은 사람들이 아직도 자힐리야(이슬람이 출현하기 전의 어두웠던 시대)에 살고 있으며, 부패하고 퇴폐한 인간들이 신의 위대한 속성 가운데 하나인 통치권을 장악했다고 주장하여 무슬림들에게 충격을 주었다. 꾸틉은 사회의 불평등은 사회·정치·경제적으로 완전한 제도인 이슬람을 강조함으로써만 해결될 수 있다는 주장에 공감했다. 그러나 그 과정은 이슬람 국가의 수립을 통해서만 발생할 수 있는 일대 혁명적 사건이 될 것이라고 내다보았다. 〈이정표〉에서 그는

"지상에서 인간의 왕국을 끝내고 신의 나라를 세우는 것은 인간 찬탈자들의 손에서 권력을 빼앗아 신 한 분께로 돌려드리는 것을 의미한다"고 주장했다.

꾸틉의 견해로 보자면, 이슬람 국가에 대통령이나 왕과 같이 무소불위의 권력을 가진 통치자는 필요하지 않았다. 유일한 통치자는 오직 신이며 신만이 유일한 법, 즉 샤리아였다. 꾸틉의 급진적이고 정치적인 이슬람의 꿈은 '이슬람주의Islamism' 라는 새로운 이념을 만들어냈고 중동에 일대 변화를 일으켰다.

단일한 칼리파의 영도하에 무슬림의 단결을 추구하는 초국가적 이론인 범이슬람주의Pan-Islamism와 달리, 이슬람주의는 오직 이슬람의 가치관에 따라 사회정치적 질서를 잡아가는 이슬람 국가의 수립을 목표로 했다. 그들은 이슬람이 신자의 모든 생활양식을 규정하는 포괄적 이념이라고 주장했다. 꾸틉에 따르면, 이슬람의 기본적 관심은 "지상의 영역과 하늘의 영역을 하나의 제도 속에 통일시키는" 것이었다. 이 제도가 성공하기 위해서는 공공 분야에 샤리아(이슬람법)를 채택하여 실행하는 것이 필요했다. 서구의 세속적 가치는 무슬림 세계에서 배척해야 하는데, 이슬람은 "세속적 삶과 관습으로부터 분리되어서는 안 되며" 세속적 가치까지도 규정하기 때문이었다. 따라서 필요하다면 무력을 사용해서라도 낫세르 정부를 포함한 세속의 정부들을 순수한 이슬람적 국가로 바꿔야 한다는 것이다.

1965년, 감옥에서 석방된 지 1년 만에 〈이정표〉의 출간으로 다시 체포된 꾸틉은 반역죄로 교수형에 처해졌다. 낫세르의 철권통치에서 가까스로 탈출한 무슬림형제단은 자신들을 받아들인 유일한 나라인 사우디아라비아로 망명했다. 사막에서 거친 삶을 살던 부족 지도자들이 석유의 채굴로 세상에서 가장 부유해지기 직전의 사우디아라비아는 불과 10여 년 전에 세력이 약한 부족 쉐이크와 소수의 종교적 열광자들이 연합한 결과로 설립되었다.

⁂

18세기 초, 유럽이 지중해 건너편의 방대한 천연자원에 눈독을 들이기 시작할 무렵, 이슬람을 낳고 기른 성스러운 땅 사우디아라비아는 명목상 오스만제국의 종주권하에 놓였다. 물론 제국의 칼리파는 메카의 쉐리프Sharif, 즉 예언자 무함마드가 속한 바누 하쉼 가문의 후손들에게 아라비아 반도의 통치를 허락하고 있었다. 그러나 오스만의 영향이나 쉐리프의 통치는 헤자즈 지방(아라비아 반도의 서부)을 크게 벗어나지 않았다. 나즈드Najd라고 불리는 방대하고 접근이 어려운 동부 사막 여기저기에는 수많은 자치 부족들이 오직 자신들만의 삶을 살아가고 있었다. 이곳의 황폐하고 거친 경치는 침체된 종교와 문화에 어울렸다. 이 지역에 사는 부족들의 수는 보잘것없었으나 야심만만한 쉐이크인 무함마드 이븐 사우드Muhammad ibn Saud(1765년 사망)가 지휘하고 있었다.

이븐 사우드는 결코 부유한 사람은 아니었으나 자신의 가족들에 의해 건설된 작은 오아시스 마을 다리야Dariyah의 경작지를 대부분 소유하고 있었다. 쉐이크의 지위를 이용하여 그는 마을의 우물과 주요한 무역로를 독점적으로 지배했다. 비록 무역대상들을 거느리고 있다고는 하나 그의 재정은 오아시스의 경계를 넘지 못할 정도로 빈

약했다. 그럼에도 불구하고 이븐 사우드는 고대 아랍인들의 후손으로서 자부심과 긍지를 가진 사람이었으며, 자신의 가문과 부족의 보호에 최선을 다했다. 무함마드 이븐 압드 알와합Muhammad ibn Abd al-Wahhab(1703~1766년)이라는 순회 설교자가 보호를 요청하며 오아시스에 왔을 때, 그는 이 기회를 이용하여 경제적 번영과 군사적 힘을 증가시킬 연맹을 결성하고자 했다.

경건한 무슬림 가문으로 나즈드 사막에서 태어난 무함마드 이븐 압드 알와합은 젊어서부터 종교적으로 매우 독실했다. 그에게 꾸란 연구의 재능이 있음을 간파한 아버지는 그를 메디나로 보내 인도 수피주의를 비난하고 있던 샤 왈리 알라의 제자로서 공부하도록 했다. 압드 알와합은 왈리 알라의 청교도적 이념에 깊은 감명을 받았다. 그러나 그가 순수하지 못한 이슬람을 비난하고 이슬람에서 '미신적인 내용들'을 제거함으로써 원래의 아랍적 순수성으로 돌리는 데 몰두하게 된 것은 메디나를 떠나 바스라에 가서 다양한 쉬아주의와 수피주의를 직접 경험한 후부터였다. 그리고 아라비아 반도에 돌아온 직후, 그는 자신의 급진적이고 청교도적인 이슬람의 '근본주의' 분파(일반적으로는 와하비즘Wahhabism으로 알려져 있다)의 세를 확장하기 위해 치열한 종교전쟁에 들어갔다.

이슬람 근본주의란 무엇인가. 그리고 그 의미와 기능은 무엇인가. '근본주의' 혹은 '원리주의fundamentalism'란 용어는 20세기 초에 만들어졌으며, 원래 미국 사회의 급속한 근대화와 세속화에 반대하여 기독교의 근본(혹은 원리)을 주장한 청교도들 사이에서 싹튼 운동을 지칭한다. 이 운동의 골자는 성경을 글자적으로 해석해야 한다는 것이었다. 진화론과 같은 과학적 이론이 떠오르면서 성경의 해석은 사람들의 관심에서 멀어져갔고, 진화론은 성경의 역사성과 사실성을 믿지 않는 경향이 있었다. 모든 무슬림이 꾸란의 '문자적' 성격을 믿었다는 사실을 감안할 때(결국 꾸란은 신의 직접적 말씀인 것이다), 무슬림 극단주의자extremist나 전사들을 '근본주의자'라고 하는 것은 당치 않다. 이 용어는 또한 이슬람 국가의 수립을 목표로 했던 사이드 꾸틉과 같은 이슬람주의자들에게도 부적당하다. 그러나 '이슬람 근본주의'가 너무 일반화되어 심지어 페르시아어와 아랍어에까지 들어갔으므로(그 직역은 아랍어로 '광신자', 페르시아어로 '뒤진'이 적당하다), 이 책에서는 필요에 따라 그 용어를 계속 사용하기로 하되 일반적으로는 '이슬람주의'로 부를 것이다. 반면 '이슬람 근본주의'는 와하비즘에 의해 무슬림 세계에 소개된 급진적이고 초보수적인 청교도적 사상으로 지칭하고자 한다.

사실 와하비주의는 타우히드(유일신)를 필요 이상으로 단순화시킨 개념에 불과하다. 와하비가 "알라 외에 다른 신은 없다"라고 말할 때의 의미는 알라만이 종교적 숭배의 유일한 대상이어야 한다는 것이다. 따라서 무엇이든 다른 대상을 숭배하는 행위는 쉬르크(다신숭배 혹은 우상숭배)로 간주된다. 압드 알와합은 여기에 피르(수피의 지도자), 이맘의 중재, 여러 종교 명절의 기념, 예언자 무함마드를 기리는 모든 행위도 쉬르크에 해당한다고 생각했다. 또한 와하비주의자들은 디크르(신을 기억하기 위한 행동)나 마탐(자신의 신체를 채찍질하는 의식)

과 같은 의식과 이슬람에 침투한 다른 관습도 금하려고 노력했다. 왜냐하면 그런 것들이 아라비아의 부족적 경계를 벗어나 확산되면서 중동, 중앙아시아, 유럽, 인도, 아프리카의 본질적으로 다른 문화의 영향을 받았기 때문이었다. 압드 알와합는 모든 외국의 영향으로부터 자유로운 샤리아의 엄격한 시행을 촉구했다. 알아프가니, 무함마드 압두, 범이슬람주의자, 사이드 자글룰, 사티 알후스리, 범아랍주의자, 하산 알반나, 무슬림형제단, 이슬람 사회주의자, 사이드 꾸툽, 마울라나 마우두디, 급진적 이슬람주의자, 압드 알와합은 무함마드가 메디아에 세웠던 순수한 무슬림 공동체로 돌아갈 것을 촉구했다. 그러나 압드 알와합은 고전적이고 배타적인 초기 공동체의 꿈을 가지고 있었으며, 여기에 공감하지 않는 무슬림들─특히 수피와 쉬아주의자─은 제거되어야 한다고 믿었다. 그런 무슬림들을 죽여 없앨 필요가 있다는 것이다.

하미드 알가르Hamid Algar가 지적한 대로, 와하비주의는 그것이 출현한 특수한 상황이 아니었더라면 필시 "단명한 종파적 운동으로서 역사 속으로 사라졌을 것"이다. 유심론과 주지주의에 주로 기반을 둔 종교에서 그의 운동은 영적으로나 지적으로 중요하지 않았을 뿐만 아니라, 대다수 순니 무슬림은 정통적이라고 생각조차 하지 않았다. 그러나 와하비주의는 1,000년 전에 카르발라에서 참회자들이 처음 모여 쉬아가 된 이래, 이슬람에서 가장 중요한 종파적 운동으로 자리를 잡을 수 있는 두 가지 특수한 이점을 가지고 있었다. 하나는 운 좋게도 아라비아 반도 성지에 기반을 두고 있었다는 점이다. 그래서 강력한 종교적 부흥의 유산을 주장할 수 있게 된 것이다. 다른 하나는 그의 단순한 이념이 아라비아 반도를 장악할 수 있는 공전의 수단이 될 수 있다고 본 후원자들이 열렬히 도움을 주었다는 것이다. 그 후원자는 무함마드 이븐 사우드였다.

이븐 사우드와 압드 알와합의 만남은 전설을 낳았다. 두 사람이 처음 만난 것은 압드 알와합과 그 제자들이 아라비아 반도 도처를 돌며 성자의 무덤을 파괴하고, 신성한 나무들을 자르고, 자신들의 비타협적인 청교도적 이슬람의 꿈을 받아들이지 않는 무슬림들을 학살하고 다닐 때였다. 거주지를 제공받았던 한 오아시스에서 추방된 이후(압드 알와합이 공개적으로 한 여자에게 돌을 던져 죽인 후 겁을 먹은 마을 사람들이 그에게 떠날 것을 요구했다), 압드 알와합은 다리야 오아시스로 향했다. 그곳의 쉐이크였던 무함마드 이븐 사우드는 그의 일행을 환영하며 아무런 조건 없이 보호해주었다.

이븐 사우드는 약속했다. "이 오아시스는 당신들의 것이오. 당신들의 적을 두려워할 필요가 없소이다."

압드 알와합은 본거지가 없었으나 당당했다. "나에게 맹세해주시오. 당신이 불신자(비와하비 무슬림)들에 대해 성전을 수행하겠다는 것을. 그 대가로 (우리의 과업이 성공한 후) 당신은 무슬림 공동체의 지도자가 되시오. 나는 종교 문제를 책임지겠소이다."

이븐 사우드가 이 말에 동의함으로써 이슬람 역사의 행로를 바꾸고 세계의 지정학적 균형을 깨뜨릴 동맹이 이루어졌다. 압드 알와합의 전사들은 헤자즈 지방으로 몰려가 메카와 메디나를 점령하고 쉐리프를 추방했다. 성도聖都에 자리를 잡게 되자, 그들은 예언자의 출생지와 가족들이 살던 순례지를 포함하여 예언자와 동료들의 무덤을 부수기 시작했다. 그들은 메디나에 있는 예언자 사원의 보물을 약탈했으며, 꾸란을 제외한 모든 책에 불을 질렀다. 그들은 또한 성도에서 음악과 꽃을 금지하고, 담배를 피우는 것과 커피 마시는 행위를 불법으로 금했다. 사형을 감행하면서 그들은 강제로 남자들에게 턱수염을 기르게 하고 여자들에게는 베일을 착용케 하여 외부와 차단시켰다.

와하비들은 그들의 운동을 이슬람 세계 최초의 극단주의자인 카와리지들과 의도적으로 연관시키고, 광적이었던 선조들처럼 이슬람 세계의 불순물들에 대해 분노를 폭발시켰다. 헤자즈 지방을 공고하게 장악한 그들은 다시 북으로 진격하여 수피와 쉬아 이단자들에게 자신들의 주의를 보급했다. 1802년 성스러운 아슈라의 날, 그들은 카르발라의 성벽에 기어올라 무하르람을 기념하고 있던 2,000여 명의 쉬아교인을 살육했다. 그들은 미친 듯이 알리, 후세인, 이맘 들의 무덤을 때려부수고, 특히 예언자의 딸 파티마의 묘는 더 심하게 파괴했다. 쉬아의 성지 카르발라에서 약탈을 끝낸 후, 와하비들은 북쪽 메소포타미아와 오스만제국의 심장부로 방향을 바꾸었다. 그제야 오스만제국 칼리파는 그들에게 주의를 집중했다.

1818년, 이집트 케디브 무함마드 알리Muhammad Ali(1769~1849년)는 오스만제국 칼리파의 권고를 받아 중무장한 대규모 군대를 아라비아 반도로 파견했다. 이집트 군대는 장비가 부족하고 군사 훈련이 덜된 와하비들을 쉽게 제압했다. 메카와 메디나는 다시 쉐리프의 관할하에 들어갔으며, 와하비들은 나즈드(아라비아 동부)로 다시 후퇴했다. 이집트 군대가 철수할 때까지 사우디 가문은 귀중한 교훈을 얻었는데, 자신들의 힘으로는 오스만제국에 대항할 수 없다는 것이었다. 따라서 와하비들보다 더 강력한 동맹이 필요하다는 것을 깨달았다.

그들의 필요는 1915년 영국-사우디 조약으로 현실화되었다. 페르시아 만을 장악하려고 혈안이던 영국은 사우디 가문에게 오스만제국의 통치하에서 봉기를 일으키라고 부추기고, 그들의 반란을 돕기 위해 정기적으로 군자금과 무기를 제공했다. 그 계획은 이븐 사우드의 상속자 압드 알아지즈Abd al-Aziz(1880~1953년)의 지휘 아래 실행에 옮겨졌다. 제1차 세계대전 말, 오스만제국이 해체되고 칼리파 제도가 붕괴하자 이븐 사우드는 메카와 메디나를 재정복하고 쉐리프를 또다시 추방했다. 무려 4,000여 명을 죽이고 와하비주의를 전 주민에게 보급한 이븐 사우드의 아들 압드 알아지즈는 아라비아 반도를 '사우디아라비아 왕국'이라고 명명했다. 카바 성소의 관리인, 즉 열쇠의 보관자(성소로 들어갈 수 있는 열쇠의 보관자가 성소를 관리하는 사람이 된다)는 이제 나즈드 토착 부족과 그들의 근본주의 동맹자들이 맡게 되었다.

그리고 거의 동시에 무함마드가 계시의 축복을 받았던 성지는 기적적으로 또 다른 신의 축복인 석유를 터뜨림으로써 아주 작은 사우디 부족이 전 세계의 경제를 지배하는 것이 가능해졌다. 그들은 신의 축복에 대한 화답이 자신들에게 달려 있음을 느꼈다. 그 화답은 그들의 청교도적 교의를 나머지 이슬람 세계에 확대시키고, 종교와 인종과 문화의 다양성에도 불구하고 단호하게 무슬림 신앙을 정화시키는 것이었다.

무슬림형제단은 적절한 시기에 사우디아라비아에 도착했다. 사우디아라비아 왕국은 울라마들의 사회에 대한 통제 기능이 없는 유일한 무슬림 국가인 반면, 전적으로 전체주의 국가이자 완고한 와하비주의 국가였다. 이곳에서 근대주의자들과 이슬람주의자들의 논쟁은 없었다. 아니 어떤 종류의 논쟁도 존재하지 않았다. 민족주의, 범아랍주의, 범이슬람주의, 이슬람 사회주의 어느 것도 사우디아라비아 왕국에서는 큰 목소리를 낼 수 없었다. 유일한 교리는 이슬람 근본주의 하나였으며, 이슬람 근본주의에 대한 이탈은 폭력과 처형으로 억압되었다.

사우디 군주제가 낫세르의 세속적 민족주의를 자신들의 생활양식에 대한 직접적 위협으로 간주한 것은 놀라운 일이 아니다. 수에즈 운하를 국유화하여 서양에 도전했던 주인공 낫세르는 무슬림 세계는 물론 대부분의 제3세계 국가에서 거의 신화적인 인물이었다. 중동에서 낫세르는 범아랍주의의 마지막 보루였다. 그의 아랍 사회주의 노선은 이집트에서는 비참하게 실패작으로 끝났지만, 많은 무슬림에 의해 서구 중심 사관의 확대에 대응할 유일한 대안으로 간주되고 있었다. 그의 카리스마는 대단했으며 반대파에 대한 야만적 탄압 역시 성공적이어서 1960년대까지 이집트에서는 그의 권위에 도전할 세력이 없었다.

무슬림 세계에서 증가하는 낫세르의 영향력을 저지하기 위해 사우디 왕가는 급진적 무슬림형제단을 크게 환영했다. 사우디에서는 이집트에서 망명 온 사람들뿐만 아니라, 시리아와 이라크 같은 다른 세속적 아랍 국가에서 온 망명객들도 환영을 받았다. 사우디 왕가는 무슬림형제단이 세속적 민족주의와 싸울 수 있도록 필요한 모든 자금, 지원, 보안을 기꺼이 제공했다. 그러나 무슬림형제단은 사우디아라비아에서 피난처 이상을 발견했다. 와하비주의를 발견한 것이다. 그들은 혼자가 아니었다. 수십만의 노동자들이 전 이슬람 세계에서 사우디아라비아로 몰려와 유전에서 일하고 돌아갈 때는 사우디의 광적 신앙이 주입된 상태였다.

사우디의 종교적 예를 따르는 것은 사우디 정부의 보조금을 받고 각종 계약을 성사시키기 위한 선행 조건이 되었다. 사우디 정부가 무슬림 자선단체들에 지급하는 막대한 돈, 그들이 설립한 단체, 그들이 건설하는 모스크, 대학교, 초급학교 등 모든 것이 와하비주의와 불가분의 관계를 맺고 있다. 1962년, 와하비 이념을 전 무슬림 세계로 전파하는 것을 목적으로 하는 무슬림연맹Muslim League의 창설은 새로운 돌파구였다. 이 조직은 와하비 전사들이 아라비아 반도를 떠나 무력 정복을 할 필요가 없을 뿐이지 실제로는 이슬람의 새로운 팽창이었다. 카바 성전의 열쇠 보관자인 사우디 왕가가 순례를 관리하는 것에 대해 그들을 거칠고 단순한 근본주의자로 간주하는 대부분 무슬림의 표정은 밝지 않다. 하지만 그들은 최대한의 순례를 보장하기 위해 시설을 현대화하고 확장하는 데 수십억 달러를 쏟아부었고, 매년 수백만 명의 무슬림이 메카의 황량한 계곡에 넘쳐난다.

무슬림연맹의 창설 이래 와하비 이념의 단순성, 확실성, 무조건적 도덕성은 전 무슬림 세계에 활발히 전파되었다. 사우디 복음 포교 덕분에 와하비 교리는 무슬림형제단, 마우두디의 이슬람연맹, 팔레스타인의 하마스, 이슬람 지하드의 종교 및 정치적 이데올로기에 큰 영향을 주었다. 사우디는 새로운 범이슬람주의의 후원자가 되었는데, 이 주의는 금욕적이고 완고하며 극단적인 이슬람 근본주의 이념에 기초한다.

물론 근본주의는 그 성격상 복고풍의 운동이라 권력과 사이가 좋을 수 없다는 문제점이 있었다. 이븐 사우드의 아들 압드 알아지즈는 그 많은 재산을 왕의 위상에 걸맞게 쓰려고 했을 때부터 이 문제에 봉착했다. 사우디아라비아에 서구에서 들어온 현대 기술이 넘치고 사막에서 석유를 채굴하는 복잡한 과정 때문에 수많은 외국인이 살게 되면서 문제는 심각해졌다. 대부분 영국인과 미국인인 이들은 사우디인들에게 낯설긴 하지만 매력적인 물질주의를 소개했다. 영국 여왕으로부터 작위까지 받은 압드 알아지즈는 서양 문명을 부러워한 나머지 자신이 왕이 될 수 있도록 도운 와하비 전사들, 즉 이제는 새로운 이름으로 이크완Ikhwan(형제들, 이집트의 무슬림형제단과 혼동하면 안 된다)이라고 불리게 된 전사들에게 등을 돌린 것이다.

1929년, 이크완은 사우디 왕가의 탐욕과 부패에 분노하여 알살바al-salba 시에서 반란을 일으켰다. 그들은 왕에게 물질주의를 포기하고 외국의 이단자들을 성지에서 몰아낼 것을 요구했다. 하지만 압드 알아지즈는 그들의 요구를 묵살하고 알살바 시에 군대를 보내 이크완을 대량학살했다.

그러나 사우디아라비아는 곧 나머지 세계가 배우게 된 교훈을 경험했다. 바로 모든 종교에서 근본주의는 아무리 억압해도 무너지지 않는다는 것이었다. 억압하면 할수록 오히려 더 강력해지며 지지자의 수가 늘어난다. 그 지도자를 죽이면 순교자가 되며, 독재를 부리면 유일한 반대의 목소리가 된다. 통제하려고 하면 등을 돌리고, 달래고 회유하면 오히려 정부를 장악한다.

이라크 군의 쿠웨이트 침공으로 시작된 페르시아 걸프만 전쟁이 한창이던 1991년, 스스로를 알까에다al-Qaeda라고 부른 반정부 집단이 와하비주의 본연의 혁명 이념을 들고 사우디 왕가에 대항했다. 이들은 왕가가 무슬림 공동체의 이익을 외국 열강에 팔아넘기는 탐욕스러운 타락자 무리라고 비난했다. 알까에다는 정통 카와리지 방식으로 무슬림 세계를 '천국의 백성들(자신들)'과 '지옥의 백성들(다른 사람들)'로 구분했다.

알까에다가 보기에 사우디 왕자들은 타락한 행동으로 인해 지옥의 백성들에 속하며, 성스러운 신의 공동체에서 파문당함으로써 반드시 벌을 받게 될 변절자들이었다. 알까에다가 목표물로 삼은 것은 사우디 왕가뿐만이 아니었다. 꾸란의 해석과 샤리아의 준수 면에서 자신들과 다른 모든 무슬림을 이단자로 간주했다. 알까에다의 창설자 오사마 빈 라덴이 공언한 대로 궁극적으로 "그들은 말살될 것"이었다.

9·11의 참사와 뒤를 이은 서양의 목표물에 대한 테러 행위, 문명 간 충돌과 그 배경이 되는 유일신교의 충돌, 각국 정부 청사에서 울리는 종교적 수사에도 불구하고 간과해서는 안 될 사실이 하나 있다. 현재 무슬림 세계에서 일어나고 있는 일들은 무슬림들 사이의 내부적 충돌이지 이슬람과 서양의 외부적 전쟁이 아니라는 것이다. 서양은 단지 국외자이며, 역사의 다음 장을 누가 쓸 것인가를 놓고

이슬람 세계에서 벌어지는 경쟁의 피해자들이다.

모든 위대한 종교는 이런 문제들과 씨름한다. 어떤 종교는 다른 종교보다 더 격렬하게 싸울 뿐이다. 기독교 역사에서 벌어진 분쟁의 치열함을 인정하기 위해서는 프로테스탄트 연합과 가톨릭 동맹 사이에 벌어진 파괴적인 30년 전쟁(1618~1648년)을 회상하는 것으로 충분할 것이다. 여러 면에서 30년 전쟁은 신앙의 미래를 결정하는 고전적 논쟁, 즉 종교개혁의 종말을 예고하는 것이었다. 독일 인구의 거의 3분의 1이 사망한 이 무시무시한 전쟁의 뒤를 이어 기독교 신학은 종교개혁 이전 시대의 절대 교리에서 근대 초 다원적 교리로, 그리고 궁극적으로는 계몽사조의 상대적 교리로 이행했다. 이렇게 기독교가 그 시작으로부터 종교개혁으로 발전하는 데는 15세기 동안의 부도덕적이고 유혈이 낭자한 묵시의 세월이 필요했다.

1,400년에 걸쳐 꾸란의 해석과 이슬람법의 적용에 관해 벌인 뜨거운 논쟁, 신성한 통일에 호소하여 분열된 공동체를 조화시키려는 노력, 부족적 음모, 십자군 전쟁, 제1·2차 세계대전을 거쳐 이슬람 세계는 열다섯 번째 세기에 접어들었다.

10 메디나를 향해 느리게 나아가기
이슬람의 개혁

"자비롭고 자애로운 알라의 이름으로……." 우리가 탄 비행기가 테헤란의 메흐라바드Mehrabad 공항에 착륙할 때, 이란항공 조종사의 기내 방송은 이렇게 시작되었다. 내 주위의 좌석에서 약간 술렁이는 움직임이 있었다. 여자들은 똑바로 몸을 세우고 머리덮개를 매만지면서 팔과 발목이 가려졌는지 확인했다. 반면 그 여자들의 남편들은 졸린 눈을 비비면서 통로에 흩어진 아이들의 소지품을 줍기 시작했다.

나는 고개를 돌려 런던에서 비행기에 탈 때부터 관심을 두었던 두세 명의 얼굴을 바라보았다. 그들은 나처럼 20대 후반이나 30대 초반쯤 되어 보이는 남녀들이었다. 그들은 모두 중고품상에서 구입한 듯한 몸에 잘 맞지 않는 옷들을 입고 있었다. 어색한 긴 소매 셔츠, 느린 동작, 장식이 없는 머리 스카프 등 모두가 가능한 눈에 띄지 않게 하려고 의도한 것들이었다. 나 자신도 그렇게 옷을 입고 있었으므로 그 이유를 잘 알고 있었다. 그들에게서는 내 몸에 흐르는 것과 같은 불안한 기색이 느껴졌다. 이 비행기에 탄 많은 승객은 혁명으로 어려서 이란을 떠난 이래 처음으로 발을 내딛는 것이었다.

1980년대 초에 유럽과 미국으로 도망간 대규모 이란인 디아스포라를 향한 유화적 제스처의 하나로 이란 정부는 최근 모든 망명객들에게 임시 사면을 발표했다. 이에 따라 억류되거나 강제입대를 당할 걱정 없이 1년에 한 차례, 3개월을 넘지 않는 조건으로 이란을 방문할 수 있게 되었다. 반응은 즉각 나타났다. 수천 명의 젊은 이란인들이 고국으로 몰려 들어갔다. 그 가운데 일부는 향수에 젖은 부모의 이야기를 제외하면 이란을 전혀 알지 못했다. 또 나처럼 이란에서 출생했으나 어린 나이에 고향을 떠난 사람도 있었다.

우리가 비행기에서 내렸을 때는 이른 새벽의 안개가 짙게 깔려 있었다. 주위는 아직 어두웠지만 공항은 이미 파리, 밀라노, 베를린, 로스앤젤레스에서 도착한 사람들로 붐볐다. 한 여행객 무리가 어수선하게 입국 검사대에 모였다. 아이들이 울어댔다. 참기 힘든 땀 냄새와 담배 연기가 공기 중에 떠돌았다. 사방에서 팔꿈치들이 나를 쿡쿡 찔렀다. 그 순간 갑자기 오래 전에 바로 이 공항에서 있었던 일들이 나에게 떠올랐다. 당시 나는 가족들의 손을 잡은 채 군중 사이를 뚫고 길을 내며, 국경이 폐쇄되기 전에 이란을 떠나려고 필사적으로 애쓰고 있었다. 우리가 타고 갈 비행기가 착륙하자 어머니는 나를 향해 "네 동생을 잃어버리면 안 돼!"라고 외치셨다. 내 귀에는 아직도 두려움에 떨던 어머니의 그 목소리가 들리는 듯했다. 어머니는 내가 여동생의 손을 놓치면 영영 못 만난다고 외치는 것 같았다. 나는 반사적으로 여동생이 아파서 울 정도로 손가락을 꽉 쥐고 주변을 둘러싼 무릎에 부딪히면서 길을 만들어 앞으로 나아갔었다.

숨 막힐 듯한 24시간이 지난 후, 마침내 나는 입국 심사대에 섰다. 유리창에 난 작은 구멍으로 서류를 밀어넣었다. 턱수염을 기른 젊은 직원이 서류를 들척이는 동안, 나는 내가 누구이며 왜 이란에 왔는지에 대한 대답을 다시 한 번 마음속으로 정리했다.

직원은 지친 듯이 물었다. "어디에서 왔소?"

"미국에서요." 내가 대답했다.

그는 표정이 굳어지더니 내 얼굴을 바라보았다. 지친 눈과 면도를 하지 않은 턱 때문에 늙어 보이긴 하지만, 그가 내 또래임을 알 수 있었다. 그는 혁명 베이비였고, 나는 망명자이자 배신자였다. 내가 멀리서 안전하게 공부하던 시절을 그는 생존을 위해 분투하며 보냈을 것이다. 갑자기 나는 당혹스러움을 느꼈다. 그가 "그동안 어디에 있었소?"라는 예상된 질문을 던졌을 때, 나는 그의 질문 속에 내재된 비난을 느끼면서 고개를 숙였다.

호메이니가 이란에 귀국한 날, 절대 밖에 나가지 말라는 어머니의 경고에도 불구하고 나는 시내 중심가의 환영행렬을 구경하기 위해 네 살 난 여동생의 손을 잡고 아파트를 빠져나갔다. 사실 밖으로 나가본 것도 꽤 오랜만이었다. 샤의 망명과 아야톨라의 귀국에 앞선 몇 주는 폭력으로 얼룩진 나날이었다. 학교는 휴교했고, 대부분의 텔레비전과 라디오 방송은 중단되었으며, 우리가 사는 조용한 교외

일대는 방치되었다. 그러던 차에 2월의 아침 창문을 통해 거리의 축제 분위기가 눈에 들어왔을 때, 나는 집안에 머물러 있을 수가 없었던 것이다.

플라스틱 주전자에 단물을 채우고 찬장에서 종이컵 두 박스를 몰래 꺼낸 나와 여동생은 시내에 나가 축제 분위기를 만끽했다. 우리는 컵을 하나씩 채워 군중에게 돌렸다. 낯선 사람들이 우리를 번쩍 들어 볼에 입을 맞추기도 했다. 거리 옆 건물의 열린 창문에서 한 움큼의 사탕이 던져졌다. 어느 곳이나 음악과 춤이 있었다. 나는 사람들의 입에서 나오는 이상한 소리에 매료되었다. 그 소리는 그 전에도 들어본 적이 있었으나, 여전히 신비스럽고 설명할 수 없는 무엇이었다. 자유! 해방! 민주주의!

몇 달 후, 이란 임시정부가 새로 구성된 이란이슬람공화국의 감동적 헌법을 제정했을 때 이 약속은 곧 실현될 듯이 보였다. 호메이니가 지도한 이 헌법은 잘랄 아흐마드, 알리 샤리아티와 같은 이란의 전설적 이념가들의 사회경제적 이론과 하산 알반나, 사이드 꾸뚭, 전통 쉬아주의의 종교-정치적 철학에 제3세계주의와 반제국주의를 결합한 것이었다. 그 기본 조항은 남녀평등, 종교적 다원주의, 사회정의, 표현의 자유, 평화적 집회의 자유를 비롯해 혁명이 쟁취하고자 싸웠던 모든 고매한 원리들을 담고 있는 동시에 새 공화국의 이슬람 정체를 강조하고 있었다.

어떤 면에서 이란의 새 헌법은 두 종류의 정부를 그리고 있는 것을 제외하면 1905년 최초의 반제국주의 혁명 당시 제정된 것과 크게 다르지 않았다. 새 헌법에 따르면 국민의 주권을 대표하는 첫 번째 정부는 고도로 중앙집권화된 정부의 수반이자 선거로 뽑힌 대통령, 법을 제정하고 토론할 의회, 그 법을 해석할 독립적 사법기관으로 구성되어 있었다. 신의 주권을 대표하는 두 번째 정부는 오직 한 사람, 아야톨라 호메이니로 구성되었다.

이것은 호메이니가 이라크와 프랑스 망명 시절 은밀하게 기록해 오던 발라야트 파끼흐(법관의 후견인 직위)였다. 이론상으로 파끼흐는 이란에서 가장 박식한 종교적 권위자로, 주 임무는 국가의 이슬람 정체성을 보장하는 것이었다. 그러나 이란의 강력한 신정정권을 통해 파끼흐는 도덕적 권위의 상징에서 국가 최고의 정치적 권위로 변화했다. 헌법은 파끼흐에게 사법부의 수장을 임명하고, 군 최고 통수권자가 되며, 대통령을 해임하고, 의회가 제정한 모든 법률을 거부할 수 있는 권위를 부여했다. 발라야트 파끼흐는 국민과 신의 주권을 조화시킨다는 원래의 의도와 달리, 오히려 절대적인 성직자 통치의 제도화를 위해 길을 닦았다.

그러나 이란인들은 새로운 독립에 들뜨고 테헤란 주재 미국 대사관과 CIA가 샤를 왕위에 복귀시키려는 음모를 꾸미고 있다는 소문에 눈이 멀어(1953년에 그랬듯이), 새 헌법이 담고 있는 무서운 의미를 깨닫지 못했다. 임시정부의 경고와 호메이니와 경쟁 관계에 있던 아야톨라, 특히 아야톨라 샤리아트마다리의 격한 주장에도 불구하고 국민투표에서 98퍼센트 이상의 찬성으로 헌법 초안이 승인되었다. 호메이니는 나중에 쉬아의 법률에 위배되는 행위임에도 불구하고 정적이던 샤리아트마다리의 종교적 신임장을 박탈했다.

대부분의 이란인이 자신들이 투표한 사람이 누구인지 깨달을 즈음, 미국의 질병통제센터Centers for Disease Control와 버지니아에 본부를 둔 미국형문화수집American Type Culture Collection 회사로부터 화생방 무기를 공급받은 사담 후세인은 이란에 대한 공격을 개시했다. 전시에는 늘 그렇듯이 모든 불만의 의견은 국익 앞에 침묵되었고, 1년 전 혁명의 이상은 무제한의 종교·정치적 권한을 행사하는 성직자 정권의 총체적 어리석음과 전체주의 국가의 현실에 자리를 내주었다.

이란-이라크 전쟁 동안 사담 후세인을 지지한 미국 정부의 의도는 이란 혁명의 확산을 저지하자는 것이었으나, 이슬람의 발전에 재갈을 물리는 더 비참한 결과를 낳았다. 이란 헌법에 명시된 민주주의적 이상이 새로운 세대들에 의해 세상에 알려지게 된 것은 1988년에 전쟁이 끝나고 1년 만에 호메이니가 사망한 후였다. 이 젊은 세대는 샤의 폭정을 기억하기에는 너무 어렸으나, 자신들의 부모가 이런 정부와 제도를 위해 고귀한 피를 흘리지 않았다는 것은 알 수 있었다. 그들의 불만은 일단의 개혁주의 학자, 정치가, 철학자, 신학자들의 활동에 불을 지폈으며, 이들은 세속화를 위해서가 아니라 다원주의, 자유, 정의, 인권, 그리고 민주주의와 같은 이슬람 본연의 가치를 회복하기 위해 새로운 혁명에 착수했다. 이란의 뛰어난 무슬림 정치철학자 압돌카림 소로쉬는 "우리는 더 이상 종교적 정부가 민주적이라고 주장하지는 않는다. 그러나 그것이 민주주의가 아닌 다른 것은 될 수 없다"라고 공공연히 밝혔다.

제국주의가 종말을 고하고 이슬람 국가가 수립된 지 반 세기가 지나는 동안, 이슬람은 여러 정부를 합법화하고 전복시키기 위해,

공화정을 조장하고 전체주의를 방어하기 위해, 군주제·독재정부·과두정치·신정정치를 정당화하기 위해, 테러·분파주의·적대감을 조장하기 위해 축원되었다. 그러나 문제는 남는다. 이슬람은 진정 중동에서 자유 민주주의를 수립하는 데 이용될 수 있는가? 현대 이슬람 국가는 이성과 계시를 조화하여 약 1,500년 전 예언자 무함마드가 메디나에 세운 도덕적 이상에 입각한 민주사회를 창조할 수 있는가?

이에 대한 대답은 그렇게 할 수 있으며 반드시 그렇게 해야 한다는 것이다. 뿐만 아니라 실제로 이란과 무슬림 세계의 도처에서 이미 그렇게 진행되고 있다. 하지만 그것은 오직 이슬람 전통과 가치에만 입각한 하나의 절차이다. 유럽의 '문명화 사업'의 실패에서 얻을 수 있는 큰 교훈은 민주주의를 지속적으로 실천하기 위해서는 수입된 민주주의 가지고는 절대 안 된다는 것이다. 그것은 내부로부터 성숙되어야만 하며, 낯익은 이데올로기에 입각해야 하고, 현지인에게 호소력 있고 이해될 수 있는 언어로 표현되어야 한다.

1905년과 1953년의 이란 혁명은 압제적 정부로부터 경제적 이익을 챙긴 외국인들이 빼앗아갔다. 1979년 혁명은 이란 자체의 성직자 정권에 의해 빼앗겼다. 성직자들은 그들의 도덕적 권위를 이용하여 절대적 권력을 얻었을 뿐이었다. 그러나 이 같은 반혁명은 이란의 성직자 과두정치가 지금까지 비타협적으로 나오고 있지만 계속되어야 한다. 왜냐하면 이란의 이슬람 민주주의를 위한 투쟁은 전 무슬림 세계에서 벌어지고 있는 세계 전쟁의 한 전선일 뿐이기 때문이다. 이 성스러운 전쟁은 전통주의 울라마들이 독점한 이슬람의 의미와 복음 해석권을 박탈하기 위해 오랫동안 힘들게 싸워온 개혁을 위해 길을 닦는 것이다.

이것은 이슬람의 복음이 최초로 세상에 소개된 아라비아 반도의 사막이 아니라 무슬림 세계의 발전하는 수도—테헤란, 카이로, 다마스쿠스, 자카르타—와 이슬람 복음이 제1세대, 제2세대의 이민자들에 의해 재규정되는 유럽과 미국의 대도시—뉴욕, 런던, 파리, 베를린—에서 일어나고 있는 내적 투쟁이다. 스위스 출생의 지식인이자 하산 알반나의 손자인 타리끄 라마단Tariq Ramadan의 말을 빌리면, 이민 무슬림들은 조상의 이슬람적 가치관을 새 고향의 민주적 이념에 융합함으로써 이슬람 개혁을 위한 '동원력'을 구성했다.

과거의 개혁들처럼, 이것 역시 무서운 사건이 될 것이다. 아니 이미 세상이 빠져들기 시작한 사건이다. 대격변이 타오르고 난 재로부터 이슬람 역사의 새 장이 열리게 될 것이다. 이슬람 역사의 새 장은 그 장을 써나갈 사람에 의해 시작되겠지만, 지금도 새 계시는 무슬림 세계 전체에 가까이 있다. 이 계시는 수세기 동안 긴 잠을 자고 일어났으며 다시 태어나기 위해 메디나를 향해 천천히 걷고 있다.

제2차 세계대전이 끝난 후, 영국은 승전국이지만 재정적으로 파탄 상태에 몰렸다. 그리고 인도 식민지 경영의 비용을 더 이상 감당할 수도 정당화할 수도 없게 되자 마침내 인도인들의 오랜 숙원이던 독립을 허용했다. 1947년 8월 14일, 350년 동안의 식민통치가 막을 내렸다. 트레빌리안은 이 날을 가리켜 "영국의 자비로움의 가장 자랑스러운 기념"이 될 것이며 "영국의 학문과 정치제도로 무장된" 인도는 식민주의의 위대한 승리가 될 것이라고 예측했다. 그러나 이 날은 힌두교 인도와 이슬람교 파키스탄으로 분열되는 날이 되었다.

여러 면에서 인도의 분리는 3세기 동안 지속된 영국의 분리통치 정책의 불가피한 산물이었다. 인도 봉기가 말해주듯이, 영국은 민족주의 감정을 저지하는 가장 좋은 방법은 하나의 인도인으로서가 아니라 무슬림, 힌두교인, 시크교인, 기독교인 등으로 토착민을 분리 통치하는 것이라고 믿었다. 분리통치는 인종, 문화, 종교 구성에 개의치 않고 자의적으로 국경이 그어진 나라들에 대해 식민통치를 유지하는 일반적 전략이었다. 프랑스는 알제리에서 계층 간 분열을 조장하기 위해 힘썼고, 벨기에는 르완다의 부족주의를 조장했으며, 영국은 이라크에서 종파적 분열을 부추겼다. 이 모든 것은 민족적 경향을 최소화하고 독립의 주장을 훼방하기 위한 시도들이었다. 따라서 식민주의자들이 마침내 추방되었을 때, 식민지에는 경제와 정치적 혼란뿐 아니라 민족 정체성을 확립할 여지가 없었고 심각한 분열만이 남게 되었다.

인도의 분리는 단순히 무슬림과 힌두교인 사이의 국내적 반목과 불화의 결과가 아니었으며, 특이하고 고립된 사건도 아니었다. 몇 가지 예를 보면 알 수 있다. 인도네시아의 수많은 분리주의 운동, 모로코와 알제리의 유혈 국경 분쟁, 북부 아랍인과 남부 아프리카인 사이에 벌어진 수단의 50년 내전, 팔레스타인의 분할과 주기적인 폭력 사태, 이라크의 대립적 인종 분파, 르완다의 후투족Hutus이 자행한 100만 명에 달하는 투치족Tutsis 학살 등은 모두 식민지 해체에 수반된 결과였다.

영국이 경제, 사회, 정치권력을 장악하고 있는 절대 다수 힌두교인들에게 인도를 넘기고 떠났을 때, 영국인들에게 그럴듯한 민주주의 교육을 받은 소수 무슬림들은 자치를 획득할 수 있는 유일한 수단은 무슬림들의 결정뿐이라고 생각했다. 이렇게 하여 이슬람 국가가 탄생된 것이다.

그러나 자결의 요구를 제외하면 인도 무슬림 공동체가 국가적 문제에서 이슬람의 역할을 인정한 것은 없다. 마지못해 파키스탄의 건국자가 된 무함마드 알리 진나Muhammad Ali Jinnah에게 이슬람은 인도의 다양한 무슬림을 통합된 국가로 묶어주는 공통의 유산일 뿐이었다. 간디Ghandi가 힌두교를 종교-정치적 이념이 아닌 통일과 문화적 상징으로 간주한 것처럼, 진나는 이슬람을 그렇게 이해했다. 파키스탄의 이념적 선동자 마울라나 마우두디에게 국가는 단지 이슬람법을 실현하는 도구에 불과했다. 마우두디는 이슬람이 세속적 민족주의에 상충된다고 간주했고, 파키스탄은 무슬림 세계 국가의 수립을 향한 첫걸음이 될 것이라고 믿었다. 파키스탄의 가장 큰 정당인 무슬림연맹은 이슬람 국가의 권력은 반드시 국민들로부터 위임받아야 한다고 주장한 반면, 파키스탄의 가장 큰 이슬람주의 단체인 이슬람협회Islamic Association는 국가는 주권이 온전히 신의 손에 있을 때에만 이슬람적이라고 반격했다.

인도의 분리에 이은 혼돈과 유혈 사태 속에서 인류 역사상 최대 규모인 약 1,700만 명의 이주민이 갈라진 국경을 건너 달아났으나, 진나도 마우두디도 이슬람 국가의 꿈은 실현할 수 없었다. 헌법상으로는 법률을 제정하는 의회와 그 법이 이슬람의 교리와 일치하는지를 결정하는 사법부가 존재했으나, 파키스탄은 아윰 칸Ayub Khan에게 군사독재의 길을 곧 내주고 말았다. 칸의 정권은 1977년 이슬람 사회주의 강령을 내건 줄피카르 알리 부토Zulfikar Ali Bhutto가 최초의 자유선거로 선출된 지도자가 될 때까지 계속되었다. 그런데 부토의 사회주의 개혁은 국민들로부터는 호응을 얻었음에도 불구하고 극단주의 성향의 파키스탄 무슬림 성직자들에게 반이슬람적이라고 비난받음으로써, 지아 알하끄Zia al-Haq 장군의 군사 쿠데타에 길을 내주고 말았다. 지아는 종교단체들의 도움을 받아 이슬람이 민중의 도덕률이자 시민법이라는 강화된 이슬람 조치를 시행했다. 1988년 지아가 사망한 후, 새 선거는 개혁적인 베나지르 부토Benazir Bhutto와 나와즈 쉐리프Nawazir Sharif 두 정권을 탄생시켰고, 이들은 약 10년 동안의 비이성적인 근본주의에 좌절한 파키스탄인들에게 보다 자유로운 이슬람 이념을 제시했다. 그러나 1999년, 선출된 정부의 부정부패를 비난한 페르베즈 무샤라프Pervez Musharraf 군 사령관이 또 한 번 군사독재를 시행했다. 이 모든 일은 50년 사이에 일어났다.

파키스탄의 경험은 이슬람 국가가 이질적 요소가 전혀 없는 개념이 결코 아니라는 것을 상기시켜준다. 사실 현대 세계에 이슬람 국가는 많지만 그 나라들의 공통점은 그리 많지 않다. 공화국으로 불리는 이집트는 종신 대통령에 무능한 의회가 있는 독재국가이다. 요르단과 모로코는 젊은 왕들이 민주화를 위해 소극적 조치를 취하고 있으나, 독재를 완전히 버리지 못한 변덕스러운 왕국이다. 이란은 민주주의 개혁을 위한 어떤 시도도 용납하지 않으며, 부패한 성직자 과두정치에 의해 통치되는 파시스트 국가이다. 사우디아라비아는 근본주의 신정정치체로, 유일한 헌법은 꾸란이고 유일한 법은 샤리아이다. 그러나 이 나라들은 모두 자신들이 메디나의 초기 이슬람 이념을 가장 잘 구현한다고 생각하는 한편, 다른 나라는 그 이념을 모독한다고 본다.

메디나의 이상을 따라 이슬람 국가의 성격과 기능을 규정하려면 움마의 민족주의 구현이 필요하다. 가장 기본적 단계로, 이슬람 국가는 무슬림을 위해 무슬림이 통치하는 국가라야 한다. 이 국가에서는 가치관의 결정, 행동규범, 법률의 제정이 모두 이슬람의 도덕률에 의해 영향을 받는다. 동시에 메디나처럼 공동체에서 소수집단의 신앙도 피해를 당하지 않고 완전한 사회·정치적 참여가 허용되어야 한다. 계시가 움마(이슬람 공동체)의 필요에 의해 내려졌듯이 모든 법적·도덕적 고려는 이슬람 국가의 시민들에 의해 결정되어야 한다. 아부 바크르(초대 칼리파)가 예언자의 계승에 관해 아주 현명하게 진술했듯이 무슬림의 충성은 대통령, 수상, 성직자, 왕, 혹은 어떤 지상의 권위에 하는 것이 아니라 공동체와 신께 해야 할 것이다. 약 1,500년 전에 메디나의 예언자가 정했고 정통 칼리파들이 지키려고 애썼던 이 기준이 충족되는 한, 이슬람 국가의 형태가 어떻든 상관이 없는 것이다.

그렇게만 된다면, 왜 민주주의가 아니겠는가?

대의 민주주의는 현대 세계에서 가장 성공한 사회·정치적 경험이라고 볼 수 있다. 그러나 그것은 항상 발전하는 실험이다. 요즘에는 미국식 민주주의를 세계 모든 민주주의의 모델로 간주하는 경향이 있으며, 어떤 면에서는 그것이 사실이다. 민주주의의 씨앗은 고대 그리스에서 뿌렸으나, 싹을 틔우고 꽃피운 것은 미국이다. 그러나 바로 그 이유로 미국식 민주주의는 미국에서만 가능하다. 미국식 민주주의는 미국의 전통과 가치에서 벗어날 수 없기 때문이다.

사실 전 세계 10억 이상의 무슬림들이 민주주의의 기본 원칙을 기꺼이 받아들이고 있다. 무함마드 압두와 같은 근대주의자들의 노력 덕분에 대다수 무슬림은 민주주의 용어를 이슬람적으로 소화했다. 예를 들어 많은 무슬림은 슈라(이슬람의 부족 협의체)를 대의제로, 이즈마(만장일치)를 정치 참여로, 바이아(충성맹세)를 보통선거로 이해하고 있다. 헌법제정주의, 정부의 책무, 다원주의, 인권의 개념도 무슬림 세계에서 널리 받아들여지고 있다. 그러나 종교와 국가는 전적으로 분리되어야 하고 민주사회의 토대는 세속주의여야 한다는 서구적 개념은 절대 받아들여서는 안 되는 것으로 간주된다.

사이드 꾸툽이 지적한 대로, 이슬람은 언제나 종교 이상의 것이었다. 알아프가니에 따르면, 이슬람은 문명이다. 이슬람은 한 사람의 정신적 책임과 세속적 책임은 동일한 것이며, 공동체에 대한 개인의 의무를 신에 대한 의무와 분리할 수 없다는 역동적인 신념이다. 메디나에서 최초로 이슬람의 관례가 만들어진 이래, 이슬람은 악을 방지하기 위해서뿐만 아니라 신의 뜻을 충족시키기 위해 노력했다. 어떤 국가도 그 사회를 반영하는 한에서만 민주적이 될 수 있다고 볼 때, 만약 사회가 특정한 가치 규범에 기초한다면 그 정부 역시 반드시 그렇게 되어야만 하지 않겠는가?

9·11 이후 탈리반 정권하 아프가니스탄의 실상을 분명히 상기하

지 않고 이런 질문을 던지는 것은 불가능해졌다. 사실 부르까 burqah(검은 옷)로 온몸을 가린 채 무지한 여성 혐오자들의 변덕에 종속된 아프간 여성들의 모습은 이슬람 통치를 미개하고 고약한 통치로 보이게 했고, 그런 이미지들은 정치철학에 의해 쉽게 대체되지 않는다.

✽✽✽

1996년 가을, 파쉬토어를 사용하는 종교학생들이 순수함을 상징하는 그들의 하얀색 깃발을 높이 들고 카불에 운집했다. 아프가니스탄과 파키스탄의 가장 가난하고 보수적이며 문맹률이 높은 주에서 온 그들은 아프가니스탄 대통령이 은신하고 있던 UN 건물을 습격하여 그를 거리로 끌어냈다. 그리고 그를 때려죽인 후, 동틀 무렵이 되자 그의 부푼 시체를 가로등 기둥에 매달았다. 탈리반은 그 무시무시함을 이렇게 세상에 알렸다.

탈리반은 중동, 극동, 중앙아시아, 동남아시아, 북아프리카, 동아프리카에서 온 무자히딘Mujahidin(지하드, 즉 성전을 벌이는 군인)이라고 하는 대규모 무슬림 전사들과 함께 세계무대에 등장했다. 무자히딘은 1982년부터 1992년까지 소련의 아프가니스탄 점령에 대항하는 지하드에 참여하기 위해 미국 CIA에 의해 징집되어 군사 훈련을 받았다. 사우디 정부의 지원을 받은 무자히딘은 파키스탄으로 보내졌다. 이곳에서 그들은 지아 알하끄의 근본주의 정권의 지원하에 테러 전술과 샤 왈리 알라의 종교-정치적 이념, 와하비주의의 급진적이고 엄격한 교리를 전수받았다. 이 모든 행위는 당시 미국 CIA 국장이었던 윌리엄 케이시William Casey의 감독하에 이루어졌다.

미국은 오랫동안 와하비주의를 '무신론적 공산주의'에 대항하는 '큰 게임'에서 중요한 맹방이라고 간주해왔었다. 사실 사우디의 지지를 공고히 하기 위해 미국은 오사마 빈 라덴과 같이 사우디 왕가와 친교를 가지고 있던 부유한 사우디 사람들에게 아프가니스탄 반군을 지원하고 감독하도록 권장했다. CIA는 이들을 '자유 전사'라고 불렀으며, 로널드 레이건 대통령은 이들을 미국 건국의 아버지들과 비교하기도 했다. 외국계 무자히딘 전사와 아프가니스탄과 파키스탄의 종교학생들로 구성된 이 연합군은 소비에트 군대를 아프가니스탄에서 철수시켰을 뿐만 아니라, 소비에트의 붕괴와 냉전의 종식을 촉진했다.

전쟁의 종식과 함께 아프가니스탄에서 임무를 끝낸 승리한 무자히딘은 파키스탄에서 받은 군사 훈련, 사우디 근본주의, 미국제 무기를 가지고 고향으로 돌아갔다. 그리고 이들은 팔레스타인, 체첸, 모로코, 인도네시아와 같은 나라에서 지하드를 전개했다. 탈리반 역시 아프가니스탄과 파키스탄 접경지대의 파쉬토어 사용 지역으로 돌아가 종교 수업을 계속 받았다. 그리고 냉전의 승리에 도취된 미국에 의해 버림받은 아프가니스탄은 무법자들의 손에 떨어졌고, 이들은 정권 유지를 위해 살인, 고문, 무차별적인 체포를 자행했다.

1992년, 탈리반이 자신들의 정신적 지도자 물라 오마르Mullah Omar를 중심으로 뭉쳐 봉건 지주의 손에서 아프가니스탄을 재탈환하기로 결정하자, 미국과 사우디아라비아, 파키스탄은 이들을 지지했다. 탈리반은 파키스탄 ISI Inter-Service Intelligence agency(정보부)의 도움을 받아 1993년 칸다하르Kandahar에 본거지를 확보하는 데 성공했다. 아프가니스탄의 4분의 3 이상을 점령한 이들은 아프가니스탄 전역에 와하비주의를 보급하기 시작했다. 모든 무슬림과 비무슬림의 성지는 파괴되었고 담배와 커피는 불법으로 선언되었다. 남자들은 강제적으로 수염을 길러야 했으며, 여자들은 외부와 차단되었고, 상당수의 쉬아파와 순니파가 학살되었다.

이슬람이 아프가니스탄의 탈리반, 사우디아라비아의 와하비주의, 이란의 파끼흐와 같은 억압적인 전제주의 정권과 그 야만적 정책을 합리화하는 데 얼마나 자주 이용되었는지를 고려한다면, '이슬람 민주주의'란 용어가 서양에서 큰 의구심을 불러일으킨다고 해도 놀라운 일이 아니다. 미국과 유럽의 저명한 학자 중 일부는 민주주의의 원리가 근본주의 이슬람의 가치관과 양립할 수 없다고 믿기 때문에 그러한 개념을 노골적으로 부정한다. 정치가들이 중동의 민주주의라고 말할 때, 그들이 말하는 민주주의는 고유한 이슬람 민주주의가 아니라 미국의 세속적 민주주의를 의미한다. 지칠 줄 모르는 중동의 독재정권들은 비인도적이고 반민주적인 정책이 합법적이라고 세상을 설득한다. 왜냐하면 '근본주의자들'은 그들에게 오직 두 가지의 선택, 즉 독재정치 아니면 신권정치만을 허용하기 때문이다. 그들의 관점에서 보았을 때, 민주주의의 문제는 사람들에게 하나의 선택이 허용된다면 정부에 대한 반대를 택하기 쉽다는 것이다. 그래서 알제리에서는 이슬람 정당이 승리할 것이 확실해 보일 때마다 자유민주선거를 유보했으며, 이집트에서는 무슬림형제단이 정치에 진입하여 반대할 수 없도록 긴급조치법을 이용해 자유선거를 막고 있다.

　여기서 중동의 많은 독재정권이 반민주주의적 정책으로 무슬림 극단주의를 만들고 있는 점을 무시한다고 해도, 서양에는 이슬람 민주주의 개념에 관한 한층 복잡한 논쟁들이 있다. 즉 현대 민주주의에는 우선적인 도덕 체계가 있을 수 없다는 것과, 참된 민주사회의 토대는 반드시 세속주의여야 한다는 것이다. 그러나 이 주장이 안고 있는 문제는 수많은 현대 민주주의가 기반으로 하는 고유의 도덕적 기초를 인정하는 데 실패할 뿐 아니라 세속주의와 세속화(종교와 정치를 분리하기)의 차이를 평가하지 못한다는 것이다.

　프로테스탄트 신학자 하비 콕스Harvey Cox가 지적하듯이, 세속화는 "많은 책임이 성직자 당국에서 정치 당국으로 옮겨가는" 절차인 반면, 세속주의는 공적 생활에서 종교를 제거한다는 이념이다. 세속화는 사회가 점차적으로 "종교적 통제와 형이상학적이고 닫힌 세계관"으로부터 자유로워지는 역사적인 발전을 의미한다. 세속주의 자체는 형이상학적인 닫힌 세계관으로서, 콕스는 "새로운 종교와 아주 흡사하게 기능한다"라고 보았다.

　터키와 같은 세속적 국가에서는 히잡(여자용 머리덮개)과 같이 외부적으로 엄격함을 표현하는 것이 금지된다. 이념적으로는 터키와 같은 세속국가를 이란과 같은 종교국가와 분리시킬 만한 명분이 없다. 둘은 모두 이념화된 사회인 것이다. 그러나 미국은 유대교-기독교, 아니 더 정확히 말한다면 프로테스탄트-도덕적 체계에 기초한 세속적 국가이다. 약 200년 전에 알렉시스 드 토크빌Alexis de Tocqueville

이 인정했듯이, 종교는 미국 정치제도의 기본이다. 종교는 미국의 사회적 가치를 반영할 뿐 아니라 사회에 명령하기도 한다. 낙태의 권리나 동성애자 간 결혼 등의 정치적 이슈들이 의회에서 뜨겁게 논의되고 있는 것을 보면 종교가 오늘날까지 미국의 정체성, 헌법과 법률, 관습에 필수적 부분임을 느낄 수 있다. 학생들이 역사책에서 배우는 내용에도 불구하고 '교회와 국가'의 분리는 미국 정부의 기초가 아니며, 세속주의가 아닌 다원주의pluralism에 기초한 250년 동안의 세속화 과정의 결과이다.

민주주의를 규정하는 것은 세속주의가 아니라 다원주의다. 민주국가가 다원주의를 정통성의 원천으로 하는 한, 어떤 규범적·도덕적 체계를 토대로 하여서도 수립될 수 있다. 이스라엘은 국적에 상관없이 세계의 모든 유대인을 자국민으로 간주하는 배타적인 유대의 도덕적 구조에 입각해 있다. 영국은 종교적 수장이 국가의 통치자로 규정한 국교를 계속해서 믿고 있다. 인도는 최근까지도 받아들이기 어렵지만 매우 성공적이었던 '참 힌두교'를 국가에 적용하는 '힌두의 각성Hindutva' 이론 추종자들에 의해 통치되었다. 그러나 미국처럼 이 나라들도 모두 민주주의로 간주되고 있다. 이 나라들이 세속적이어서가 아니라, 적어도 이론적으로는 다원주의에 충실하기 때문이다.

이슬람은 어떤가. 이슬람은 오랫동안 종교적 다원주의에 충실해왔다. 무함마드가 유대인과 기독교인을 보호받을 사람들(딤미)로 인정하고, 이들의 성경이 원래는 하나의 성경(움 알키탑)에서 나온 것이라고 믿으며, 아브라함의 세 종교를 망라하는 단일한 움마(공동체)를 수립할 꿈을 꾼 것은 종교로 인해 사람들 사이에 담이 쌓이던 시대에는 상상하기 어려운 혁명적 사상이었다. 그 문화적·역사적 문맥을 거부하는 전사들과 근본주의자들의 엉터리 해석에도 불구하고, 세계의 종교 가운데 다른 종교의 경전을 꾸란처럼 존경심을 가지고 대한 경전은 거의 없다.

유일신교들의 경전을 대하는 것과 동일한 존경심으로 꾸란이 다신교를 대하지 않는 것은 사실이다. 그러나 이것은 이슬람의 경전이 '다신교적' 꾸라이쉬 족과 오랜 유혈 전쟁 기간 동안에 받은 계시의 결과이다. 꾸란에서 말하는 '보호받을 사람들'은 매우 융통성이 있으며, 공공 정책의 수립을 위해 상례적으로 조정될 수 있다. 이슬람이 이란과 인도에 확대되었을 때, 이원론적 조로아스터교인과 다신교적 힌두교 종파는 딤미(보호받을 사람들)로 선언되었다. 꾸란이 비록 무슬림의 중심적 가치를 어기는 어떤 종교도 허용하지 않지만, 공공 도덕에 따라 종교의 자유를 제약하지 않는 나라는 세상에 없다. 다원주의는 종교적 관용을 시사할 뿐 무제한적인 종교의 자유를 의미하는 것은 아니다.

이슬람 다원주의의 기초는 논박할 수 없는 한 구절에 요약되어 있다. "종교는 강요되어서는 아니 되느니라(2:256)." 이 구절은 십자군 전쟁 동안 생겨났으나 아직도 전통주의 신학자들의 상상력을 지배하고 있는 구분, 즉 세상을 믿음의 세상(이슬람의 세계dar al-Islam)과 불신의 세상(전쟁의 세계dar al-Harb)으로 나누는 낡은 방식이 전적으로 잘못되었음을 의미하고 있다. 또한 이슬람을 원래의 순수성으로 회귀시키길 원하는 와하비주의자의 사상을 단호하게 포기해야 함을 의미한다. 이슬람은 과거에도 그랬고 현재도 다양성의 종교이다. 한때 고유의 순수한 이슬람이 존재했으나 이단적 종파들과 분파들로 깨졌다는 사고방식은 역사적 허구일 뿐이다. 쉬아건 순니건 일찍부터 존재한 사상적 경향을 대표할 뿐이며, 모두 다 예언자의 말과 행동 속에서 영감을 찾고 있다. 신은 분명히 한 분이시지만 이슬람은 결코 하나가 아니다.

종교적 다원주의가 중동에서 효과적인 인권 정책을 수립하는 첫 걸음이라고 볼 때, 이슬람이 다원주의에 토대를 두는 것은 필수적이다. 압둘아지즈 사케디나가 말한 대로, 종교적 다원주의에서는 "다양한 종교적 배경을 가진 사람들이 기꺼이 세계시민공동체를 형성할 민주적이고 사회적인 다원주의의 모델"로 기능할 수 있다. 이슬람 다원주의에서처럼, 이슬람의 인권 정책에 대한 영감은 메디나의 이상에 기초해야 한다.

무함마드의 종교적·정치적 후계자들은 유감스럽게도 그가 공동체의 약자들에게 준 혁명적 인권을 뒤집기 위해 계속 노력해왔다. 그러나 예언자가 메디나에서 자신의 평등주의 복음을 의심하는 사람들에게 한 경고, 즉 "하나님과 사도를 거역하고 하나님의 율법을 범하는 자들은, 하나님께서 지옥의 불길 속으로 들여보내시니, 그곳에서 그들이 살 것이며, 굴욕의 징벌을 받을지니라(4 : 14)"를 상기해보면, 이슬람에서 인권은 단순히 시민의 자유를 보장하기 위한 수단이 아니라 기본적인 종교적 의무임을 알 수 있을 것이다.

그럼에도 불구하고 인권에 대한 이슬람적 입장은 도덕적 상대주의의 규정도 아니고, 도덕적 제약으로부터 자유를 함축한 것도 아니다. 이슬람의 본질적인 사회적 성격은 어떤 인권 정책도 개인의 자율에 우선하여 사회의 보호를 고려해야 한다고 강조한다. 음주나 도박을 금하는 꾸란 계율에 관한 이슬람의 도덕률이 공동체의 권리를 개인의 권리보다 우선하도록 만들기도 하지만, 이런 도덕적 이슈들은 공동체의 뜻에 일치될 수 있도록 끊임없이 재평가되어야 한다.

인권의 존중은 다원주의와 마찬가지로 민주주의 안에서 발전하는 과정임을 이해해야 한다. 미국의 250년 역사에서 200년 동안은 흑인들이 백인들보다 법률적으로 열등하게 취급되었음을 명심하라. 결국 인권도 다원주의도 세속화의 결과는 아니다. 결론적으로, 다원주의와 인권에 충실한 민주사회는 결국 정치의 세속화로 가는 길을 걸어야 한다.

여기에 개혁주의 주장의 가장 중요한 점이 놓여 있다. 이슬람 민주주의는 '신정-민주주의'를 의도하는 것이 아니라 이슬람의 도덕적 체계에 입각한 민주 체계를 지향한다. 이 체계는 메디나에 처음으로 소개된 다원주의와 인권 이념을 보존하고, 불가피한 정치의 세속화에 열려 있는 체계이다. 이슬람은 세속주의를 피할지 모르지만 정치의 세속화 과정에 반대하는 기본적인 이슬람 가치는 존재하지 않는다. 오직 예언자만이 종교와 세속의 권한을 가졌으며, 예언자는 이제 우리들 가운데 없다. 역사상 위대한 이슬람 문명의 칼리파, 왕, 술탄처럼, 이슬람 민주주의의 지도자들은 오직 시민의 책무만을 가질 수 있다. 그런 체계에서 주권이 어디에 있는지는 명백하다. 국민에 의한, 국민을 위한, 국민의 정부는 국민의 의지에 따라서 수립될 수도 있고 붕괴될 수도 있다. 결국 법을 만드는 것은 인간이지 신이 아니다. 신성한 율법을 근간으로 한 법조차 세상사에 적용하기 위해서는 인간의 해석이 필수적이다. 어떤 경우에도 주권은 법을 제정하는 것뿐 아니라 시행하는 능력도 필요로 한다. 가끔 있는 재난 때가 아니면 이것은 신께서 지상에 행사하기 위해 잘 선택하지 않는 권한이다.

주권이 신에게 있지 않다면 어떤 국가도 이슬람적이라 할 수 없다고 주장하는 사람들은 실제로는 주권이 성직자의 손에 있어야 한다고 주장하고 있는 것이다. 정의상 종교는 해석이기 때문에, 종교국가에서 주권은 종교를 해석할 능력을 가진 사람들에게 귀속된다. 그러나 바로 이런 이유 때문에 어떤 이슬람 민주주의도 종교국가는 될 수 없다. 그렇게 된다면, 그것은 민주정치가 아니라 과두정치가 될 것이다.

예언자 시대부터 정통 칼리파 시대, 위대한 제국 시대, 술탄제 무슬림 세계에 이르기까지, 이슬람 신앙과 실천의 의미 및 중요성을 하나로 해석하는 데 성공한 시도는 한 번도 없었다. 사실 이란이슬람공화국의 수립 때까지 세계 역사상 어떤 이슬람 국가도 한 사람의 꾸란 해석에 의해 통치된 적이 없었다. 이슬람 민주주의에서 발라야트 파끼흐, 즉 '법관의 감독' 개념도 감독 그 자체로 남아야지 법관에 대한 통제가 되어서는 안 된다.

물론 종교기관이 국가에 영향력을 행사해선 안 된다는 의미가 아니다. 호메이니는 평생 종교를 연구하며 보낼 사람들이 그것을 해석할 가장 자격 있는 사람이라고 강조한 적이 있다. 그러나 로마 교황의 역할처럼 그런 종교기관이나 종교학자들의 영향은 도덕적으로 그쳐야 하며 정치적이 되어서는 안 된다. 이슬람 민주주의에서 성직자의 역할은 통치가 아니라 국가의 도덕률을 보존하고 숙고하는 것이다. 다시 말하자면, 도덕률을 중재하는 것은 종교가 아니라 종교의 해석이므로, 그런 해석은 반드시 공동체의 합의와 일치되어야 한다는 것이다.

끝으로 압돌카림 소로쉬의 말을 인용하자면, 이슬람 민주주의는 국민주권과 신의 주권을 조화시키는 것이 아니라 "신의 허락에 국민이 만족하는 것"을 조화시켜야 한다. 양자 간에 상충이 있다면, 민주주의 현실에 양보하는 쪽은 이슬람 해석이어야 하며 다른 방식은 아니다. 신이 무함마드에게 최초의 계시 "읽어라!"를 내린 순간부터, 이슬람의 이야기는 그 말을 하는 사람들의 사회·문화·정치적 환경에 부응하면서 끊임없이 유동적 상태에 있었다. 이제 이슬람은 다시 한 번 진화해야 한다.

2001년 9월 11일에 일어난 미국에 대한 테러는 종교와 신념, 성경과 신을 오해하는 무슬림, 기독교인, 유대인들 사이에서 유일신교적 충돌에 불을 지폈을 수도 있다. 그러나 이 사건은 또한 21세기 이슬람의 의미와 메시지에 관해 무슬림들 사이에 활기찬 대화를 촉발시켰다. 그 운명의 날 이래 일어난 것은 또 다른 무슬림 피트나(내전)라고 해도 과언이 아니다. 예언자 사후 이슬람을 정의하려고 했던 경쟁처럼 무슬림 사회를 대립적인 분파들로 분열시키고 있는 내전 말이다.

아직은 이슬람 역사의 다른 장을 누가 쓸지 알 수 없으나, 개혁과

반개혁 사이의 전쟁에서 누가 승리할지는 충분히 알 수 있다. 15세기 전에 무함마드가 낡고 모질고 비합리적인 부족사회를 신의 도덕률과 평등주의 사회로 바꾸기 위해 메카에서 혁명을 시작했을 때, 그는 보수적 아랍 사회의 구조를 때려부쉈다. 헤자즈 지방에서 '거짓 우상들'을 제거하는 데 수년 간의 폭력과 파괴가 있었다. 그러나 이제 이슬람에서 새로운 거짓 우상들, 즉 무함마드의 관용과 통일의 꿈을 증오와 불화의 이념으로 바꾼 사람들의 광신과 열광을 제거하는 데 더 많은 세월이 걸릴지 모른다. 그러나 청소는 불가피하며 개혁의 조류는 멈출 수 없다. 이슬람의 개혁은 이미 우리 안에 있다. 우리는 모두 그 안에서 살고 있는 것이다.

주해

*서구의 독자들을 위해 가능한 한 아랍어 문헌은 영어로 소개되었다.

서문 | 유일신교의 충돌

2002년 11월 16일, 〈NBC 저녁 뉴스〉에 출현한 프랭클린 그레이엄 목사는 이슬람에 관해 이렇게 말했다. "우리는 이슬람을 공격하지 않지만, 이슬람은 우리를 공격했습니다. 이슬람의 신은 우리의 신과 같지 않습니다. 그 신은 기독교의 신이나 유대-기독교 신앙의 신의 자손이 아닙니다. 아주 다른 신이죠. 나는 이슬람이 아주 악하고 나쁜 종교라고 믿습니다."

앤 쿨터의 사설 〈이것이 전쟁이다 : 우리는 그들의 나라를 쳐들어가야 한다〉는 2001년 9월 13일 《National Review Online》에 게재되었다. 제리 바인스의 연설은 2001년 6월 10일 남부침례교협의회 연례총회에서 행해졌다. 제임스 인호프의 연설은 2002년 3월 4일 상원에서 행해졌으며, 중동정보센터에서 구할 수 있다 (http://middleeastinfo.org/article316.html 참고). 베리 요만은 〈The Stealth Crusade〉(《Mother Jones》, 5/6 2002)라는 제목으로 무슬림 세계의 기독교 선교 사업을 밝히는 놀라운 글을 썼다.

1 | 사막의 성소

이단적 카바에 대한 나의 설명은 이븐 히샴과 알타바리의 글에 근거하며, 미카엘 울프의 순례 설명 모음집 《One Thousand Roads to Mecca》(1997)에 설명된 《The Travels of Ali Bey al-Abbasi》도 참고했다. 또한 피터스의 《Mecca : A Literary History of the Muslim Holy Land》(1994)도 참고하라. 이븐 히샴의 영역본은 알프레드 길롬의 《The Life of Muhammad》(1955)를 참고하라. 알타바리의 영역본은 이흐산 압바스 등이 편집한 《The History of Al-Tabari》(1988)를 참고하라.

성소에 있던 360개의 신상은 실제 개수라기보다는 신성한 숫자로 이해해야 한다. 카바의 작은 규모를 감안할 때, 메카의 대부분 우상은 성소 밖 히즈르hijr라고 불리는 반원 지역에 있었을 가능성이 크다. 히즈르의 기능과 역할에 관해서는 우리 루빈의 〈The Ka'ba : Aspects of Its Ritual Function and Position in Pre Islamic and Early Times〉(《Jerusalem Studies in Arabic and Islam》, 1986)를 참고하라. 내가 보기에 성소 주제에 관한 가장 좋은 자료는 미르시아 엘리아드의 《The Sacred and the Profane》(1959)이다. 또 그의 책 《The Myth of the Eternal Return》(1954)도 괜찮다. '세계의 배꼽' 이야기는 호팅의 〈We Were Not Ordered with Entering It but Only with Circumambulating It : Hadith and Fiqh on Entering the Kaaba〉(《Bulletin of the School of Oriental and African Studies》, 1984)에 다뤄져 있다. 아미르 부족의 두 사마위 신 숭배에 관한 것은 한스 코흘러가 편집한 쉐이크 이브라힘 알깟탄과 마흐무드 굴의 짧은 글 〈The Arabian Background of Monotheism in Islam〉(《The Concept of Monotheism in Islam and Christianity》, 1982)에 수록되어 있다.

이슬람 출현 이전 근동의 우상숭배에 관한 훌륭한 논문은 조나단 버클리의 《The Formation of Islam》(2003)이다. 또한 로버트 호이랜드의 《Arabia and the Arabs》(2001)도 참고하라. 이슬람 이전의 아라비아에 존재한 다양한 종교적 전통을 깊이 분석한 것으로는 마틴 슈와르츠가 편집한 조셉 헤닝거의 글 〈Pre-Islamic Bedouin Religion〉(《Studies on Islam》, 1981)을 참고하라. 무함마드는 엄격한 유일신주의자였으나 진은 깊이 받아들였고, 심지어 그들에게 진의 장을 줄 정도였다(제18장). 무함마드는 개념이 모호한 천사와 진을 동일시했을 수도 있다. 그래서 착한 진은 천사들이고 악한 진, 특히 그냥 진이라고 불린 이블리스(사탄)는 악마이다(18 : 50).

유대교가 카바에 미친 영향에 관한 통찰력 있는 논문은 저인볼이 편집한 호팅의 글 〈The Origins of the Muslim Sanctuary at Mecca〉(《Studies on the First Century of Islamic Studies》, 1982)이다. 카바의 기원에 관한 전통이 이슬람을 앞선다는 것은 우리 루빈의 글 〈Hanafiyya and Ka'ba : An Enquiry into the Arabian Pre-Islamic Background of din Ibrahim〉(《Jerusalem Studies in Arabic and Islam》, 1990)에 확실하게 나타나 있다. 면밀한 조사를 통해 카바의 흑석이 지구에 떨어진 운석이라는 것이 분명해졌다. 아랍 역사학자 이븐 사이드는 처음에 발견되었을 때 "흑석은 메카 주민들을 위해 달처럼 빛났으나 순수히 못한 사람들의 오염으로 검게 변했다"고 말했다. 야곱의 꿈은 창세기 28장 10~17절에서 찾을 수 있다. 아라비아의 유대인들에 대한 더 많은 정보는 고든 뉴비의 《A History of the Jews of Arabia》(1988) 49~55쪽을 참조하라. 카힌과 코헨의 관계에 대해서는 《The Encyclopedia of Islam》을 참조하기 바란다.

꾸란이 명백한 기독교 비유를 이용한 예들은 마지막 심판날을 알릴 트럼펫(6 : 73, 18 : 99, 23 : 101 등), 지옥에서 죄인을 기다리고 있는 영원한 벌(104 : 6~9), 정원(동산)으로 묘사한 천국(2 : 25) 등이다. 그러나 후자도 그 기원은 이란의 종교적 전통에 있다. 이 점과 관련해서는 존 반스브로흐의 《Quranic Studies : Source and Methods of Scriptural Interpretation》(1977)과, 제목은 유감이지만 매우 많은 정보를 담고 있는 깁의 《Mohammedanism》(1970)이 깊이 연구했다. 아라비아 반도의 기독교의 영향에 관한 글로는 리처드 벨의 《The Origins of Islam in Its Christian Environment》(1968)를 보라. 바꾸라의 이야기는 알타바리 1135쪽에서 볼 수 있고 피터스가 《Mecca》에서 인용한 아즈라끼의 연대기에서도 볼 수 있다. 십자가에 못박혀 죽은 사람은 예수가 아니고 그를 닮은 다른 사람이었다는 꾸란의 주장은 예수의 신성에 관한 영지주의적이고 단성론적인 반향을 일으켰다. 기독교에 개종한 다른 부족들로는 타글리브 족, 바크르 이븐 와일 부족, 바누 하니파 부족이 있다.

자라투스트라가 그의 신앙을 설교한 시기는 정확하지 않다. 그 예언자의 연대는 순전히 신비적 연대(기원전 8000년)에서 이란 왕국의 출현 직전(기원전 7세기)에까지 걸쳐 있다. 나는 조로아스터교의 논리적 탄생 연도가 기원전 1100~1000년이라고 생각한다. 나의 논문 〈Thus Sprang Zarathustra : A Brief Historiography on the Date of the Prophet of Zoroastrianism〉(《Jusur》, 1998~1999)을 참고하라. 조로아스터교 종말론의 영향은 에세네 파(또는 사해사본에 책임 있는 사람들)와 같은 유대 묵시록 운동에서 아주 분명하게 알 수 있다. 에세네 파는 말세에 빛의 자손들이 어둠의 자손들과 싸우며 궁극적으로 정의로운 교사들의 시대가 도래함을 알린다는 복잡한 말세론을 발전시켰다. 조로아스터교의 더 많은 정보로 보이스의 세 권짜리 방대한 책 《History of Zoroastrianism》(1996)을 참고하기 바란다. 시간이 부족한 사람은 그녀의 요약본 《Zoroastrians, Their Religious Beliefs and Practices》(2001) 아니면 대안으로 파르한 메어의 《The Zoroastrian Tradition》(1991)을 참고하라. 간단히 말해, 마즈다키즘이란 조로아스터교의 이단이 설립한 사회-종교적 운동이었다. 그는 모든 상품과 재산(여자를 포함)을 공동 소유로 함으로써 평등과 결속을 강조했다. 예언자 마니에 의해 설립된 마니교는 조로아스터교, 기독교, 유대교에 깊은 영향을 받은 영지주의적 종교운동이었다. 이 운동은 어둠과 악, 빛과 선의 힘 사이에 존재하는 복잡하고 근본적인 이원주의를 설교했다.

자이드와 하니프의 이야기는 이븐 히샴의 책 143~149쪽에서 읽을 수 있다. 또한 슈와르츠가 편집한 조나단 퓨엑의 〈The Originality of the Arabian Prophet〉(《Studies on Islam》, 1981)도 좋은 참고 자료이다. 칼리드 이븐 시난과 까스 이븐 사이다의 비문은 무함마드 밤예의 절대 놓칠 수 없는 책《The Social Origins of Islam》(1999)에서 인용되었다. 메디나의 무함마드 공동체에 반대한 아부 아미르 알라힙과 아부 까이스 이븐 알아스라트에 관해서는 루빈의 〈Hanafiyyah and Ka'ba〉를 참고하라. 몽고메리 와트, 패트리시아 크론, 존 반스브로흐와 같은 학자들은 동의하지 않지만 루빈은 아랍유일신교(하니피즘)가 이슬람 출현 이전에 존재했다고 설명한다. 자이드의 이야기가 비록 후세의 아랍 연대기 학자들에 의해 그가 한 말로 변했으나, 그럼에도 불구하고 그의 시 내용은 하니피즘이 무엇인지를 드러내고 있다.

자이드와 무함마드 전승의 분석은 키스터의 〈A Bag of Meat : A Study of an Early Hadith〉(《Bulletin of the school of Oriental and African Studies》, 1968)에 있다. 내가 여기서 이야기하는 것은 두 전승, 즉 까라위윤 필사본 727의 37b~38a를 알프레드 길롬이 번역한 〈New Light on the Life of Muhammad〉(《Journal of Semitic Studies》, 1960)와, 알쿠루구쉬가 기록한 필사본을 키스터가 번역한 것을 합친 것이다. 타한누스의 정확한 정의는 학자들 사이에서 논란의 대상이지만, 이븐 히샴과 알타바리는 어떤 면에서 카바의 숭배 행위와 관계가 있는 이단적 종교 행위였다고 지적한다. 이것은 주로 메카의 에덴, 계곡, 산에서 발생했다. 이 주제에 관해서는 키스터의 〈al-Tahannuth : An Inquiry into the Meaning of a Term〉(《Bulletin of the school of Oriental and African Studies》, 1968)을 참고하라. 피터스는 《The Hajj》(1994)에서, 7절의 아랍어 용어인 "실수하기"('잘못 인도된' '방황하는'을 의미하는 dalla)의 " '실수'는 무함마드가 혼란스러웠을 뿐 아니라 꾸라이쉬가 신께서 인도하신 후에도 계속 행한 그 실천들에 빠져 있었음을 의미한다"고 말했다.

카바의 재건은 알타바리의 책 1130~1139쪽에 있다. 이 내용은 무함마드가 어느 정도 재건 과정에 관여되어 있음을 나타낸다. 물론 그것이 무함마드가 카바의 재건에 전적으로 협조한 것을 시인하는 것은 아니다. 아비시니아의 공격연대와 무함마드의 탄생은 로렌스 콘래드의 〈Abraha and Muhammad〉(《Bulletin of the School of Oriental and African Studies》, 1987)에 제시되어 있다. 무함마드의 어릴 적 이야기는 이븐 히샴의 책 101~119쪽과 알타바리의 책 1123~1127쪽에 나와 있다.

2 | 열쇠의 보관자

루빈은 〈The Ka'ba〉에서 꾸사이의 종교적 개혁을 논하고 있다. 북동 무역로상에 위치한 메카의 지정학적 위치는 리처드 불리에트의 《The Camel and the Wheel》(1975)에서 여러 차례 분석된 주제들 가운데 하나이다. 메카가 헤자즈 지방의 중요한 무역 중개지였다는 견해를 가지고 있는 학자의 저서는 몽고메리 와트의 《Muhammad at Mecca》(1953)와 샤반의 《Islamic History: A New Interpretation》(1994)이 있다. 패트리시아 크론은 자신의 책 《Meccan Trade and the Rise of Islam》(1987)에서 이 견해를 반박하고 있다. 피터스는 《Muhammad and the Origins of Islam》(1994) 27쪽, 74~75쪽, 93쪽에서 두 주장을 조화시키고 있다. 무함마드와 이슬람의 출현에 관한 크론의 이론에 관심이 있는 사람은 쿡과의 공저인 그녀의 책 《Hagarism : The Making of the Islamic World》(1977)와 마틴 힌즈와의 공저 《God's Caliph : Religions Authority in the First Centuries of Islam》(1986)을 참고하기 바란다.

이슬람 이전 쉐이크의 역할과 기능에 대해서는 몽고메리 와트의 《Islamic Political Thought》(1968)를 보라. 법적 전통(순나)을 발전시키는 데 필요한 하캄(중재자)의 역할은 조셉 샤흐트의 《An Introduction to Islamic Law》(1998)에 분명하게 설명되어 있다. 하니프들의 꾸라이쉬 부족에 대한 충성은 루빈의 〈The Hanafiyya and Ka'ba〉 97쪽에서 인용한 것이다. 고아와 과부의 보호가 언제나 정당한 통치의 중요한 기준이었다는 것은 흥미롭다. 최초의 기록된 법전이 된 유명한 비문을 남긴 바빌로니아 왕 함무라비는 "고아와 과부에게 정의"를 주기 위해 적들을 정복했다고 말했다.

안나비 알움미(an-nabi al-ummi)의 다양한 의미에 관해서는 케네스 크래그의 역사와 꾸란의 의미에 관한 훌륭한 책 《The Event of the Qur'an》(1971)을 보라. 콘래드의 인용은 〈Abraha and Muhammad〉 374~375쪽에 있다. 무함마드의 최초 계시의 경험과 카디자와의 결혼 이야기는 이븐 히샴의 책 150~155쪽, 알타바리의 책 139~156쪽을 보라.

제6장에서 설명하듯이, 꾸란의 배열은 연대순이 아니기 때문에 어떤 계시가 우선인지 정확히 결정하기가 어렵다. 이견이 큰 것은 사실이지만, 일반적으로는 초기 구절의 가장 훌륭한 편찬은 시어도어 놀디케와 리처드 벨에 의해 각각 완성되었다. 몽고메리 와트는 두 학자가 꾸란의 가장 초기 구절 목록을 만들기로 동의한 구절들을 결합했다. 나는 대다수 학자가 동의하는 와트의 목록에 관해서는 이야기하지 않겠다. 다만 그것이 결함이 있든 없든 간에 최초의 계시에 수반된 것을 깊이 생각했다는 것만 말하고 싶다. 와트의 리스트에 있는 구절들은 96, 74, 106, 90, 93, 86, 80, 87, 84, 51, 52, 55장에 있다. 나는 이 리스트에 놀디케의 104와 107장을 포함한다. 무함마드의 계시에 최초의 반대가 있었음을 나타내는 것이기 때문에 초기 계시들에 이어 곧 계시되었을 가능성이 있다. 와트의 《Muhammad : Prophet and Statesman》(1974)을 보라. 리처드 벨은 놀디케와 윌리엄 뮤어의 연대기와 함께 우스만과 이집트 연대기를 그의 네 권으로 된 책 《Introduction to the Qur'an》(1953) 110~114쪽에서 분석했다.

무함마드의 초기 추종자들의 이름은 이븐 히샴의 책 159~165쪽에 언급되어 있다. 알타바리는 이 그룹의 "수가 매우 적다"라고 말했다. 순니와 쉬아 간에는 아부 바크르와 알리가 최초의 남성 무슬림인지에 대해 불일치가 있으나, 이것은 이념적 논쟁이다. 당시 무함마드의 가장 측근이었던 알리가 최초로 이슬람에 개종한 남자였다는 것은 큰 의문거리가 아니다. 꾸라이쉬의 다신교 방어에 대해서는 알타바리의 책 1175쪽과 리처드 벨의 책(1968) 55쪽을 보라. 메카의 종교와 무역에 관한 인용은 느헤미야 레브치온이 편집한 무함마드 샤반의 〈Conversion to Early Islam〉(《Conversion to Islam》, 1979)에 있다. 현자 루끄만에 대해서는 레이스 카보넬리가 편집한 《The Fables of Luqman》(1965)을 보라. 막심 로댕손의 책 《Mohammad》(1971)는 구식이지만 예언자의 삶에 대해 흥미로운 관점을 제공한다. 무함마드와 카디자의 결혼에 관한 그의 설명은 51쪽에 나와 있다. 무함마드에 관한 나의 외형적 묘사는 티르미디를 인용한 안네마리 쉼멜의 《And Muhammad Is His Messenger》(1985)에 있다.

3 | 예언자의 도시

이븐 바투타는 그의 유명한 책 《Travels》(1958)를 통해 예언자 모스크에 관해 처음으로 설명한 사람일 것이다. 오아시스 야스립은 무함마드가 오기 전에 이미 메디나로 불렸다는 것을 시사하는 증거가 있다. 물론 무함마드가 거주함으로써 그 이름의 중요성은 크게 달라졌지만 말이다.

알리 압드 알라지끄의 《Islam and the Bases of Power》는 불어로는 "L' Islam et les Bases du Pouvier"에 해당하며 버셔의 책 《Revue des Etudes Islamiques, Ⅷ》(1934)로 번역되었다. 이 책의 중요한 부분은 존 도노호와 존 에스포지토가 편집하여 《Islam in Transition》(1982)이란 제목의 영어로 번역되었다. 아흐메드 라쉬드의 《The Taliban》(2000)은 아프가니스탄의 탈레반 역사에 관해 가장 잘 소개된 책이다.

바누 나디르 부족과 바누 꾸라이자 부족은 각각 여러 파가 있고 서로 동맹 관계를 맺었던 것으로 보인다. 두 부족은 모두 바누 다리흐 부족으로 알려져 있었다. 그러나 다른 모든 부족 관계처럼 이 동맹도 정치적이고 경제적인 동맹이었으며, 종교적 전통을 공유한 것은 아니었다. 야스립의 유대인들이 개종자인지 이주자인지 하는 문제는 아직도 논쟁 중이다. 많은 학자는 이들이 아랍계 개종자들이라고 믿는데, 나중에 살펴보겠지만 타당한 주장이다. 이 논쟁의 요점은 와트의 《Muhammad at Medina》(1956)와 고이튼의 《Jews and Arabs》(1970)를 보라. 바라카트 아흐마드는 그의 책 《Muhammad and Jews : A Re-Examiantion》(1979)에서 야스립의 유대인 수가 24,000~36,000명 사이라고 추정했다. 그러나 그 수는 다소 과장된 것으로 보인다.

이 지역의 페르시아 통치와 아랍인과 유대인이 야스립을 분할한 것에 대해서는 피터스의 《Muhammad》를 보라. 알와끼디의 인용은 피터스 본문의 193쪽부터 나온다. 미카엘 렉커의 《Muslims, Jews, and Pagans : Studies on Early Islamic Medina》(1995)에는 아우스 부족의 늦은 개종에 대한 논의가 있다.

메디나 헌장의 시기와 그 의미에 관한 논쟁은 모세 길의 〈The Constitution of Medina : A Reconsideration〉(《Israel Oriental Studies》, 1974)에 있다. 이주자들에 대한 무함마드의 쉐이크 역할에 관해서는 와트의 《Islamic Political Thought》를 보라.

와트는 그의 부록 130~134쪽에 메디나 헌장을 영어로 옮겼다.

움마의 어원에 관한 더 깊은 논의는 《Encyclopedia of Islam》의 해당 표제어를 보라. 버트램 토마스가 움마를 '거대 부족'이라고 묘사한 것은 《The Arabs》(1937)에 있으며, 마셜 호지슨의 용어 '신-부족'은 《The Venture of Islam, vol. 1》(1974)에 있다. 앤서니 블랙은 그의 책 《The History of Islamic Political Thought》(2001)를 통해 움마와 이단 아랍 부족들의 목적과 기능 사이에 유사함이 있다는 귀중한 통찰력을 제공한다.

나는 샤하다(신앙고백)는 원래 신께 하는 것이 아니라 무함마드 자신에게 한 것으로 믿는다. 왜냐하면 무함마드가 살아 있을 적에 신앙고백을 하고 움마에 들어온 많은 사람이 예언자의 죽음과 함께 고백이 취소된 것으로 생각했기 때문이다(부족 관습에 따르면 바이아, 즉 충성맹세는 부족의 쉐이크가 죽으면 유효하지 않았다). 제5장에서 보듯이, 충성맹세의 취소는 결국 릿다 전투(배반 전쟁)로 이어졌다. 무함마드의 운동을 가리키는 '이슬람'이란 용어도 고별 순례(예언자가 행한 마지막 순례) 때까지는 예언자에 의해 적용되지 않았었다. "오늘 나는 나의 종교를 완성했도다. 나는 너희들을 위한 축복을 끝마쳤고 이슬람을 너희들의 종교로 완성시켰노라.(5:5)"

알아이함의 이야기는 여러 종류가 있다. 첫째는 성직자 전승으로 알려져 있고, 하나님께서 여자와 남자를 동시에 창조하였다는 것으로 제1장에 있다. 두 번째로 더 잘 알려져 있는 아담과 이브의 이야기는 제2장에 있다.

여성을 위한 무함마드의 개혁과 그것에 대한 반응은 파티마 메르니시의 《The Veil and the Male Elite》(1991)를 보라. 알타바리의 인용은 메르니시의 책 125쪽에서 온 것이다. 남자와 여자 상속자의 유산이 정확히 어떻게 분할되었는지는 꾸란 제4장 9~14절을 참조하고, 와트의 《Muhammad at Medina》 289~293쪽에도 잘 설명되어 있다. 와트는 메카 사회가 모권사회에서 부권사회로 이행한 것에 대한 귀중한 논의를 그의 책 272~289쪽에서 제공한다. 아내의 지참금에 대한 처리 방식은 호지슨(1974) 책 182쪽을 보라. 이슬람 이전의 결혼과 이혼의 전통과 베일 착용 전통은 라일라 아흐메드의 훌륭한 책 《Women and Gender in Islam》(1992)에 자세히 설명되어 있다.

간음에 대해 돌로 쳐 죽이는 형벌에 관심이 있는 사람은 나의 논문 〈The Problem

of Stoning in Islamic Law : An Argument for Reform〉(《UCLA Journal of Islamic and Near Eastern Law》, 2005)이나 아흐마드 본 뎀퍼의 《Ulum Al-Qur'an》(1983) 110~111쪽을 참고하라. 이 형벌은 실제로 히브리 율법에서 유래한 것이다. 히브리 율법에 따르면 돌을 던져 죽이는 벌은 간음(신명기 22:13~21), 신성모독(신명기 24:14), 정령을 부르는 행위(신명기 20:27), 부모의 말을 거역하는 행위(신명기 21:18~21)라고 규정되어 있다. 꾸란은 간음자에 대해 한 구절(24:2)에서만 채찍질을, 다른 한 구절(4:15~16)에서는 종신형을 규정하고 있다. 그러나 사히흐 알부카리와 사히흐 알핫자즈는 무함마드 자신이 간음에 대해 돌을 던져 죽이는 행위를 명했다고 주장한다. 그러나 여기에 대해서는 혼란이 많은 것도 사실이다. 예를 들어 압둘라 이븐 아우파는 무함마드가 그 벌을 실제로 시행하였다고 했으나, 분명하게 채찍질을 규정한 수라 안누르(빛의 장)가 계시되기 이전인지 이후인지에 대해 질문을 받았을 때는 모른다고 대답했다(알부카리 8.824). 우마르의 여성 혐오에 대해서는 라일라 아흐마드(1992)의 책 60~61쪽을 참고하라.

수파하와 아부 바크라의 하디스에 관한 설명은 메르니시 126:49(45~46)를 보라. 여성의 권리에 관한 하디스는 Kitab al-Nikah no. 1850, 여자의 결점에 관한 예언자의 인용은 al-Bukhari vol. 1, no. 304, 알라지의 설명은 그의 역작 《at-Tafsir al-Kabir》에 있다. (후다이비야에서 움 살라마와 예언자의 상의는 알타바리 1550쪽 참고) 하디스의 기원과 문제점은 이그나츠 골드치어의 《Introduction to Islamic Theology and Law》(1981)에 잘 나타나 있다. 골드치어는 그의 짧은 논문 〈Women in the Hadith Literature〉(《Muslim Studies》, 1977)에서 여성 문헌학자들의 놀라운 공헌을 설명하고 있다.

크로머 경의 인용은 라일라 아흐마드(1992) 152~153쪽에 근거한다. 알리 샤리아티의 인용 근거는 《Fatima is Fatima》(1971) 136쪽에 있다. 시린 에바디의 인용은 노르웨이 노벨위원회 위원장인 올레 단볼트 모에스 교수의 연설에서 나온 것으로, http://payvand.com/news/03/dec/1065.html.을 참고하라.

현대 무슬림 사회에서 여성의 역할에 관한 우수한 논문들이 많다. 나는 마흐나즈 아프카미가 편집한 《Fatima and Freedom》(1995), 이본 야즈벡 핫다드와 존 에스포지토가 편집한 《Islam, Gender, and Social Change》(1998), 마흐나즈 아프카미와 에리카 프리들이 편집한 《In the Eye of the Storm : Women in Post-Revolutionary

Iran》(1994), 하이데 모기시의《Feminism and Islamic Fundamentalism》(1999)을 권한다.《Iranian Studies》(2002)에 있는 모기시의 텍스트에 대한 나의 비평도 보라.

4 | 알라를 위한 싸움

이 장에서 시작하는 우후드 전투의 설명은 알타바리 1384~1427쪽의 설명을 따온 것이다. 사무엘 헌팅턴의 인용은 그의 논문 〈The Clash of Civilization?〉(《Foreign Affairs》, Summer 1993) 35쪽, 버나드 루이스의 인용은 힐미 자와티의《Is Jihad a Just War?》(2001) 2쪽에 근거한다. 자와티는 15~17쪽, 41~45쪽, 107쪽에서 지하드를 방어전의 개념으로 설명한다. 베버의 인용은 브라이언 터너의《Weber and Islam : A Critical Study》(1974) 34쪽에 근거한다. 초승달 모양의 칼을 휘두르는 아랍 전사는 루돌프 피터스의《Islam and Colonialism : The Doctrine of Jihad in Modern History》(1979) 4쪽에서 인용했다.

지하드의 사용, 기능, 발전에 관한 정보는 루돌프 피터스의 다른 자료《Jihad in Classical and Modern Islam》(1996), 메흐디 아베디와 게리 레겐하우센이 편집한《Jihad and Shahadat》(1986)의 2~3쪽에 있는 정의 부분을 특히 참고하라. 또한 무스탄시르 미르의 통찰력 있는 논문으로 하디아 다자니 샤킬과 로날드 메시어가 편집한 〈Jihad in Islam〉(《The Jihad and Its Times》, 1991)을 참고하라. 여자나 아이에 대한 살해를 금하는 하디스는 사히흐 알핫자즈 nos. 4319와 4320에 있다. 비슈누 신과 시바 신의 전통, 그 신들의 영감을 받은 왕국들에 관해서는 가빈 플러드의《An Introduction to Hinduism》(1996)을 참고하라.

무슬림들의 지하드 확립에 십자군이 미친 영향은 하디아 다자니 샤킬의 논문 〈Perceptions of the Counter Crusade〉(《The Jihad and Its Times》) 41~70쪽에 논해져 있다. 무스탄시르 미르의 인용은 114쪽에 있다. 지하드의 교리, 전쟁 윤리, 비교 전쟁 윤리에 관심이 있는 사람들은 마이클 왈처의《Just and Unjust Wars》(1977)와 존 케슬레이의《Islam and War》(1993)의 41~70쪽을 특히 참고하라. 앗잠 박사의 인용은 피터 베르겐의《Holy War, Inc. : Inside the Secret World of Osama bin Laden》(2001) 53쪽에 있다. 몰라비 쉬라그 알리의 지하드에 관한 견해는《A Critical

Exposition of the Popular Jihad》(1976)를 보라. 마흐무드 샬투트의 견해는 Kate Zabiri의 《Mahmud Shaltut and Islamic Modernism》(1993)에 논했다.

메디나의 하니프들 중 무함마드의 적들에 관한 내용은 우리 루빈의 〈Hanafiyya and Ka'ba〉(《Jerusalem Studies in Arabic and Islam》, 1990)를 참고하라. 덧붙이자면, 모셰 길은 유일하게 메디나 헌장이 유대인들에게서 기원한 것이 아니라고 확신했다. 자세한 내용은 〈The Constitution of Medina : A Reconsideration〉(《Israel Oriental Studies》, 1974) 64~65쪽을 참고하라. 바누 꾸라이자 부족의 관습에 관해서는 키스터의 〈The Massacre of the Banu Qurayza : A Reexamination of a Tradition〉(《Jerusalem Studies in Arabic and Islam》, 1986), 호지슨(1974) 191쪽을 참고하라. 키스터는 그 수를 약 400명이라고 했다. 아흐마드는 메디나에 남아 있는 유대인의 수를 24,000~28,000명으로 추정했다. 유대의 관점에 대해서는 그레츠의 《History of the Jews》(1964) vol. 3, 프란체스코 가브리엘리의 《Muhammad and the Conquest of Islam》(1968)을 보라. 가브리엘리의 바드르 전투 인용은 68쪽에 있다.

바누 꾸라이자 부족의 대학살에 대한 아랍인들의 반응은 아흐마드(1976) 76~94쪽과 아라파트의 〈New Light on the Story of Banu Qurayza and the Jews of Medina〉(《Journal of the Royal Asiatic Society》, 1976)를 보라. 토르 안드래의 인용은 《Mohammad : The Man and His Faith》(1935) 155~156쪽에 있다.

대학살에 대한 더 객관적인 연구는 카렌 암스트롱의 《Muhammad》(1993)와 노먼 스틸먼의 《The Jews of Arab Lands》(1979)를 보라. 꾸라이자 부족의 동맹자인 아우스 부족의 일부 구성원들은 무함마드에게 관대함을 부탁했다. 그래서 무함마드는 그들 중에서 하캄(중재자)을 뽑았던 것이다. 그러나 사아드의 판결이 나온 후에는 아우스 부족의 반발이 없었다.

다마스쿠스에서 우마르가 부순 모스크 이야기는 포터의 《Five Years in Damascus : With Travels and Researches in Palmyra, Lebanon, the Giant Cities of Bashan, and the Hauran》(1855)에 설명되어 있다. 무함마드가 군사들에게 내린 명령은 이그나츠 골드치어의 《Introduction to Islamic Theology and Law》 33~36쪽에 논의되었다. 마리아 메노칼의 훌륭한 책 《The Ornament of the World》(2002)는 중세 스페인 우마위왕조에 의해 수립된 종교적 관용의 문화를 설명하고 있다. 고이튼은 유대인과 무슬림 통치에 관해 보다 학문적 시각을 《Jews and Arabs》(1970)에서

제시하고 있다. 그의 인용은 63쪽부터이다. 유대인과 기독교인의 보호에 관한 무함마드의 인용은《The Shorter Encyclopedia of Islam》17쪽에 근거하며, 피터스의 인용은《Muhammad》203쪽에 근거한 것이다. 와트는《Muhammad at Medina》(1956) 195쪽에서 인용했다.

메디나의 유대인들에 대한 라이세너의 견해는 〈The Ummi Prophet and the Banu Israil〉(《The Muslim World》, 1949)에 잘 설명되어 있으며, 마골리우스의 견해는《The Relations Between Arabs and Israelites Prior to the Rise of Islam》(1924)에 논의되었다. 아랍 유대인들의 성경 지식에 관해서는 배런(1964) 261쪽의 각주 87을 보라. 고든 뉴비는《A History of the Jews in Arabia》(1988) 75~79쪽과 84~85쪽에서 야스립 유대 부족들의 경제 지배를 설명했다. 무함마드와 메디나의 유대 부족 간 관계에 대해서는 한나 라흐만의 훌륭한 논문 〈The Conflicts Between the Prophet and the Opposition in Medina〉(《Der Islam》, 1985)를 보라. 또한 모세 길의 〈The Medinan Opposition to the Prophet〉(《Jerusalem Studies in Arabic and Islam》, 1987)과 그의 〈Origin of the Jews of Yathrib〉(《Jerusalem Studies in Arabic and Islam》, 1984)을 참고하라. 고대 연구와 유대 정체성은 조나단 리드의《Archeology and the Galilean Jesus》(2000)에서 조사되었다.

이븐 사야드의 역사에 대해서는 데이비드 핼퍼린의 〈The Ibn Sayyad Traditions and the Legend of al-Dajjal〉(《Journal of the American Oriental Society》, 1976)을 보라. 이븐 사야드가 무함마드의 예언자적 사명을 받아들였다 할지라도, 무함마드는 이븐 사야드를 부정했을 것으로 보인다. 사실 핼퍼린은 이슬람 전통이 얼마나 늦게 이븐 사야드를 반그리스도 인물로 바꾸었는지를 보여준다. 예수와 무함마드의 관계에 대해서는 닐 로빈슨의《Christ in Islam and Christianity》(1991)를 참고하라.

유대인과 기독교인의 결별은 키스터의 〈Do Not Assimilate Yourselves…〉(《Jerusalem Studies in Arabic and Islam》, 1989)를 참고하라. 무함마드의 유일신교적 다원주의는 무함마드 밤예의《The Social Origins of Islam》(1999) 214~215쪽을 참고하라. 페르시아의 점령으로 꾸란(22 : 17)에 특별한 언급이 있고 유대와 기독교 성경보다 역사가 오랜 경전(Gathas)을 가지고 있는 조로아스터교인은 결국 아흘 알키탑(경전의 백성들, 보호받는 주민들, 참다운 신의 신자들)에 포함되었다. 사비교도(유대교도, 기독교도, 이슬람교도 등과 같이 참다운 신의 신자들)가 누군지 정확히 말하기란 어렵다. 분명한 것은 소수 기독교 분파와 힌두교 분파를 포함한 종교 집단이 사비교도임을 주장하여 무슬림 정복 기간 중에 참다운 신의 신자(아흘 알키탑)로 간주되고 보호받는 딤미가 되기 위해 노력했다는 것이다. 유대인과 무슬림들의 초기 관계에 관한 나비아 압보트의 연구는 《Studies in Arabic Literary Papyri》 (1967) vol. 2에 수록되어 있다. 압보트에 따르면, 토라(모세오경)를 읽는 관습은 초기 무슬림들이 비이슬람적 사고와 비이슬람적 경전, 특히 경전의 백성들의 성경에 빠져 있었다는 특징이었다.

5 | 정통 칼리파

무함마드의 죽음 이야기는 이븐 히샴을 번역한 길롬의 책 1012~1013쪽에서 추출했다. 골드치어의 인용은 《Introduction to Islamic Theology and Law》 31~32쪽에 근거한 것이다. 그의 책 《Muslim Studies》(1971)도 참고하라. 존 반스브로흐의 이론들은 앞에서 언급한 《Quranic Studies : Sources and Methods of Scriptural Interpretation》(1977)과 《The Sectarian Milieu : Content and Composition of Islamic Salvation History》(1978)에서 찾을 수 있다. 반스브로흐의 《Quranic Studies》, 쿡과 크론의 《Hagarism》을 사르지엔이 평한 것은 《Journal of the Royal Asiatic Society》(1978)에서 인용한 것이다. 대일 아이켈먼은 '거짓 예언자들'에 관한 사회인류학적 관점을 〈Musaylima〉(《Journal of Economic and Social History of the Orient》, 1967)에서 제공하고 있다. 예언자 가문에 관한 더 많은 정보는 샤론의 〈Ahl al-Bayt — People of the House〉 (《Jerusalem Studies in Arabic and Islam》, 1986)를 참고하라. 샤론이 '아흘 알바이트(예언자 가문)' 란 용어가 우마위왕조 이전에는 형성되지 않았던 표현으로 간주한 것은 언급할 만하다. 이 말이 사실일지도 모르지만 이 용어 뒤에 내재한 정서, 즉 바누 하쉼 가문에게 특출한 사회적 역할을 인정하고 있는 정서는 무함마드가 사망하기 전에도 완전히 이해할 수 있었다. 세속적 칼리파의 종교적 영향에 대한 반대 견해는 패트리시아 크론과 마틴 힌즈의 《God's Caliph

: Religious Authority in the First Centuries of Islam》(1986)을 참고하라.

계승 문제에 관한 가장 잘된 분석은 윌프레드 마델룽의 《The Succession to Muhammad》(1997)이다. 라피크 자카리야의 《The Struggle Within Islam》 (1988)은 참고할 만하다. 아부 바크르의 연설은 47쪽에서 인용한 것이다. 자카리야는 우마르의 칼리파 직에 관한 소중한 분석을 제공하고 있다. 샤반의 《Islamic History》(1994) 16~19쪽, 무잔 모멘의 쉬아주의에 관한 안내서 《An Introduction to Shi'i Islam》(1985) 9~22쪽을 참고하라. 모멘은 이븐 한발이 알리가 무함마드의 '아론'으로 지목되었다는 10가지 다른 전통을 기록하고 있음에 주목하고 있다. 와트의 인용은 《Muhammad : Prophet and Statesman》 36쪽에서 가져온 것이다.

우마르의 외모 묘사와 그의 왕위에 관한 인용은 키릴 글래스가 편집한 《New Encyclopedia of Islam》 462쪽에서 따온 것이다. 목걸이 사건에 대해서는 알타바리 1518~1528쪽을 참고하라. 전승은 우마르가 '아미르 알무미닌(믿는 자의 사령관)'이란 칭호를 사용한 최초의 칼리파라고 주장하지만, 아부 바크르 역시 이 칭호를 사용하였다는 증거가 있다.

꾸란에 관한 놀디케의 훌륭한 논문은 〈Encyclopaedia Britannica〉(1891) 9th ed. vol. 16에 수록되어 있다. 카에타니의 논문 〈Uthman and the Recension of the Koran〉은 《The Muslim World》(1915)에서 발췌한 것이다. 꾸란의 다양한 낭송법은 아서 제프리의 〈A Variant Text of the Fatiha〉(《Muslim World》, 1939)를 참고하라. 나는 《The Succession to Muhammad》에 있는 윌프레드 마델룽의 우스만 살해 사건의 분석, 특히 78~140쪽을 많이 참조했음을 밝힌다.

알리의 생애와 칼리파 직위에 관해서는 많은 책이 있다. 특히 이 장에서 도움이 되는 것은 모멘의 《An Introduction to Shi'i Islam》과 후사인 자프리의 《The Origins and Early Development of Shi'a Islam》(1979)이다. 무함마드 자와드 키르리의 《The Brother of the Prophet Mohammad》(1982)도 참고하라. 카와리지의 교리와 역사에 관해서는 몽고메리 와트의 《The Formative Period of Islamic Thought》 9~37쪽을 참고하라. 알리의 인용은 알리 베호자드니야와 살와 대니의 번역서 《A Selection from 'Nahjul Balagha'》 7쪽에서 온 것이다.

알리는 이맘으로 불릴 최초의 인물이 아니었다. 정통 칼리파 네 명 모두가 이 타이틀을 가지고 있었기 때문이다. 그러나 알리에게 이맘의 타이틀은 예언자와의 특별한 관계를 강조하는 일면이 있었다.

토머스 아널드 경의 인용은 《The Caliphate》(1966) 10쪽에서 온 것이다. 이슬람에서 종교와 정치 관계에 관한 다양한 견해는 마울라나 마우두디의 《Nationalism and India》(1947), 압드 알라지끄의 《Islam and the Bases of Power》, 사이드 꾸뚭의 《Social Justice in Islam》(1953), 루홀라 호메이니의 《Islamic Government》(1979)를 참고하라.

6 | 이슬람은 학문이다

아흐마드 이븐 한발이 칼리파 알무타심 앞에서 취조당한 이야기는 상당히 많다. 그 대부분은 님로드 후르비츠에 의해 종합되어 《The Formation of Hanbalism : Piety into Power》(2002)에서 아주 잘 분석되었다. 이븐 한발과 알마문의 전기에 관해서는 미카엘 쿠퍼슨의 《Classical Arabic Biography : The Heirs of the Prophets in the Age of al-Ma' mun》(2000)을 참고하라. 이븐 한발의 외모와 알마문의 임종에 관한 인용은 쿠퍼슨의 책에서 따온 것이다. 종교재판의 영향에 관해서는 조나단 버키 (2003) 124~129쪽과, 리처드 불리에트의 《Islam : The View from the Edge》(1994) 115~127쪽을 참고하라. 이 주제에 관해서는 패트리시아 크론도 그녀의 최근 연구 《God's Rule : Government and Islam》(2004)에서 자세히 다루고 있다. 말리크 이븐 아나스는 메르니시 59쪽에서 인용되었다.

월프레드 캔트웰 스미스의 이슬람 정교 기술은 그의 책 《Islam in Modern History》(1957) 20쪽에서 인용한 것이다. 이슬람의 5주에 관한 일반적 설명은 한스 코흘러가 편집한 무함마드 아부 리다의 〈Monotheism in Islam : Interpretations and Social Manifestations〉(《The Concept of Monotheism in Islam and Christianity》, 1982)와 존 레너드의 《Seven Doors to Islam》(1996)을 참고하라.

무함마드가 예배 횟수를 50회에서 5회로 줄일 때 하늘로 승천했다는 믿기 힘든 이야기와는 별개로, 초기 전승은 하루에 세 차례 예배를 규정하였다는 증거가 있다. 꾸란은 이렇게 말하고 있다. "그리고 하루의 두 끝에서, 그리고 낮에 가까운 밤의 시간에 기도를 행하라.(11 : 114)" 결국 아무도 언제부터 왜 그랬는지 알지 못하지만 2회의 기도가 더해진 것이 틀림없다. 이븐 주바이르의 메카와 핫즈에 관한 인용은 그의 《Voyages》(1949~1951)에서 따온 것이다. 말콤 엑스의 인용은 《The Autobiography of Malcolm X》(1965)에서 가져온 것이다.

알가잘리의 《The Ninety-nine Beautiful Names of God》는 데이비드 B. 버렐과 나지흐 다헤르(1970)에 의해 영어로 번역되었다. 한편 《Revival of the Religious Sciences》는 나비흐 아민 파리스에 의해 《The Foundations of the Articles of Faith》(1963)란 제목의 영어로 번역되었다. 타우히드에 관한 알리 샤리아티의 의견은 《On the Sociology of Islam》(1970)에서 읽을 수 있다.

보수주의자와 합리주의자들의 논쟁은 빈야민 아브라하모프의 《Islamic Theology : Traditionalism and Rationalism》(1998)에 훌륭하게 설명되어 있다. 또한 윌프레드 마델룽이 편집한 《Religious Schools and Sects in Medieval Islam》(1985)과 앞에서 인용한 몽고메리 와트의 《The Formative Period of Islamic Thought》를 참고하라. 무타질라 신앙은 리처드 마틴, 마크 우드워드, 드위 아트마자의 《Defenders of Reason in Islam》(1997)에 자세히 설명되어 있는 반면, 아샤리의 입장은 리처드 매카시의 《The Theology of the Ash'ari》(1953)에 설명되어 있다. 아부 하니꽈, 이븐 한발, 알아샤리의 신조 및 알타바리의 인용은 몽고메리 와트의 귀중한 전집 《Islamic Creeds : A Selection》(1994)에서 따온 것이다. 조지 후라니의 《Islamic Rationalism : The Ethics of Abd al-Jabbar》(1971) 도 참고하라.

이븐 루쉬드의 훌륭한 번역들에는 찰스 제니콴드 번역 《Aristotle's Metaphysics》(1984), 칼만 블랜드 번역 《The Epistle on the Possibility of Conjunction with the Active Intellect》(1982), 찰스 버터워스 번역 《Averroes' Three Short Commentaries on Aristotle's 'Topics,' 'Rhetoric,' and 'Poetics'》(1977)도 포함되어 있다. 두 진리 이론은 잘못된 명칭에 주목하는 것이 중요하다. 왜냐하면 이븐 루쉬드에 따르면, 철학적 진리가 유일한 진리이기 때문이다. 이븐 시나에 대해서는 윌리엄 골먼이 번역한 그의 전기 《The Life of Ibn Sina》(1974)를 참고하라. 또는 파르항 자비흐가 번역한 그의 《Treatise On Logic》(1971)을 참고하라.

구전의 주민들에 관해서는 데니스 라드너 카모디와 존 튤리 카모디의 《Original Visions : The Religions of Oral Peoples》(1993)를 참고하라. 카바 제례에서 신인과 시의 역할에 관해서는 미카엘 셀즈의 《Deserts Tracings : Six Classical Arabian Odes》(1989)를 참고하라. 무함마드 밤예는 기적의 현장에 관한 놀라운 토론을 제공하고 있다. 그의 장 〈The Discourse and the Path〉(《The Social Origins of Islam》, 115~140쪽을 참고하라. 나의 논의는 그의 논의에 큰 빚을 지고 있다. 크래그의 《The Event of the Qur'an》 67쪽을 보라. 다야의 인용은 안네마리 쉼멜의 《And Muhammad Is His Messenger》(1985) 67쪽에서 온 것이다.

나중에 분명해지겠지만, 일부 무슬림들의 지나친 경건함은 무함마드와 동료들의 기적에 관해 믿기 힘든 많은 이야기를 낳았다. 그러나 정통 이슬람은 무함마드가 꾸란이 담긴 빈 그릇이라고 보고 이런 이야기를 단호히 배척한다. 즉 무함마드는 모방할 수는 있어도 예수처럼 숭배되어서는 안 된다고 보는 것이다. 덧붙이면 알타바리는 무함마드에 관해 특히 이상한 설명을 하고 있는데, 손가락을 딱하고 소리 내어 나무를 뿌리째 뽑고 그것을 자신에게 운반하게 하는 이야기이다(1146쪽). 그러나 이 이야기도 죽은 자 가운데서 살려내고 물 위를 걷는다는 알리의 이야기처럼 성격상 해명적이며 신성한 사명을 입증하기 위해 술수를 쓰는 예언자들을 비난하는 사람들의 입을 막기 위한 것들이다.

창조된 꾸란 논쟁의 철저한 조사에 관해서는 해리 어스트린 울프슨의 《The Philosophy of Kalam》에서 특히 235~278쪽을 참조하라. 이븐 하즘과 이븐 쿨랍의 인용은 울프슨의 책에서 따온 것이다. 이슬람 서예에서 바라카의 역할과 기능에 관해서는 세이드 호세인 나스르의 《Islamic Art and Spirituality》(1987)를 참고하라. 꾸란의 바라카에 관한 일반적 설명은 존 레너드의 제1장 《Seven Doors to Islam》(1996)을 참고하라. 윌리엄 그레이엄의 통찰력 있는 논문 〈Qu'ran as Spoken Word〉는 리처드 마틴이 편집한 《Approaches to Islam in Religious Studies》(2001)에서 볼 수 있다. 꾸란의 낭송에는 두 가지 방법이 있다. 타즈위드tajwid(장식적, 수식적 낭송)와 타르틸tartil(박자가 맞는, 정연한 낭송)이다. 후자는 덜 음악적이고 주로 예배에 사용된다. 루이스 입센 알파루끼의 〈The Cantillation of the Qur'an〉(《Asian Music》, 1987), 크리스티나 넬슨의 〈Reciter and Listener : Some Factors Shaping the Mujawwad Style of Qur'anic Reciting〉(《Ethnomusicology》, 1987)을 참고하라.

표준적이라고 간주되는 여섯 개의 하디스 모음집이 있다. 여섯 명의 학자, 곧 알부카리, 알핫자즈, 앗시지스타니(875년 사망), 알티르미디(915년 사망), 알나사이(915년 사망), 알마자(886년 사망)의 것이다. 여기에 말리크 이븐 아나스(795년 사망)의 쉬아 모음집이 더해진다. 이 책은 그런 모음집으로는 최초로 기록된 것이다. 조셉 샤흐트의 《Origins of Muhammadan Jurisprudence》(1950), 《An Introduction to Islamic Law》(1964)를 참고하라. 샤흐트의 인용은 〈A Revaluation of Islamic Traditions〉(《Journal of the Royal Asiatic Society》, 1949)에서 온 것이다. 조나단 버키의 《The Formation of Islam》 141~151쪽도 참고하라. 파키스탄 학자는 압둘 까디르 꾸다흐 샤히드이고, 그의 인용은 《Criminal Law of Islam》(1987) 13쪽에서 온 것이다.

마흐무드 타하의 꾸란에 관한 견해는 《The Second Message of Islam》(1996)에서 만날 수 있다. 압둘라 안나임의 《Toward an Islamic Reformation》(1996)을 참고하라. 나스르 하미드 아부 자이드에 대해서는 존 쿠퍼 등이 편집한, 그의 간단한 논문 〈Divine Attributes in the Qur'an : Some Poetic Aspects〉(《Islam and Modernity》, 1998)를 보라. 알가잘리의 인용은 자카리야의 부록 1에서 303쪽을 보라.

나스크에 관한 더 많은 것은 아흐마드 폰 덴퍼의 《Ulum al-Qur'an : An Introduction to the Sciences of the Qur'an》(1983)을 보라. 나스크 전체를 부정하는 학자들도 있다. 아흐마드 하산의 《The Early Development of Islamic Jurisprudence》(1970) 70~79쪽를 보라. 그러나 심지어 하산도 꾸란 해석에서 역사적 문맥의 중요성을 인정하고 있다.

7 | 순교자의 발자국

카르발라에 대한 설명은 사이드 무흐신 나꾸비의 《The Tragedy of Karbala》(1992), 루이스 펠리의 《The Miracle Play of Hasan and Husain》(1879) 2 vols.를 참고했다. 쉬아에서 무하르람 의식의 발전과 기능은 하인즈 함의 《Shi'a Islam : From Religions to Revolution》(1997)을 보라. 함의 인용은 41쪽부터이다. 이 주제

에 관한 버넌 슈벨의 사회학적 저서 《Religious Performance in Contemporary Islam》(1993), 두 개의 추천서를 뽑은 데이비드 피놀트의 《The Shi'ites》(1992)의 103~106쪽을 보라. 또한 피놀트의 《The Horse of Karbala》(2001)도 권하는 바이다. 에흐산 야르샤터는 참회 의식의 기원을 피터 쉘로우스키가 편집한 〈Ta'ziyeh and Pre-Islamic Mourning Rites〉(《Ta'ziyeh : Ritual and Drama in Iran》, 1979)에서 다루고 있다.

앞에서 언급한 무잔 모멘의 《An Introduction to Shi'i Islam》(1985), 후사인 자프리의 《The Origins and Early Development of Shi'a Islam》(1979)을 포함하여 쉬아주의에 관한 몇 가지 개관서가 있다. 세이드 호세인 나스르가 영어로 번역한 타바타바이의 《Shi'ite Islam》(1977)도 유용하다. 쉬아의 샤리아에 관한 개념은 호세인 무다르리시의 《An Introduction to Shi'i Law》(1984)를 보라. '이미 존재하는 이맘'의 개념은 무함마드 알리 아미르 모엣지의 《The Divine Guide in Early Shi'ism》(1994)에 자세히 논해져 있다. 쉬아의 꾸란에 관한 견해는 타바타바이의 《The Qur'an in Islam》(1987)을 보라. 자으파르 앗사디끄의 빛의 구절에 대한 설명은 헬무트 가체의 《The Qur'an and Its Exegesis》(1976)에서 따온 것이다.

그러나 이슬람 마흐디의 기원과 발전을 다룬 책들은 그리 많지 않다. 이 분야의 연구에 도움이 되는 책은 자심 후사인의 《The Occultation of the Twelfth Imam》(1982), 압둘아지즈 압둘후세인 사케디나의 《Islamic Messianism》(1981)이다. 사케디나는 또한 《The Just Ruler in Shi'ite Islam》(1988)에서 이맘의 대리인의 역할을 다루고 있다.

이븐 칼둔의 역사서 《The Muqaddimah》는 저명한 이슬람주의자 프란츠 로젠탈의 영어 완역본이 있다. 이란의 성직자 제도 구조에 관심이 깊다면 로이 모타히데의 훌륭한 책 《The Mantle of the Prophet》(1985)을 보아야 한다. 이란 혁명의 개관적 역사에 관한 책은 너무 많다. 이 가운데서 나는 사이드 아미르 아르조만드의 《The Turban for Crown》(1988), 최근 간행된 찰스 쿠르즈만의 《The Unthinkable Revolution in Iran》(2004)을 권하고 싶다. 보다 현대적 관점을 원한다면 다리우쉬 자헤리의 《The Iranian Revolution : Then and Now》(2000)를 보라. 샌드라 매키는 이란의 역사에 관한 책 《The Iranians》(1996)에서 재미있고 흥미로운 설명을 제공한다.

호메이니주의를 읽고 싶으면, 에르완드 아브라하미안의 《Khomeinism : Essays on the Islamic Republic》(1993)을 보라. 호메이니의 글을 영어로 번역한 것은 《Islamic Government》(1979), 《Islam and Revolution》(1981), 《A Clarification of Questions》(1984)를 보라. 호메이니의 쉬아주의 재해석은 무함마드 만주르 노마니에 의해 《Khomeini, Iranian, Revolution, and the Shi'ite Faith》(1988)에서 심하게 비판되었다. 호메이니의 시는 바께르 모인의 전기 《Khomeini : Life of the Ayatollah》(1999)에서 인용한 것이다.

8 | 예배용 양탄자를 포도주로 물들여라

니자미의 《The Legend of Layla and Majnun》의 영어 번역본은 훌륭한 것들이 많은데, 이 중에는 콜린 터너(1970), 겔프케(1966), 제임스 앳킨슨의 사랑스러운 번역본(1968)도 있다. 나의 번역은 페르시아어 본을 직접 번역해서 위의 세 책과 종합한 것이다. 알리 아스가르 세이드 고흐랍의 시를 비평적으로 분석한 《Layli and Majnun : Love, Madness and Mystic Longing in Nizami's Epic Romance》(2003)를 참고하라. 수피주의의 초기 발전에 관해서는 쉐이크 파들랄라 하에리의 《The Elements of Sufism》(1990)과 줄리안 발딕의 《Mystical Islam》(1989)을 보라. 발딕은 수피주의에 미친 다양한 종교·문화적 영향을 유용하게 분석했을뿐더러 이 용어의 의미를 탐구했다. 니콜슨의 문헌에는 《The Mystics of Islam》(1914)과 《Studies in Islamic Mysticism》(1921)도 포함되어 있다. 수피주의에 관한 이드리스 샤의 귀중한 문헌 중 두 가지는 《The Sufis》(1964)와 《The Way of the Sufi》(1969)이다. 또한 마틴 링스의 《What Is Islam?》(1993), 이나야트 칸의 《The Unity of Religious Ideals》(1929), 이안 리처드 넷톤의 《Sufi Ritual》(2000), 나스롤라 포르자바디와 피터 윌슨의 《Kings of Love》(1978), 스펜서 트리밍햄의 《The Sufi Orders in Islam》(1971), 칼 에른스트의 《Teachings of Sufism》(1999), 티투스 부르크하르트의 《An Introduction to Sufi Doctrine》(1976)도 참고하라.

쉐이크 무함마드 알자말 알라파이 앗샤딜리의 가르침에 대해서는 그의 《Music of the Soul》(1994)을 보라. 쉬아주의와 수피주의의 역사적·신학적 관계는 카밀 알샤이비의 《Sufism and Shi'ism》(1991)에 설명되어 있다. 끝으로 쉽지는 않으나 사이드 후세인 나스르(1972)가 쓴 몇 권의 수피 에세이(Sufi Essay)가 있다.

알가잘리의 《The Alchemy of Happiness》는 클라우드 필드(1980)가 번역했다. 또한 《The Niche of Lights》는 데이비드 부흐만(1998)에 의해 번역되었다. 알가잘리의 철학에 관해 더 자세한 내용은 몽고메리 와트의 《The Faith and Practice of al-Ghazali》(1953)를 참고하라. 알후즈위리의 《The Revelation of the Mystery》는 레이놀드 니콜슨(1911)에 의해 번역되었다. 파리드 앗딘 앗타르의 《The Conference of the Birds》를 가장 잘 번역한 사람은 분명히 아프캄 다르반디와 딕 데이비스(1984)이다. 페르시아 학자이자 수피인 자바드 누르박쉬는 자신의 짧은 소책자 《Master and Disciple in Sufism》(1977)에서 스승과 가르침 사이의 관계를 한층 더 깊이 연구했다.

수행로에 있는 정거장들에 관해서는 쉐이크 압드 알칼리끄 알샤브라위의 《The Degrees of the Soul》(1997), 라비아 해리스가 번역한 아불 까심 알꾸샤이리의 《Sufi Book of Spiritual Ascent》(1997)를 보라. 알할라즈의 《Kitab al-Tawasin》은 위대한 수피주의 학자 루이스 마씨뇽(1913)이 번역한 프랑스어 판만 접근 가능하다. 마씨뇽의 《Essay on the Origins ofl Language of Islamic Mysticism》(1997)은 이미 수피주의의 요소들에 익숙한 학생들에게 유용한 도구이다.

수피주의에서 일원론monism의 개념은 몰라나 살라헷딘 알리 나데르 샤 안가의 《The Fragrance of Sufism》(1996)에 자세히 나와 있다. 이븐 알아라비의 《Fusus al-Hikam》은 영어 판 《The Wisdom of the Prophets》(1975)로 나와 있다. 라비아와 다른 수피 여성들에 관해서는 카밀레 아담스 헬민스키의 《Women of Sufism》(2003), 마가렛 스미스의 《Rabi'a the Mystic and Her Fellow-Saints in Islam》(1928)을 보라. 라비아의 시는 찰스 업톤의 《Doorkeeper of the Heart : Versions of Rabi'a》(1988)에 의해 수집되고 잘 번역되었다.

루미의 저서를 잘 번역한 것으로는, 콜먼 바크스의 《The Essential Rumi》(1995), 두 권으로 된 아베리의 《Mystical Poems of Rumi》(1968), 레이놀드 니콜슨의 《Rumi : Poet and Mystic》(1950)이 있다. 루미의 생애에 관해서는 안네마리 쉼멜의 《I am Wind, You Are Fire : The Life and Works of Rumi》(1992)를 보라. 하피즈에 대해서는 나히드 안가의 《Selections》(1991)와 《Ecstasy》(1998)를 보라. 수피 시에 관한 일

반적 논문에는 알리 아사니와 카말 압델 말리크의 《Celebrating Muhammad》 (1995), 브뤼인의 《Persian Sufi Poetry》(1997)가 있다.

인도의 수피주의에 관해서는 무함마드 무집의 《Indian Muslims》(1967)와 칼 에른스트의 《Eternal Garden : Mysticism, History, and Politics at a South Asian Sufi Center》(1992)를 추천한다. 또 밀톤 이스라엘과 웨이글이 편집한 브루스 로렌스의 〈The Early Chisti Approach to Sama '〉(《Islamic Societies and Culture : Essays in Honor of Professor Aziz Ahmad》(1983)를 보라.

이끄발의 인용은 알리 샤리아티의 주석 《Iqbal : Manifestations of the Islamic Spirit》(1991)에서 온 것이다. 무함마드 이끄발의 《The Reconstruction of Religious Thought in Islam》(1960)을 보라.

9 | 동양의 각성

프레더릭 쿠퍼의 제26보병대의 처형 설명은 에드워드 톰슨의 《The Other Side of the Medal》(1925)에서 인용되었다. 물론 역사적 문맥과 문학적 효과를 위해 쿠퍼의 설명에 덧붙이거나 배열 순서를 다시 한 것도 있다. 하원에 대한 트레빌리언의 설명은 토마스 메트칼프의 《The Aftermath of Revolt》(1964)에서 인용한 것이다. 트레빌리언의 《On the Education of the People of India》(1838)를 보라. 벤저민 디즈레일리와 알렉산더 더프는 모두 아인스리 엠브리의 모음집 《1857 in India》(1963)에 인용되었다. 인도 국민을 향한 바하두르 샤의 호소는 찰스 볼의 《The History of the Indian Mutiny》(1860)로 출판된 아짐가르 선언에서 인용한 것이다. 인도 봉기에 대한 영국의 반응 설명은 그리피스의 《Siege of Delhi》(1912), 러셀의 《My Indian Diary》(1957)를 보라. 세실 로데스의 설명과 인용은 《The Columbia Encyclopedia》 (2001) 6th에서 인용한 것이다.

사이드 아흐메드 칸 경의 글과 견해에 대해서는 그의 《The Causes of the Indian Revolt》(1873), 크리스천 트롤의 《Sayyid Ahmed Khan : A Reinterpretation of Muslim Theology》(1978)에 인용된 그의 〈Lecture on Islam〉을 보라. 알리가르에 대해서는 샨 무함마드가 종합한 《The Aligarth Movement : Basic Document 1864-

1898》(1978)을 보라. 물라비 쉬라그 알리의 인용은 《The Proposed Political, Legal, and Social Reforms in the Ottoman Empire and Other Mohammadan States》(1883)에서 온 것이다. 아불 알라(마울라나) 마우두디에 대해서는 《Nationalism and Islam》(1947)과 《The Islamic Movement》(1984)를 보라.

이집트의 식민주의에 관한 문헌은 조엘 고든의 《Nasser's Blessed Movement》(1992), 후안 콜의 《Colonialism and Revolution in the Middle East》(1993), 윌리엄 웰시의 《No Country for a Gentleman》(1988)을 보라. 알아프가니의 생애와 업적은 니키 케디의 《Sayyid Jamal al-Din 'al-Afghani' : A Political Biography》(1972), 자키 바다위의 《The Reformers of Egypt》(1979), 찰스 애덤스의 《Islam and Modernism in Egypt》(1993)에 잘 분석되어 있다. 무함마드 압두에 관해서는 오스만 아민의 《Muhammad 'Abduh》(1953), 말콤 케르의 《Islamic Reform : The Political and Legal Theories of Muhammad 'Abduh and Rashid Rida》(1966)를 보라. 하산 알반나에 관해서는 그의 《Memoirs of Hasan al-Banna Shaheed》(1981), 리처드 미첼의 《Society of the Muslim Brothers》(1969)와 알리 라스메나가 편집한 《Pioneers of Islamic Revival》(1995)을 권한다.

범아랍주의에 관한 훌륭한 문헌 중에는 실비아 하임의 모음집 《Arab Nationalism》(1962), 넛심 레즈완의 《Arabs Face the Modern World》(1998), 압드 알라흐만 알 밧자즈의 《Islam and Nationalism》(1952), 미카엘 도란의 《Pan-Arabism Before Nasser》(1999), 타하 후세인의 《The Future of Culture in Egypt》(1954)가 있다.

사이드 꾸틉에 대해서는 그의 역작 《Milestones》(1993), 윌리암 셰퍼드가 《Sayyid Qutb and Islamic Activism》(1996)의 제목으로 영작한 그의 《Social Justice in Islam》을 보라. 또한 잘랄 아흐마드의 《Gharbzadeghi》(1997)도 참고하라.

사우디아라비아의 역사는 마다위 알라쉬드의 《A History of Saudi Arabia》(2003)에 잘 설명되어 있다. 와하비주의에 대해서는 하미드 알가르의 간략한 소개서 《Wahhabism : A Critical Essay》(2002)를 권한다. 와하비들은 자신들을 ahl al-tawhid(통일의 백성들) 혹은 al-Muwahhidun(통일주의자, 합일주의자)으로 부르는 것을 선호한다.

길레스 케펠의 《Jihad : The Trail of Political Islam》(2002), 《The War for Muslim Minds》(2004)보다 이슬람 정치사를 더 잘 요약한 것은 드물다. 앤서니 샤디드의

《The Legacy of the Prophet》(2002)도 참고하라. 오사마 빈 라덴의 인용은 그가 ABC 기자 존 밀러와 1998년 5월에 가진 인터뷰에서 옮긴 것이다.

10 | 메디나를 향해 느리게 나아가기

1979년 혁명 이후 두 가지 헌법 초안이 있었다. 첫 번째 초안은 성직자들에게 정부에서 중요한 역할을 인정하지 않는 것으로, 아이러니컬하게도 이란의 좌익계 정당이 배척했다. 두 번째 초안은 73명의 전문가 국회에서 11월 완성한 것으로, 원래의 문서를 개편하여 성직자 지배를 확립했다.

이란-이라크 전쟁 이전과 전쟁 기간 동안 미국의 질병통제센터와 미국형문화모금의 행동은 최근 비밀 제한이 해제된 정부 문서이다. 〈Report : U.S. Supplied the Kinds of Germs Iraq Later Used for Biological Weapons〉(《USA Today》, September 30, 2002)를 보라.

탈레반에 관한 더 많은 정보는 아흐마드 라쉬드의 《The Taliban》(2000)을 보라. 하비 콕스의 《The Secular City》(1966)는 종교와 정치학도들에게 필독서이다. 윌 헤르베르크의 《Protestant, Catholic, Jew》(1955)도 참고하라.

압둘아지즈 사케디나의 《The Islamic Roots of Democratic Pluralism》(2001)은 이슬람 다원주의의 훌륭한 논의서이다. 압돌카림 소로쉬의 영어본이 있으나 그의 글 모음집은 마흐무드와 아흐마드 사드리가 《Reason, Freedom, and Democracy in Islam : Essential Writings of Abdolkarim Soroush》(2002)라는 제목으로 수집하여 번역했다. 이 인용은 그가 '이 해의 무슬림 민주주의자' 상을 받았을 때 언급한 수상 연설에서 가져온 것이다. 이 상은 2004년 워싱턴 DC 이슬람과 민주주의 연구센터가 수여했다.

색인

|ㄱ|

가브리엘리, 프란체스코 157, 164, 418
가즈나왕조 31, 229
갓산인 47~49
개혁/개혁가 7~12, 33, 56, 89~90, 95, 97, 106~107, 114, 116, 119, 125, 128, 135~137, 153~154, 179, 230, 272~273, 280, 303, 352, 354, 357, 359~360, 362, 367, 383~384, 389, 391, 394, 404, 406~407, 412, 415
경전의 백성들(성전의 백성들) 32~33, 176~177, 180, 419~420
계몽주의 19, 348, 354, 358
고이튼, S. D. 172, 414, 418
골드치어, 이그나츠 127, 190, 416, 418, 420
9 · 11(2001년) 20, 22, 382, 396
국제여성의 날(1998년) 133
그랜트, 찰스 349
그레이엄, 윌리엄 260, 424
그레츠, 하인리히 164, 418
근대주의 107, 230, 343, 352, 354~356, 360, 365, 379, 396
근본주의 107, 135, 373~374, 378~381, 394~395, 397~399, 402
금욕주의 316
기독교 8~11, 20~22, 30, 41, 46~51, 53, 59~60, 63, 72, 80, 86, 93~94, 116, 122~123, 126, 133, 145~146, 153, 168~169, 177~180, 191, 196, 238~239, 286, 288, 315, 329, 339, 348~350, 352~353, 358, 367, 373, 383, 400, 408, 410~411, 419~420
기독교로 개종 20, 46, 51, 86, 116, 350 , 352, 410
기적 254~255
길, 모세 160, 414, 418~419
까디리 교단 340, 344
까디시야 전투 207
까이누까(씨족) 109~110, 117, 159~161, 163, 166
까이드(부족의 전쟁 지도자) 30, 73, 111, 194
까자르 왕조 298
깔브(마음) 32, 329, 338
꾸라이쉬(부족) 32, 65~72, 76~77, 85, 88~89, 91~102, 104, 114, 121, 131, 137~143, 148~151, 153, 157~159, 161~163, 180~181, 183, 186, 192, 198~199, 208, 210~211, 218, 224, 296, 402, 411~413
꾸라이자(씨족) 109~110, 122, 161~168, 180, 414, 418
꾸사이 66~68, 71, 280, 412
꾸툽, 사이드 32, 230~231, 330, 369~371, 374~375, 387, 396, 422, 430
끼야스(유추적 논쟁) 32, 266~267, 361

|ㄴ|

나끄쉬반디 교단 341, 343

나디르(씨족) 109~110, 161, 163, 166, 414
낙타 전투 220, 224, 285
넷톤, 이안 리처드 341, 427
노아 38, 45, 56, 287
노예제도 76~77, 89, 160
놀디케, 시어도어 213, 413, 421
누르바크쉬, 자와드 330
누리, 파즈롤라(쉐이크) 303
뉴비, 고든 45, 171, 410, 419
니케아종교회의(325년) 47~48
니콜슨, 레이놀드 314, 427~428

|ㄷ|

다마스쿠스 108, 167, 207, 221, 224, 228, 279~281, 283, 285, 294, 391, 418
다신교 22, 88, 93, 95, 97, 167, 248, 327, 402, 413
다야, 나짐 앗딘 라지 256, 424
다원주의 7, 19, 175, 273, 348, 387, 389, 396, 401~404, 419, 431
다윗 62, 80~81, 123, 193, 199
단성론자 48
단일신교 44, 50, 52, 88, 93, 175
대영제국(영국) 7, 35, 154, 300~301, 343~344, 348~353, 355~358, 360, 364~366, 368, 378, 381, 391~393, 401, 429
더프, 알렉산더 352, 429
데미렐, 술레이만 134

데오반디학교(학파) 344
동인도회사 348~352, 357
디즈레일리, 벤저민 350, 429
디크르 32, 340~342, 374
딤미 32~34, 167, 186, 401~402, 420

|ㄹ|

라마단 83, 171, 241, 243~244, 246, 391
라마단, 타리끄 391
라마야나 255
라멘스, 헨리 197
라이세너, H. G. 170, 419
라이하나(무함마드의 아내) 122
라일라와 마즈눈의 전설 307
라크미드인 49
라흐만(신) 170, 190
라흐만, 한나 88
레나드, 존 240
레이건, 로널드 398
렉커, 미카엘 111, 166, 414
로댕손, 막심 99, 413
로렌스, 브루스 342, 429
루끄만(누가) 43, 94
루미, 잘랄 앗딘 320, 322, 330, 335, 342, 428
루이스, 버나드 144, 417
루흐(우주적 정신) 32, 329, 338
르완다 392
리다, 라쉬드 362
리드, 조나단 170, 419

리비아 207, 242
리파이 교단 318, 342
릿다 전투 201, 224, 415

| ㅁ |

마나트(여신) 42, 63
마니교 286, 315, 411
마델룽, 윌프레드 198, 206, 421, 423
마르골리우스, D. S. 170~171
마르완 214~216, 283
마리아(기독교의 성모) 37, 55, 62, 177, 184
마리야(무함마드의 아내) 122
마우두디, 마울라나 230, 355, 375, 380, 393, 422, 430
마즈다 49
마즈다키즘 50, 410
마지막 예언자 291
마크줌(씨족) 122, 212
마흐디 30, 32, 296~298, 300~304, 426
말릭 이븐 아나스(이맘) 238, 267, 422, 425
말리키 학파 238, 267, 270
메노칼, 마리아 168, 418
메디나 23, 100, 103, 106~108, 111~112, 114~115, 136~137, 149, 158~163, 165~166, 168~172, 174~176, 178, 180, 182~183, 185~189, 192, 197~198, 201~203, 205, 208, 213~214, 216~221, 224, 230, 243, 261, 267, 270, 272, 275~276, 279, 282~283, 285, 294, 363, 365, 373, 376~378, 384, 390~391, 395~396, 403~404, 411, 414~415, 418~419, 431
메르니시, 파티마 128, 415~416, 422
메브레비 교단 342
메카 23, 26, 30, 32, 34~35, 37~38, 40~41, 43, 46, 50~55, 57, 59, 61~72, 75~80, 83, 85, 88~92, 94~103, 108, 111~112, 114, 117, 120~123, 137, 139~142, 148~150, 158~159, 161~162, 176, 180~184, 186, 192, 198, 214, 216, 218~220, 224, 241~242, 244~245, 261, 270, 272, 277, 279~280, 285, 331, 372, 376~378, 380, 407, 409, 411~413, 415, 423
명상(묵상) 79, 83, 118, 320, 322, 333, 341
모니즘(일원론) 337
모로코 13~15, 342, 392, 394, 398
모멘, 무잔 198, 421, 426
모세 24, 45, 56, 80, 123, 171, 174, 188, 199, 254, 287, 291
모스크 9, 106, 124, 132, 139, 156, 167, 185, 187~188, 214, 217~218, 226, 242~243, 259, 282, 290, 340, 380, 418
무굴제국 343, 348, 352
무다르리시, 후세인 295, 426
무르쉬드, 다끼까 빈트 131
무사 알카짐(이맘) 295, 302
무샤라프, 페르베즈 394

무스탈리끄(씨족) 204
무슬림연맹 380, 393
무슬림제국 221, 315
무슬림형제단 31~32, 366~371, 375, 379~381, 399
무아위야 221, 223~226, 228, 236, 279~282
무타질라 학파 32, 250~251, 253, 361, 423
무자히딘 32, 397~398
무즈타히드 32, 34, 154, 156, 294~295, 300
무하르람 33~34, 275, 288~289, 377, 425
무하지룬 104
무함마드(아이샤의 남동생) 219
밀러, 막스 44
미국 10, 19, 21~22, 122, 245, 255, 273, 299~301, 369, 373, 385~386, 388~389, 391, 395~401, 404, 406, 431
미나의 세 기둥 245
미르, 무스탄시르 152, 417
민족주의 9, 301, 363, 365, 368, 379~380, 392~393, 395
민주주의 19, 25~26, 30, 107, 230~231, 273, 348, 361, 387, 389~390, 393~396, 399~401, 404~406, 431

|ㅂ|
바그다드 108, 228~229, 236, 315, 323
바꾸라 48, 410
바드르 전투 30, 112~112, 157~158, 160, 418
바라카 32, 259~261, 331, 424
바르 코흐바, 시몬 44
바스라 60, 129, 213~214, 216, 218, 333, 373
바스라의 라비아 317, 333
바하두르 샤 2세 348, 350, 429
바히라(기독교 수도승) 60~62
반스브로흐, 존 191, 410~411, 420
발라야트 파끼흐 교리 33, 303~304, 388, 405
밤예, 무함마드 175, 411, 419, 424
배교 10, 178, 202
배런, S. W. 164, 170, 419
버키, 조나단 226, 422, 425
범아랍주의 33, 362~365, 367, 375, 379, 430
범이슬람주의 33, 359~360, 362~364, 367, 371, 375, 379, 381
베두인들 101
베버, 막스 144, 417
벨, 리처드 97, 410, 413
보루제르디(아야톨라) 304
보수(전통)주의자 107, 233, 238, 252~253, 261~262, 266, 268~269, 273, 324, 423
보통 선거권 361
부계사회 120~121
부르크하르트, 티투스 329, 427

부토, 베나지르 394
부토, 줄피카르 알리 394
불교 146, 315, 336, 341
불리에트, 리처드 71, 237, 412, 422
비서(秘書) 291
비잔틴제국 48~49, 73, 123, 126, 145, 147, 166~167, 177, 186, 207, 220
빈 라덴, 오사마 9~10, 34, 155~156, 382, 398, 431
빛의 구절 292, 426

|ㅅ|
사나 46, 56, 72
사르지엔, R. B. 191, 420
사산조제국 49~50, 73, 126, 145~147, 221, 279, 281
사이드 이븐 우바이다 192, 200
사우다(무함마드의 아내) 122
사우디아라비아 31, 155, 242~243, 268, 273, 372, 378~381, 395, 398~399, 430
사이바왕국 146
사케디나, 압둘아지즈 298, 403, 426, 431
사탄 34, 50, 270, 335~336, 409
사파위왕조 31, 298, 302
사형제도 164~165, 167, 183, 202
살라피야 운동 33, 362
살림 1세 298
삼위일체설 47, 177
《새들의 회담》(앗타르) 326

샤, 이드리스 320, 427
샤리아 33, 238, 263~266, 269~270, 273, 319, 341, 353~354, 361, 371, 375, 382, 395, 426
샤리아트마다리(아야톨라) 304, 388
샤리아티, 알리 135, 227, 248, 387, 416, 423, 429
샤머니즘 315, 342
샤반, 무함마드 69, 197, 412~413, 421
샤피이 학파 267
샤흐트, 조셉 263, 265, 412, 425
샬투트, 마흐무드 154, 418
석유 372, 378, 381
성전(지하드) 7, 32, 34, 145, 147, 176~177, 180, 298, 376, 380, 397~398, 417, 432
세례 요한 63, 179
세속주의 348, 365, 396, 400~401, 404
세속화 373, 389, 400~401, 404
세포이 반란 345, 347~348, 350~351
셀주크왕조 229
셸즈, 미카엘 255, 424
소로쉬, 압돌카림 431
솔로몬 123, 199
쉐리프, 나와즈 394
수단 268, 272, 367
수라(직접 계시) 33, 261, 416
수에즈 운하 356, 366, 379
수피주의 32~33, 305~306, 314~320, 322, 331~333, 338~343, 373, 427~429

436 알라 외에 다른 신은 없도다

순나(전통) 33, 75, 250~251, 264~267, 361, 412
순니 이슬람(정통) 258, 288~289, 292, 298, 343
순례 34~35, 38~39, 43, 46, 59, 63~68, 71, 96, 98, 132, 149, 180~181, 183, 190, 244~246, 255, 281, 309, 323, 331, 376, 380, 408, 415
술 취한 수피 337
숨겨진 이맘 296, 298, 303, 305
쉬라즈의 사디 321
쉬르크 33, 374
쉬아투 무아위야 221, 223
쉬아투 알리 218, 221, 223, 281~282
쉬아투 우스만 220, 223
쉬아파 30, 274, 288, 315, 318, 360, 399
슈라 33, 193, 199~200, 209, 361, 396
슈벨, 버넌 288, 426
스미스, 윌프레드 캔트웰 239, 422
스틸먼, 노먼 165, 418
스페인 30, 126, 167~168, 229, 244, 251, 418
시리아 31, 37, 43, 46, 59~61, 70~71, 78, 123~124, 184, 207, 213, 218, 224, 226, 229, 275~276, 278~280, 283, 285, 296, 340, 366, 379
시민권 134, 146
CIA(중앙정보부) 299, 388, 397~398
시오니즘 367
시크교도 346

식민주의 134~135, 145, 154, 343~344, 348~350, 353, 356, 359~360, 363~365, 368, 392, 430
신비주의 33~34, 172, 196, 256, 264, 305, 314, 316~318, 324, 333, 338, 343~344, 352, 365
신성로마제국 144, 146
신앙고백(샤하다) 33, 44, 93, 95, 115, 240, 246, 278, 287, 291, 338, 341, 415
신플라톤주의 315, 343
십자군 10, 31, 122, 144, 146, 153, 383, 402, 417
싯핀 전투 225
쌀라바(씨족) 109

|ㅇ|

아널드, 토머스 227, 422
아담(최초의 인간) 38, 45, 81, 193, 245, 287, 290, 329, 335, 415
아라파트 산 245
아라파트, W. N. 164, 418
아론 45, 199, 291
아리스토텔레스 248, 315
아미나(무함마드의 어머니) 58~59, 62
아미르(부족) 44, 409
아미르(총독) 33, 208, 219, 285, 421
아부 까이스 이븐 알아스라트 52, 411
아부 두자나 143
아부 탈립(무함마드의 숙부) 59~60, 77, 90, 96, 99

색인 437

아부 라합 99
아부 리다, 모하메드 A. 240, 422
아부 바크라 129, 416
아부 바크르 30, 32, 91, 101, 104, 122, 157, 182, 185, 187~189, 193~197, 199~204, 206~207, 209~213, 218~219, 221, 223~224, 341, 395, 413, 421
아부 사이드 알쿠드리 129
아부 수프얀 139, 143, 161, 183~184, 209, 224
아부 아미르 알라힙 52, 411
아부 우바이다 193
아부 자이드, 나스르 하미드 272, 425
아부 하니파 253, 257~258, 267, 423
아브라하모프, 빈야민 251, 423
아브라함 38, 45~46, 51~52, 54, 56, 63, 76, 80~81, 86, 89, 94, 107, 123, 158, 174, 178~180, 184, 199, 287, 291, 401
아비시니아(에티오피아) 46, 57, 71~72, 100, 412
아빌라의 테레사 334
아샤리 학파 32~33, 250~252, 324, 423
아슈라(성스러운 날) 33, 175, 288, 377
아우스 부족 33~34, 110~112, 163, 198, 414, 418
아이샤(무함마드의 아내) 83, 122~123, 131~132, 137, 141, 188, 203~206, 212, 219~221, 224, 285
아즈하르대학교 272, 360, 365
아지즈, 샤 압둘 287

아퀴나스, 토마스 248
아크바리 학파 294
아타투르크, 케말 364
아프가니스탄 31, 107, 133, 229, 268, 273, 344, 396, 397~399, 414
아흐마드, 잘랄 370, 387, 430
아흐마드, 바라카트 164, 414
아흐마드, 카리마 빈트 131
아흐메드 칸, 사이드 153, 343, 352~354, 358~359, 429
아흐메드, 라일라 125, 415
안가, 마그수드 사데그(샤) 331, 338, 428
안드래, 토르 165, 418
안사르 34, 104~105, 110~111, 137, 186, 192~193, 197~198, 200, 212, 218, 285
알가르, 하미드 375, 430
알가잘리, 아부 하미드 247~248, 268, 324~325, 339, 365, 423, 425, 428
알까에다 6, 31, 34, 227, 382
알낫세르, 가말 압드 31, 368
알라트(여신) 42, 51~52, 63, 68
알리 아크바르(후사인의 아들) 295
알리 알리다(이맘) 292, 294
알리 이븐 아비 탈립(무함마드의 사촌이자 사위) 30, 32~34, 90~91, 101, 184, 192~193, 197~199, 202~204, 206~211, 214~215, 217~221, 223~228, 279~283, 288, 290~292, 298, 413, 421~422

알리, 무함마드(케디브) 35, 377
알리, 쉬라그 154, 354, 417, 430
알리, 아흐메드 130
알리, 파티마 빈트 131
알리가르 학교 353, 359
알마문(칼리파) 228, 234~238, 258, 422
알무앗탈, 사프완 이븐 204
알바끼르, 무함마드(이맘) 294
알바스라, 하산 333
알반나, 하산 31~32, 364~369, 375, 387, 391, 430
알부카리, 무함마드 265
알살바의 폭동 381
알샤으리, 자이납 빈트 131
알아라비 이븐 248, 338~339, 428
알아샤리, 아불 하산 9, 252
알아스와드 190
알아이함, 자발라 이븐 116, 415
알아프가니, 자말 앗딘 33, 357~362, 365, 375, 396, 430
알아하드 337
알안후리, 살림 357
알압바스 228
알와끼디 109, 414
알웃자(여신) 37, 42, 51, 63
알제리 7, 366, 392, 399
알주바이르, 압드 알라 이븐 285, 296
알질리, 압둘 카림 339
알카쉬피 289
알타바리, 아부 자파르 무함마드 55, 58, 81, 92, 119, 170, 243, 408, 410~413, 415~417, 421, 423~424
알타하위 247
알후스리, 사티 363, 375
알후즈위리 325, 428
암스트롱, 카렌 165, 418
압달라(무함마드의 아버지) 58
압두, 무함마드 33, 360~362, 365, 375, 396, 430
압드 마나프(씨족) 198
압드 샴스(씨족) 198, 212
압드 알라지끄, 알리 107, 230, 414, 422
압드 알라흐만 3세 30, 167, 210, 212, 229
압드 알라흐만 알밧자즈 363, 430
압드 알말리크 285
압드 알무탈립, 압바스 이븐(무함마드의 할아버지) 59, 63
압드 알아지즈(무함마드 이븐 사우드의 아들) 378, 381
압드 알와합, 무함마드 이븐 34, 373~376
압드 알잡바르 250
압바스왕조 30, 228~229, 236, 297, 315, 323~324
압보트, 나비아 176, 420
앗샤딜리, 무함마드(쉐이크) 318, 427
앗샤피이, 무함마드 267
앗잠, 압둘라 유수프 155, 417
앗타르, 파리드 앗딘 326, 328, 330, 332, 334, 336, 428
야곱 45, 123, 174, 199, 410

야지드 1세(우마위왕조 칼리파) 275~
276, 281, 283~285
야훼(유대인들의 신) 44, 46
에바디, 시린 136, 416
에브테카르, 마수메 133~134
에이클먼, 대일 190
엘른버러 경 349
엘파들, 칼리드 아부 273
영국-사우디 조약(1915년) 378
영지주의 196, 315, 339, 410~411
예루살렘 39, 44, 144, 175~176, 207,
226, 279, 318
예멘 44, 46, 57, 69~71, 190, 242, 297,
367
예수 37, 47~49, 56, 62, 80~81, 84, 127,
169, 173~174, 176~177, 179, 184, 196,
254, 287, 291~292, 297, 323, 339, 410,
419, 424
예언자 동료들 127, 131, 198
오마르, 물라 398
오베이시 교단 331
오토, 루돌프 247
오스만제국 355, 359, 364, 372, 377~378
와두드, 아미나 136
와라까 이븐 나우팔 50~51, 86~87
와실 이븐 아타 253
와트, 몽고메리 69~70, 92, 113, 169,
197, 241, 411~415, 419, 421, 423, 428
와하비주의 34, 374~375, 378~380, 382,
397~399, 402, 430

완전한 인간 339
왈리 알라, 샤 343~344, 352, 357, 373,
397
왈리드(총독) 283
왈처, 마이클 156, 417
요르단 11, 366, 394
욤 키푸르 175~176, 243
우마르 30, 32, 122, 131~132, 166~167,
182, 188~189, 193, 197, 199~200,
206~211, 218~219, 221, 223, 253~254,
416, 418, 421
우마이야 이븐 아비 살트 52
우마위(씨족) 210~212, 218~219, 221,
228~229, 236, 249, 275, 279, 281~282
우마위왕조 30, 279, 283, 285~286,
296~297, 418, 420
우바이드 알라 이븐 자흐쉬 51
우상숭배 3, 40~41, 43, 45~46, 48,
50~55, 59, 79, 93, 108~109, 111, 114,
151~153, 167, 169, 171 175, 184, 244,
248, 256, 259, 271, 374, 409
우술리 학파 294
우스만 이븐 아판 30, 32, 209~225, 227,
261, 280, 283, 413, 421
우스만 이븐 후와이리스 51
우후드 141, 143, 150, 160
우후드 전투 30, 160~162, 417
운명예정론적 신학파 249
울라마 34, 194~195, 202, 228, 231~234,
237~239, 253, 263~269, 272, 280, 294,

316, 319, 323, 353~354, 358, 360~362, 365, 379, 390

움 살라마(무하마드의 아내) 122, 137, 141, 416

움 알키탑(경전의 모서) 34, 173~174, 257, 401

움 와라까 137

움 하니 78

움마 34, 113~115, 117, 119, 121~122, 124~126, 128, 137, 149~151, 153~154, 158, 160, 174~176, 179, 189~192, 194, 196~201, 203, 208~211, 213, 217, 219~224, 227~228, 230, 237, 239~242, 249, 271~272, 280, 315, 317, 358~359, 361, 363~364, 395, 401, 415

웨스톡시피케이션(서양화) 370

웰시, 윌리엄 355, 430

유누스 이븐 부카이르 53

유럽 8, 122, 126, 134, 145, 153, 195, 259, 342, 344, 348~349, 352~354, 356~360, 363, 372, 375, 385, 390~391, 399

유일신교 35, 40, 46, 52, 55, 88, 90, 93~95, 97, 158, 170, 184, 247, 382, 402, 406, 408, 411, 419

응보법 75

이끄발, 무함마드 344, 429

이란 31, 35, 49, 107, 123~124, 126, 133~134, 136, 155, 228~229, 231, 268, 274, 285, 295, 298~302, 304~305, 321,

323, 326, 357, 367, 371, 384~390, 394, 399~400, 402, 405, 410, 414, 426, 431

이라크 6~7, 10, 31, 71, 155, 213, 218, 273, 283, 295, 302, 363~364, 379, 382, 388~389, 392, 431

이븐 나우팔 50

이븐 루쉬드(아베로에스) 251, 423

이븐 마자 129

이븐 만수르 알할라즈, 후사인 323

이븐 무아드, 사이드 163

이븐 물잠, 압드 알라흐만 이븐 아므르 226

이븐 사야드 172, 419

이븐 사우드, 무함마드 372~374, 376, 378, 381

이븐 샤프루트, 하스다이 167

이븐 시나(아비센나) 253, 423

이븐 아나스, 말리크 238, 267, 422, 425

이븐 아비 두아드 235

이븐 아사드, 카압 161

이븐 알아라비 248, 338, 428

이븐 알하나피야, 무함마드 285, 296

이븐 이삭 53, 67

이븐 주나이드 322

이븐 주바이르 244, 423

이븐 칼둔 297, 426

이븐 쿨랍 258, 424

이븐 타이미야 153~154

이븐 하리사 53~54

이븐 하즘 258, 424

이븐 한발, 아흐마드 235, 250, 268, 421~423
이븐 히샴 50, 53, 78, 81, 83, 86, 91~92, 111, 408, 411~413, 420
이사야 179
이삭 38, 199, 291
이스나드 34, 127, 265, 298
이스라엘 31, 62, 123, 155, 170, 401
이스마엘(아브라함의 아들) 38, 40, 63, 66, 174, 199, 287, 291
이스마일(사파위 통치자) 298, 302
이스마일(자으파르의 아들) 295~296
이스마일리 파(일곱이맘 파) 296
이슬람 개혁 7~10, 12, 360~361
이슬람 군대 208, 281
이슬람 극단주의 223, 374, 377, 400
이슬람 급진주의 107, 154, 369
이슬람 사회주의 32, 366, 367, 370, 375, 379, 394
이슬람 종교재판 228, 234~235, 238, 258, 422
이슬람교로 개종 34, 91, 104, 111, 115, 132, 146, 153, 167~169, 184, 208, 210, 246, 253, 323, 413
이슬람력 33, 35, 106
이슬람의 5주 239~240, 318, 422
이슬람의 세계 153, 402
이슬람의 여권옹호론 107, 133~134, 136
이슬람연맹(자마아트 이슬라미) 230, 355, 380
이슬람주의 34, 371, 374, 379, 395, 426
이즈마(사법적 만장일치) 34, 266~267, 269, 361, 369
이즈티하드(독립적 유추) 34, 267, 273, 294~295, 361
이집트 11, 31~33, 35, 39, 48, 107, 122, 134, 154, 207, 214~216, 226, 230, 247, 255, 272~273, 356~357, 360, 362~369, 377, 379, 381, 394, 399, 413, 430
이크완 전사들 34, 381
인도 31, 391~393, 401~402, 429
인도네시아 7, 398
일부다처제 99, 121
일처다부제 99

|ㅈ|

자글룰, 사아드 362, 375
자기 채찍질 288
자살폭탄 155
자아/에고(나프스) 32, 329
자아 몰입 35
자와티, 힐미 152, 417
자유의지 237, 249~250, 252
자으파르 앗사디끄(이맘) 268, 293~294, 426
자이드 이븐 아므르 51~55, 63
자이드(무함마드의 노예) 91
자이드 앗샤히드 294
자이디 파 294

자인 알아바딘, 알리(후사인의 아들) 294
자카트(십일조) 34, 117, 242~243
자파리 학파 294
자프리, 후사인 287, 421, 426
자흐미 파 250
자힐리야(무지의 시대) 34, 40, 50, 54, 56, 370
잠잠(우물) 34, 38~39, 59, 65, 184
전쟁의 세계 153, 402
젊은 오스만인들 359~360
정당한 전쟁 이론 148
정착사회 72, 120
정통 칼리파 32, 185, 195~196, 227, 230, 395, 405, 420, 422
제국주의 22, 25, 106, 344~345, 351, 354~355, 358, 360, 362, 364, 366, 389
조로아스터교인 146, 402, 419
주바이르 이븐 알아우왐 217
주흐라(씨족) 212
중앙아시아 49, 267, 315, 320, 340, 375, 397
지아 알하끄 394, 397
지옥의 백성들 223, 382
지참금 118~119, 415
진 42~43, 94
진나, 무함마드 알리 393

|ㅊ|

참호 전투 162, 180

참회자들(타우와분) 286, 375
천국의 백성들 222, 382
최후의 심판 49, 90

|ㅋ|

카디자(무함마드의 아내) 78, 85~87, 90, 99~100, 118~119, 121, 123, 413
카라반(대상) 59~61, 63~65, 78, 149~150, 159, 181, 185, 204~205, 210
카르발라 30, 35, 275, 281, 284~289, 294, 296~297, 302, 375, 377, 425
카바 34~35, 37~40, 42~43, 45~46, 48, 50~52, 55, 57, 63~71, 76, 79, 95~98, 102, 158, 181~184, 186, 198, 244~245, 255, 260, 280, 285, 309, 378, 380, 408~409, 411, 424
카박치, 메르베 134
카샤니(아야톨라) 303
카얌, 오마르 337
카에타니, 레온 215, 421
카와리지 34, 216, 222~223, 225~227, 240, 285, 377, 382, 421
카이세르, 이샨 322
카즈라즈(부족) 33~34, 100, 110~112, 192, 198
카힌 34, 42~43, 45, 65, 73, 84~85, 94, 112, 255, 410
칸, 사이드 아흐메드 154, 343, 352~354, 358~359, 429
칸, 아윱 394

색인 443

칸, 이나야트 340, 427
칼리드 이븐 시난 52, 411
칼리파 제도(칼리파 위) 196, 221, 229, 236, 242, 249, 281, 359, 364, 378
칼케돈종교회의(451년) 47
케디, 니키 357, 430
케말, 나미크 359
코끼리의 해 57~58, 71
코헨 45, 172, 410
콕스, 하비 400, 431
콘래드, 로렌스 82, 412
쿠파 214, 216, 218, 224, 226, 228, 275~276, 279, 281~287, 297
쿠퍼, 프레더릭 345, 429
크래그, 케네스 82, 256, 412, 424
크로머 경, 알프레드 416
크론, 패트리시아 69~70, 193, 411~412, 420, 422
키루스 대왕 49
키스터, M. J. 53, 411, 418~419
키스티 교단 342
킬랍(씨족) 166
킹압둘아지즈대학교 155

|ㅌ|

타끌리드(이슬람 교리의 맹목적 모방) 35, 267, 353
타르수스의 사울 254
타리까(수행의 길) 35, 325
타바타바이, 알라마 290, 426

타우히드 교리 35, 246~248, 257, 336, 374, 423
타으윌 35, 262, 292, 316, 338
타이프 42, 52, 54, 70, 72, 100
타프시르 35, 262, 292
타하, 마흐무드 무함마드 272, 425
타한누스(은둔) 35, 55, 79, 411
탈리반 344, 396~399
탈무드 170, 269
탈하 이븐 우바이드 알라 217
터키 7, 31, 134, 145, 229, 320~321, 330, 340, 342, 357, 359, 364, 400
터툴리안 47
테러리즘 145, 155~156, 382, 390, 397
토라(모세오경) 127, 176, 257, 264, 420
토마스, 버트람 115, 415
토크빌, 알렉시스 드 400
토테미즘 41
트레빌리언, 찰스 349, 429

|ㅍ|

파쉬토어 344, 397~398
파크르 앗딘 알라지 129
파크리, 마지드 130~131
파키스탄 31, 230, 242, 269, 273, 344, 355, 392~394, 397~398, 425
파티마왕조 31, 229
파티마(무함마드의 딸) 91, 135, 200, 202~203, 229, 278, 282, 285, 287, 291, 377

팔레비, 무함마드 레자 299, 301
팔레스타인 21~22, 44, 108, 150, 155, 229, 367, 380, 392, 398
페르시아 걸프만 전쟁 31, 382
평등주의 72, 76, 116, 125, 133, 137, 224, 282, 368, 403, 407
퓨엑, 조나단 52, 411
피놀트, 데이비드 288~289, 426
피르 35, 315~316, 319, 330~331, 339, 374
피의 값 74
피터스, F. E. 71, 169, 408, 410~412, 414, 417, 419

| ㅎ |

하가르 38, 245
하나피 학파 253, 268, 270
하니피즘 50, 52~53, 63, 158, 411
하디스 33~35, 127~129, 131, 264~265, 267, 294, 296, 416~417, 425
하룬 알라쉬드 236
하마스 155, 380
하산(무함마드의 손자) 91, 215, 217, 279~280, 293, 299
하쉼(씨족) 35, 66, 68, 77, 91, 96, 98~99, 101, 192~193, 197~200, 203, 208~209, 211, 218~219, 222, 226, 231, 278~280, 297, 372, 420
하에리, 파들랄라 (쉐이크) 316~317, 427
하캄 35, 73, 75, 77, 110, 112, 114, 158,
163, 225, 412, 418
하프사(무함마드의 아내) 122
하피즈(수피 시인) 330, 333, 338, 428
함, 하인즈 287, 425
함자(무함마드의 숙부) 139, 144
합리주의자 238, 250, 252~253, 257, 262, 269, 423
헌팅턴, 사무엘 19, 144, 417
호메이니, 루홀라(아야톨라) 33, 55, 231, 275, 295, 299~306, 386~389, 405, 422, 427
호세아 123
호지슨, 마셜 115, 415, 418
호팅, G. R. 39, 409
회전하는 탁발승 330, 342
후다이비야 조약(628년) 30, 181~182
후발(시리아의 달 신) 37, 43, 51, 143, 184
후사인 이븐 알리(무함마드의 손자) 30, 32, 35, 91, 215, 282~284, 286~289, 293~294, 300, 302
후세인, 사담 302, 389
흑석 45, 409
히라 산(동굴) 30, 79, 83~84
히즈불라 155~156
힌두교 10, 40, 288, 315, 329, 331, 336, 343, 350, 392~393, 401~402, 420
힌드(아부 수프얀의 아내) 139, 144, 183~184, 210
힌즈, 마틴 193, 412, 420

색인 445